Von Dan Simmons
sind als Heyne-Taschenbücher erschienen:

Göttin des Todes · Band 01/8190
Hyperion · Band 01/8321
Das Ende von Hyperion · Band 01/8322

DAN SIMMONS

IN DER SCHWEBE

Roman

Aus dem Englischen
von Joachim Körber

Deutsche Erstausgabe

WILHELM HEYNE VERLAG
MÜNCHEN

HEYNE ALLGEMEINE REIHE
Nr. 01/8890

Titel der Originalausgabe
PHASES OF GRAVITY

Redaktion: Ulrich Petzold

Printed in Germany 1994
Umschlagillustration: Bavaria Bildagentur/Gebhardt und Lohr, Gauting
Umschlaggestaltung: Atelier Ingrid Schütz, München
Gesamtherstellung: Elsnerdruck, Berlin

ISBN: 3-453-07192-1

Für Robert und Kathryn Simmons

INHALT

Erster Teil

Poona

PanAm-Flug 001 ließ das Mondlicht hinter sich und sank in Wolken und Dunkelheit, als sich die Maschine der Landung in Neu-Delhi entgegentastete. Baedecker, der die Backbordtragfläche betrachtete, konnte spüren, wie das Gewicht an ihm zog, und verspürte das Unbehagen eines alten Piloten, der gezwungen ist, eine Landung als Passagier zu erdulden. Die Reifen berührten den Asphalt – ein beinahe perfektes Aufsetzen –, und Baedecker sah auf die Uhr. Es war 3 Uhr 47 Ortszeit. Winzige Schmerzsplitter tanzten hinter seinen Augen, als er am blinkenden Tragflächenlicht vorbei zu den dunklen Umrissen von Wassertürmen und Wartungshallen sah, die vorbeirollten. Die gewaltige 747 drehte scharf nach rechts und glitt zum Ende der Rollbahn. Der Lärm der Maschinen schwoll ein letztes Mal an, dann verstummten sie; Baedecker blieb mit dem müden Pochen seines eigenen Pulses in den Ohren zurück. Er hatte seit vierundzwanzig Stunden nicht mehr geschlafen.

Noch ehe die sich mühsam vorwärtsbewegende Schlange den Ausgang erreicht hatte, spürte Baedecker Hitze und Luftfeuchtigkeit auf sich einstürmen. Als er die Rampe zum klebrigen Asphalt hinunterging, wurde er sich der gewaltigen Masse des Planeten unter sich bewußt, zu der noch die Last der Hunderte Millionen jämmerlicher Seelen hinzukamen, die den Subkontinent bevölkerten, und er stemmte die Schultern gegen den unerbittlichen Sog der Depression.

Ich hätte den Werbespot für die Kreditkarte machen sollen, dachte Baedecker. Er stand mit den anderen Passagieren im Halbdunkel und wartete auf den blauweißen Flughafenbus, der über die dunkle Fläche des Asphalts auf sie zukam. Die Schalterhalle war ein fernes Flimmern von Lichtern am Horizont. Wolken reflektierten die Reihen der Blinklichter jenseits der Startbahn.

Es wäre nicht besonders schwierig gewesen. Sie hatten nur von ihm verlangt, daß er sich vor die Kameras und Scheinwerfer setzen, lächeln und sagen sollte: »Kennen Sie mich? Vor sechzehn Jahren bin ich auf dem Mond spazierengegangen. Aber das nützt mir nichts, wenn ich einen Flug reservieren oder mein Essen in einem französischen Café bezahlen möchte.« Noch zwei Zeilen ähnlicher Floskeln, dann der Standardschluß, bei dem sein Name in die Plastikkarte gestanzt wurde – RICHARD E. BAEDECKER.

Das Zollgebäude glich einer riesigen Lagerhalle. Gelbe Natriumdampflampen hingen von Deckenbalken und ließen die Haut der Menschen fettig und wächsern aussehen. Baedeckers Hemd klebte schon an einem Dutzend Stellen am Körper. Die Schlange bewegte sich langsam voran. Baedecker war an die Arroganz von Zollbeamten gewöhnt, aber diese kleinen schwarzhaarigen Männer in ihren braunen Hemden schienen neue Höhen behördlicher Unfreundlichkeit anzustreben. Drei Plätze vor Baedecker stand eine Frau mit ihren zwei Töchtern in der Schlange, alle drei in billige Baumwollsaris gekleidet. Der Beamte hinter dem zerkratzten Tresen schien angesichts ihrer Antworten die Geduld zu verlieren und warf ihre beiden billigen Koffer auf den Boden des Schuppens. Bunte Kleider, BHs und zerrissene Unterwäsche fielen als unordentliche Haufen heraus. Der Zollbeamte drehte sich zu seinem Kollegen um und bedachte ihn mit einem Schwall von Hindi-Worten, worauf beide grinsten.

Baedecker döste fast, als er merkte, daß einer der Zollbeamten ihn ansprach.

»Pardon?«

»Ich sagte: mehr haben Sie nicht zu verzollen? Sonst bringen Sie nichts mit?« Der Singsang des indischen Englisch kam Baedecker seltsam vertraut vor. Er kannte ihn von indischen Hotelangestellten auf der ganzen Welt. Nur hatten deren Stimmen nichts von diesem seltsamen Argwohn und Zorn.

»Ja. Das ist alles.« Baedecker nickte zu dem rosa Formular, das sie vor der Landung ausfüllen mußten.

»Mehr haben Sie nicht? Eine Tasche?« Der Agent hielt Baedeckers alte, schwarze Reisetasche hoch, als enthielte sie Schmuggelware oder Sprengstoff.

»Das ist alles.«

Der Mann betrachtete das Gepäckstück verdrossen, dann reichte er es einem anderen Mann im braunen Hemd weiter unten am Schalter. Dieser kritzelte ein X auf die Tasche, als könnte er mit der brutalen Bewegung das Böse austreiben, das darin lauern mochte.

»Weitergehen. Weitergehen.« Der erste Zollbeamte gestikulierte.

»Danke«, sagte Baedecker. Er nahm die Reisetasche und ging in die Dunkelheit jenseits des Zollgebäudes hinaus.

Nichts als tiefe Schwärze hatte sich ihren Blicken geboten. Zwei schwarze Dreiecke. Nicht einmal die Sterne waren in der letzten Phase des Landeanflugs sichtbar gewesen. Sie standen in ihren unförmigen Druckanzügen, wurden von einer Anordnung von Gurten und Bügeln festgehalten und sahen nur den konturlosen schwarzen Himmel. Während der letzten Zündung und der Abstiegsphase war die Landefähre nach hinten geneigt gewesen, so daß die Mondoberfläche nicht unter ihnen zu sehen gewesen war. Erst in den letzten Minuten hatte Baedecker die Möglichkeit, das Gleißen und Durcheinander des Mondantlitzes zu erkennen.

Genau wie bei den Simulationen, hatte er gedacht. Schon damals hatte er gewußt, daß es mehr sein müßte. Er wußte schon während der Landung, daß er mehr empfinden, mehr spüren sollte. Doch während er automatisch auf die Korrekturen und Anfragen von Houston reagierte, gehorsam die entsprechenden Zahlen in den Computer eingab und Dave die Ergebnisse vorlas, ging ihm immer wieder derselbe unpassende Gedanke durch den Kopf: *Genau wie bei den Simulationen.*

»Mr. Baedecker!« Er brauchte eine Minute, bis der Ruf zu ihm durchdrang. Jemand rief seinen Namen, und zwar schon eine ganze Zeit. Baedecker drehte sich in der Gasse zwischen dem Zollgebäude und der Schalterhalle hin und her und sah sich um. Tausende Insekten tanzten im Schein der Lampen. Weißgekleidete Menschen schliefen auf den Gehwegen oder kauerten an den dunklen Gebäuden. Dunkelhäutige Männer in weißen Hemden lehnten an schwarzgelben Taxen. Er drehte sich in die andere Richtung, als ihn das Mädchen gerade einholte.

»Mr. Baedecker! Hallo.« Sie blieb mit einem anmutigen Halbschritt stehen, warf den Kopf zurück, verweilte und holte tief Luft.

»Hallo«, sagte Baedecker. Er hatte keine Ahnung, wer die junge Frau war, wurde aber von einem starken Gefühl von *déjà vu* heimgesucht. Wer, um alles in der Welt, sollte ihn um halb fünf Uhr morgens in Neu-Delhi begrüßen? Jemand von der Botschaft? Nein, die wußten nicht, daß er kam, und wenn, wäre es ihnen egal. Jetzt schon. Bombay Electronics? Kaum. Nicht in Neu-Delhi. Und bei dieser jungen Blondine handelte es sich eindeutig um eine Amerikanerin. Baedekker, der sich Namen und Gesichter nie merken konnte, verspürte die altbekannte Aufwallung von Schuldgefühlen und Verlegenheit. Er zermarterte sein Gedächtnis. Nichts.

»Ich bin Maggie Brown«, sagte das Mädchen und streckte die Hand aus. Er schüttelte sie und stellte überrascht fest, wie kühl sie sich anfühlte. Selbst ihm kam seine eigene Haut fiebrig vor. Maggie Brown? Sie strich eine Strähne ihres schulterlangen Haars zurück, und wieder überkam Baedekker das Gefühl, daß er sie schon einmal gesehen hatte. Er entschied, daß sie möglicherweise für die NASA arbeitete, auch wenn sie zu jung schien, daß sie …

»Ich bin Scotts Freundin«, sagte sie und lächelte. Sie hatte einen breiten Mund und eine kleine Lücke zwischen den Schneidezähnen. Irgendwie war die Wirkung süß.

»Scotts Freundin. Natürlich. Hallo.« Baedecker schüttelte ihr noch einmal die Hand. Sah sich wieder um. Mehrere Taxifahrer waren zu ihnen gekommen und boten ihre Dienste an. Er schüttelte den Kopf, aber daraufhin wurde das Plappern nur noch lauter. Baedecker ergriff den Ellbogen des Mädchens und führte sie weg von dem keifenden Mob. »Was tun Sie hier? In Indien, meine ich. Und noch dazu hier.« Baedecker deutete lasch auf die schmale Gasse und den Schatten der Schalterhalle. Jetzt konnte er sich an sie erinnern. Joan hatte ihm ein Bild von ihr gezeigt, als er zum letzten Mal in Boston gewesen war. Die grünen Augen waren ihm im Gedächtnis geblieben.

»Ich bin seit drei Monaten hier«, sagte sie. »Scott hat selten Zeit, mich zu sehen, aber wenn, bin ich da. In Poona, meine ich. Ich habe einen Job als Gouvernante gefunden ... eigentlich nicht richtig Gouvernante, schätze ich, mehr Hauslehrerin ... bei einer netten Arztfamilie. Im alten britischen Viertel. Wie auch immer, ich war letzte Woche bei Scott, als er Ihr Telegramm bekommen hat.«

»Oh«, sagte Baedecker. Sonst fiel ihm mehrere Sekunden nichts ein. Über ihnen gewann ein kleiner Jet an Höhe. »Ist Scott da? Ich dachte mir, ich könnte ihn in ... wo war das? ... in Poona sehen.«

»Scott ist auf der Farm des Meisters in Klausur. Er kommt erst am Dienstag zurück. Er hat mich gebeten, Ihnen das zu sagen. Ich selbst besuche eine alte Freundin der Education Foundation hier in Alt-Delhi.«

»Des Meisters? Sie meinen Scotts Guru?«

»So nennen sie ihn. Wie auch immer, Scott hat mich gebeten, es Ihnen auszurichten, und ich dachte mir, daß Sie nicht lange in Neu-Delhi bleiben werden.«

»Sie sind vor Einbruch der Dämmerung aufgestanden, um mir das auszurichten?« Baedecker betrachtete die junge Frau neben sich eingehend. Als sie sich weiter von den grellen Lampen entfernten, schien ihre Haut von sich aus zu leuchten. Er stellte fest, daß schwaches Licht den Himmel im Osten färbte.

»Kein Problem«, sagte sie und nahm seinen Arm. »Mein Zug ist erst vor ein paar Stunden eingetroffen. Ich hatte nichts zu tun, bis das Büro der USEFI öffnet.«

Sie hatten die Vorderseite der Schalterhalle erreicht. Baedecker stellte fest, daß sie sich auf dem Land befanden, eine gute Strecke von der Stadt entfernt. Er konnte Hochhäuser in der Ferne sehen, aber die Geräusche und Gerüche rings um sie herum waren ländlich. Die halbkreisförmige Flughafenzufahrt führte zu einer breiten Autobahn, aber in der Nähe konnte er gestampfte Feldwege unter Banyanbäumen sehen.

»Wann geht Ihr Flug, Mr. Baedecker?«

»Nach Bombay? Nicht vor halb neun. Nennen Sie mich Richard.«

»Okay, Richard. Was meinen Sie dazu, daß wir einen Spaziergang machen und dann frühstücken gehen?«

»Prima«, sagte Baedecker. In diesem Augenblick hätte er alles dafür gegeben, daß ein freies Zimmer auf ihn wartete, ein Bett, Zeit zu schlafen. Wie spät war es jetzt in St. Louis? Sein übermüdeter Verstand scheiterte an der einfachen Rechenaufgabe. Er folgte dem Mädchen, als sie die regennasse Zufahrt entlangschritt. Vor ihnen ging die Sonne auf.

Der Sonnenaufgang dauerte schon den dritten Tag an, als sie landeten. Alle Einzelheiten zeichneten sich als schroffes Relief ab. So war es geplant gewesen.

Später erinnerte sich Baedecker kaum noch, wie er tatsächlich die Leiter hinunter gestiegen und vom Trittbrett der Landefähre gesprungen war. Alle Jahre der Vorbereitung, Simulation und Erwartung hatten zu diesem einzigen Punkt geführt, dieser jähen Schnittstelle von Raum und Zeit, aber Baedecker erinnerte sich später nur noch an ein vages Gefühl von Frustration und Dringlichkeit. Sie lagen dreiundzwanzig Minuten hinter dem Zeitplan zurück, als Dave schließlich als erster die Leiter hinunterstieg. Die Anzüge anzuziehen, die einundfünfzig Punkte der Checkliste abzuhaken und den Druckausgleich durchzuführen hatte mehr Zeit erfordert als bei den Simulationen.

Dann bewegten sie sich über die Oberfläche, testeten ihr Gleichgewicht, sammelten Proben ein und versuchten, den Zeitverlust wieder wettzumachen. Baedecker hatte viele Stunden damit verbracht, sich einen kurzen Satz zurechtzulegen, den er rezitieren wollte, wenn er erstmals einen Fuß auf die Mondoberfläche setzte – eine ›Fußnote der Geschichte‹, wie Joan sich ausgedrückt hatte –, aber Dave machte einen Witz, nachdem er vom Trittbrett gesprungen war, Houston hatte einen Funkcheck verlangt, und der Augenblick war verstrichen.

Baedecker besaß nur zwei ausgeprägte Erinnerungen an den Rest dieses ersten Ausflugs. Er erinnerte sich an die verdammte Checkliste, die an seinem Handgelenk festgebunden war. Sie hatten es nicht geschafft, den Zeitplan einzuholen, nicht einmal als sie die dritte Erzsammlung und die zweite Überprüfung der Leitspeicher des Rovers, ihres kleinen Geländefahrzeugs, ausließen. Wie hatte er diese Checkliste gehaßt.

Die andere Erinnerung besuchte ihn ab und zu noch in seinen Träumen. Die Schwerkraft. Ein Sechstel Ge. Die schiere Ausgelassenheit, über die gleißende, felsübersäte Oberfläche zu hüpfen, wo die geringste Berührung ihrer Stiefel als Abstoß genügte. Das weckte eine noch frühere Erinnerung in Baedecker; er war ein Kind und lernte im Michigan-See schwimmen. Sein Vater hielt ihn unter den Armen, während er sich strampelnd und hüpfend seinen Weg über den Sand am Grund des Sees bahnte. Die wunderbare Leichtigkeit, die kräftigen Arme seines Vaters, das sanfte Auf und Ab der grünen Wellen, das perfekte Zusammenspiel von Gewicht und Auftrieb, welche sich in einem Band zu vereinen schienen, das sich von seinen Fußballen, das Gleichgewicht haltend, emporwand.

Davon träumte er immer noch.

Die Sonne ging auf wie ein großer, orangefarbener und, da das Licht von der erwärmten Luft gebrochen wurde, in die Breite gezogener Ballon. Baedecker mußte an Ektachromfotos im *National Geographic* denken. Indien! Insekten, Vögel, Ziegen, Hühner und Vieh stimmten in den zunehmenden Verkehrslärm auf der unsichtbaren Straße ein. Selbst diese gewundene staubige Landstraße, auf dem sie gingen, wimmelte bereits von Menschen auf Fahrrädern, Ochsenkarren, schweren Lastwagen mit der Aufschrift ›Öffentliches Transportmittel‹ und vereinzelten schwarz-gelben Taxis, die wie wütende Bienen durch das Wirrwarr schossen.

Baedecker und das Mädchen blieben vor einem kleinen grauen Gebäude stehen, einem Farmhaus oder einem Hindutempel. Möglicherweise war es sogar beides. Drinnen läuteten Glocken. Der Geruch von Weihrauch und Kuhmist wehte aus einem Innenhof heraus. Hähne krähten, und irgendwo sang ein Mann mit brüchiger Falsett-Stimme. Ein anderer Mann – in einem blauen Anzug aus Polyester – stieg vom Fahrrad, trat an den Straßenrand und urinierte in den Garten des Tempels.

Ein Ochsenkarren holperte mit knirschender Achse und ächzendem Joch vorbei, und Baedecker drehte sich um und sah ihm nach. Eine Frau, die hinten saß, hob den Sari vor das Gesicht, aber die drei Kinder neben ihr erwiderten Baedeckers Blick. Der Mann vorne schrie den schuftenden Ochsen an und schlug mit einem Stock auf die Flanken, die bereits von schorfigen Schwären bedeckt waren. Plötzlich gingen alle anderen Geräusche im Getöse einer 747 der Air India unter, die über sie hinweg lärmte und auf deren Metallrumpf sich das Gold der aufgehenden Sonne spiegelte.

»Was ist das für ein Geruch?« fragte Baedecker. Über diesem allgemeinen Ansturm von Gerüchen – nasse Erde, offene Rinnsteine, Autoabgase, Komposthaufen, Smog der unsichtbaren Stadt – erhob sich ein süßlicher, überwältigender Duft, der sich schon in seiner Haut und der Kleidung festgesetzt zu haben schien.

»Sie bereiten das Frühstück«, sagte Maggie Brown. »Im

ganzen Land kochen sie ihre Morgenmahlzeit, auf offenen Feuern. Die meisten benützen Kuhmist zum Anfeuern. Achthundert Millionen Menschen, die eine Morgenmahlzeit kochen; Gandhi hat einmal geschrieben, daß das der ewige Geruch Indiens sei.«

Baedecker nickte. Der Sonnenaufgang wurde von den tiefhängenden Monsunwolken verschluckt. Einen Augenblick nahmen die Bäume und das Gras einen gleißenden, falschen Grünton an, der dank Baedeckers Müdigkeit noch intensiver wirkte. Die Kopfschmerzen, seit Frankfurt seine Begleiter, waren von der Nasenwurzel zu einem Punkt am Ansatz des Nackens gewandert. Bei jedem Schritt hallte ein schmerzendes Echo durch seinen Kopf. Doch die Schmerzen, so, wie er sie durch den Nebel von Erschöpfung und Desorientierung aufgrund des Zeitunterschieds wahrnahm, schien ihm etwas Fernes, Unbedeutendes. Sie waren Teil des Fremden – die neuen Gerüche, die seltsame Kakophonie ländlicher und großstädtischer Geräusche, diese attraktive junge Frau an seiner Seite, deren Wangenknochen vom Sonnenlicht scharf hervorgehoben wurden, das auch in ihren grünen Augen ein Feuer entfachte. Was bedeutete sie seinem Sohn? Wie ernst war ihre Beziehung? Baedecker wünschte sich, er hätte Joan mehr Fragen nach dem Mädchen gestellt, aber der Besuch war ungemütlich gewesen und er hatte es kaum erwarten können, wieder zu gehen.

Baedecker betrachtete Maggie Brown, und ihm wurde bewußt, welch ein Sexist er war, wenn er in ihr nur das Mädchen sah. Die junge Frau schien diese Aura von Selbstbewußtsein, von *Wissen* zu besitzen, die Baedecker stets mit wirklich Erwachsenen in Verbindung brachte, im Gegensatz zu Leuten, die einfach nur aufgewachsen waren. Als er noch einmal hinsah, schätzte er, daß Maggie Brown mindestens Mitte Zwanzig sein mußte, mehrere Jahre älter als Scott. Hatte Joan nicht etwas gesagt, daß die Freundin ihres Sohns schon das Staatsexamen gemacht hatte und Assistentin des Professors war?

»Sind Sie nur nach Indien gekommen, um Scott zu besuchen?« fragte Maggie Brown. Sie befanden sich wieder auf der halbkreisförmigen Zufahrt und gingen auf den Flughafen zu.

»Ja. Nein«, sagte Baedecker. »Das heißt, ich bin gekommen, um Scott zu besuchen, habe es aber mit einer Geschäftsreise zusammengelegt.«

»Arbeiten Sie nicht für die Regierung?« fragte Maggie. »Für die Weltraumleute?«

Baedecker lächelte über das Bild, welches ihm der Ausdruck ›die Weltraumleute‹ ins Gedächtnis zauberte. »Seit zwölf Jahren nicht mehr«, sagte er und erzählte ihr von der Flugzeugfirma in St. Louis, für die er arbeitete.

»Also haben Sie gar nichts mit dem Space Shuttle zu tun?« sagte Maggie.

»Eigentlich nicht. Wir hatten einige Subsysteme an Bord und haben hin und wieder Frachtraum gemietet.« Baedecker stellte fest, daß er es in der Vergangenheitsform gesagt hatte, als hätte er von jemandem gesprochen, der gestorben war.

Maggie blieb stehen und beobachtete, wie das strahlende Sonnenlicht den Kontrollturm und die Schalterhalle des Flughafens von Neu-Delhi mit Gold überzog. Sie schob eine Haarsträhne hinter das Ohr und verschränkte die Arme. »Kaum zu glauben, daß seit der *Challenger*-Explosion schon wieder achtzehn Monate vergangen sind«, sagte sie. »Das war schrecklich.«

»Ja«, sagte Baedecker.

Es war ironisch, daß er wegen dieses Fluges am Cape gewesen war. Vorher war er nur bei einem Shuttleflug anwesend gewesen, einem der ersten Testflüge der *Columbia* fast fünf Jahre zuvor. Im Januar 1986 wurde er nur deshalb Zeuge des *Challenger*-Desasters, weil Cole Prescott, der Vizepräsident von Baedeckers Firma, ihn gebeten hatte, einen Kunden zu begleiten; der hatte eine Subkomponente der Spartan-Halley-Forschungsanlage finanziert, die sich im Frachtraum der *Challenger* befand.

Der Start von 51-L war durchaus normal verlaufen; Baedecker und der Kunde standen in VIP-Bunkern drei Meilen vom Startplatz 39-B entfernt und schirmten die Augen vor der Morgensonne ab, als es schiefging. Baedecker konnte sich noch erinnern, daß er sich gewundert hatte, wie kalt es war; er hatte nur ein leichtes Baumwolljackett dabei gehabt, und der Morgen war der kälteste, den er jemals am Cape erlebt hatte. Durch das Fernglas hatte er Eis auf den Startrampen um das Shuttle herum erkennen können.

Baedecker wußte noch, daß er sich überlegt hatte, ob sie möglicherweise früher aufbrechen sollten, um den Menschenmassen am Ende der Veranstaltung zu entgehen, als er die Stimme des Pressesprechers der NASA über Lautsprecher hörte. »Flughöhe vier Punkt drei Seemeilen, Entfernung drei Seemeilen, Maschinen volle Kraft voraus. Drei Schubdüsen jetzt bei einhundertundvier Prozent.«

Er hatte flüchtig an seinen eigenen Start vor fünfzehn Jahren gedacht, an seinen Job, Daten zu übermitteln, während Dave Muldorff die monströse *Saturn V* ›flog‹, bis er in die Gegenwart zurückgeholt wurde, als Commander Dick Scobees Stimme über Lautsprecher sagte: »Roger, gib mehr Schub«, und Baedecker zu den Parkplätzen sah und sich überlegte, wie verstopft die Straßen sein würden, und einen Augenblick später hatte sein Kunde gesagt: »Mann, diese SRBs erzeugen aber eine tolle Wolke, wenn sie abkoppeln, oder nicht?«

Da hatte Baedecker nach oben geblickt, die expandierende, pilzförmige Kondensspur gesehen, die nichts mit der Abkopplung der SRBs zu tun hatte, und sofort das widerliche orangerote Leuchten, welches das Innere der Wolke erhellte, als hypergolische Treibstoffe identifiziert, die sich entzündeten, als sie aus dem zerstörten Kontrollsystem und den Steuerdüsen entwichen. Ein paar Sekunden später wurden die gewaltigen Schubdüsen sichtbar, die unkontrolliert aus der immer noch expandierenden Kumuluswolke der Explosion heraus trudelten. Baedecker, der sich sterbenselend fühlte, hatte sich zu Tucker Wilson umgedreht, einem Kollegen aus der *Apollo*-Ära, der immer noch aktiven Dienst bei der NASA versah, und hatte ohne echte Hoffnung gesagt: »RZS?«

Tucker hatte den Kopf geschüttelt; dies war keine Notlandung mit Rückkehr zum Startplatz. Dies war das, worauf sie alle insgeheim während ihrer eigenen Startphase gewartet hatten. Als Baedecker wieder nach oben sah, hatten die ersten Trümmer der zerstörten Orbitalfähre ihren langen, traurigen Sturz ins wartende Grab des Meeres begonnen.

In den Monaten nach *Challenger* war es Baedecker schwer gefallen zu glauben, daß das Land *jemals* so oft und problemlos ins All geflogen war. Die lange Pause erdgebundener Zweifel, während der nichts flog, war für Baedecker zum Normalzustand geworden und verschmolz in seinem Denken mit einem gräßlichen Gefühl der Schwere, der Entropie und triumphierenden Schwerkraft, das auf ihm lastete, seit seine eigene Welt und seine Familie wenige Monate zuvor in Trümmer gegangen waren.

»Mein Freund Bruce sagt, daß Scott nach der Explosion der *Challenger* zwei Tage nicht aus seinem Zimmer herausgekommen ist«, sagte Maggie Brown, als sie vor der Schalterhalle des Flughafens von Neu-Delhi standen.

»Wirklich?« sagte Baedecker. »Ich hätte nicht gedacht, daß sich Scott damals noch für das Raumfahrtprogramm interessierte.« Er sah auf, als die aufgehende Sonne plötzlich von Wolken verdeckt wurde. Die Farben flossen aus der Welt ab wie Wasser in einen Abfluß.

»Er sagte, es wäre ihm egal«, sagte Maggie. »Er sagte, daß Tschernobyl und *Challenger* nur die ersten Anzeichen für das Ende der technologischen Ära seien. Ein paar Wochen später hat er Vorbereitungen getroffen, nach Indien zu kommen. Haben Sie Hunger, Richard?«

Es war noch nicht halb sieben Uhr morgens, aber die Schalterhalle füllte sich schon mit Menschen. Andere lagen noch schlafend auf dem rissigen und schmutzigen Linoleumboden. Baedecker fragte sich, ob es sich bei ihnen um potentielle Passagiere oder nur Obdachlose handelte, die eine Unterkunft für die Nacht suchten. Ein Baby lag allein auf einem schwarzen Kunststoffsitz und schrie aus Leibeskräften. Eidechsen huschten über die Wände.

Maggie führte ihn zu einer kleinen Cafeteria im ersten Stock, wo verschlafene Kellner mit schmutzigen Handtüchern über den Armen warteten. Maggie warnte ihn, den Speck nicht zu versuchen, dann bestellte sie ein Omelette, Toast, Gelee und Tee. Baedecker überlegte sich, ob er frühstücken sollte, entschied sich dann aber dagegen. Eigentlich wollte er einen Scotch. Er bestellte schwarzen Kaffee.

Der große Saal war menschenleer, abgesehen von der lärmenden russischen Besatzung einer Aeroflot-Maschine, die Baedecker vor dem Fenster sehen konnte. Diese schnippten mit den Fingern, um die müden indischen Kellner herbeizurufen. Baedeckers Blick glitt über den Kapitän, dann sah er noch einmal hin. Der große Mann kam ihm bekannt vor – auch wenn Baedecker sich sagte, daß bestimmt eine Menge russischer Piloten solche markanten Kiefer und buschigen Augenbrauen hatten. Dennoch fragte er sich, ob er ihn während der drei Tage kennengelernt hatte, die er mit der Besatzung des *Apollo-Sojus*-Testprojekts in Moskau und dem sowjetischen ›Sternenstädtchen‹ verbracht hatte. Er zuckte die Achseln. War auch nicht wichtig.

»Wie geht es Scott?« fragte er.

Maggie Brown sah auf, und ein leicht verschlossener Ausdruck schien sich wie ein feiner Schleier über ihr Gesicht zu legen. »Prima. Er sagt, er habe sich in seinem Leben noch nie so gut gefühlt, aber ich glaube, er hat etwas abgenommen.«

Baedecker sah seinen untersetzten Sohn mit Bürstenschnitt und T-Shirt vor sich, wie er Shortstop in der Jugendliga von Houston spielen wollte, aber zu langsam und nur für das rechte Feld geeignet war. »Was macht sein Asthma? Hat es in der hohen Luftfeuchtigkeit wieder angefangen?«

»Nein, das Asthma ist geheilt«, sagte Maggie gelassen. »Laut Scott hat es der Meister geheilt.«

Baedecker blinzelte. Selbst in den letzten Jahren hatte er in seinem einsamen Apartment dem Husten und keuchenden Atmen gelauscht. Er erinnerte sich an die Zeiten, als er den Jungen die ganze Nacht hindurch wie einen Säugling gehalten und gewiegt hatte, während sie beide ängstlich dem Röcheln in seiner Lunge lauschten. »Sind Sie Anhängerin dieses ... des Meisters?«

Maggie lachte, und der Schleier schien von ihren grünen Augen zu verschwinden. »Nein. In diesem Fall wäre ich nicht hier. Sie erlauben ihnen nicht, den Ashram für mehr als ein paar Stunden zu verlassen.«

»Hmmm«, sagte Baedecker und sah auf die Uhr. Neunzig Minuten, bis sein Flug nach Bombay startete.

»Er wird Verspätung haben«, sagte Maggie.

»Oh?« Baedecker war nicht sicher, wovon sie sprach.

»Ihr Flug. Er wird Verspätung haben. Was haben Sie bis Dienstag vor?«

Darüber hatte Baedecker nicht nachgedacht. Es war Donnerstag morgen. Er hatte vorgehabt, noch am Nachmittag in Bombay zu sein, am Freitag die Leute von der Elektronikfirma und deren Bodenstation zu besuchen, mit dem Zug nach Poona zu fahren, Scott über das Wochenende zu besuchen und am Montag nachmittag von Bombay aus nach Hause zu fliegen.

»Ich bin nicht sicher«, sagte er »Ich nehme an, ein paar Tage in Bombay bleiben. Was war so wichtig an dieser Klausur, daß Scott sich nicht freinehmen konnte?«

»Nichts«, sagte Maggie Brown. Sie trank den Rest Tee leer und stellte die Tasse mit einer brüsken Bewegung ab, in der ein Anflug von Zorn lag. »Dasselbe wie immer. Vorträge des Meisters. Meditationssitzungen. Tänze.«

»Tänze?«

»Nun, keine richtigen. Sie spielen Musik. Der Rhythmus wird schneller. Immer schneller. Sie bewegen sich dazu. Immer schneller. Schließlich brechen sie vor Erschöpfung zusammen. Reinigt die Seele. Das ist Teil des Tantra-Yoga.«

Baedecker konnte ihr Schweigen hören. Er hatte einiges über diesen ehemaligen Philosophieprofessor gelesen, der zum neuesten Guru so vieler reicher Kinder aus vielen wohlhabenden Nationen geworden war. Laut *Time* waren die indischen Behörden schockiert gewesen, als sie Berichte über Gruppensex in seinen Ashrams gehört hatten. Baedekker war schockiert gewesen, als Joan ihn davon in Kenntnis setzte, daß Scott die Universität in Boston verlassen hatte und dann um die halbe Welt gereist war. Auf der Suche wonach?

»Sie scheinen es nicht zu billigen«, sagte er zu Maggie Brown.

Das Mädchen zuckte die Achseln. Dann leuchteten ihre Augen. »He, ich hab' eine Idee! Warum verbringen Sie nicht etwas Zeit mit mir, um die Sehenswürdigkeiten anzuschauen? Ich versuche, seit ich im März hierher gekommen bin, Scott dazu zu überreden, sich auch einmal etwas anderes als den Ashram in Poona anzusehen. Kommen Sie mit mir! Wird bestimmt lustig. Sie bekommen das Visum von Air India praktisch umsonst.«

Baedecker, der immer noch an die Gerüchte über Gruppensex denken mußte, war einen Moment fassungslos. Dann sah er den kindlichen Eifer in Maggies Gesicht und wies sich selbst zurecht, daß er ein so lüsterner alter Mann war. Das Mädchen war einsam.

»Wohin gehen Sie?« fragte er. Er brauchte einen Augenblick, um eine höfliche Ablehnung zu formulieren.

»Ich verlasse Delhi morgen«, sagte sie strahlend. »Ich fliege nach Varanasi, dann nach Khajuraho, ein kurzer Aufenthalt in Kalkutta, dann Agra und Ende der Woche zurück nach Poona.«

»Was ist in Agra?«

»Nur das Taj Mahal«, sagte Maggie und beugte sich mit einem schalkhaften Ausdruck in den Augen zu ihm. »Sie *können* Indien nicht besuchen und das Taj Mahal auslassen. Das ist *verboten*.«

»Tut mir leid. Ich muß wohl«, sagte Baedecker. »Ich habe morgen eine Verabredung in Bombay, und Sie haben gesagt, daß Scott am Dienstag wieder hier ist. Ich muß spätestens Freitag in einer Woche wieder nach Hause fliegen. Ich ziehe diese Reise auch so schon zu sehr in die Länge.« Er konnte, obwohl sie nickte, ihre Enttäuschung sehen.

»Außerdem«, sagte er, »bin ich kein großer Tourist.«

Baedecker hatte die amerikanische Flagge als absurd empfunden. Er hatte damit gerechnet, daß sie ihn rühren würde. Einmal war er in Jakarta gewesen, nur neun Monate fern von den Staaten, und da hatte ihn die amerikanische Flagge, die am Heck eines Frachters im Hafen flatterte, zu Tränen gerührt. Aber auf dem Mond – eine Viertelmillion Meilen von zu Hause entfernt – konnte er nur daran denken, wie albern sie an ihrem starren Drahtgestell aussah, das im Vakuum eine Brise simulieren sollte.

Er und Dave hatten salutiert. Sie standen zur Sonne gewandt vor ihrer Fernsehkamera und salutierten. Unbewußt hatten sie schon die Gewohnheit angenommen, sich in der geringen Schwerkraft in der ›Schlaffer Affe‹-Haltung nach vorne zu beugen, vor der Aldrin sie in Kommuniqués gewarnt hatte. Die war zwar bequem und machte einen natürlichen Eindruck, fotografierte sich aber schlecht.

Sie hatten den Salut beendet und wollten sich gerade anderen Dingen zuwenden, als Präsident Nixon zu ihnen sprach. Für Baedecker war es Nixons Stegreiffunkspruch gewesen, der ein unwirkliches Erlebnis ins Surreale gekippt hatte. Der Präsident hatte eindeutig nicht festgelegt, was er im Verlauf des Anrufs sagen sollte, und so schweifte sein Monolog ab. Mehrmals schien es, als hätte er seinen Satz beendet, und sie setzten zu einer Antwort an, als Nixons Stimme wieder ertönte. Die entfernungsbedingte Funkverzögerung trug ebenfalls zu dem Problem bei. Dave übernahm das Reden fast vollständig. Baedecker sagte mehrmals: »Danke, Mr. Präsident.« Aus unerfindlichen Gründen hatte Nixon gedacht, daß sie sich für die Footballergebnisse der Spiele des Vortags interessieren würden. Baedecker verabscheute Football. Er fragte sich, ob dieses Geschwätz über Football Nixons Vorstellung von einem echten Gespräch unter Männern entsprach.

»Danke, Mr. Präsident«, hatte Baedecker gesagt. Und die ganze Zeit, während er vor dem Auge der Kamera stand, eine starre Flagge vor schwarzem Hintergrund betrachtete und dem von Rauschen überlagerten Schwafeln seines

Staatsoberhaupts lauschte, mußte Baedecker an den unerlaubten Gegenstand denken, den er in der Probentasche über dem rechten Knie verborgen hatte.

Der Flug von Delhi nach Bombay startete mit dreistündiger Verspätung. Der Vertreter einer britischen Helikopterfirma, der neben Baedecker in der Schalterhalle saß, erklärte ihm, daß der Pilot der Air India und der Flugingenieur jetzt schon seit Wochen einen Streit miteinander ausfochten. Der eine oder andere hielt den Flug jeden Tag auf.

Nachdem sie sich endlich in der Luft befanden, versuchte Baedecker zu dösen, aber das unablässige Läuten der Rufknöpfe hielt ihn wach. Kaum waren sie gestartet, schien jeder andere Passagier der Maschine nach einer der saribekleideten Stewardessen zu läuten. Die drei Männer in der Reihe vor Baedecker verlangten lautstark nach Kissen und Drinks und schnippten dabei herrisch mit den Fingern, was ihm, Baedecker, völlig gegen den egalitären mittelwestlichen Strich ging.

Maggie Brown hatte ihn kurz nach dem Frühstück verlassen. Sie hatte ihm den Plan ihrer ›Großen Rundreise‹ auf eine Serviette gekritzelt und in eine Tasche seines Anzugs gesteckt. »Man kann nie wissen«, sagte sie. »Möglicherweise überlegen Sie es sich noch einmal.« Baedecker hatte noch ein paar Fragen nach Scott gestellt, bevor sie mit einem schwarz-gelben Taxi davongefahren war, hatte aber rundum den Eindruck eines Mädchens, die ihrem Geliebten irrtümlich in ein seltsames und fremdes Land gefolgt war und nun nicht mehr wußte, was sie fühlte oder dachte.

Sie flogen in einem französischen Airbus. Baedecker stellte mit geübtem Auge fest, daß sich die Tragflächen weiter spannten als bei einem Produkt von Boeing, und er nahm voll Überraschung den steilen Flugwinkel wahr, den der Pilot wählte. Amerikanische Fluggesellschaften erlaubten ihren Piloten nicht, die Maschinen derart hinunterzuziehen, um die Passagiere nicht zu beunruhigen. Den indischen Passagieren schien es nicht weiter aufzufallen. Der Landeanflug auf Bombay lief so rasend schnell ab, daß Baedecker an einen Flug mit einer C-130 nach Pleiku denken mußte, wo der Pilot aus Angst vor Infanteriebeschuß gezwungen gewesen war, fast vertikal runterzugehen.

Bombay schien nahezu ausschließlich aus Hütten mit Blechdächern und alten, verfallenen Fabriken zu bestehen. Dann erhaschte Baedecker einen Blick auf Hochhäuser und das Arabische Meer, das Flugzeug kippte in einem Winkel von fünfzig Grad, ein Plateau erhob sich zur Begrüßung über die Hütten, und dann setzten sie auf. Baedecker zollte dem Piloten stumm seine Bewunderung.

Die Taxifahrt vom Flughafen zum Hotel war fast zuviel für Baedeckers erschöpfte Sinne. Die Elendsviertel begannen fast unmittelbar vor den Toren des Santa Cruz Airport von Bombay. Dutzende Quadratmeilen Hütten mit Blechdächern, durchhängenden Segeltuchunterständen und schmalen, schlammigen Wegen erstreckten sich auf beiden Seiten der Straße. An einer Stelle durchschnitt eine sechs Meter hoch gelegene Wasserpipeline das Dickicht der Hütten wie ein Gartenschlauch einen Ameisenhaufen. Kinder mit brauner Haut liefen darauf entlang oder ruhten sich auf den rostigen Seiten aus. Überall herrschten schwindelerregende Bewegungen unzähliger Leiber.

Es war sehr heiß. Die schwüle Luft, die zu den offenen Fenstern des Taxis hereinwehte, strich wie erhitzte, dampfende Abgase über Baedecker hinweg. Gelegentlich konnte er flüchtig das Arabische Meer rechts von sich sehen. Eine riesige Werbefläche in den Vororten verkündete: 0 TAGE BIS ZUM MONSUN, aber von der tiefhängenden Wolkendecke kam kein kühlender Regen herab, lediglich die Rückstrahlung der schrecklichen Hitze und ein bedrückendes Gefühl von Schwere, die sich wie ein Joch auf seine Schultern legte.

Die Stadt selbst war noch schwindelerregender. Jede Seitenstraße wurde zu einem Nebenfluß weißgekleideter Menschen, die sich in die größeren Ströme und Bäche einer amoklaufenden Masse ergossen. Tausende winziger Geschäftsfassaden boten ihre bunten Waren den Millionen dicht gedrängter Passanten feil. Die Kakophonie von Autohupen, Motoren und Fahrradglocken hüllte Baedecker in eine dichte, undurchdringliche Decke. Gigantische, grelle Plakatwände warben für Filme mit rosigen Schauspielern und schwarzhaarigen Schauspielerinnen mit Schmollmündern und purpurn getönten Teints.

Dann befanden sie sich auf dem Marine Drive, dem Queen's Necklace, und das Meer lag schwer und grau zu ihrer Rechten. Links konnte Baedecker Cricketfelder, Freiluftkrematorien, Tempel und Bürohochhäuser erkennen. Er glaubte über dem Turm der Stille eine kleine Schar Geier kreisen zu sehen, die auf Leichen gläubiger Parsi warteten, aber als er sich abwandte, tanzten die Pünktchen weiter an der Peripherie seiner Wahrnehmung.

Im Orkan der Klimaanlage des Oberoi Sheraton zitterte seine schweißnasse Haut. Baedecker konnte sich kaum daran erinnern, wie er sich eingetragen hatte und dem rotgekleideten Pagen zu seinem Zimmer im dreißigsten Stock gefolgt war. Die Teppiche rochen nach Desinfektionsmittel, eine Gruppe lauter Araber im Fahrstuhl verströmte Moschusgeruch, und einen Augenblick glaubte Baedecker sich übergeben zu müssen. Dann drückte er dem Pagen einen Fünfrupienschein in die Hand, die Vorhänge wurden vor das breite Fenster gezogen, die Tür geschlossen, alle Geräusche wurden gedämpft, und Baedecker warf seinen Leinenmantel auf einen Sessel und ließ sich auf das Bett fallen. Innerhalb von zehn Sekunden war er eingeschlafen.

Sie waren fast drei Meilen mit dem Rover gefahren, ein Rekord. Es war eine unruhige Fahrt. Der von den Rädern aufgewirbelte pulverförmige Mondstaub beschrieb seltsame, flache Flugbahnen, die Baedecker faszinierten. Die Welt war grell und einsam. Ihre Schatten eilten ihnen voraus. Jenseits des Funkrauschens und der internen Anzuggeräusche spürte Baedecker eine kalte und absolute Stille.

Das Gebiet für ihre Experimente lag ein gutes Stück vom Landeplatz entfernt in einem Krater, den die Karten als Kate auswiesen. Sie waren allmählich aufwärtsgefahren, und der winzige Computer im Rover hatte jede Biegung und Kurve gespeichert. Die Landefähre war als goldenes und silbernes Funkeln hinter ihnen im Tal zu erkennen.

Baedecker entlud die klobige seismische Einheit, während Dave damit beschäftigt war, mit der auf der Brust montierten Hasselblad eine 360-Grad-Panoramaaufnahme zu machen. Baedecker besorgte das Ausrollen der zehn Meter langen Golddrähte. Er beobachtete Dave, der nach jeder Aufnahme leicht hüpfte, ein menschlicher, an einem hellen Strand festgebundener Ballon. Dave meldete etwas an Houston und hüpfte nach Süden, um eine große Gesteinsformation zu fotografieren. Die Erde war ein kleines blauweißes Schild an einem schwarzen Himmel.

Jetzt, dachte Baedecker. Er ließ sich auf ein Knie sinken, wobei er feststellen mußte, daß das im Druckanzug gar nicht so einfach war, ging dann mit beiden Knien in den Staub, um das Ende der letzten seismischen Sensorfasern zu befestigen. Dave entfernte sich weiter. Baedecker öffnete hastig den Reißverschluß der Probetasche über dem rechten Knie und nahm die beiden Gegenstände heraus. Mit den dicken Handschuhen hatte er Schwierigkeiten, die Plastiktüte zu öffnen, aber schließlich gelang es ihm, den Inhalt auf die staubige Handfläche zu schütteln. Die kleine Farbfotografie lehnte er etwa einen Meter von der Sensorfaser entfernt an einen Stein. Sie lag halb im Schatten, und Dave würde sie nur sehen, wenn er direkt darüber stand. Den anderen Gegenstand – ein Christophorusmedaillon hielt er einen Moment unentschlossen in der Hand. Dann bückte er sich leicht, drückte das Metall auf den grauen Boden, ließ es zurück in die Tüte fallen und verstaute diese rasch wieder in der Probentasche, bevor Dave zurückkommen konnte. Baedecker kam sich seltsam vor, wie er so nach vorn gebeugt im Mondstaub kniete und sein unförmiger Schatten wie ein schwarzes Tuch vor ihn fiel. Die kleine Fotografie sah ihn an. Joan trug eine rote Bluse und blaue Hosen. Sie hatte den Kopf leicht zu Baedecker gewandt der direkt in die Kamera lächelte. Beide hatten eine Hand auf Scotts Schultern liegen. Der Siebenjährige grinste breit. Er trug für das Foto ein weißes Hemd, aber in dem offenen Kragen konnte Baedekker das blaue T-Shirt mit dem Schriftzug ›Kennedy Space Center‹ erkennen, das der Junge fast jeden Tag des vergangenen Sommers getragen hatte. Baedecker sah nach links zu der fernen Gestalt von Dave und wollte sich gerade erheben, als er etwas hinter sich spürte. Seine Haut wurde klamm im Anzug. Er stand auf und drehte sich langsam um.

Der Rover parkte fünf Meter hinter ihm. Die Fernsehkamera, die von einer Konsole in Houston aus bedient wurde, war auf eine Verstrebung beim rechten Vorderrad montiert. Die Kamera zeigte direkt auf ihn. Sie neigte sich ein wenig zurück, damit sie ihm folgen konnte, als er sich zu voller Größe aufrichtete.

Baedecker sah über das Gleißen und die Distanz zu der kleinen Box mit ihren Kabeln. Der schwarze Kreis der Linse erwiderte seinen Blick schweigend.

Die große Antenne schnitt eine scharf umrissene Parabel aus dem Monsunhimmel.

»Beeindruckend, nicht wahr?« fragte Sirsikar. Baedecker nickte und sah von dem Hügel hinab. Kleine Flecken Farmland, nicht größer als zwei Morgen, verliefen an der schmalen Straße entlang. Die Häuser bestanden aus unordentlichen Bretterverschlägen auf derben Pfählen. Den ganzen Weg von Bombay bis zur Empfangsstation hatten Sirsikar und Shah ihm interessante Örtlichkeiten gezeigt.

»Sehr hübsches Farmhaus«, hatte Shah gesagt und auf ein Gebäude aus Stein gedeutet, das nicht größer als die Garage von Baedeckers altem Haus in Houston war. »Es besitzt einen Methankonverter, müssen Sie wissen.«

Baedecker fielen die Männer auf, die auf ihren flachen Holzpflügen hinter erschöpft aussehenden Ochsen standen. Zinken bohrten sich durch den rissigen Boden. Ein Mann ließ seine beiden Söhne neben sich stehen, damit sich die Zinken tiefer in die trockene Erde bohrten.

»Wir haben jetzt drei«, fuhr Sirsikar fort. »Nur der *Nataraja* ist synchron. *Sarasvati* und *Lakshmi* befinden sich dreißig Minuten ihrer neunzig Minuten dauernden Umkreisung hinter dem Horizont, und die Station hier in Bombay dient als Relais für Echtzeitübertragungen.«

Baedecker sah den kleinen Wissenschaftler an. »Sie benennen die Satelliten nach Göttern?« fragte er.

Shah schlurfte unbehaglich, aber Sirsikar sah Baedecker strahlend an. »Gewiß!«

Baedecker, der sich hatte anwerben lassen, als *Mercury* flog, seine Ausbildung unter *Gemini* erhalten und seine Taufe in einer *Apollo* bestanden hatte, wandte den Blick wieder der stählernen Symmetrie der gigantischen Antenne zu.

»Wir auch«, sagte er.

DAD, WIR SIND BIS SAMST. 27. JUNI IN KLAUSUR. BALD WIEDER IN POONA. WENN DU DA BIST SEHEN WIR UNS. SCOTT.

Baedecker las das Telegramm noch einmal, knüllte es zusammen und schnippte es in den Abfalleimer in der Zimmerecke. Er ging zu dem breiten Fenster und sah auf die gespiegelten Lichter vom Queen's Necklace im unruhigen Wasser der Bucht hinunter. Nach einer Weile drehte er sich um, ging zur Rezeption hinunter und setzte ein Telegramm nach St. Louis auf, in dem er seine Firma darüber informierte, daß er nun doch beschlossen hatte, seinen Urlaub zu nehmen.

»Ich wußte, daß Sie kommen würden«, sagte Maggie Brown. Sie verließen das Touristenboot, und Baedecker wich etwas vor dem Ansturm von Bettlern und Obdachlosen zurück. Er fragte sich wieder, ob er einen Fehler gemacht hatte, als er den Werbespot für die Kreditkarte ablehnte. Das Geld hätte er gut gebrauchen können.

»Haben Sie geahnt, daß Scott in Klausur bleiben würde?« fragte Baedecker.

»Nein. Es überrascht mich nicht, aber das ist es nicht. Ich hatte nur so eine Ahnung, daß ich Sie wiedersehen würde.«

Sie standen am Ufer des Ganges und bewunderten einen neuen Sonnenaufgang. Eine Menschenmenge drängte sich bereits auf der gewaltigen Treppe, die zum Fluß hinunterführte. Frauen, deren nasse Baumwollkleidung an den schlanken Gestalten klebte, kamen aus dem kaffeefarbenen Wasser gestiegen. Irdene braune Krüge spiegelten die Farbe der Haut. Hakenkreuze schmückten einen Tempel mit Marmorfassade. Baedecker konnte das Klatsch-klatsch-klatsch der Frauen der Wäscherkaste hören, die stromaufwärts Wäsche gegen die flachen Steine schlugen. Qualm von Weihrauch und Scheiterhaufen schwängerte die Morgenluft.

»Auf den Schildern steht Benares«, sagte Baedecker, als sie sich der kleinen Gruppe anschlossen. »Die Fahrkarte ging nach Varanasi. Wo sind wir denn nun?«

»Varanasi lautete der ursprüngliche Name. Alle nennen es Benares. Aber das wollten sie abschaffen, weil die Briten es so nannten. Sie wissen schon, ein Sklavenname. Malcolm X. Muhammad Ali.« Maggie verstummte und fiel in einen leichten Laufschritt, als der Führer sie ermahnte, in den schmalen Gassen den Anschluß nicht zu verlieren. An einer Stelle wurde die Straße so schmal, daß Baedecker die Hände ausstrecken und die gegenüberliegenden Hauswände mit den Fingerspitzen berühren konnte. Die Leute drängten, brüllten, schubsten, spuckten und machten Platz für die allgegenwärtigen Rinder, die frei herumliefen. Ein ungewöhnlich hartnäckiger Bettler folgte ihnen mehrere Blocks lang und blies dabei ohrenbetäubend in seine handgeschnitzte Flöte. Schließlich blinzelte Baedecker Maggie zu, gab dem Jungen zehn Rupien und steckte die Flöte in die Hüfttasche.

Sie betraten ein leerstehendes Gebäude. Im Innern hielten gelangweilte Männer Kerzen und wiesen den Weg eine ausgetretene Treppe hinauf. Als Baedecker vorüberging, streckten sie die Hände aus. Im zweiten Stock konnte man von einem kleinen Balkon über die Tempelmauer sehen. Ein goldverkleidetes Minarett war gerade noch zu erkennen.

»Dies ist die heiligste Stätte der Welt«, sagte der Führer. Seine Haut hatte Farbe und Beschaffenheit eines gut geölten

Baseballhandschuhs. »Heiliger als Mekka. Heiliger als Jerusalem. Heiliger als Bethlehem oder Sarnath. Es ist der allerheiligste Tempel, den alle Hindus – nach einem Bad im Ganges – besuchen wollen, bevor sie sterben.«

Allgemeines Nicken und Murmeln folgte. Stechmückenschwärme tanzten vor verschwitzten Gesichtern. Auf dem Weg nach unten versperrten die Männer mit den Kerzen ihnen den Weg und waren viel beharrlicher mit ihren ausgestreckten Handflächen und schneidenden Stimmen.

Als sie später gemeinsam mit einer Autorikscha zum Hotel zurückfuhren, drehte sich Maggie mit ernster Miene zu ihm um. »Glauben Sie daran? An Orte der Macht?«

»Wie meinen Sie das?«

»Keine heiligen Plätze, sondern Orte, die etwas ganz Besonderes für einen sind. Ein Ort, der seine eigene Macht besitzt.«

»Nicht hier«, sagte Baedecker und deutete auf das traurige Schauspiel von Armut und Verfall, das sie passierten.

»Nein, nicht hier«, stimmte Maggie Brown zu. »Aber ich habe einige Orte gefunden.«

»Erzählen Sie mir von ihnen«, sagte Baedecker. Wegen des Lärms von Verkehr und Fahrradklingeln mußte er laut sprechen.

Maggie sah nach unten und strich sich das Haar hinter ihr Ohr zurück, eine Geste, die Baedecker allmählich schon vertraut vorkam. »Es gibt da eine Stelle in der Nähe des Wohnorts meiner Großeltern im westlichen South Dakota«, sagte sie. »Einen Vulkankegel in der Nähe der Black Hills am Rande der Prärie. Er heißt Bear Butte. Als Kind bin ich da immer hinaufgeklettert, während Großvater und Großmutter unten auf mich gewartet haben. Jahre später erfuhr ich, daß es eine heilige Stätte der Sioux war. Aber schon vorher – als ich da oben stand und über die Prärie sah – *wußte* ich, daß es etwas ganz Besonderes sein mußte.«

Baedecker nickte. »Das ist bei höhergelegenen Stellen oft so, sagte er. »Es gibt da einen Ort, den ich gern besuche – ein kleines Christian Science College – weit draußen in den

Boonies auf der Illinois-Seite des Mississippi, nicht weit von St. Louis entfernt. Der Campus liegt genau auf den Klippen über dem Fluß. Direkt am Rand steht eine kleine Kapelle, und man kann auf einige Felsvorsprünge hinaustreten und hat den Blick über halb Missouri.«

»Sind Sie Christian Scientist?«

Die Frage und ihr Gesichtsausdruck waren so ernst, daß Baedecker lachen mußte. »Nein«, sagte er. »Ich bin nicht religiös. Ich bin nicht … gar nichts.« Plötzlich sah er sich im Mondstaub knien, das grelle Licht eine Weihe.

Die Autorikscha war hinter mehreren Lastwagen im Verkehr steckengeblieben. Jetzt scherte sie brüllend aus und überholte rechts, und Maggie mußte ihre nächste Bemerkung beinahe brüllen. »Nun, ich finde, es ist mehr als die Aussicht. Ich finde, manche Stätten besitzen eine eigene Macht.«

Baedecker lächelte. »Da könnten Sie recht haben.«

Sie drehte sich zu ihm um, und ihre grünen Augen lächelten ebenfalls. »Und ich könnte mich irren«, sagte sie. »Könnte alles großer Quatsch sein. Dieses Land macht aus jedem einen Mystiker. Aber manchmal denke ich, daß wir uns unser ganzes Leben lang auf einem Pilgerzug befinden, um solche Orte zu finden.«

Baedecker sah weg und sagte nichts.

Der Mond war ein großer, heller Sandkasten gewesen, und Baedecker der einzige Mensch darin. Er hatte den Rover über hundert Meter vom Landemodul weg gefahren und so geparkt, daß Bilder vom Start übertragen werden konnten. Er löste den Sicherheitsgurt, stützte sich mit einem Arm ab und sprang mit dem behenden Schwung hinaus, der ihm in der geringen Schwerkraft zur zweiten Natur geworden war. Ihre Spuren waren überall im tiefen Staub zu sehen. Die gerillten Profilspuren bildeten Kurven, überkreuzten sich und entfernten sich Richtung Norden, wo das Hochland weiß gleißte. Um das Schiff selbst herum war der Staub festgetreten und gestampft wie Schnee um eine Skihütte.

Baedecker hüpfte um den Rover herum. Das kleine Fahrzeug war mit Staub bedeckt und in einem schlimmen Zustand. Zwei der kleinen Kotflügel waren abgefallen, und Dave hatte Plastikkarten daran festgeklebt, damit keine Gesteinsbrocken auf die Insassen geschleudert wurden. Das Kamerakabel war dutzendfach verwickelt und mußte auch jetzt von Baedecker gerettet werden. Er hüpfte mühelos zur Vorderseite des Rovers, befreite das Kabel, indem er kurz daran zog, und staubte die Linse ab. Ein Blick verriet ihm, daß Dave sich bereits in die Landefähre zurückgezogen hatte.

»Okay, Houston, sieht gut aus. Ich gehe jetzt hier aus dem Weg. Wie sieht es aus?«

»Prima, Dick. Wir können die *Discovery* sehen und ... äh ... sollten imstande sein, Sie beim Start zu filmen.«

Baedecker beobachtete mit kritischem Blick, wie die Kamera sich nach links und rechts drehte. Sie zielte auf seine Taille, dann fuhr sie hoch in ihre Endposition. Er konnte sich das Bild vorstellen, das sie übermittelte. Sein staubiger Raumanzug würde weiß schimmern, von vereinzelten Gurten, Schnallen und der dunklen Fläche des Helmvisiers unterbrochen. Ein Gesicht würde er nicht haben.

»Gut«, sagte er. »Okay. Nun ... äh ... soll ich sonst noch etwas erledigen?«

»... tiv ...«

»Bitte wiederholen, Houston.«

»Negativ, Dick. Die Zeit, an Bord zu gehen, wird etwas knapp.«

»Roger.«

Baedecker drehte sich um und warf einen letzten Blick auf die lunare Landschaft. Die gleißende Sonne löschte fast die gesamte Oberflächenbeschaffenheit aus. Selbst durch das dunkle Helmvisier war die Oberfläche eine gleißende, weiße Leere. Wie seine Gedanken. Baedecker stellte gereizt fest, daß ihm alle möglichen Einzelheiten durch den Kopf gingen – die Checkliste vor dem Start, die Prozeduren des Verstauens, eine nervtötend volle Blase – das alles bedrängte ihn und ließ ihm keine Gelegenheit zu denken. Er verlangsamte seinen Atem und versuchte, mögliche letzte Gefühle zu verspüren, die in ihm sein mochten.

Ich bin hier, dachte er. *Dies geschieht alles wirklich.*

Er kam sich albern vor, wie er so dastand, in das Mikrofon schnaufte und den Zeitplan noch mehr in Verzug brachte. Das Sonnenlicht auf der goldenen Isolierfolie um das Landefahrzeug herum stach ihm ins Auge. Baedecker zuckte in seinem unförmigen Anzug flüchtig die Schultern und hüpfte mühelos über die pockennarbige und festgetretene Ebene auf das wartende Raumfahrzeug zu.

Der Halbmond ging über dem Dschungel auf. Mary war an der Reihe zu putten. Sie bückte sich, preßte die Knie zusammen, und ihr Gesicht war eine Studie der Konzentration. Der leicht gekerbte Ball rollte zu schnell die Betonrampe hinunter und hüpfte über das niedere Geländer.

»Ich kann es nicht glauben«, sagte Baedecker.

Khajuraho bestand aus der Landebahn, einer berühmten Tempelgruppe, einem winzigen indischen Dorf und zwei kleinen Hotels am Rand des Dschungels. Und einem Minigolfplatz.

Die Tempelanlage schloß um fünf Uhr. Das Freizeitangebot, abgesehen von den Tempeln selbst, bestand während der Touristiksaison aus einem Elefantenritt in den Dschungel auf Kosten des Hotels. Zur Zeit war keine Touristiksaison. Dann waren sie hinter das kleine Hotel geschlendert und hatten den Golfplatz gefunden.

»Ich kann es nicht glauben«, hatte Maggie gesagt.

»Das muß ein heimwehkranker Architekt aus Indianapolis zurückgelassen haben«, sagte Baedecker. Der Portier hatte die Stirn gerunzelt, ihnen aber drei Putter ausgehändigt, zwei davon irreparabel beschädigt. Baedecker hatte Maggie galant die geradeste der drei Keulen überlassen, dann waren sie zu dem Gelände gestapft.

Maggies fehlgeschlagener Putt rollte ins Gras. Eine dünne

grüne Schlange wand sich ins höhere Gras davon. Maggie unterdrückte einen Schrei, und Baedecker hielt den Putter wie ein Schwert vor sich. Vor ihnen lagen in der schwülen Dämmerung abblätternde Windmühlen aus Sperrholz und Schlagrampen, auf denen der Teppichfilzbelag fehlte. Die Vertiefungen und Wasserhindernisse waren mit lauwarmem Wasser vom Monsunregen des heutigen Tages gefüllt. Wenige Meter jenseits des letzten Lochs stand ein wahrhaftiger Hindutempel, der scheinbar Teil der Miniaturanlage zu sein schien.

»Das würde Scott gefallen«, lachte Baedecker.

»Wirklich?« fragte Maggie. Sie verlagerte das Gewicht auf den Putter. Ihr Gesicht war ein weißes oval im Halbdunkel.

»Klar. Das war sein Lieblingssport. Wir hatten immer eine Jahreskarte für die Putt-Putt-Anlage von Cocoa Beach.«

Maggie senkte den Kopf und führte einen Putt drei Meter über kiesigen Beton. Sie sah auf, als etwas den Mond verdeckte.

»Oh!« sagte sie. Eine Fledermaus mit einer Spannweite von neunzig Zentimeter oder mehr schwebte von den Bäumen herab und flatterte schwarz vor dem Himmel.

Am vierzehnten Loch trieben die Moskitos sie wieder ins Hotel zurück.

Woodland Heights. Mehrere Meilen vom Johnson-Raumfahrtzentrum entfernt, so flach wie die Salzwüste von Bonneville und bar jeglicher Bäume, abgesehen von sorgsam gehegten Schößlingen in jedem Garten, so erstreckten sich die Häuser von Woodland Heights in Kurven und Ringstraßen unter der unbarmherzigen Sonne von Texas. Einmal, als er nach einer Woche Aufenthalt am Cape zu Beginn des Trainings für einen *Gemini*-Flug, der nie stattfinden sollte, nach Hause zurück flog, kreiste Baedecker mit seiner T-38 über der endlosen Geometrie einförmiger Häuser, um sein eigenes zu finden. Er erkannte es schließlich am neu gestrichenen Grün von Joans altem Rambler.

Er ging mit der kleinen Trainingsmaschine impulsiv in

den Sturzflug und hielt sich auf zufriedenstellenden und illegalen sechzig Metern über den Dächern. Der Horizont neigte sich, Sonnenlicht spiegelte sich auf Plexiglas, und er schwenkte den Jet in eine zweite Runde. Beim Hochziehen schaltete er den Nachbrenner zu, jagte die T-38 steil nach oben und beschrieb einen engen Looping, der seinen Höhepunkt darin fand, daß Baedeckers Frau und Kind unerklärlicherweise aus dem weißen Ranchhaus herausstürzten.

Das war einer der wenigen Augenblicke in Baedeckers Leben gewesen, an den er sich erinnern und behaupten konnte, daß er wahrhaft glücklich gewesen war.

Er lag wach und beobachtete, wie der Streifen des Mondlichts langsam an der Wand des Hotelzimmers in Khajuraho hinauf wanderte. Baedecker fragte sich leichthin, ob Joan das Haus verkauft hatte oder noch besaß und vermietete.

Nach einer Weile stand er vom Bett auf und sah zum Fenster hinaus. Damit verstellte er die dünne Linie des Mondlichts und ließ die Dunkelheit herein.

Basti, Chawl, wie immer die Einwohner von Kalkutta auch dazu sagen mochten, es war das Elendsviertel schlechthin. Das Labyrinth der Wellblechhütten und Sackleinwandzelte erstreckte sich meilenweit an den Eisenbahnschienen entlang und wurde lediglich von einigen kurvigen Pfaden durchzogen, die als Straßen und Abwasserkanäle zugleich dienten. Das Gedränge der Menschenmassen war fast unvorstellbar. Überall liefen Kinder herum, verrichteten ihre Geschäfte vor Türen, jagten einander zwischen den Hütten und folgten Baedecker mit dem leichtfüßigen Hüpfen der Scheuen und Barfüßigen. Frauen sahen weg, wenn Baedekker vorüberging, oder zogen den Stoff ihrer Saris hoch und verhüllten die Gesichter. Männer sahen ihn mit unverhohlener Neugier an, die an Feindseligkeit grenzte. Manche schenkten ihm gar keine Beachtung. Mütter hockten hinter ihren Kindern und waren damit beschäftigt, Läuse aus verfilzten Haaren zu klauben. Kleine Mädchen knieten neben alten Frauen und kneteten Kuhdung mit den Händen, formten ihn zu handlichen Briketts. Ein alter Mann hustete Schleim in die Hand, während der sich auf einem freien Platz zum Kacken hingehockt hatte.

»Baba! Baba!« Kinder liefen neben Baedecker her. Handflächen wurden nach oben gehalten, Hände zerrten an ihm. Er hatte schon lange keine Münzen mehr in den Taschen.

»Baba! Baba!«

Er hatte mit Maggie vereinbart, daß er sich um zwei Uhr in der Universität von Kalkutta mit ihr treffen würde, sich aber verirrt, da er zu früh aus dem überfüllten Bus ausgestiegen war. Es mußte schon auf fünf Uhr zugehen. Die Wege und gestampften Straßen führten immer wieder im Kreis zurück und hielten ihn zwischen den Schienen und dem Fluß Hooghly gefangen. Er hatte die Howrah Bridge wiederholt gesehen, schien aber nie näher zu ihr hinzugelangen. Der Gestank des Flusses wurde nur noch von dem der Elendsviertel und des Schlamms übertroffen, durch den er watete.

»Baba!« Die Menge um ihn herum wurde größer, und nicht alle Bettler waren Kinder. Mehrere große Männer drängten sich dicht hinter ihn, redeten hastig auf ihn ein und stießen die Fäuste zu Schlägen vorwärts, die jedesmal beinahe trafen.

Meine eigene verdammte Schuld, dachte Baedecker. *Der häßliche Amerikaner schlägt wieder zu.*

Die Hütten hatten keine Türen. Hühner liefen in die engen, dunklen Unterkünfte hinein und heraus. In einer flachen Abwasserpfütze wuschen eine Gruppe Jungs und Männer die schwarzen Flanken eines schlafenden Ochsen. Irgendwo in der dichten Aneinanderreihung baufälliger Hütten spielte lautstark ein batteriebetriebenes Kofferradio. Die Musik schwoll zu einem Crescendo gezupfter Saiten an, das Baedeckers zunehmende Angst widerspiegelte. Dreißig oder vierzig Menschen folgten ihm jetzt, ausgemergelte, wütende Männer hatten die Kinder fast völlig verdrängt.

Ein Mann mit einem roten Tuch um den Kopf kreischte laut etwas in einer Sprache, die Baedecker für Hindi oder

Bengali hielt. Als Baedecker den Kopf schüttelte, daß er nicht verstand, versperrte ihm der Mann den weg, fuchtelte mit den Armen in der Luft und brüllte noch lauter. Einige Ausdrücke wurden von anderen Männern in der Menge wiederholt.

Schon viel früher hatte Baedecker einen kleinen, aber schweren Stein aufgehoben. Nun steckte er die Hand beiläufig in die Tasche seines Safarihemds und nahm diesen Stein. Die Zeit schien sich zu verlangsamen, Ruhe senkte sich über ihn.

Plötzlich ertönte ein Schrei von einer Seite, die Kinder stoben davon, und die Menge überließ Baedecker sich selbst und lief eine Nebenstraße hinab. Selbst der Mann mit dem roten Tuch um den Kopf brüllte eine Silbe zum Abschied und entfernte sich rasch. Baedecker wartete eine Minute, dann schlenderte er hinter ihnen her, einen schlammigen Pfad zum Flußufer hinab.

Eine Menschenmenge hatte sich um etwas versammelt, das am Uferschlamm angespült worden war. Zuerst hielt Baedecker es für einen ausgebleichten Baumstumpf, aber dann gewahrte er die schreckliche Symmetrie und erkannte es als menschlichen Leichnam. Dieser war weiß – weißer als ein Albino, weißer als ein Fischbauch – und von Gasen auf doppelte Größe aufgebläht. Schwarze Löcher schienen aus der aufgedunsenen Masse zu starren, die einmal ein Gesicht gewesen war. Mehrere Kinder, die Baedecker gefolgt waren, hockten jetzt neben diesem Ding und strichen schrill kichernd mit den Händen darüber. Die Beschaffenheit erinnerte Baedecker an weißen Pilz, an riesige Pilze, die in der Sonne verfaulten. Fleischfetzen fielen nach innen oder lösten sich während die Jungs stocherten und kicherten.

Schließlich gingen einige der Männer näher und bohrten spitze Stöcke in den Leichnam. Sie wichen zurück, als Gas mit vernehmlichem Zischen entwich. Die Menge lachte. Mütter, die Kleinkinder an den Hüften trugen, drängten nach vorne.

Baedecker zog sich zurück, schlich hastig eine Gasse entlang, bog, ohne nachzudenken, nach rechts ab und stand plötzlich auf einer gepflasterten Straße. Eine Straßenbahn, die unter der Last der festgeklammerten Passagiere schwankte, kam angefahren. Zwei Rikschakulis, die übergewichtige indische Geschäftsleute zum Essen nach Hause fuhren, sausten vorbei. Baedecker blieb einen Moment im Verkehrsstrom stehen, dann winkte er einem vorbeifahrenden Taxi.

»Wie geht es dir, Richard?«

»Großartig, Liebling. Ich habe in den nächsten Tagen nicht viel zu tun. Tom Gavin hat den größten Teil der Arbeit erledigt und sich echt gut um uns gekümmert. Dave und ich schicken ihn in ein paar Stunden raus, damit er die Filmdosen zurückholt. Wie ist es zu Hause?«

»Einfach toll. Wir haben gestern den Start vom Mond in der Flugkontrolle mitverfolgt. Du hast uns nicht gesagt, daß es so schnell in die Höhe geht.«

»Ja. Eine tolle Fahrt.«

»... möchte ... ein paar ...«

»Entschuldigung. Bitte wiederholen. Das habe ich nicht mitbekommen.«

»Ich sagte, Scott möchte gerne ein paar Worte sagen.«

»Okay ... prima! Stell ihn durch.«

»Gut. Bis bald, Richard. Wir freuen uns schon darauf, dich am Dienstag zu sehen. Tschüs!«

»Hi, Dad!«

»Hi, Scott!«

»Du hast im Fernsehen echt toll ausgesehen. Hast du wirklich einen Geschwindigkeitsrekord aufgestellt, wie sie gesagt haben?«

»Ähh ... für Bodengeschwindigkeit ... für die Fahrt auf dem Mond, ja, das haben wir wohl, Scott. Aber Dave ist gefahren. Ich denke, der Rekord geht auf sein Konto.«

»Oh.«

»Nun, Tiger, wir müssen wieder an die Arbeit. War echt schön, mit dir zu reden.«

»He, Dad.«

»Ah … roger, Scott …«

»Ich kann euch alle drei auf dem großen Bildschirm hier sehen. Wer steuert eigentlich das Kommandomodul?«

»Äh … das ist eine gute Frage, oder nicht, Tom? Ich schätze, Scott … ich schätze in den nächsten paar Tagen … äh … übernimmt Isaac Newton die Steuerung.«

Liveübertragungen der Familien, die sich mit den Astronauten unterhielten, entsprachen der Vorstellung der NASA von vorzüglicher Werbung für die Abendnachrichten. Beim nächsten Flug wiederholten sie das allerdings nicht mehr.

»Das illustre Grabmal Seiner Erhabenen Majestät Shahjahan, des Tapferen Königs, dessen Aufenthaltsort nun das Sternenfirmament bildet. Er reiste in der achtundzwanzigsten Nacht des Monats Rahab im Jahre 1076 der Hegira von dieser vergänglichen Welt in die Welt der Ewigkeit.«

Maggie Brown klappte den Reiseführer zu, worauf sie beide dem weißen Weltwunder des Taj Mahal den Rücken kehrten. Keiner war in der Stimmung, wunderschöne Architektur oder in makellosen Marmor eingelegte Edelsteine zu bewundern. Vor den Toren warteten die Bettler. Baedecker und das Mädchen schritten über den Schachbrettboden, lehnten sich auf das breite Geländer und sahen über den Fluß hinaus. Ein Monsunwolkenbruch hatte sämtliche Touristen bis auf die hartgesottensten vertrieben. Die Luft war so kühl wie während Baedeckers gesamtem Aufenthalt – mit Temperaturen um die achtundzwanzig Grad. Die Sonne hielt sich hinter purpur-schwarzen Stratokumuluswolken im Westen versteckt, aber ein graues Licht hüllte die gesamte Szenerie ein. Der Fluß war breit und seicht und floß mit der ergreifenden Gelassenheit aller Flüsse überall auf der Welt.

»Maggie, warum sind Sie Scott nach Indien gefolgt?«

Sie sah zu Baedecker auf, vermied ein Achselzucken nur, indem sie die Schultern krümmte und eine Haarsträhne hinter das Ohr steckte. Sie sah blinzelnd über den Fluß, als suchte sie jemanden am gegenüberliegenden Ufer. »Ich bin nicht sicher. Wir kannten uns erst fünf Monate, bevor er beschlossen hatte, alles hinzuschmeißen und hierherzukommen. Ich mochte Scott ... immer noch ... aber manchmal kam er mir so *unreif* vor. Und manchmal wie ein alter Mann, der vergessen hat, wie man lacht.«

»Aber Sie sind ihm zehntausend Meilen weit gefolgt.«

Dieses Mal zuckte sie doch die Achseln. »Er suchte nach etwas. Damit war es uns beiden ernst ...«

»Orte der Macht?«

»So ähnlich. Nur dachte Scott, wenn er es nicht bald finden würde, würde er es nie finden. Er sagte, er wollte sein Leben nicht vergeuden wie ...«

»Wie sein alter Herr?«

»Wie so viele Menschen. Darum beschloß ich, herzukommen und mich auch einmal umzusehen, als er mir schrieb. Nur, für mich sind es nur Ferien. *Ich* werde nächstes Jahr meinen Abschluß machen.«

»Glauben Sie, daß er es gefunden hat?« fragte Baedecker. Seine Stimme zitterte beinahe.

Maggie Brown legte den Kopf zurück und holte tief Luft. »Ich glaube nicht, daß er irgend etwas gefunden hat. Ich glaube, er hat sich nur in den Kopf gesetzt, zu beweisen, daß er ein ebenso dummes Arschloch wie alle anderen auch sein kann. Bitte entschuldigen Sie den Ausdruck, Mr. Baedekker.«

Baedecker lächelte. »Maggie, ich werde nächsten November dreiundfünfzig. Ich wiege einundzwanzig Pfund mehr als zu meinen Zeiten als Vollzeitpilot. Mein Job hängt mir zum Hals raus. In meinem Büro stehen die hellen Möbel, die man in den fünfziger Jahren hatte. Meine Frau hat sich nach achtzundzwanzig Ehejahren von mir scheiden lassen und lebt jetzt mit einem Notar zusammen, der sich das Haar tönt und als Hobby Chinchillas züchtet. Ich habe zwei Jahre lang versucht, ein Buch zu schreiben, bis mir klar wurde, daß ich überhaupt nichts zu sagen habe. Ich habe gerade fast eine ganze Woche mit einem wunderschönen jungen Mädchen verbracht, das die ganze Zeit keinen BH trug, und habe nicht einmal Annäherungsversuche unternommen. Also ... einen Augenblick, bitte ... wenn Sie nun sagen wollen, daß mein Sohn, mein einziger Sohn, ein ebensolches Arschloch wie alle anderen ist, nun, dann nur zu.«

Maggies Gelächter hallte von dem hohen Gebäude wider. Ein älteres englisches Ehepaar sah sie an, als kicherten sie in der Kirche.

»Nun gut«, sagte sie schließlich. »Darum bin *ich* hier. Warum sind Sie gekommen?«

Baedecker blinzelte. »Ich bin sein Vater.« Maggie Browns grüne Augen zuckten nicht einmal. »Sie haben recht«, sagte er. »Das ist nicht ausreichend.« Er griff in die Tasche und zog das Christophorusmedaillon heraus.

»Mein Vater hat sie mir gegeben, als ich zu den Marines gegangen bin«, sagte er. »Mein Vater und ich hatten nicht viel gemeinsam ...«

»War er katholisch?«

Baedecker lachte. »Nein, er war nicht katholisch – reformiert –, aber sein *Großvater* war katholisch gewesen. Dieses Ding hat schon viel erlebt.« Baedecker erzählte ihr von der Reise des Medaillons zum Mond.

»Herrgott«, sagte Maggie. »Und St. Christophorus ist nicht einmal mehr ein Heiliger, oder?«

»Nee.«

»Das spielt aber keine Rolle, oder?«

»Nein.«

Maggie sah über den Fluß. Das Licht erlosch. Laternen und offene Feuer leuchteten hinter einer Baumreihe. Süßlicher Rauch hing in der Luft.

»Wissen Sie, welches das traurigste Buch war, das ich je gelesen habe?« fragte sie.

»Nein. Was war denn das traurigste Buch, das Sie je gelesen haben?«

»*The Boys of Summer*. Auch gelesen?«

»Nein. Aber ich kann mich erinnern, wie es veröffentlicht wurde. Ein Sportbuch, richtig?«

»Ja. Der Verfasser – Roger Kahn – besuchte eine Menge der Jungs, die 1952 und '53 für die Brooklyn Dodgers gespielt haben.«

»An die Spielzeiten kann ich mich noch erinnern«, sagte Baedecker. »Duke Snider, Campanella, Billy Cox. Was ist daran so traurig? Sie haben die Weltserie nicht gewonnen, aber sie hatten eine tolle Saison.«

»Ja, aber genau das *ist* es ja«, sagte Maggie, und Baedecker stellte erstaunt fest, wie ernst und gepreßt ihre Stimme klang. »Jahre später, als Kahn die Jungs aufsuchte, war das immer noch ihre beste Saison. Ich meine, es war die beste Zeit in ihrem ganzen beschissenen *Leben,* und die meisten von ihnen wollten das nicht glauben. Sie waren nur alte Fürze, die Autogramme gaben und darauf warteten, daß sie starben, und trotzdem taten sie so, als läge das Beste noch vor ihnen.«

Baedecker lachte nicht. Er nickte. Maggie blätterte verlegen in dem Reiseführer. Nach einem Augenblick des Schweigens sagte sie: »Hier steht etwas Interessantes.«

»Und das wäre?«

»Daß das Taj Mahal nur eine Übung gewesen ist. Der alte Shah Jahan hatte ein *noch größeres* Grabmal für sich geplant. Auf der anderen Seite des Flusses. Es sollte ganz schwarz und durch eine anmutige Brücke mit dem Taj Mahal verbunden sein.«

»Was ist passiert?«

»Hmmm ... als Shah Jahan starb, hat sein Sohn ... Aurangzeb, offenbar einfach den Sarg seines Vaters neben den von Mumtaz Mahal gestellt und das Geld für andere Dinge verwendet.«

Sie nickten beide. Als sie gingen, konnten sie den unheimlichen Ruf der Moslems zum Gebet hören. Baedecker drehte sich noch einmal um, bevor sie zum Haupttor hinaus gingen, aber er betrachtete nicht das Taj oder dessen blasses Spiegelbild in dem dunklen, reflektierenden Teich. Er sah über den Fluß hinweg zu einem gewaltigen ebenholzschwarzen Grabmal und einer schwindelerregenden Brücke, die es mit dem nahegelegenen Ufer verband.

Der Mond hing am blassen Morgenhimmel über den Banyanbäumen. Baedecker stand mit den Händen in den Hosentaschen vor dem Hotel und beobachtete, wie allmählich Passanten und Fahrzeuge die Straße bevölkerten. Als er Scott schließlich näher kommen sah, mußte er noch einmal hinsehen, um sich zu vergewissern, daß es tatsächlich Scott war. Das orangerote Gewand und die Sandalen schienen zu der langhaarigen, bärtigen Gestalt zu passen, aber Baedecker kam sie fremd vor. Er stellte fest, daß der Bart des Jungen, vor zwei Jahren noch ein kümmerlicher Flaum, jetzt dicht und mit roten Strähnen durchzogen war.

Scott blieb einige Schritte entfernt stehen. Die beiden sahen einander eine ganze Weile an, bis es fast peinlich wurde, dann streckte Scott, dessen Zähne sich weiß von dem Bart abhoben, die Hand aus.

»Hi, Dad.«

»Scott.« Der Handschlag kam Baedecker fest, aber unbefriedigend vor. Plötzlich verspürte er ein Gefühl des Verlustes angesichts des Bilds eines siebenjährigen Jungen mit blauem T-Shirt und Bürstenschnitt, der mit Karacho aus dem Haus rannte und sich seinem Vater in die Arme warf.

»Wie geht es dir, Dad?«

»Gut. Sehr gut. Und dir? Sieht aus, als hättest du ziemlich abgenommen.«

»Nur Fett. Ich habe mich nie besser gefühlt. Körperlich wie seelisch.«

Baedecker wartete.

»Wie geht es Mom?« fragte Scott.

»Ich habe sie einige Monate nicht gesehen, aber kurz vor meiner Abreise angerufen, und da ging es ihr ausgezeichnet. Sie hat mich gebeten, dich für sie in den Arm zu nehmen. Und dir den Arm zu brechen, wenn du nicht versprichst, daß du öfter schreibst.«

Der junge Mann zuckte die Achseln und machte eine Geste mit der rechten Hand, an die sich Baedecker noch von den Spielen der Jugendliga erinnern konnte, wenn Scott ins Aus geschlagen hatte. Baedecker streckte impulsiv die Hand aus und ergriff den Arm seines Sohns. Er fühlte sich dünn, aber kräftig unter dem weiten Gewand an.

»Komm mit, Scott. Was meinst du dazu, daß wir irgendwo frühstücken gehen und uns einmal richtig aussprechen?«

»Ich habe nicht viel Zeit, Dad. Der Meister beginnt seine erste Lektion um acht, bis dahin muß ich zurück sein. Ich fürchte, ich werde in den nächsten Tagen gar keine Freizeit haben. Unsere gesamte Gruppe befindet sich augenblicklich in einem echt empfindlichen Stadium. Es ist nicht viel erforderlich, das Lebensbewußtsein zu zerbrechen. Und das könnte mich in meinem Fortschritt um ein paar Monate zurück werfen.«

Baedecker schluckte die erste Antwort, die ihm auf der Zunge lag. Er nickte verkniffen. »Nun, trotzdem haben wir Zeit für eine Tasse Kaffee, oder nicht?«

»Klar.« Ein leiser Unterton von Zweifel klang in dem Wort mit.

»Wohin? Wie wäre es mit der Cafeteria des Hotels? Scheint das einzige hier in der Gegend zu sein.«

Scotts Lächeln war herablassend. »Meinetwegen. Gut.«

Die Cafeteria war ein schattiges, offenes Gebilde, das an Garten und Pool angrenzte. Baedecker bestellte Brötchen und Kaffee und nahm aus dem Augenwinkel die Frau der ›Niederen Klasse‹ wahr, die mit einer Handsichel den Rasen mähte. Unberührbare blieben auch im modernen Indien unberührbar, aber sie wurden nicht mehr so genannt. Eine indische Familie war zum Pool gekommen. Der Vater und sein kleiner Sohn waren unfaßbar übergewichtig. Sie sprangen immer wieder mit den Füßen voraus vom Einmeterbrett und spritzten Wasser auf den Gehweg. Mutter und Töchter saßen an einem Tisch und kicherten laut.

Scotts Augen sahen tiefer und ernster aus, als Baedecker in Erinnerung hatte. Schon als Baby war Scott ernst gewesen. Jetzt sah der junge Mann müde aus, sein Atem ging flach und asthmatisch.

Ihr Essen wurde gebracht. »Mmmm«, sagte Baedecker.

»Das indische Essen hat mir während meines Aufenthalts nicht besonders zugesagt, aber ihr Kaffee ist ausgezeichnet.«

»Jede Menge Karma«, sagte Scott. Er sah seine Tasse und die beiden Brötchen zweifelnd an. »Aber man weiß nie, wer diese Sachen zubereitet hat. Wer sie angefaßt hat. Könnte jemand mit einem echt lausigen Karma gewesen sein.«

Baedecker trank von seinem Kaffee. »Wo lebst du hier, Scott?«

»Meistens im Ashram oder auf der Farm des Meisters. In den Wochen der Einsamkeit nehme ich mir ein Zimmer in einem kleinen indischen Hotel ein paar Blocks von hier entfernt. Es hat offene Fenster und eine Hängematte, aber es ist billig. Und meine materielle Umgebung bedeutet mir gar nichts mehr.«

Baedecker sah ihn an. »Nicht? Wenn es so billig ist, wohin ist dann das ganze Geld verschwunden? Deine Mutter und ich haben dir fast viertausend Dollar geschickt, seit du im Januar beschlossen hast, hierher zu gehen.«

Scott sah zum Pool, wo die indische Familie Lärm machte. »Oh, du weißt ja. Unkosten.«

»Nein«, sagte Baedecker leise, »ich weiß nicht. Was für Unkosten?«

Scott runzelte die Stirn. Sein Haar war sehr lang und in der Mitte gescheitelt. Mit seinem Bart erinnerte sein Sohn Baedecker an einen exzentrischen Mann der Bodenkontrolle, den er kennengelernt hatte, als er Mitte der sechziger Jahre Übungsflüge für die NASA geflogen hatte.

»Unkosten«, wiederholte Scott. »Es war nicht billig, über die Runden zu kommen. Das Meiste habe ich dem Meister gespendet.«

Baedecker spürte, wie die Unterhaltung seiner Kontrolle entglitt. Er verspürte den Zorn, den er unbedingt vermeiden wollte, das hatte er sich geschworen. »Was meinst du damit, du hast es dem Meister gegeben? Wofür? Damit er noch ein Auditorium bauen kann? Wieder nach Hollywood ziehen? Versuchen, noch eine Stadt in Oregon zu kaufen?«

Scott seufzte und biß, ohne nachzudenken, in das Brötchen. Er strich Krümel aus seinem Bart. »Vergiß es, Dad.«

»Was vergessen? Daß du von der Universität abgegangen bist und Geld an diesen falschen Guru verschwendest?«

»Ich sagte, vergiß es.«

»Von wegen. Wir können wenigstens darüber reden.«

»*Worüber* reden?« Scotts Stimme wurde lauter. Köpfe drehten sich in ihre Richtung. Ein älterer Mann in orangefarbenem Gewand und Sandalen, der das Haar zu einem Pferdeschwanz gebunden hatte, legte seine Ausgabe der *Times* weg, drückte die Zigarette aus und interessierte sich sichtlich für den Wortwechsel. »Was weißt du denn schon davon? Du bist so in deine materialistische amerikanische Scheiße verwickelt, daß du die Wahrheit nicht erkennen würdest, wenn sie sich eines Tages auf deinen Schreibtisch setzen würde.«

»Materialistische Scheiße«, wiederholte Baedecker. Der Zorn war weitgehend wieder verraucht. »Und du glaubst, ein kleines bißchen Tantra-Yoga und ein paar Monate in diesem hinterwäldlerischen Land werden dich zur Wahrheit führen?«

»Sprich nicht von Dingen, von denen du nichts verstehst«, schnappte Scott.

»Ich verstehe etwas vom Ingenieurswesen«, sagte Baedecker. »Ich weiß, daß mich ein Land nicht beeindruckt, das nicht einmal ein einfaches Telefonnetz zustande bringt oder Kanalisation legen kann. Und ich erkenne sinnlosen Hunger, wenn ich ihn sehe.«

»Quatsch«, sagte Scott möglicherweise höhnischer, als er beabsichtigt hatte. »Nur weil wir kein Rindfleisch aus Kansas essen, denkst du, wir hungern ...«

»Ich spreche nicht von dir. Oder diesen anderen hier. Ihr könnt jederzeit nach Hause fliegen. Dies ist ein Spiel für reiche Kinder. Ich spreche von ...«

»Reiche Kinder!« Scotts schrilles Lachen klang aufrichtig. »Dies ist das erste Mal, daß mich jemand ein reiches Kind nennt! Ich kann mich noch daran erinnern, daß du mir nicht einmal fünfzig Cent Taschengeld geben wolltest, weil du dachtest, es wäre schlecht für meine Selbstdisziplin.«

»Komm schon, Scott.«

»Warum fliegst du nicht einfach wieder nach Hause, Dad. Flieg nach Hause, sieh fern, mach deine Übungen am Trainer im Keller, schau dir die Fotos an den Wänden an und laß mich hier mein ... mein Spiel durchziehen.«

Baedecker machte einen Moment die Augen zu. Er wünschte sich, der Tag würde neu beginnen, damit er noch einmal von vorn anfangen könnte. »Scott. Wir möchten, daß du nach Hause kommst.«

»Nach Hause?« Baedecker sah, wie sein Sohn die Brauen hoch zog. »Wo ist denn mein Zuhause, Pop? In Boston bei Mom und dem flotten Charlie? Deine Junggesellenbude in St. Louis? Nein, danke.«

Baedecker ergriff noch einmal den Oberarm seines Sohnes. Er konnte die Verkrampfung dort spüren, den Widerstand. »Reden wir darüber, Scott. Hier ist doch nichts.«

Die beiden Männer sahen einander an. Fremde bei einer zufälligen Begegnung.

»Und *dort* ist auf jeden Fall auch nichts«, sagte Scott aufbrausend. »Du warst dort, Dad. Du weißt es. Scheiße, du *bist* es.«

Baedecker lehnte sich auf seinem Stuhl zurück. Ein Kellner stand unauffällig in der Nähe und rückte sinnlos Geschirr und Besteck hin und her. Spatzen hüpften über die angrenzenden Tische und fraßen aus den schmutzigen Tellern und Zuckerdosen. Der dicke Junge auf dem Sprungbrett schrie laut auf und machte einen ungelenken Bauchplatscher ins Wasser. Sein Vater rief ihm ermutigende Worte zu, und die Frauen am Rand des Pools lachten.

»Ich muß gehen«, sagte Scott.

Baedecker nickte. »Ich bring' dich hin.«

Der Ashram lag nur zwei Blocks vom Hotel entfernt. Gläubige liefen auf den Rasenflächen und trafen in Zweier- und Dreiergruppen mit Autorikschas ein. Ein Holztor und hohe Zäune hielten die Neugierigen fern. Gleich hinter dem

Tor stand ein kleiner Souvenirladen, wo man Bücher, Fotografien und signierte T-Shirts des Guru kaufen konnte.

Die beiden Männer blieben eine Zeitlang vor dem Eingang stehen.

»Kannst du heute abend lange genug für ein Abendessen weg?« fragte Baedecker.

»Ja. Ich denke schon. Prima.«

»Im Hotel?«

»Nein. Ich kenne ein Restaurant in der Stadt, wo sie gute vegetarische Küche haben. Billig.«

»Einverstanden. Nun gut, okay. Komm im Hotel vorbei, wenn du früher rauskommst.«

»Ja. Ich gehe am Montag wieder zur Farm des Meisters, aber vielleicht kann Maggie dir Poona zeigen, bevor du zurückfliegst. Kasturba Samadhi, den Tempel der Parvati, die ganze Touristenscheiße.« Wieder die Bewegung mit der rechten Hand. »Du weißt schon.«

Baedecker hätte die Hand fast noch einmal geschüttelt – wie bei einem Kunden –, beherrschte sich aber. Das diffuse Sonnenlicht war sehr heiß. Die Luftfeuchtigkeit sagte ihm, daß es vor dem Mittagessen wieder einen Platzregen geben würde. Er würde die Zeit nutzen und sich irgendwo einen Schirm kaufen.

»Wir sehen uns später, Scott.«

Sein Sohn nickte. Als er sich umdrehte und zu den anderen Gläubigen in ihren Gewändern gesellte, um den Ashram zu betreten, bemerkte Baedecker, wie gerade die hageren Schultern waren, wie sich das Sonnenlicht im Haar seines Sohns spiegelte.

Am Montagmorgen fuhr Baedecker mit dem Zug, der *Deccan Queen*, die hundert Meilen aus den Bergen zurück nach Bombay. Sein Flug nach London hatte drei Stunden Verspätung. Die Hitze war gewaltig. Baedecker stellte fest, daß die alten Wachmänner am Flughafen uralte Schlagbolzenflinten trugen und lediglich Sandalen über den gestopften Socken anhatten.

Am Morgen war er durch das alte britische Viertel von Poona gegangen, bis er das Haus des Arztes fand, wo Maggie arbeitete. Miss Brown war weggegangen – mit den Kindern zum Pavillon –, ob er eine Nachricht hinterlassen wollte? Er hinterließ keine Nachricht. Er ließ nur das schlicht verpackte Päckchen mit der Flöte, die er in Varanasi gekauft hatte. Die Flöte und das alte Christophorusmedaillon an einer abgenutzten Kette.

Gegen achtzehn Uhr begab er sich an Bord, und das Flugzeug war eine spürbare Erleichterung. Eine Wartung sorgte für weitere Verspätung, aber die Stewardessen servierten Drinks und die Klimaanlage funktionierte. Baedecker blätterte ein *Scientific American*-Heft durch, das er am Bahnhof Victoria Station gekauft hatte.

Er döste eine Weile vor dem Start. In seinem Traum lernte er schwimmen und trieb leicht über den klaren weißen Sand auf dem Grund des Sees. Er konnte seinen Vater nicht sehen, spürte aber den kräftigen Druck von dessen Armen, die ihn stützten und von gefährlichen Strömungen fernhielten.

Er erwachte, als sie gerade starteten. Zehn Minuten später befanden sie sich schon über dem Arabischen Meer und stießen durch die Wolkendecke. Es war das erste Mal seit drei Wochen, daß Baedecker einen klaren, blauen Himmel sah. Die untergehende Sonne verwandelte die Wolken unter ihnen in einen See goldenen Feuers.

Als sie ihre Flughöhe erreicht hatten und nicht mehr weiter stiegen, verspürte Baedecker ein leichtes Nachlassen der Schwerkraft, als sie den Scheitel des Bogens passierten. Er sah zu dem zerkratzten Fenster hinaus und suchte vergebens nach dem Mond. Baedecker empfand ein vorübergehendes Hochgefühl. Hier, in der hohen, dünnen Luft, schien die fordernde Schwerkraft des Planeten ein wenig – eine Winzigkeit – geringer zu sein.

Zweiter Teil

Glen Oak

Zweiundvierzig Jahre, nachdem er weg gezogen war, dreißig Jahre nach seinem letzten Besuch, sechzehn Jahre nach seiner Woche Berühmtheit, als er auf dem Mond spazierengegangen war, wurde Richard Baedecker eingeladen, seiner Heimatstadt wieder einmal einen Besuch abzustatten. Er sollte Ehrengast beim Old Settlers-Wochenende und der zugehörigen Parade sein. Der 8. August sollte in Glen Oak, Illinois zum ›Richard M. Baedecker‹-Tag erklärt werden.

Baedeckers Initial war nicht *M.* Sein zweiter Vorname lautete Edgar. Und er betrachtete das kleine Dorf in Illinois auch nicht als seine Heimatstadt. Wenn er an das Zuhause seiner Kindheit dachte, was selten vorkam, erinnerte er sich für gewöhnlich an das kleine Apartment in der Kildare Street in Chicago, wo seine Familie die Jahre vor und nach dem Krieg verbracht hatte. Baedecker hatte keine drei Jahre, von Ende 1942 bis Mai 1945, in Glen Oak gelebt. Die Familie seiner Mutter hatte dort viele Jahre Land besessen, und als Baedeckers Vater wieder dem Marine-Korps beigetreten war, wo er drei Jahre als Ausbilder in Camp Pendleton diente, sahen sich der siebenjährige Richard Baedecker und seine beiden Schwestern auf unerklärliche Weise aus ihrer behaglichen Wohnung in Chicago in ein zugiges altes Mietshaus in Glen Oak versetzt. Für Baedecker waren die Erinnerungen an diese Zeit ebenso verschwommen und zusammenhanglos wie der Gedanke an die verrückten Beutezüge nach Papier und Altmetall, die sämtliche Wochenenden während ihres gesamten Aufenthalts dort in Anspruch genommen zu haben schienen. Obwohl seine Eltern außerhalb von Glen

Oak begraben waren, hatte er die Stadt schon sehr, sehr lange nicht mehr besucht, nicht einmal an sie gedacht.

Baedecker erhielt die Einladung Ende Mai, kurz bevor er sich auf eine einmonatige Geschäftsreise begab, die ihn durch drei Kontinente führte. Er heftete den Brief ab und hätte ihn vergessen, hätte er ihn nicht gegenüber Cole Prescott erwähnt, dem Vizepräsidenten des Flugzeugkonzerns, für den er arbeitete.

»Verdammt, Dick, warum gehen Sie nicht? Es wäre eine gute Werbung für die Firma.«

»Sie machen Witze«, sagte Baedecker. Sie saßen in einer Bar am Lindbergh Boulevard in der Nähe ihres Büros in einem Vorort von St. Louis. »Als ich während des Krieges in diesem kleinen Kuhdorf gelebt habe, hatten sie ein Schild: ›Einwohnerzahl 850 – elektronische Geschwindigkeitskontrollen‹. Ich bezweifle, daß es seither nennenswert gewachsen ist. Wenn überhaupt, ist die Bevölkerungszahl wahrscheinlich gesunken. Dort sind bestimmt nicht viele Leute daran interessiert, MD-GSS-Avionik zu kaufen.«

»Aber sie kaufen doch Aktien, oder?« fragte Prescott und warf sich eine Handvoll gesalzene Erdnüsse in den Mund.

»Nur Vieh«, sagte Baedecker.

»Wo, zum Teufel, liegt dieses Glen Oak überhaupt?« fragte Prescott.

Es war Jahre her, seit Baedecker jemanden den Namen der Stadt hatte aussprechen hören. Er hatte einen seltsamen Klang für ihn. »Etwa hundertachtzig Meilen von hier entfernt, Luftlinie«, sagte er. »Irgendwo zwischen Peoria und Moline.«

»Scheiße, das ist ja nur ein Katzensprung. Sie sind es ihnen schuldig, Dick.«

»Zu beschäftigt«, sagte Baedecker, winkte dem Barkeeper und bestellte einen dritten Scotch. »Muß nach den Konferenzen in Bombay und Frankfurt viel nachholen.«

»He, sagte Prescott. Er hatte eine Kellnerin beobachtet, die sich bückte, um einem jungen Paar an einem der Nachbartische zu servieren, und drehte sich nun um. »Fängt am neunten August nicht diese Flugverkehrkonferenz im Hyatt in Chicago an? Turner hat Sie dafür eingeteilt, richtig?«

»Nein. Das war Wally. Seretti wird von Rockwell hin kommen, und wir werden mit Borman über den Vertrag zur Modifikation des Airbus sprechen.«

»Na also!« sagte Prescott.

»Also was?«

»Also müssen Sie ohnedies in diese Richtung, Freund. Erfüllen Sie Ihre patriotische Pflicht, Dick. Ich lasse Teresa einen Brief schreiben, daß Sie kommen.«

»Wir werden sehen«, sagte Baedecker.

Baedecker flog am Nachmittag des 7. August, einem Freitag, nach Peoria. Die Ozark DC-9 hatte kaum Zeit, auf zweieinhalbtausend Meter Höhe zu gehen und dem meandernden Lauf des Illinois River zu folgen, da mußten sie auch schon wieder zur Landung ansetzen. Der Flughafen war so winzig und menschenleer, daß Baedecker kurz an die Asphaltlandebahn am Rand des indischen Dschungels denken mußte, wo er vor einigen Wochen in Khajuraho gelandet war. Dann stieg er die Treppe hinunter, überquerte den heißen Teerbelag und wurde überschwenglich von einem feisten Mann mit rosigem Gesicht begrüßt, den er noch nie zuvor gesehen hatte.

Baedecker stöhnte innerlich. Er hatte vorgehabt, ein Auto zu mieten, die Nacht in Peoria zu verbringen und am Morgen nach Glen Oak zu fahren. Unterwegs hätte er noch gerne am Friedhof angehalten.

»Mr. Baedecker! Mr. Baedecker! Herrgott, willkommen, willkommen. Wir freun uns so, Sie zu sehn.« Der Mann war allein. Baedecker mußte die alte schwarze Reisetasche fallen lassen, als der Fremde seine Hand und den Unterarm zu einem zweihändigen Gruß packte. »Tut mir wirklich leid, daß wir keinen besseren Empfang zustande gebracht haben, aber wir erfuhren erst durch den Anruf bei Marge, daß Sie heute schon eintreffen würden.«

»Das macht doch nichts«, sagte Baedecker. Er zog die

Hand zurück und fügte unnötigerweise hinzu: »Ich bin Richard Baedecker.«

»O ja, Herrgott. Ich bin Bill Ackroyd. Bürgermeisterin Seaton wäre selbst gekommen, aber sie muß heute abend das Fischerfest der Old Settlers' Jaycees eröffnen.«

»Glen Oak hat eine Bürgermeisterin?« Baedecker nahm die Reisetasche wieder auf die Schulter und wischte sich eine Schweißperle von der Wange. Hitzeflimmern stieg rings um sie herum auf und verwandelte die fernen Mauern des Laubs und den halb sichtbaren Parkplatz in flimmernde Trugbilder. Die Luftfeuchtigkeit war so wie in St. Louis. Baedecker betrachtete den großen Mann neben sich. Bill Ackroyd war Ende Vierzig oder Anfang Fünfzig. Er hatte Übergewicht; der Rücken seines J. C. Penney-Hemds war bereits naß geschwitzt. Das Haar trug er nach vorn gekämmt, um zunehmende Kahlheit zu verbergen. *Er sieht aus wie ich,* dachte Baedecker und verspürte Ärger in sich erblühen. Ackroyd grinste, und Baedecker lächelte zurück.

Baedecker folgte ihm durch die winzige Schalterhalle zu der halbkreisförmigen Zufahrt, wo Ackroyd seinen Wagen auf einem Behindertenparkplatz abgestellt hatte. Der Mann sprudelte einen liebenswürdigen Strom belangloser Konversation aus sich heraus, der, in Verbindung mit der Hitze, eine nicht unangenehme Übelkeit in Baedecker auslöste. Ackroyd fuhr einen Bonneville. Der Motor die ganze Zeit gelaufen, die Klimaanlage lief auf Hochtouren und erzeugte eine ungesunde Kälte im Wageninneren. Baedecker ließ sich seufzend auf die Samtschonbezüge sinken, während der andere Mann sein Gepäck im Kofferraum verstaute.

»Ich kann Ihnen gar nicht sagen, was das für uns alle bedeutet«, sagte Ackroyd, während er sich setzte. »Die ganze Stadt ist aufgeregt. Das ist das Größte für Glen Oak, seit Jesse James durch die Stadt kam und am Hartley's Pond sein Lager aufgeschlagen hat.« Ackroyd lachte und legte den Gang ein. Seine Hände waren so groß, daß Lenkrad und Schalthebel wie Spielzeuge darin aussahen. Baedecker stellte sich vor, daß Ackroyd von Einwohnern des Mittelwestens abstammte, die mit so großen, groben Händen Banditen aufgeknüpft hatten.

»Ich wußte nicht, daß Jesse James' Bande je durch Glen Oak gekommen ist«, sagte Baedecker.

»Wahrscheinlich auch nicht«, sagte Ackroyd und lachte sein polterndes, natürliches Lachen. »Damit wären *Sie* dann das Aufregendste, das uns je widerfahren ist.«

Peoria sah aus, als wäre es verlassen oder ausgebombt worden. Oder beides. Staub und tote Fliegen lagen in den Schaufenstern. Aus Ritzen im Straßenbelag wuchs Gras, Unkraut gedieh auf dem ungepflegten Mittelstreifen. Alte Häuser neigten sich einander zu, und die wenigen neuen Gebäude sahen aus wie zu groß geratene Druidenaltäre inmitten von dem Erdboden gleichgemachten Gesteinstrümmern.

»Mein Gott«, murmelte Baedecker, »ich kann mich nicht erinnern, daß die Stadt so ausgesehen hat.« Eigentlich konnte sich Baedecker überhaupt kaum noch an Peoria erinnern. Einmal im Jahr hatte seine Mutter die Kinder mit in die Stadt genommen, damit sie sich die Thanksgiving-Parade ansehen und dem Nikolaus winken konnten. Baedecker war zu alt für den Weihnachtsmann gewesen, hatte sich aber dennoch mit seinen jüngeren Schwestern auf die Steinlöwen beim Gerichtsgebäude gesetzt und pflichtschuldig gewinkt. In einem Jahr war Nikolaus in einem Jeep eingetroffen, und die Elfen trugen die Uniformen der vier Streitkräfte. Baedecker erinnerte sich, daß der Rasen des Stadtparks sanft zum verschnörkelten Pfefferkuchenhaus des Gerichtsgebäudes hin angestiegen war. Er spielte, daß er erschossen worden sei, und ließ sich den grasbewachsenen Hang hinunterrollen, bis seine Mutter ihn anschrie, er solle damit aufhören. Nun fiel ihm auf, daß der Park – er glaubte zumindest, daß es sich um denselben Block handelte – in eine schlampig angelegte Kunstlandschaft vor dem Glaskasten eines Stadtverwaltungsgebäudes verwandelt worden war.

»Reagans Rezession«, sagte Ackroyd. »Und davor Carters Rezession. Die gottverdammten Russen.«

»Russen?« Baedecker rechnete halb damit, einen Strom von John-Birch-Propaganda zu hören zu bekommen. Er glaubte sich zu erinnern, daß er gelesen hatte, George Wallace hätte 1968 bei den Vorwahlen in Peoria County kandidiert. 1968 hatte Baedecker als Mitglied des Teams von *Apollo 8* sechzig Stunden im Simulator verbracht. Er hatte keinerlei Erinnerungen an das Jahr, abgesehen von den Terminen des Projekts. Im Januar 1969 war er aus seinem Kokon herausgekommen und hatte festgestellt, daß Bobby Kennedy tot war, daß Martin Luther King tot war, LBJ nur noch eine Erinnerung und Richard M. Nixon Präsident. In Baedeckers Büro in St. Louis, an der Wand über der Hausbar, hing zwischen zwei Ehrendoktorurkunden von Universitäten, die er nie besucht hatte, eine Fotografie von Nixon, der ihm während einer Feierlichkeit im Rose Garden die Hand schüttelte. Nixon grinste und entblößte dabei weiße Schneidezähne, und mit einer Hand hielt er Baedeckers Ellbogen im selben Vertretergriff wie Ackroyd am Flughafen.

»Eigentlich ist es nicht ihre Schuld«, knurrte Ackroyd. »Die Firma Caterpillar ist schuld, weil sie sich so sehr darauf verlassen haben, daß sie ihnen viel verkaufen würden. Nachdem Carter nach Afghanistan oder was um alles in der Welt auch immer den Ausfuhrstop für schwere Maschinen verhängt hat, ging alles bergab. Caterpillar, GE, sogar Papst. Alle wurden eine Zeitlang auf Eis gelegt. Jetzt ist es wieder besser.«

»Oh«, sagte Baedecker. Sein Kopf tat weh. Er spürte immer noch die Bewegung des Flugzeugs, als es sich über dem Fluß schräg gelegt hatte. Wenn er heute schon nicht fliegen konnte, hätte er sich wenigstens gewünscht, er könnte ein Auto fahren, um die Krämpfe aus Armen und Beinen zu vertreiben, die darauf brannten, etwas zu steuern. Er machte die Augen zu.

»Möchten Sie den langen oder den kurzen Weg fahren?« fragte der dicke Mann am Lenkrad.

»Den langen Weg«, sagte Baedecker, ohne die Augen aufzumachen. »Immer den langen Weg.«

Ackroyd nahm gehorsam die nächste Ausfahrt der I-74 und fuhr in die euklidische Geometrie von Maisfeldern und Landstraßen hinab.

Baedecker döste möglicherweise ein paar Minuten. Er schlug die Augen auf, als das Auto an einer Kreuzung hielt. Grüne Schilder nannten Richtung und Entfernung nach Princeville, Galesburg, Elmwood und Kewanee. Glen Oak wurde nicht einmal erwähnt. Ackroyd bog links ab. Die Straße war ein Korridor zwischen Vorhängen aus Mais. Dunkle Nähte von Teer und Asphalt zogen sich über die Straße und lieferten einen rhythmischen Unterton zu der Klimaanlage. Die sanfte Vibration hatte etwas Hypnotisierendes an sich, wie beim Reiten.

»Ins Herz des Herzens des Landes«, sagte Baedecker.

»Hmmm?«

Baedecker richtete sich auf und stellte überrascht fest, daß er laut gesprochen hatte. »Ein Ausdruck, den ein Schriftsteller – William Gaddis, glaube ich – einmal benutzt hat, um diesen Teil des Landes zu beschreiben. Er fällt mir manchmal ein, wenn ich an Glen Oak denke.«

»Oh.« Ackroyd rutschte unbehaglich hin und her. Baedecker wurde erschrocken klar, daß er den Mann nervös gemacht hatte. Ackroyd war davon ausgegangen, daß sie zwei Männer waren, zwei *gestandene* Männer, und dazu paßte die Erwähnung eines Schriftstellers nicht. Baedecker lächelte, als er an die Seminare dachte, die die verschiedenen Streitkräfte ihren Testpiloten vor den ersten Interviews der NASA für das *Mercury*-Programms gegeben hatten. *Wenn sie die Hände an die Hüften stemmen, dann achten Sie darauf, daß ihre Daumen nach hinten deuten.* Hatte Deke ihm das erzählt, oder hatte er in Tom Wolfes Buch darüber gelesen?

Ackroyd hatte von seinem Maklerbüro gesprochen, bevor Baedecker ihn unterbrochen hatte. Jetzt räusperte er sich und machte eine vage Geste mit der rechten Hand. »Ich könnte mir denken, Sie haben eine Menge bedeutender Persönlichkeiten kennengelernt, Mr. Baedecker, hm?«

»Richard«, sagte Baedecker leise. »Sie sind Bill, richtig?«

»Ja. Aber nicht verwandt mit dem Burschen in den Wiederholungen der alten Folgen von *Saturday Night Live.* Eine Menge Leute fragen mich danach.«

»Nein«, sagte Baedecker. Er hatte die Sendung nie gesehen.

»Was meinen Sie, wer war der Bedeutendste?«

»Was denn?« fragte Baedecker, aber es war unmöglich, das Gespräch in eine andere Richtung zu leiten.

»Die bedeutendste Persönlichkeit, die Sie je kennengelernt haben?«

Baedecker zwang etwas Leben in seine Stimme. Plötzlich fühlte er sich sehr müde. Er überlegte sich, daß er mit seinem eigenen Auto von St. Louis hierher hätte fahren sollen. Der Zwischenhalt in Glen Oak wäre kein nennenswerter Umweg gewesen, und er hätte jederzeit wieder aufbrechen können. Baedecker konnte sich nicht erinnern, wann er zum letzten Mal irgendwohin gefahren war, es sei denn von seinem Haus in der Stadt ins Büro und wieder zurück. Das Reisen war zu einer endlosen Folge von Flügen geworden. Von leichter Betroffenheit erfüllt, stellte er fest, daß Joan, seine Ex-Frau, nie in St. Louis, Chicago oder dem Mittelwesten gewesen war. Ihr ganzes gemeinsames Leben in Fort Lauderdale, San Diego, Houston, Cocoa Beach, die fünf schlimmen Monate in Boston, hatte sich an der Küste abgespielt, an Stellen, wo der Kontinent eindeutig zu Ende ging. Plötzlich war er neugierig, was Joan von dieser weiten Ausdehnung von Feldern, Farmhäusern und Hitzeflimmern halten würde. »Der Schah von Persien«, sagte er. »Er war jedenfalls am eindrucksvollsten. Das Hofzeremoniell, das sie dort abgezogen haben, das Protokoll und das schiere Gefühl von Macht, das er und seine Gefolgschaft verströmt haben, die haben sogar das Weiße Haus und den Buckingham-Palast in den Schatten gestellt. Hat ihm auch nicht viel genützt.«

»Ja«, sagte Ackroyd. »Ich habe einmal Joe Namath kennengelernt. Ich besuchte die Amway Convention in Cincinnati. Seit ich in das Pine Meadows-Geschäft eingestiegen bin, habe ich dazu keine Zeit mehr, aber damit ging es mir wirklich nicht schlecht. Dreizehnhundert pro Monat, und das ohne nennenswerte Anstrengung. Joe, der war wegen etwas anderem dort, kannte aber jemanden, der gut mit Merle Weaver befreundet war. Und so kam es, daß Joe – er hat uns alle gebeten, ihn so zu nennen – die ganzen zwei Tage mit uns verbracht hat. Ging in die Gefechtszone mit uns, und so weiter. Ich meine, er hatte Verpflichtungen, aber wenn er Zeit fand, gingen er und Merles Freunde mit uns essen und spendierten eine Runde Drinks und so weiter. Einen netteren Burschen können Sie sich nicht vorstellen.«

Baedecker mußte überrascht feststellen, daß er seine Umgebung erkannte. Er wußte, hinter der nächsten Kurve der Straße würde eine Milchzentrale mit einer Blumenuhr in der Mitte der Einfahrt auftauchen. Die Milchzentrale kam tatsächlich. Die Uhr fehlte, aber der Parkplatz sah neu asphaltiert aus. Das Haus mit dem purpurnen Schindeldach auf der linken Straßenseite hatte seine Mutter immer als die alte Postkutschenhaltestelle bezeichnet. Er sah den windschiefen Balkon des ersten Stocks und war überzeugt, daß es sich um dasselbe Gebäude handelte. Die plötzliche Überblendung vergessener Erinnerungen mit der Wirklichkeit war beunruhigend für Baedecker, ein Gefühl des *déjà vu,* das er nicht mehr abschütteln konnte. Er sah starr geradeaus und wußte, nur eine langgezogene Kurve und noch eine Meile Straße lagen vor ihnen, bevor Glen Oak sich als Baumreihe und einsamer grüner Wasserturm offenbaren würde, der über die Maisfelder auf ragte.

»Haben Sie Joe Namath je kennengelernt?« fragte Ackroyd.

»Nein, nie«, sagte Baedecker. An einem klaren Tag würde Illinois aus einer Höhe von elftausend Metern aus einer 747 ein grünes Flickwerk aus Rechtecken sein. Baedecker wußte, daß der rechte Winkel den Mittelwesten so sehr beherrschte wie die sinusförmigen, zufälligen Kurven der Erosion den Südwesten, wo er fast seine sämtlichen Flüge absolviert hatte. Aus einer Höhe von zweihundert Seemeilen war der Mittelwesten ein Durcheinander grüner und brauner Farbtöne zwischen weißen Wolkenmassen gewesen. Vom Mond aus überhaupt nichts. Während des sechsunddreißigstündigen Aufenthalts auf dem Mond hatte Baedecker nicht einmal daran gedacht, nach den Vereinigten Staaten Ausschau zu halten.

»Einfach nur ein echt netter Kerl. Nicht so überheblich wie manche berühmte Leute, die man kennenlernt, wissen Sie? Jammerschade mit seinem Knie.«

Der Wasserturm war anders. Ein hohes, weißes Gebilde aus Metall hatte den alten grünen ersetzt. Dieses brannte in den goldenen, schrägen Strahlen der spätsommerlichen Abendsonne. Baedecker spürte, wie ihn irgendwo zwischen Herz und Hals ein seltsames Gefühl überkam. Nicht Nostalgie oder eine wiedererweckte Form von Heimweh. Baedekker wurde klar, daß es sich bei der aufwallenden Gefühlswoge, die durch ihn strömte, schlicht und ergreifend um Ehrfurcht angesichts einer unerwarteten Konfrontation mit Schönheit handelte. Denselben überraschten Schmerz hatte er als Kind an einem regnerischen Nachmittag im Art Institute von Chicago verspürt, als er vor einem Ölgemälde von Degas stand, das eine junge Ballerina mit einem Armvoll Orangen darstellte. Und er erlebte denselben stechenden Schmerz, als er seinen Sohn Scott purpurn, verschrumpelt, glitschig und kreischend wenige Sekunden nach der Geburt sah. Baedecker hatte keine Ahnung, weshalb er jetzt so empfand, aber unsichtbare Daumen drückten auf die Mulde am Halsansatz, und er verspürte ein Brennen hinter den Augen.

»Ich wette, Sie erkennen die alte Heimat nicht wieder«, sagte Ackroyd. »Wie lange ist es her, seit Sie zum letzten Mal hier waren, Dick?«

Glen Oak tauchte als Reihe vereinzelter Bäume auf, wuchs zu einer Ansammlung weißer Häuser und füllte schließlich die gesamte Windschutzscheibe aus. Die Straße machte an einer Sunoco-Tankstelle wieder eine Biegung, führte an einem alten Backsteinhaus vorbei, bei dem es sich, wie seine Mutter einmal gesagt hatte und wie Baedecker sich jetzt wieder erinnerte, um einen Bahnhof der unterirdischen Bahnlinie handelte, und zu einem weißen Schild mit der Aufschrift: GLEN OAK – EINWOHNERZAHL 1275 ELEKTRONISCHE GESCHWINDIGKEITSKONTROLLEN.

»Neunzehnhundertsechsundfünfzig«, sagte Baedecker. »Nein, 1957. Bei der Beerdigung meiner Mutter. Sie starb ein Jahr nach meinem Vater.«

»Sie sind auf dem Friedhof Calvary begraben«, sagte Ackroyd, als erzählte er etwas völlig Neues.

»Ja.«

»Möchten Sie gern hinfahren? Bevor es dunkel wird? Würde mir nichts ausmachen zu warten.«

»Nein.« Baedecker sah hastig nach links und war entsetzt angesichts der Vorstellung, er würde das Grab seiner Eltern besuchen, während Bill Ackroyd mit seinem Bonneville im Leerlauf draußen wartete. »Nein, danke, ich bin müde. Ich würde gerne ins Motel. Heißt das am nördlichen Stadtrand immer noch Day's End Inn?«

Ackroyd kicherte und schlug auf das Lenkrad. »Herrgott, die alte Klitsche? Nein, Sir, das haben sie schon 1962 abgerissen, nachdem Jackie und ich von Lafayette hierher gezogen sind. Nein, das nächste wäre das Motel Six an der I-74, Ausfahrt Elmwood.«

»Das wäre ausgezeichnet«, sagte Baedecker.

»Oh, nee«, sagte Ackroyd und wandte Baedecker ein betroffenes Gesicht zu. »Ich meine, wir haben geplant, daß Sie bei uns bleiben, Dick. Ich meine, wir haben ausreichend Platz, und ich habe das Okay von Marge Seaton und dem Stadtrat. Das Motel Six liegt völlig abseits, zwanzig Minuten auf der Asphaltstraße.«

Die Asphaltstraße. So hatten alle in Glen Oak den geteerten Highway genannt, der gleichzeitig die Hauptstraße war. Vier Jahrzehnte waren vergangen, seit er diesen Ausdruck zum letzten Mal gehört hatte. Baedecker schüttelte den Kopf und sah zum Fenster hinaus, als sie langsam die Hauptstraße entlangfuhren. Der Geschäftsbezirk von Glen Oak war zweieinhalb Blocks lang. Bei den Gehwegen handelte es sich um drei Schichten hohe betonierte Streifen. Die Geschäftsfassaden waren dunkel, die schrägen Parkbuchten verlassen, abgesehen von einigen vereinzelten Pritschenwagen vor einer Taverne in der Nähe des Parks. Baedecker versuchte, die Bilder dieser resignierten Gebäude mit ihren flachen Fassaden in die Schablone seiner Erinnerung zu pressen, aber er fand wenig Übereinstimmung, lediglich den vagen Eindruck fehlender Häuser wie Zahnlücken in einem einst vertrauten Lächeln.

»Jackie hat das Essen warm gehalten, aber wir könnten zu den Old Settlers gehen und Backfisch essen, wenn Sie möchten.«

»Ich bin ziemlich müde«, sagte Baedecker.

»Nun gut«, sagte Ackroyd. »Dann kümmern wir uns morgen um alle Formalitäten. Marge wird heute abend sowieso ziemlich beschäftigt sein, mit der Tombola und allem. Terry, mein Sohn Terry, brennt darauf, Sie kennenzulernen. Er ist ein echter Held für Sie ... ich meine, Scheiße, Sie wissen, was ich meine. Terry begeistert sich richtig für den Weltraum und alles. Terry hat letztes Jahr einen Schulaufsatz über Sie geschrieben und ist darauf gestoßen, daß Sie eine Zeitlang hier gelebt haben. Um ehrlich zu sein, da bin ich erst darauf gekommen, Sie zum Ehrengast bei den Old Settlers zu machen. Terry interessierte sich so sehr dafür, daß dies Ihre Heimatstadt ist, und so weiter. Marge und die anderen wären selbstverständlich sowieso begeistert gewesen, wissen Sie, aber Sie würden Terry eine Riesenfreude machen, wenn Sie die beiden Nächte bei uns verbringen würden.«

Obwohl sie fast Schrittempo fuhren, hatten sie die Hauptstraße von Glen Oak bereits passiert. Ackroyd bog nach rechts ab und bremste in der Nähe der alten katholischen Kirche. Dies war ein Teil des Ortes, in den sich Baedecker als Junge selten begeben hatte, weil Chuck Compton, der Raufbold der Schule, hier wohnte. Es war der einzige Stadtteil, den er bei den Beerdigungen seiner Eltern besucht hatte.

»Es würde uns wirklich nichts ausmachen«, sagte Ackroyd. »Es wäre uns eine Ehre, Sie bei uns zu haben, und freitagsabends ist das Motel Six wahrscheinlich sowieso mit LKW-Fahrern ausgebucht.«

Baedecker betrachtete die braune Kirche. Er hatte sie viel größer in Erinnerung. Er spürte, wie eine große Trägheit über ihn kam. Die Sommerhitze, die langen Wochen des Reisens, die Enttäuschung nach der Begegnung mit seinem Sohn im Ashram in Poona, das alles trug dazu bei, ihn in diesen traurigen Zustand der Passivität zu versetzen. Baedecker kannte dieses Gefühl von seinen ersten Monaten im Marine-Korps im Sommer des Jahres 1951. Von dort, und von den ersten Wochen nachdem Joan ihn verlassen hatte.

»Ich möchte niemandem zur Last fallen«, sagte er.

Ackroyd grinste erleichtert und umklammerte Baedeckers Oberarm zum zweiten Mal. »Sie sind doch keine Last. Jackie freut sich darauf, Sie kennenzulernen, und Terry wird nie vergessen, daß wir einmal einen richtigen Astronauten zu Gast hatten.«

Das Auto fuhr langsam durch abwechselnde Streifen von sahnigem Abendlicht und dunklen Baumschatten.

Die Fledermäuse waren unterwegs, als Baedecker eine Stunde später einen Spaziergang machte. Ihre ruckartigen, halb wahrnehmbaren Bewegungen schnitten Stücke aus der stumpfen Kuppel des Abendhimmels. Die Sonne war untergegangen, aber der Tag klammerte sich an die Hitze, wie Baedecker sich als Junge an die letzten süßen Wochen der Sommerferien geklammert hatte. Baedecker brauchte nur wenige Minuten, bis er zum alten Ortsteil geschlendert war, seinem Ortsteil. Er freute sich, daß er im Freien und allein war.

Ackroyd wohnte in einem Viertel mit rund zwanzig Ranchhäusern am nordöstlichen Stadtrand, wo Baedecker nur Felder und einen Bach in Erinnerung hatte, in dem man Bisamratten fangen konnte. Ackroyds Haus war in einem pseudospanischen Stil gehalten, ein Boot und ein Wohnwagen standen in der Garage, ein RV in der Einfahrt. In den

Zimmern im Haus standen wuchtige Ethan-Allen-Möbel. Jackie, Ackroyds Frau, hatte eng eingedrehte Dauerwellen, Lachfältchen in den Augenwinkeln und einen süßen Überbiß, durch den sie aussah, als würde sie ununterbrochen lächeln. Sie war einige Jahre jünger als ihr Mann. Terry, ihr einziges Kind, ein blasser Junge, der dreizehn oder vierzehn zu sein schien, war so schmal und still wie sein Vater vierschrötig und laut.

»Sag hallo zu Mr. Baedecker, Terry. Los doch, sag ihm, wie sehr du dich darauf gefreut hast.« Der Junge wurde mit einem Schubs von Ackroyds riesiger Pranke nach vorn gestoßen.

Baedecker bückte sich, konnte dem Jungen aber trotzdem nicht in die Augen sehen, und seine ausgestreckte Hand verspürte nur den leichtesten Druck feuchter Finger. Terrys braune Haare wuchsen vorn am längsten und fielen über die Augen wie ein Visier. Der Junge murmelte etwas.

»Freut mich, dich kennenzulernen«, sagte Baedecker.

»Terry«, sagte seine Mutter, »geh jetzt. Zeig Mr. Baedecker sein Gästezimmer. Und dann zeig ihm *dein* Zimmer. Ich bin sicher, dafür interessiert sich Mr. Baedecker brennend.« Sie lächelte Baedecker an, und dieser mußte an frühe Fotos von Eleanor Roosevelt denken.

Der Jung wandte sich um und ging voraus zur Treppe, die er zwei Stufen auf einmal hinunter sprang. Das Gästezimmer befand sich im Keller. Das Bett sah bequem aus, ein Badezimmer grenzte direkt an den Raum an. Das Zimmer des Jungen lag am gegenüberliegenden Ende eines mit Teppichboden ausgelegten Zimmers, das möglicherweise als Hobbyraum geplant gewesen war.

»Ich schätze, Mom wollte, daß Sie das sehen«, murmelte Terry und schaltete das trübe Licht in seinem Zimmer ein. Baedecker sah hinein, blinzelte, trat ein und sah sich genauer um.

Ein einzelnes Bett, ordentlich gemacht, ein kleiner Schreibtisch, eine Stereo-Kompaktanlage und drei dunkle Wände mit Regalen, Postern, einigen Büchern, Modellen, dem üblichen Krimskrams eines heranwachsenden Jungen. Aber die vierte Wand war anders.

Es handelte sich um eine Fotografie von *Apollo 8,* eines der Bilder vom Erdaufgang, die bei den ersten und dritten Mondumkreisungen von den Außenkameras gemacht worden waren. Dieses Bild hatte einst die Phantasie der Welt angestachelt, hatte aber in den Jahren seither so übertriebene Verwendung gefunden, daß Baedecker es nicht einmal mehr zur Kenntnis nahm. Hier war es anders. Das Foto war vergrößert worden, so daß eine Hochglanzfototapete entstand, die sich über die ganze Breite des Zimmers von Boden bis zur Decke erstreckte. Die Erde war leuchtend blau und weiß, der Himmel schwarz, der Vordergrund stumpf grau. Es war, als würde sich der Kellerraum des Jungen zur Mondoberfläche hin öffnen. Die dunklen Wände und das trübe Licht taten ein weiteres, die Illusion zu vervollkommnen.

»Moms Idee«, murmelte der Junge. Er trommelte nervös auf einen Stapel Tonbandkassetten auf seinem Schreibtisch. »Ich glaube, sie hat es bei einem Flohmarkt gekauft.«

»Hast du die Modelle gemacht?« fragte Baedecker. Auf den Regalen standen graue Plastiknachbildungen aus *Krieg der Sterne, Raumschiff Enterprise* und *Kampfstern Galactica.* Zwei große Space Shuttles hingen an dunklen Fäden in einer Ecke.

Der Junge machte eine Geste mit Schultern und Händen, ein unterdrücktes halbes Schulterzucken, das Baedecker an seinen eigenen Sohn Scott erinnerte.

»Dad hat mir geholfen.«

»Interessierst du dich für das Weltall, Terry?«

»Ja.« Der Junge zögerte und sah zu Baedecker auf. In seinen dunklen Augen leuchtete kurz die Panik allen zusammengenommenen Mutes auf. »Ich meine, früher mal. Sie wissen schon, als ich noch klein war. Ich meine, ich finde es immer noch interessant und so, aber irgendwie ist es Kinderkram, wissen Sie? In Wirklichkeit wäre ich gerne so etwa wie, nun, Leadgitarrist einer Gruppe wie Twisted Sister.« Er verstummte und sah Baedecker gelassen an.

Baedecker konnte ein breites Grinsen nicht unterdrücken. Er drückte die Schulter des Jungen kurz und fest. »Gut. Gut. Laß uns nach oben gehen, ja?«

Die Straßen waren dunkel, abgesehen von vereinzelten Lampen und dem blauen Flackern von Fernsehern hinter Fensterscheiben. Baedecker atmete den Duft von frisch gemähtem Gras und unsichtbaren Feldern ein. Die Sterne kamen nur zögernd heraus. Abgesehen von vereinzelten Autos, die auf der Asphaltstraße vorbeifuhren, bildete das gedämpfte, aber aufgeregte Plappern der verborgenen Fernseher die einzige Geräuschkulisse. Baedecker konnte sich erinnern, wie hinter einigen dieser Fliegengitter und Fenster noch Transistorradios geklungen hatten. Er fand, die Rundfunkstimmen hatten mehr Autorität und Tiefe gehabt.

Glen Oak hatte nie viele Eichen besessen, aber in den vierziger Jahren wuchsen eine Vielzahl von gigantischen Ulmen, unvorstellbar massive Bäume, deren grobschlächtige Gliedmaßen sich zu einem Baldachin von Zweigen krümmten, welcher selbst die breiteste Nebenstraße in einen Tunnel aus Licht und Schatten verwandelte. Diese Ulmen *waren* Glen Oak. Das war selbst dem zehnjährigen Jungen klar gewesen, der an einem Sommerabend mit dem Fahrrad Richtung Stadt fuhr, zur Oase der Bäume und des Samstagabendessens, und dabei hektisch in die Pedale trat.

Jetzt waren die meisten Ulmen verschwunden. Baedecker vermutete, daß verschiedene Krankheiten sie hinweggerafft hatten. Die breiten Straßen waren zum Himmel hin offen. Kleinere Bäume dagegen gab es immer noch im Überfluß. In der schwachen Brise tanzten die Blätter vor den Straßenlaternen und warfen Schatten auf die Gehwege. Große alte Häuser standen eine gute Strecke von den Gehwegen entfernt, und deren Obergeschosse wurden nach wie vor von sanft raschelndem Laub behütet. Aber die gigantischen Ulmen von Baedeckers Kindheit waren nicht mehr da. Er fragte sich, ob Menschen, die überall im Land zu ehemaligen Wohnsitzen in Kleinstädten zurückgekehrt waren, dieser

Verlust auch aufgefallen war. Es war etwas, das, wie der Geruch brennenden Laubes im Herbst, durch sein Fehlen an seiner Generation nagte.

Die Fledermäuse tanzten und kreisten vor einem violetten Himmel. Einige wenige Sterne hatte sich doch sehen lassen. Baedecker betrat einen Schulhof, der einen ganzen Block beanspruchte. Die hohe, alte Grundschule, deren vernagelter Dachfirst ein Zuhause für die Vorfahren dieser nächtlichen Schar von Fledermäusen gewesen sein durfte, war schon lange abgerissen worden und einer Ansammlung Kasten aus Backstein und Glas gewichen, welche sich am Fuß eines größeren Kastens aus Backstein und Glas drängten, der wiederum den größten Teil des quadratischen Blocks für sich beanspruchte. Baedecker vermutete, daß es sich bei dem größeren Kasten um die Turnhalle der Gesamtschule handelte. Zu seiner Zeit hatte die Grundschule keine eigene Turnhalle besessen; wenn sie eine brauchten, gingen sie zu Fuß zu der zwei Blocks entfernten High School. Baedecker erinnerte sich der alten Schule als Mittelpunkt einer zwei Morgen großen Rasenfläche mit einem halben Dutzend Baseballfelder und zwei Spielplätzen – einem für Kleinkinder und einem mit der hohen, dreistufigen Rutschbahn für die höheren Klassen. Jetzt beanspruchten die flachen Gebäude und die monströse Turnhalle fast den gesamten Platz für sich. Bäume gab es keine. Die Spielplätze beschränkten sich auf einen Streifen Asphalt und ein palisadenähnliches Gebilde inmitten einer Sandfläche. Baedecker ging hin und setzte sich auf eine der untersten Ebenen des Dings. Er mußte an einen schlecht entworfenen Galgen denken.

Auf der gegenüberliegenden Straßenseite konnte er sein altes Haus erkennen. Selbst im spärlichen Licht der Dämmerung sah er, daß wenig daran verändert worden war. Licht fiel aus den Panoramafenstern auf beiden Stockwerken. Anstelle der alten Verschalung sah er nun eine Verkleidung. Eine Garage und eine asphaltierte Zufahrt waren angebaut worden, wo sich einst die alte Schottereinfahrt zum Garten gewunden hatte. Baedecker vermutete, daß die Scheune nicht mehr hinter dem Haus stehen würde. Beim Gehweg wuchs eine hohe Birke, die früher nicht dagewesen war. Baedecker kramte eine Zeitlang in seiner Erinnerung und versuchte vergeblich, sich einen Schößling an der Stelle vorzustellen. Dann ging ihm auf, daß sie nachdem er fortgezogengen war, gepflanzt worden sein konnte, und der Baum wäre immer noch vierzig Jahre alt.

Baedecker verspürte keine Nostalgie, lediglich ein schwaches Schwindelgefühl des Staunens, daß so eine uralte Hülle aus Stein und Brettern in einem so fremden Teil der Welt einmal das Zuhause eines Jungen gewesen sein sollte, der sich als Mittelpunkt des Universums gefühlt hatte. In einem der Zimmer im ersten Stock wurde das Licht eingeschaltet. Baedecker konnte fast seine alte Tapete sehen, auf der Klipper in endlos wiederholte Quadrate aus Tau eingesperrt waren, jede Ecke von unmöglichen Seemannsknoten kompliziert. Er erinnerte sich, wie er in fiebrigen Nächten wach lag und immer wieder vergeblich versuchte, diese Knoten im Geiste zu entwirren. Und er erinnerte sich an die hängende Glühbirne an ihrer Kordel, den gelben Sarg von einem Schrank in der Ecke und die riesige Rand McNally-Weltkarte an der Wand neben der Tür, wo der ernste Junge nächtens bunte Stecknadeln von einer unaussprechlichen Pazifikinsel zur nächsten gesteckt hatte.

Baedecker schüttelte den Kopf, stand auf und ging nach Norden, weg von Schule und Haus. Die Nacht war endgültig herein gebrochen, aber die Sterne verbargen sich hinter tiefhängenden Wolken. Baedecker sah nicht noch einmal hoch.

»He, Dick, wie war es? Die alte Heimat besucht?« rief Ackroyd, als Baedecker über den Rasen zum Haus des Mannes ging. Das Paar saß auf einer kleinen, abgeschirmten Veranda zwischen Haus und Garage.

»Ja. Es kühlt ziemlich angenehm ab, was?«

»Haben Sie jemanden getroffen, den Sie kennen?«

»Die Straßen waren ziemlich verlassen«, sagte Baedecker.

»Ich konnte die Lichter der Old Settlers – jedenfalls vermute ich, daß es die Old Settlers waren –, südöstlich der High School sehen. Hat sich angehört, als wären alle da draußen.«

Als Junge war der Old Settlers-Jahrmarkt am Wochenende für Baedecker drei Tage gewesen, die das Herz des Sommers bildeten und gleichzeitig das letzte freudige Ereignis vor dem niederschmetternden Countdown bis zum Schulanfang. Old Settlers war für ihn die Einsicht in die Entropie gewesen.

»Ja klar doch«, sagte Ackroyd. »Da wird heute abend viel los sein, mit dem Grillfest der Jaycees und allem. Wir hätten immer noch genügend Zeit hinzufahren, wenn Sie möchten. Im Zelt der American Legion schenken sie bis um elf Bier aus.«

»Nein, danke, Bill. Ich bin eigentlich ziemlich müde. Ich denke, ich lege mich hin. Sagen Sie Terry gute Nacht von mir, ja?«

Ackroyd ging voraus nach drinnen und schaltete das Licht über der Treppe ein. »Terry ist zu seinem Freund Donnie Peterson rübergegangen. Die beiden verbringen das Old Settlers-Wochenende gemeinsam, seit sie im Kindergarten waren.«

Mrs. Ackroyd machte sich zu schaffen und vergewisserte sich, daß Baedecker zusätzliche Decken hatte, obwohl es eine warme Nacht war. In dem Gästezimmer herrschte ein angenehm vertrauter Motelzimmergeruch. Mrs. Ackroyd lächelte ihm zu, schloß leise die Tür, und Baedecker war allein.

Es war fast stockdunkel in dem Zimmer, abgesehen vom Leuchten seines digitalen Reiseweckers. Baedecker legte sich zurück und starrte in die Dunkelheit. Als die schwach leuchtenden Ziffern 2:32 Uhr anzeigten, stand er auf und ging in den verlassenen Raum mit dem Teppichboden hinaus. Von den oberen Stockwerken war kein Laut zu hören. Jemand hatte ein Licht über der kurzen Treppe angelassen, falls Baedecker noch einmal in die Küche wollte. Statt dessen ging Baedecker zum Zimmer des Jungen, zögerte einen Moment vor der angelehnten Tür und trat dann ein. Das Licht von der Treppe erhellte schwach die pockennarbige Mondoberfläche und die blauweiße, aufgehende Sichel der Erde. Baedecker stand eine Zeitlang da und wollte gerade wieder gehen, als ihm etwas auffiel. Er machte die Tür zu und setzte sich auf Terrys Bett. Einen Moment herrschte nicht das geringste Licht, und Baedecker war blind. Dann gewahrte er Hunderte leuchtender Pünktchen an Wänden und Decke. Die Sterne kamen heraus. Der Junge – Baedecker war sicher, daß es der Junge gewesen sein mußte – hatte das Zimmer mit Spritzern phosphoreszierender Farbe gesprenkelt. Das Halbrund der Erde erstrahlte in einem milchigen Glanz, der die lunaren Hochebenen und Kraterränder beleuchtete. Baedecker hatte nie eine Mondnacht von der Oberfläche gesehen – das hatte kein *Apollo*-Astronaut –, aber er saß auf dem ordentlich gemachten Bett des Jungen, bis sich die Sterne in seine Augen eingebrannt hatten, und er dachte: *Ja, ja.*

Nach einer Weile stand Baedecker auf, schlich lautlos in sein eigenes Zimmer und schlief.

Die Dämmerung des ›Richard M. Baedecker‹-Tags kam warm und klar. Auf der Straße vor Ackroyds Haus rauschte der Lärm des samstäglichen Verkehrs. Der Himmel war so blau, daß die Maispflanzen auf den Feldern hinter den neuen Häusern innerlich zu leuchten schienen.

Baedecker nahm zweimal Frühstück zu sich. Das erste Mal mit Ackroyd und dessen Frau in ihrer geräumigen Küche. Das zweite mit der Bürgermeisterin und dem Stadtrat an einem langen Tisch im Parkside-Café. Marjorie Seaton kam Baedecker wie eine Kleinstadtversion der ehemaligen Chicagoer Bürgermeisterin Jane Byrne vor. Er war nicht sicher, wo die Ähnlichkeiten lagen – Seatons Gesicht war breit und vom Wetter gerötet, Byrnes dagegen schmal und blaß. Marge Seaton hatte ein offenes, herzliches Lachen, das keine Ähnlichkeit mit Byrnes verkniffenem Kichern hatte, an das er sich erinnerte. Aber die Augen beider Frauen ließen Baedecker an Apatschenfrauen denken, die darauf warteten, daß die männlichen Gefangenen zu ihrer Erbauung ausgepeitscht würden.

»Die ganze Stadt ist in heller Aufregung, weil Sie hier sind, Dick«, sagte Seaton und strahlte ihn an. »Ich könnt sagen, das gesamte County. Heute werden Leute sogar von Gatesburg hierher kommen.«

»Ich freue mich schon, sie kennenzulernen«, sagte Baedecker. Er schob seine Bratkartoffeln hin und her. Neben ihm wischte Ackroyd Eidotter mit einem Stück Toast auf. Die Kellnerin, eine kleine Frau mit ausdruckslosem Gesicht namens Minnie, kam jeden Augenblick herbeigeeilt und füllte die Kaffeetassen nach, als hätte sie die gesamte Definition von Kellnerin in die hündische Ausführung dieser einzigen Tat destilliert.

»Haben Sie einen Terminplan ... ein Protokoll?« fragte Baedecker. »Einen Fahrplan für den Tag?«

»O ja«, sagte ein hagerer Mann im grünen Polyesteranzug. Er war als Kyle Gibbons oder Gibson vorgestellt worden. »Da haben wir ihn.« Er zog eine zusammengelegte hektografierte Seite aus der Tasche und strich sie vor Baedecker glatt.

»Danke.«

9.00	–	VERSAMMLUNG STADTRAT – Pksd. (Astronaut?)
10.00	–	HDBL. TURN. – (AM. LEG. BALL)
11.30	–	AUFSTELLUNG PARADE (W. 5)
12.00	–	OLD SETTLERS-PARADE
13.00	–	J. G. C. WEENIE ROAST UND PREISSCHIESS. (Sh. Meehan)
13.30	–	SOFTBL. TURN.
14.30	–	FRW. FRWEHR. WASSERKAMPF
17.00	–	OPTIMISTS BARBECUE
18.00	–	UNTERHALTUNG (Camp. Cr. Singers)
19.00	–	ZIEHUNG DER TOMBOLA (M. Seaton – H. Sch. Turnh.)
19.30	–	STARS VON MORGEN (H. Sch. Turnh.)

20.00 – ANSPRACHE DES ASTRONAUTEN (H. Sch. Turnh.)
22.00 – J. G. C. FEUERWERK

Baedecker sah auf. »Ansprache?«

Marge Seaton trank Kaffee und lächelte ihm zu. »Sagen Sie einfach irgend etwas, Dick. Machen Sie sich deswegen keine Sorgen. Wir würden alle gern hören, wie Sie vom Weltraum erzählen, oder wie es war, auf dem Mond spazierenzugehen oder so etwas. Beschränken Sie sich nur auf zwanzig Minuten oder so, okay?«

Baedecker nickte und lauschte durch die offenen Fenster, wie eine flaue Morgenbrise einige Blätter gegeneinander wehte. Ein paar Kinder traten ein und verlangten am Tresen lautstark nach Limonade. Minnie beachtete sie gar nicht, sondern kam herübergeeilt und füllte alle Kaffeetassen nach.

Die Diskussion am Tisch kreiste um Fragen der Stadtverwaltung, und Baedecker entschuldigte sich. Draußen flimmerte die Vormittagshitze bereits von den Gehwegen und machte den Asphalt der Straße weich. Baedecker blinzelte und holte die Fliegersonnenbrille aus der Brusttasche. Er trug ein Safarihemd aus weißer Baumwolle, braune Baumwollhosen und Wüstenstiefel, die er ein paar Wochen zuvor in Kalkutta getragen hatte. Es fiel ihm schwer zu glauben, daß diese Welt eines klaren blauen Himmels, weißer Geschäftsfassaden und menschenleerer Straßen neben dem Monsunschlamm, den endlosen Elendsvierteln und dem übervölkerten Wahnsinn von Indien existieren konnte.

Der Stadtpark war viel kleiner, als er ihn in Erinnerung hatte. In Baedeckers Gedächtnis war der Musikpavillon ein verschnörkelter viktorianischer Aussichtspunkt, aber jetzt stand da nur ein Betonklotz mit Flachdach auf Schlackesteinen. Er zweifelte, ob der Aussichtspunkt jemals existiert hatte.

In den beiden Sommern, die Baedecker hier verbracht hatte, hatte ein reicher Einwohner von Glen Oak – er hatte keine Ahnung, wer es gewesen war – samstagsabends hier in diesem Park kostenlose Filme gezeigt, die er auf drei Laken projizierte, welche hoch oben an der Seitenwand des Parkside-Cafés festgenagelt worden waren. Baedecker konnte sich erinnern, wie er Movietone-Wochenschauen und Zeichentrickfilme gesehen hatte, in denen keine geringeren Persönlichkeiten als Bugs Bunny und Donald Duck Kriegsanleihen verkauften, und solche Filmklassiker wie *Fly By Night, Saps at Sea, Broadway Limited* und *Once Upon a Honeymoon.* Baedecker konnte die Augen schließen und fast die flackernden Bilder vor sich sehen, die Gesichter der Farmersfamilien, die auf Bänken, Decken und dem frisch gemähten Gras saßen, konnte sich an die Geräusche der Kinder erinnern, die in der Nähe des Musikpavillons durch das Gebüsch liefen oder auf die Bäume kletterten, und, einmal zumindest, denkwürdig, das stumme Flackern von Wetterleuchten über den Bäumen und Fassaden, welches langsam näher kam und die Äste der Ulmen in der Brise tanzen ließ, die vor dem aufziehenden Sturm floh. Baedecker wußte noch genau, wie wohlriechend diese Brise gewesen war, kam sie doch über so viele Meilen reifer Felder. Baedecker konnte sich an den ersten echten Blitzschlag erinnern, der in einem unheimlichen Augenblick aufgehobener Zeit, bevor alle panisch Schutz suchten, Menschen, Autos, Bänke, Gras, Häuser und Baedecker selbst in einem Stroboskoplicht erstarren ließ, welches die ganze Welt für kurze Zeit zu einer einzigen erstarrten Einstellung in einem noch nie gesehenen Film machte.

Baedecker räusperte sich, spie aus und ging zu einem kleinen Felsblock auf einem Steinpodest. Drei Bronzeplaketten listeten die Namen der Männer von Glen Oak auf, die in Konflikten vom Krieg gegen Mexiko bis Vietnam gekämpft hatten. Sterne wiesen diejenigen aus, die im Dienst am Vaterland gefallen waren. Acht im Bürgerkrieg, drei im Zweiten Weltkrieg, keiner in Vietnam. Baedecker las die vierzehn Namen, die unter Korea aufgelistet waren, aber sein Name stand nicht dabei. Er kannte keinen der anderen, obwohl er mit einigen zur Schule gegangen sein mußte. Die Vietnam-Plakette war kaum verwittert und nur zu einem Drittel vollgeschrieben. Sie bot noch Platz für künftige Kriege.

Auf der anderen Straßenseite war eine Farmersfamilie aus einem Pritschenwagen ausgestiegen und sah ins Schaufenster von Helman's Variety Store. Baedecker konnte sich noch erinnern, wie das Geschäft Jensen's Dry Goods geheißen hatte, ein langes, dunkles Gebäude, in dem sich Ventilatoren langsam viereinhalb Meter über staubigen Holzböden drehten. Die Familie war aufgeregt, deutete mit den Fingern und lachte. Nun ließen sich mehr Menschen auf den Gehwegen sehen. Irgendwo in der Nähe, aber nicht direkt zu sehen, fing eine Kapelle an zu spielen, verstummte unvermittelt, begann erneut und hörte wieder mitten im Beckenschlag auf.

Baedecker setzte sich auf eine Parkbank. Seine Schultern schmerzten unter der Last der Dinge. Er machte wieder die Augen zu und versuchte, das häufig beschworene Gefühl eines hüpfenden Laufs über eine gleißende, pockennarbige Ebene zu empfinden: das Licht, das eine Korona um Daves weißen Anzug und sein PLS-Pack warf, die Schwerkraft ein schwächerer Widersacher, jede Bewegung so anmutig und mühelos, als schwebe man auf Zehenspitzen über den Grund einer sonnigen Lagune.

Das Gefühl von Leichtigkeit stellte sich nicht ein. Baedekker schlug die Augen auf und betrachtete blinzelnd die polarisierte Klarheit der Welt.

Die Old Settlers-Parade setzte sich fünfzehn Minuten später als planmäßig vorgesehen in Bewegung. Die Marschkapelle der High School ging voraus, gefolgt von mehreren Reihen nicht näher benannter Reitern, dann folgten fünf selbstgeschmückte Wagen, die Abordnungen der FFA, 4-H, Pfadfinder (Creve Coeur Council), der historischen Gesellschaft des County und des Jubilee Gun Club repräsentierten. Im Anschluß an die Wagen folgte die Kapelle der Junior High School, bestehend aus neun Kindern, dann ein Kontingent der American Legion zu Fuß, dann Baedecker. Er fuhr in einem zwanzig Jahre alten weißen Mustang Kabrio. Bürgermeisterin Seaton saß rechts von ihm, Mr. Gibbons oder Gibson links, Bill Ackroyd vorn neben dem Fahrer, einem Teenager. Ackroyd hatte darauf bestanden, daß sich die drei hinten auf die Karosserie setzten und die Füße auf die roten Sitzbezüge stellten. Spruchbänder auf den Seiten des Mustang verkündeten: RICHARD M. BAEDECKER – GLEN OAKS GESANDTER AUF DEM MOND. Unter den Buchstaben war mit Leuchtstiften das Wahrzeichen des Einsatzes seiner Crew aufgemalt worden. Die Sonne hinter dem symbolischen Kommandomodul mit Sonnensegeln sah aus wie der Eidotter, den Ackroyd heute morgen so begeistert aufgetunkt hatte.

Die Parade kam beim Park von der West Fifth Street und marschierte stolz die Hauptstraße entlang. Der grün-weiße Plymouth von Sheriff Meehan machte den Weg frei. Menschen drängten sich auf den hohen, dreischichtigen Gehwegen, die dazu geschaffen schienen, Paraden zuzusehen. Kleine amerikanische Flaggen waren allerorten zu sehen, und Baedecker stellte fest, daß zwischen zwei Laternenpfosten ein Transparent über die Straße hing: GLEN OAK FEIERT RICHARD M. BAEDECKER-TAG – OLD SETTLERS-PARADE – PREISSCHIESSEN DES JUBILEE GUN CLUB, SAMST., 8. AUG.

Die Kapelle der High School bog an der Second Street links ab und einen Block östlich beim Schulhof wieder links. Kinder, die auf dem Galgengebilde aus Holz spielten, winkten und johlten. Ein Junge machte eine Pistole mit der Hand und begann zu schießen. Ohne zu zögern, deutete Baedekker mit dem Finger und schoß zurück. Der Junge hielt sich die Brust, verdrehte die Augen in den Kopf, machte einen Salto von seinem Balken und landete eineinhalb Meter tiefer auf dem Rücken im Sandkasten.

Sie bogen an der Fifth Street rechts ab, nur einen Block von ihrem Ausgangspunkt entfernt, und wandten sich nach Osten. Baedecker bemerkte ein kleines weißes Gebäude zur Rechten und war sicher, daß es sich dabei einmal um die Bibliothek gehandelt haben mußte. Er erinnerte sich an den heißen Dachbodengeruch des kleinen Raums an Sommertagen und an das verhaltene Stirnrunzeln der Bibliothekarin, wenn er zum achten, zehnten oder fünfzehnten Mal *John Carter vom Mars* auslieh.

Die Fifth Street war so breit, daß die Parade hindurchziehen und trotzdem noch zwei Spuren Verkehr links vorbeifahren konnten. Es herrschte kein Verkehr. Baedecker spürte wieder das Fehlen der großen Ulmen, besonders jetzt, wo die Sonne auf das geschmückte Pflaster herab brannte. Kleine chinesische Ulmen wuchsen bei den grasbewachsenen Drainagekanälen, aber die wirkten im Vergleich zu der grotesk breiten Straße, den riesigen Rasenflächen und gewaltigen Häusern winzig und unscheinbar. Menschen saßen auf Veranden und Gartenstühlen und winkten. Kinder und Hunde liefen neben den Pferden her und sprangen vor der Kapelle hin und her. Hinter Baedeckers Mustang hatte sich eine formlose Prozession von Fahrrädern, Kindern mit Wagen und einigen fröhlichen Zuschauern, die Rasenmäher fuhren, gebildet und fügte der Parade einen fünfzehn Meter langen Rattenschwanz hinzu.

Das Auto des Sheriffs bog auf der Catton Street rechts ab. Sie kamen wieder am Schulhof vorbei. Vor Baedeckers früherem Haus mähte ein Mann ohne Hemd, dem der Bauch über die Shorts hing, den Rasen. Er sah auf, als die Parade vorüberzog, und winkte mit zwei Fingern einen Salut zu Baedeckers Mustang. Drei uralte Leutchen saßen auf der schattigen Veranda, wo Baedecker einst Pirat gespielt und eine Angriffswelle japanischer Banzai nach der anderen abgewehrt hatte.

Zwei Blocks nach Baedeckers altem Haus passierte die Parade die High School und bewegte sich auf eine Mauer aus Mais zu. Die Kapelle schwenkte nach links auf die Landstraße und führte die Prozession um die High School herum zu einem viele Morgen großen offenen Feld, wo der Old Settlers-Jahrmarkt aufgebaut worden war. Jenseits des Parkplatzes standen ein halbes Dutzend große Zelte, doppelt so viele Buden und verschiedene Jahrmarktkarussels, die reglos in der Mittagssonne harrten. Das hohe, braune Gras des

Feldes war abfallübersät und von den Menschenmassen der Nacht zuvor niedergetrampelt worden. Weiter nördlich lagen die Baseballfelder, die bereits von bunt gekleideten Spielern bevölkert und von johlenden Zuschauern bedrängt wurden. Noch weiter nördlich, fast an der Stelle, wo der Garten von Baedeckers Haus an die Felder angrenzte, bildeten Gruppen von Feuerwehrautos rot-grüne Winkel im Gras.

Die Kapellen hörten auf zu spielen, und die Parade löste sich auf. Das Jahrmarktsgelände war so gut wie verlassen, wenige Leute beobachteten, wie die Mitglieder der Kapellen und die Pferde durcheinanderliefen. Baedecker blieb noch einen Moment sitzen.

»Nun«, sagte Bürgermeisterin Seaton, »das war doch ein Riesenspaß, oder nicht?«

Baedecker nickte und sah auf. Metall und Polster des Autos waren sehr heiß. Die Sonne hatte den Zenit fast erreicht. Über dem Horizont konnte man gerade noch die blasse Scheibe des Dreiviertelmonds am wolkenlosen Himmel erkennen.

»Dickie!«

Baedecker sah vom Tisch auf, wo er mit den anderen Bier trank. Die Frau, die dort stand, war grobschlächtig und in mittleren Jahren, mit kurzem, blondem Haar. Sie trug eine bedruckte Bluse und Stretchhosen, die sich den maximalen Ausdehnungswerten des Herstellers näherten. Baedecker kannte sie nicht. Das Licht im Zelt der American Legion war düster, ein weiches Sepia. Die warme Luft roch nach Segeltuch. Baedecker stand auf.

»Dickie!« wiederholte die Frau, kam näher und nahm seine freie Hand in ihre beiden. »Wie geht es dir?«

»Gut«, sagte Baedecker. »Und Ihnen?«

»Oh, einfach prima, einfach prima. Du siehst *wunderbar* aus, Dickie, aber was ist mit deinem Haar passiert? Ich kann mich noch erinnern, daß du einmal einen *dichten* Schopf *rotes* Haar gehabt hast.«

Baedecker lächelte und strich sich unbewußt mit der Hand über die Kopfhaut. Die Männer, mit denen er sich unterhalten hatte, wandten sich wieder ihrem Bier zu.

Die Frau hielt die Hand vor den Mund und kicherte. »Herrje, du erinnerst dich nicht an mich, oder?«

»Ich habe ein schreckliches Namensgedächtnis«, gestand Baedecker.

»Ich habe mir gedacht, zumindest an *Sandy* würdest du dich erinnern«, sagte die Frau und schlug verspielt nach Baedeckers Handgelenk. »Sandy Serrel. Wir waren die besten Freunde. Weißt du nicht mehr, Donna Lou Herford und ich sind in der vierten und fünften Klasse immer mit dir und Mickey Farrell und Kevin Gordon und Jimmy Haines herumgezogen.«

»Aber natürlich«, sagte Baedecker und schüttelte ihr noch einmal die Hand. Er konnte sich ganz und gar nicht an sie erinnern. »Wie geht es dir?«

»Dickie, das hier ist mein Mann Arthur. Arthur, das hier ist mein alter Freund, der auf dem Mond gewesen ist.« Baedecker schüttelte einem spindeldürren Mann in einem Softballtrikot mit der Aufschrift ›Bestattungsunternehmen Taylor‹ die Hand. Der Mann war mit einen Schmutzfilm überzogen, unter dem man an Hals, Gesicht und Handgelenken rote Runzeln sehen konnte.

»Ich wette, du hast nie gedacht, daß ich mal heiraten würde«, sagte Sandy Serrel. »Jedenfalls keinen anderen, hm?«

Baedecker erwiderte das Lächeln der Frau. Einer ihrer Vorderzähne war abgebrochen.

»Komm mit. Das nächste Spiel fängt an«, sagte ihr Mann.

Die große Frau packte Baedeckers Hand und Arm wieder mit einem festen Griff. »Wir müssen gehen, Dickie. War echt *schön*, dich wiederzusehen. Du solltest später mal vorbeikommen, dann stelle ich dich Shirley und den Zwillingen vor. Vergiß nur nicht, daß ich während deines ganzen Mondaufenthalts zum lieben Gott gebetet habe. Wenn wir nicht alle gebetet hätten, hätte euch der liebe Gott nie und nimmer wohlbehalten nach Hause kommen lassen.«

»Ich werde es nicht vergessen«, sagte Baedecker. Sie bückte sich und gab ihm einen Kuß auf die Wange. Dann entfernte sie sich mit ihrem dürren Mann, und Baedecker blieb mit einem kratzenden Gefühl auf der Wange und einem hartnäckigen Geruch nach schmutzigen Handtüchern zurück.

Er setzte sich und bestellte noch eine Runde Bier.

»Arthur erledigt hauptsächlich anfallende Arbeiten draußen auf dem Friedhof«, sagte Phil Dixon, ein Mitglied des Stadtrats.

»Er ist Stinky Serrels dritter Mann«, sagte Bill Ackroyd. »Sieht nicht so aus, als wäre er ihr letzter.«

»*Stinky* Serrel!« sagte Baedecker und stellte das Glas auf den Tisch. »Mein Gott.« Seine einzige Erinnerung an Stinky Serrel, abgesehen davon, daß sie ein unerwünschter Eindringling war, der ihm und seinen Freunden auf der Straße folgte, war, als sie in der fünften Klasse in der Mittagspause auf dem Spielplatz zu ihm kam, nachdem jemand auf einem Hengst vorbeigeritten war.

»Ich weiß nicht, wie ihr Jungs das machen könnt«, hatte sie gesagt und auf den Hengst gedeutet.

»Was?« hatte er gefragt.

»Herumlaufen, während euch ein Schwanz zwischen den Beinen herumbaumelt«, raunte sie ihm leise ins Ohr. Baedecker erinnerte sich an seinen Schock nach diesen Worten, daß er zurückgewichen und errötet war und wütend wurde, weil er errötete.

»Stinky Serrel«, sagte Baedecker. »Großer Gott.« Er trank den Rest Bier und winkte dem Mann mit der Mütze der Legion nach mehr.

Blumen waren keine da, aber die beiden Gräber waren gut gepflegt. Baedecker verlagerte das Gewicht und nahm die Sonnenbrille in die Hand. Die Grabsteine aus Granit waren identisch, abgesehen von den Inschriften: CHARLES S. BAEDECKER 1893–1956, KATHLEEN E. BAEDECKER 1900–1957.

Der Friedhof war ruhig. Er wurde im Norden von hohen

Maisfeldern und auf den anderen drei Seiten von Wald abgeschirmt. Schluchten fielen im Osten und Westen zu unsichtbaren Bächen ab. Baedecker konnte sich erinnern, daß er während eines Fronturlaubs seines Vaters im verregneten Frühjahr von 1943 oder 44 in den bewaldeten Hügeln jagen gegangen war. Baedecker hatte die geladene Schrotflinte und die 22er stundenlang getragen, sich aber geweigert, auf ein Eichhörnchen zu schießen. Da war während seiner kurzen pazifistischen Phase gewesen. Baedeckers Vater war angewidert gewesen, hatte aber nichts gesagt, sondern dem Jungen lediglich den fleckigen Leinwandsack, der halb voll mit toten Eichhörnchen war, zum Tragen gegeben.

Baedecker ließ sich auf ein Knie sinken und zupfte Grashalme vom Grabstein seiner Mutter. Er setzte die Sonnenbrille wieder auf. Er dachte an den Leichnam, der keine zwei Meter unter der fruchtbaren schwarzen Erde von Illinois lag – die Arme, die ihn hielten, wenn er nach Raufereien weinend vom Kindergarten nach Hause kam, die Hände, die in Nächten des Schreckens die seinen drückten, wenn er aufwachte und nicht wußte, wo oder wer er war, aufschrie und dann die leisen Schritte der Hausschuhe seiner Mutter auf dem Flur hörte, die sanfte Berührung ihrer Hände in der grauenerregenden Dunkelheit spürte. Erlösung. Rettung.

Baedecker erhob sich, drehte sich unvermittelt um und verließ den Friedhof. Phil Dixon hatte ihn auf dem Weg zur Farm, zum Abendessen, mit Vergnügen hier abgesetzt. Baedecker hatte ihm gesagt, er würde die eindreiviertel Meilen zum Ort zu Fuß zurück gehen.

Er schob den schwarzen Eisenriegel in die Lasche des Tors und sah noch einmal zum Friedhof zurück. Insekten summten im Gras. Irgendwo jenseits der Bäume muhte kläglich eine Kuh. Selbst von der Straße aus konnte Baedecker die beiden Rasenrechtecke bei den Gräbern seiner Eltern erkennen, wo Plätze für seine beiden Schwestern und ihn reserviert worden waren.

Ein Pritschenwagen kam von dem Hügel im Osten herab gebraust und kam in einer Wolke von Staub und Kies schlitternd vor Baedecker zum Stillstand. Ein Mann mit sandfarbenem Haar und vom Wind gerötetem Gesicht beugte sich auf der Fahrerseite heraus. »Sie sind Richard Baedecker, oder nicht?« Ein jüngerer Mann saß neben ihm. An einer Gewehrhalterung hinter den beiden hingen zwei Flinten.

»Ja.«

»Dachte ich mir. Ich hab' im *Chronicle-Dispatch* von Princeville gelesen, daß Sie kommen. Ich und Galen hier sind auf dem Weg zum Optimists' Barbecue in Glen Oak. Aber vorher wollen wir im Lone Tree auf ein paar Gekühlte einkehren. Ich kann kein Auto sehen. Wollen Sie mitfahren?«

»Ja«, sagte Baedecker. Er nahm die Sonnenbrille ab, klappte sie sorgfältig zusammen und steckte sie in die Hemdentasche. »Ja, gerne.«

Laut Baedeckers Fahrer hatte die Lone Tree Tavern einst eine Viertelmeile südwestlich gestanden, unmittelbar nach der Kreuzung von Schotterwegen und Landstraßen. Der Lone Tree – der einsame Baum –, eine hohe Eiche, stand noch. Als Peoria County in den dreißiger Jahren trocken wurde, hatte das Lone Tree einfach zusammengepackt, war ins Jubilee County gezogen und hatte die nächsten fünfundvierzig Jahre am Waldrand auf dem zweiten Hügel westlich des Friedhofs Calvary verbracht. Die Hügel waren steil, die Straße schmal, und Baedecker konnte sich erinnern, daß seine Mutter von mehr als einem Gast berichtet hatte, der zur Kuppe des Friedhofshügels hinaufgerast war, nur um festzustellen, daß ein anderes Auto aus der Gegenrichtung kam. Benzinrationierung und die Abwesenheit junger Männer hatten das Blutbad während des Krieges etwas verringert. Baedeckers Vater war zum Trinken ins Lone Tree gegangen, wenn er Heimaturlaub hatte. Baedecker konnte sich erinnern, wie er ein Nesbitt's Orange in derselben kühlen Dunkelheit getrunken hatte, wo er jetzt einen irischen Whiskey und ein Bier bestellte. Er sah zu den rissigen Bodenfliesen hinab, als könnte der kleine Jutesack voller Eichhörnchen immer noch dort stehen.

»Sie erinnern sich nicht an mich, oder?« fragte der Fahrer. Er hatte sich im Wagen als Carl Foster vorgestellt.

Baedecker trank den Whiskey und betrachtete das rote Gesicht und die wässrigen blauen Augen vor sich. »Nein«, sagte er.

»Kann ich Ihnen keinen Vorwurf machen«, sagte der Farmer grinsend. »Wir beide waren zusammen in der vierten Klasse, aber ich blieb ein Jahr sitzen, als Sie und Jimmy und die anderen in die fünfte kamen.«

»Carl Foster«, wiederholte Baedecker. Er ergriff die Hand des anderen Mannes. »Carl *Foster.* Ja, natürlich. Sie saßen vor Kevin und hinter wie hieß sie noch gleich, dem Mädchen mit den Zöpfen und den ... hmmm ...«

»Großen Titten«, sagte Carl und erwiderte Baedeckers Handschlag. »Jedenfalls für eine Viertkläßlerin. Ja. Donna Lou Baylor. Hat Tom Hewford geheiratet. Das hier ist Galen, mein Schwiegersohn.«

»Galen«, sagte Baedecker und schüttelte dem jungen Mann die Hand. »Herrje, wir waren zusammen bei den Pfadfindern, Carl, oder nicht?«

»Der alte Meehan war Rottenführer«, sagte der Farmer. »Er hat uns immer gesagt, daß ein guter Pfadfinder auch ein guter Soldat wird. Hat mir eine verdammte Ehrenmedaille für Flugzeugerkennung gegeben. Ich saß bis zwei Uhr morgens mit meinen Schattenrißkarten auf dem verdammten Heuschober und hab' den Himmel beobachtet. Keine Ahnung, was ich gemacht hätte, wenn die Deutschen gekommen wären, um Peoria dem Erdbogen gleich zu machen ... wir haben erst '48 Telefon bekommen.«

»Carl Foster«, sagte Baedecker. Er bestellte noch eine Runde beim Barkeeper.

Später, als die Schatten länger wurden, gingen sie nach hinten um zu urinieren und Ratten zu schießen.

»Galen«, sagte Foster, »geh, hol die Zweiundzwanziger aus dem Wagen.«

Sie standen am Rand der Schlucht und erleichterten sich auf

den angesammelten Schrott von fünf Jahrzehnten. Rostige Bettfedern, alte Waschmaschinen, Tausende Blechdosen und der rostige Leichnam eines '38er Hudson füllten den Grund der Kippe. Jüngere Relikte lagen auf den schattigen Hügelflanken verstreut und vermischten sich weiter oben mit richtigem Abfall. Foster machte den Reißverschluß zu und nahm das Gewehr, das sein Schwiegersohn ihm entgegenhielt.

»Kann keine Ratten sehen«, sagte Baedecker. Er stellte ein leeres Whiskeyglas weg und riß eine neue Dose Bier auf.

»Man muß die kleinen Mistviecher aufscheuchen«, sagte Foster und feuerte einen Schuß in einen schon ziemlich durchlöcherten Waschzuber zwanzig Meter weiter unten am Hang ab. Dunkle Schemen stoben davon. Der Farmer lud eine neue Patrone in die Kammer und feuerte noch einmal. Etwas schnellte in die Luft und fiepste. Foster gab Baedecker das Gewehr.

»Danke«, sagte Baedecker. Er zielte sorgfältig auf einen Schatten unter einem Philco Radioschrank und feuerte. Nichts regte sich.

Foster hatte sich eine Zigarette angezündet, die ihm beim Sprechen an der Lippe baumelte. »Ich glaube, ich hab' irgendwo gelesen, daß du bei den Marines gewesen bist.« Er feuerte einen Schuß auf eine Frühstücksflockenpackung auf halbem Weg bergab. Ein schriller Schrei ertönte, schwarze Schemen wuselten über den Müll.

»Ist schon lange her«, sagte Baedecker. »Korea. Mußte eine Zeitlang mit der Navy fliegen.« Die Flinte hatte fast keinen Rückstoß.

»Ich selbst hab' nie gedient«, sagte Foster. Die Zigarette wippte. »Bruch. Wollten mich nicht. Hast du je einen Menschen erschießen müssen?«

Baedecker verweilte mit halb erhobener Bierdose. Er stellte sie ab, als Foster ihm das Gewehr gab.

»Mußt nicht antworten«, sagte der Farmer. »Geht mich ja auch nichts an.«

Baedecker sah mit zusammengekniffenen Augen am Lauf entlang und drückte ab. Der trockene Knall der 22er ertönte, gefolgt von einem Poltern, als ein altes Waschbrett umkippte. »Man konnte aus dem Cockpit dieser alten Panther nicht viel sehen«, sagte Baedecker. »Man warf seine Ladung ab. Flog nach Hause. Viel persönlicher war es bei meinen drei bestätigten Luft-Luft-Abschüssen auch nicht. Bei zweien sah ich die Piloten aussteigen. Beim dritten war mein Visier gesprungen und ölverschmiert, darum habe ich überhaupt nicht viel gesehen. Die Waffenkameras haben nicht aufgezeichnet, daß jemand ausgestiegen wäre. Aber das hast du sicher nicht gemeint. Es ist nicht dasselbe, als würde man einen *Menschen* erschießen.« Baedecker lud die 22er durch und reichte sie Foster.

»Wahrscheinlich nicht«, sagte er und feuerte rasch. Eine Ratte sprang schnurgerade und die Luft und fiel zuckend zurück.

Baedecker warf die leere Bierdose in die Schlucht. Er nahm das Gewehr von Foster entgegen und hielt es in Schräghaltung. Baedeckers Stimme klang belegt und monoton. »Aber hier in Glen Oak hätte ich fast einmal jemanden erschossen.«

»Ohne Scheiß? Wen?«

»Chuck Compton. Erinnerst du dich an ihn?«

»Den Wichser. Ja. Wie könnte man einen Fünfzehnjährigen vergessen, der noch in der sechsten Klasse saß? Hat Pall Mall auf dem Klo geraucht. Compton war ein gemeiner Hurensohn.«

»Ja«, sagte Baedecker. »Ich beachtete ihn gar nicht, bis ich in die sechste Klasse kam. Dann beschloß er, daß er mich jeden zweiten Tag windelweich prügeln wollte. Hat mir nach der Schule aufgelauert. Solche Sachen. Ich versuchte mich freizukaufen, indem ich ihm Vierteldollarmünzen und etwas von meinem Pausenbrot gab – Hershey-Schokoriegel, wenn ich welche hatte, sogar indem ich ihm Lösungen bei Erdkundearbeiten zusteckte, und so weiter. Er hat alles genommen, aber das hat nichts genützt. Compton wollte die Sachen gar nicht von mir. Es hat ihm einfach Spaß gemacht, andere Menschen zu quälen.«

»Was ist passiert?«

»Meine Mutter sagte mir, ich sollte mich gegen ihn wehren. Sie sagte, alle Schläger seien Feiglinge ... wenn man ihnen trotze, zögen sie Leine. Danke, Galen.« Baedecker nahm das frische Bier und trank einen großen Schluck. »Also habe ich ihn eines Freitags angesprochen und mich ihm gestellt. Er hat mir an zwei Stellen die Nase gebrochen, mir einen Zahn ausgeschlagen und mir um ein Haar die Rippen zertrümmert. Vor den anderen Kindern.«

»Ja, typisch Compton.«

»Ich dachte etwa eine Woche darüber nach«, sagte Baedecker. »Dann sah ich ihn an einem Samstagvormittag auf dem Spielplatz gegenüber von unserem Haus. Ich ging nach oben und holte meine doppelläufige Flinte aus Moms Schrank.«

»Du hast eine eigene Waffe gehabt?«

»Mein Vater hat sie mir an meinem achten Geburtstag geschenkt«, sagte Baedecker. »Schrotflinte Kaliber vier-zehn unten. Einzelschuß Kaliber .22 oben.«

»Eine Savage«, sagte Foster. »Mein Bruder hatte auch eine.« Er warf die Zigarettenkippe weg. »Was ist passiert?«

»Ich wartete, bis Compton nahe genug war«, sagte Baedecker. »Zuerst nahm ich das Fliegengitter am Schlafzimmerfenster meiner Mom ab und wartete, daß er die Straße überqueren würde. Er konnte mich hinter den Spitzenvorhängen nicht sehen. Ich lud beide Läufe, überlegte mir aber, daß ich den Vier-zehner benützen würde. Dachte mir, damit könnte ich auf zehn Meter nicht daneben schießen. So nahe war er.«

»Auf die Entfernung würde eine Vier-zehner einem ein hübsches Muster verpassen«, sagte Foster.

»Ich hatte sie mit sechser Wachtelmunition geladen«, sagte Baedecker.

»Herrgott.«

»Ja. Ich wollte, daß Comptons Eingeweide auf den Boden quellen würden wie die des Kaninchens, das mein Vater ein paar Wochen zuvor mit sechser Munition geschossen hatte.

Ich kann mich noch gut erinnern, wie ruhig ich den Lauf entlang auf Comptons Gesicht gezielt hatte. Ich senkte das Korn auf seinen Gürtel, weil ich immer etwas zu hoch und nach links hielt. Ich weiß noch, ich suchte Gründe, weshalb ich das Arschloch leben lassen sollte. Mir fielen ehrlich keine ein. Ich drückte ab, wie mein Vater es mir beigebracht hatte – hielt den Atem an, verkrampfte mich aber nicht, drückte ganz langsam und sanft, statt ruckartig. Ich habe es *vermasselt*. Die verdammte Sicherung war drinnen. Ich löste sie und befreite den vier-zehner Schlagbolzen, und dann mußte ich neu zielen, weil der Drecksack ein paar Schritte gegangen war. Er blieb stehen und sagte etwas zu einem Nachbarsmädchen, das Seilhüpfen spielte, und ich zielte auf seinen verlängerten Rücken. Er stand nur sieben oder acht Schritte entfernt.«

»Was dann?« fragte Foster. Er zündete sich eine neue Zigarette an.

»Dann hat meine Mutter mich zum Essen gerufen«, sagte Baedecker. »Ich entlud beide Läufe und stellte die Waffe weg. Die nächsten paar Wochen ging ich Compton, so gut ich konnte, aus dem Weg. Nach einer Weile hatte er es satt, mich zu schlagen. Nächsten Mai sind wir dann weggezogen.«

»Hm«, sagte Foster und trank einen großen Schluck Bier. »Chuck Compton war immer ein Arschloch.«

»Was ist eigentlich aus ihm geworden?« fragte Baedecker und stellte sein Bier vorsichtig auf den Boden. Er hob die 22er und zielte in die Schlucht hinunter.

»Er hat Sharon Cahill aus Princeville geheiratet«, sagte Foster. »Wurde wiedergeboren. War eine Zeitlang richtig religiös. Er arbeitete 1966 für den Straßenbau, als er von seinem Mähtraktor fiel und von seinem eigenen Mäher überfahren wurde. Hat noch eine Woche gelebt, dann hat ihn eine Lungenentzündung erwischt.«

»Hmmm«, sagte Baedecker und drückte ab. Ein wuselnder Schatten wurde zur Seite geschleudert und fiepste unter Schmerzen. Baedecker nahm die Flinte wieder in Schräglage und lud dreimal durch, um sich zu vergewissern, daß die Kammern leer waren.

Er gab sie weiter. »Ich muß zurück«, sagte er. »Ich muß um acht eine Rede halten.«

»Scheißspiel«, sagte Carl Foster und gab Galen das Gewehr.

»Sind Sie sicher, daß Sie keinen Kaffee möchten?« fragte Bill Ackroyd nervös.

»Ganz sicher«, sagte Baedecker. Er stand vor dem Dielenspiegel in Ackroyds Haus und versuchte zum zweiten Mal, die Krawatte zu binden.

»Wie wäre es mit etwas zu essen?«

»Habe gut gefrühstückt«, sagte Baedecker. »Zweimal.«

»Jackie kann Ihnen etwas von dem Roastbeef wärmen.«

»Keine Zeit«, sagte Baedecker. »Es ist fast acht.« Sie eilten zur Tür hinaus. Die Dämmerung überzog die Maisfelder und Ackroyds RV mit einem Maxfield Parish-Leuchten. Ackroyd setzte mit dem Bonneville zurück, dann brausten sie die Straße entlang.

Das Gelände des Old Settlers-Jahrmarkts wurde von Lichtern erhellt. Die Leinwand des großen Zelts verströmte Licht, gelbe Glühbirnen waren zwischen den Spielbuden aufgehängt, die Softballfelder waren in gleißenden Schein gebadet, und die Karussells wurden von bunten Lampions gekränzt. Baedecker erinnerte sich plötzlich an eine Nacht im August, als Jimmy Haines bei ihm geschlafen hatte. Das war die Nacht vor Old Settlers gewesen. Irgendwann nach Mitternacht waren die beiden Jungs aufgewacht, als hätten sie einen geflüsterten Befehl befolgt, hatten sich lautlos angezogen, waren über den Drahtzaun am hinteren Ende des Geländes geklettert und durch das hohe Gras der Wiesen hinter der High School gestapft, bis sie nahe genug waren, daß sie die leisen Flüche und Anweisungen der Arbeiter hören konnten, die die Attraktionen aufbauten. Plötzlich waren die Lichter von Riesenrad und Kettenkarussell angegangen, strahlende Muster vor der schwarzen Nacht des

Mittelwestens. Baedecker und sein bester Freund standen reglos da und waren wie gelähmt vor Staunen.

Baedecker erinnerte sich, wie er auf dem Mond stand und sein ohnedies abgeschirmtes Visier weiter mit der Hand im dicken Handschuh abschirmte und den schwarzen Himmel nach einem einzigen Stern absuchte. Er sah keinen. Nur das weiße Gleißen der kraterübersäten Oberfläche und das Licht der unbedeutenden Sichel der Erde drangen durch das goldgetönte Visier.

Ackroyd parkte hinter einem Polizeiauto, dann gesellten sich die beiden Männer zu der Menge, die zur Turnhalle der High School strömte. Baedecker erkannte den Holz- und Lackgeruch der Halle sofort. Er hatte mit Basketbällen gedribbelt, wo heute Stühle in Reihen standen. Das Podium, das er betrat, war Bühne der Aufführung eines Schauspiels in der sechsten Klasse gewesen. Er hatte die Rolle des Waisen Billy gespielt, der sich im letzten Akt als wiedergekehrter Christus entpuppte, welcher gekommen war, die Barmherzigkeit einer Familie auf die Probe zu stellen. Baedeckers Vater hatte von Camp Pendleton geschrieben, daß das die kolossalste Fehlbesetzung in der Geschichte des Theaters gewesen sei.

Er setzte sich mit Ackroyd auf graue Metallstühle, während Bürgermeisterin Seaton die Menge um Ruhe bat. Baedecker schätzte, daß etwa drei- bis vierhundert Menschen auf Klappstühlen und Holzbänken saßen. Weitere Zuschauer standen unter den offenen Türen weiter hinten. Die Musik der Karussells wurde vernehmbar in der schwülen Luft herübergetragen.

»... vom *Apollo*-Programm. Unser Reisender zum Mond. Einer von Amerikas wahren Helden und Sohn von Glen Oak ... Richard M. Baedecker!«

Applaus erhob sich in der Sporthalle und übertönte vorübergehend sogar die Jahrmarktsmusik. Als Baedecker aufstand, versetzte Bill Ackroyd ihm einen Schlag auf den Rücken, bei dem er fast in die Knie ging. Er erholte sich wieder, schüttelte der Bürgermeisterin die Hand und drehte sich zu der Menge um.

»Danke, Bürgermeisterin Seaton und Mitglieder des Stadtrats. Es freut mich, daß ich heute abend hier in Glen Oak sein darf.« Es folgte eine erneute Runde Applaus, und in den wenigen Sekunden, bevor er weitersprach, stellte Baedecker fest, daß er ziemlich betrunken war. Er hatte keine Ahnung, was er als nächstes sagen sollte.

Baedecker hatte gelernt, seine Angst vor einem großen Publikum zu vertreiben, indem er einfach leicht schielte, während er sprach. Menschenmengen waren längst nicht so einschüchternd, wenn sie zu einem bunten Meer von Gesichtern verschwammen. Aber heute abend machte er das nicht. Baedecker sah die Menge ernst an. Er erblickte Stinky Serrell in der zweiten Reihe, die ihm mit unmerklichen Bewegungen der Hand unter dem Kinn zu winkte. Ihr Mann, der noch das Softballtrikot trug, döste auf dem Stuhl neben ihr. Phil Dixon und seine Familie saßen drei Reihen weiter hinten. Jackie Ackroyd saß in der ersten Reihe am Mittelgang. Neben ihr kniete Terry auf seinem Stuhl, wandte Baedecker den Rücken zu und unterhielt sich lautstark mit einem älteren Jungen. Carl Foster oder Galen konnte er nicht sehen, spürte aber, daß sie anwesend waren. In den Sekunden der Stille, nachdem der Applaus abgeklungen war, verspürte Baedecker eine plötzliche Aufwallung von Zuneigung für alle in der Menge.

»Die Erforschung des Weltraums hat sich für Wissenschaftler hinsichtlich reinen Wissens ausgezahlt, und für die Ingenieure wegen der technologischen Herausforderung, die sie darstellte«, hörte Baedecker sich sagen, »aber viele Menschen wissen gar nicht, wie ungeheuer lohnend sie für den durchschnittlichen Amerikaner im Hinblick auf Nebenprodukte war, die unser aller Lebensqualität verbessert haben.« Baedecker entspannte sich beim Sprechen. Er hatte die fünfmonatige Werberundreise der NASA nach dem Mondflug nur hinter sich gebracht, indem er sich ein halbes Dutzend Reden eingeprägt hatte. Was er jetzt von sich gab –

wenn auch zugegebenermaßen von ihm auf den neuesten Stand gebracht –, war die von der NASA geschriebene Ansprache, die er immer als seine Teflon-Rede betrachtete.

»... nicht nur diese wunderbaren Materialien und Legierungen, nein, als Folge der von der NASA gesponsorten Fortschritte auf dem Gebiet der Elektronik können wir uns der Vorzüge von Dingen wie Taschenrechnern, Heimcomputern und vergleichsweise preiswerter Videorecorder erfreuen.«

Heiliger Jesus, dachte Baedecker, *wir haben die größte gemeinsame Anstrengung von Arbeit und Phantasie bewerkstelligt, seit die Pharaonen die Pyramiden erbauten, damit wir daheim sitzen und* Debbie Does Dallas *auf Video sehen können.*

Baedecker machte eine Pause, hustete einmal und fuhr fort. »Kommunikationssatelliten – die teilweise vom Space Shuttle abgesetzt wurden – überziehen unsere Welt mit einem Netz der Telekommunikation. Als Dave und ich vor sechzehn Jahren auf dem Mond spazierengingen, hatten wir eine neue leichte Videokamera dabei, die Prototyp für viele heutige Heimvideoanlagen war. Als Dave und ich mit dem Rover, unserem ›Mondauto‹, sechs Meilen fuhren und in einen Graben blickten den vorher kein Menschenauge deutlich hatte sehen können, wurde unsere Expedition live über zweihundertvierzigtausend Meilen Weltraum übertragen.«

Und wurde von den privaten Fernsehsendern abgelehnt, weil sie dafür ihr Tagesprogramm hätten unterbrechen müssen, dachte Baedecker. *Das* Apollo-*Programm ist jung gestorben, weil es schlechte Produktionsmaßstäbe und ein banales Drehbuch hatte. Nach* Apollo 11 *hat alles nur noch wie Wiederholungen ausgesehen. Wir konnten nicht mit* Days of Our Lives *konkurrieren.*

»... zu dem Zeitpunkt hätte niemand alle Folgeprodukte vorhersehen können, die das Projekt hervorbrachte. Unser Ziel war es, das Universum zu erforschen und die Grenzen des Wissens zu erweitern. Als Nebenwirkung haben wir damit eine technologische Revolution eingeleitet, von der sich wiederum die Folgeprodukte abkoppelten, die das Leben so vieler amerikanischer Konsumenten verändert haben.«

Joan koppelte sich von einer Ehe ab, die jahrelang eine Illusion gewesen war. Scott koppelte sich nach Indien ab und beschloß, ewige Wahrheiten in einer Kultur zu finden, die nicht einmal Wasserklosetts zustande bringt.

»Als Dave, Tom und ich mit der *Discovery* zum Mond flogen, kostete der durchschnittliche Firmencomputer zwölftausend Dollar«, sagte Baedecker. »Heute kostet ein Heimcomputer aufgrund der Nebenprodukte unseres Raumfahrtprogramms zwölf*hundert* Dollar und kann dasselbe. Und besser.«

Dave Muldorff koppelte sich ab und wurde Kongreßabgeordneter von Oregon. Baedecker erinnerte sich an eine weiße Gestalt, die leichtfüßig über die Mondoberfläche schritt – der Anzug leuchtete in einer Korona des Sonnenlicht –, und Fußspuren im Staub hinterließ, die noch frisch sein würden, wenn er und Baedecker zu Staub zerfielen, Amerika nicht einmal mehr eine Erinnerung und die menschliche Rasse vergessen sein würden. *Veranstaltungen, um Mittel aufzubringen. Dave, dessen Karriere bei der NASA durch die unverzeihliche Sünde beendet wurde, daß er einen Frisbee mit zur Mondoberfläche gebracht und nicht bereut hatte.*

»... und heutzutage können Krankenhäuser dieses Gerät dazu benützen, die Vitalwerte eines Patienten zu überwachen ...«

Tom Gavin koppelte sich ab und verschwand in seiner eigenen neuen fundamentalistischen Wirklichkeit. Wenn Gott mit dir gesprochen hat, als du da oben allein im Kommandomodul warst, Tom, warum hast du Dave und mir während des Rückflugs nichts davon erzählt? Oder es während des Einsatzberichts erwähnt? Warum hast du so viele Jahre gewartet und es im PTL Club verkündet?

»... die Thermopaneele und andere Materialien, die für das Shuttle entwickelt wurden, werden Hunderte unvorhergesehener Verwendungsmöglichkeiten im kommerziellen und täglichen Leben haben. Andere Möglichkeiten ...«

Die Challenger *explodiert, Trümmer koppeln sich ab zum wartenden Meer. Das orangerote Höllenleuchten brennender hypergolischer Treibstoffe. Bruchstücke fallen, fallen.*

»... Vorzüge könnten sein ...«

Baedeckers Frau und Sohn koppeln sich ab in andere Leben, andere Wirklichkeiten.

»... könnten Dinge gehören wie ...«

Richard E. Baedecker koppelt sich ab ...

»... Dinge wie ...«

Koppelt sich ab zu ...

»... Dinge wie ...«

Zu was?

Baedecker hörte auf zu sprechen.

Eine Gruppe Farmer, die über Witze im hinteren Teil der Halle gelacht hatten, verstummten in der plötzlichen Stille und drehten sich zur Bühne um. Der Junge, Terry Ackroyd, hörte auf, mit seinem Freund zu reden, und drehte den Kopf zu Baedecker um.

Baedecker umklammerte die Ränder des Podiums, damit er nicht fiel. Der große Raum schwankte und neigte sich vor seinen Augen. Kalter Schweiß brach ihm auf Stirn und Rükken aus. Baedeckers Nerven kribbelten im Nacken.

»Sie alle haben gesehen, wie das Shuttle explodierte«, sagte Baedecker mit leiser Stimme. »Immer und immer wieder auf Video. Es war wie ein immer wiederkehrender Traum, oder nicht? Ein Alptraum, den wir nicht abschütteln konnten.« Baedecker hörte diese Worte mit Erstaunen. Er hatte keine Ahnung, was er als nächstes sagen sollte.

»Ich war bei der NASA dabei, als das STS – das Shuttle System – entworfen wurde«, sagte er. »Jeder Schritt auf dem Weg war ein Kompromiß, wegen Geld ... oder Politik oder Bürokratie ... oder Dummheit der Firmen. Wir haben diese sieben Menschen so sicher getötet, als hätten wir ihnen selbst die Waffe an den Kopf gehalten.«

Die Gesichter, die sich Baedecker zu wandten, waren durchsichtig wie Wasser, unstet wie Kerzenflammen.

»Aber so wirkt die Evolution!« schrie Baedecker, der den Mund zu dicht am Mikrofon hatte. »Die Aggregate ... der Orbiter und der externe Tank und die SRBs und alles, sehen so wunderschön aus, so fortschrittlich, so technologisch *perfekt* ... aber sie sind, wie wir, ein evolutionärer Kompromiß. Unmittelbar neben dem Wunder des Herzens oder dem Mirakel des Auges gibt es eine übriggebliebene Dummheit wie den Blinddarm, die nur darauf wartet, uns zu töten.«

Baedecker schwankte leicht und betrachtete sein Publikum. Er konnte ihnen das Wesentliche nicht vermitteln, und plötzlich war es sehr wichtig, das zu tun.

Das Schweigen zog sich in die Länge. Die Geräusche des Old Settlers-Jahrmarkts verstummten. Jemand im hinteren Teil der Turnhalle hustete, und das Geräusch hallte wie ein Kanonenschuß. Baedecker konnte sich nicht mehr auf Gesichter konzentrieren. Er kniff die Augen fest zusammen und klammerte sich am Podium fest.

»Was ist mit den Fischen passiert?«

Er schlug die Augen auf und sprach mit drängend erhobener Stimme weiter. »Den Lungenfischen. Den ersten Kreaturen, die aus dem Meer krochen. Was ist mit ihnen *passiert?«*

Das Schweigen der Zuschauer nahm eine andere Tonlage an. Spannung herrschte im Raum. Irgendwo draußen schrie ein Mädchen auf einem der Karussells in gespieltem Entsetzen. Der Schrei verhallte, das Publikum im Inneren wartete.

»Sie hinterließen Abdrücke im Schlamm, und was dann?« fragte Baedecker. Seine Stimme klang selbst in seinen Ohren seltsam. Er versuchte sich zu räuspern, dann sprach er weiter. »Die ersten. Ich weiß, sie lagen wahrscheinlich einfach nur eine Zeitlang nach Luft schnappend am Ufer und kehrten dann in den Ozean zurück. Als sie starben, sanken ihre Knochen zu denen aller anderen im Urschlamm. Da weiß ich, das habe ich nicht gemeint.« Baedecker drehte sich halb zu Ackroyd und den anderen um, als bäte er um Hilfe, dann sah er wieder zu der Menge. Er senkte den Kopf einen Moment, hob ihn aber hastig wieder und sah ihnen in die Gesichter. Er erkannte niemanden. Seine Augen fanden nicht den richtigen Brennpunkt. Er hatte Angst, sein eigenes Gesicht könnte tränenfeucht sein, konnte aber nichts dagegen machen.

»Haben sie *geträumt?*« fragte Baedecker. Er wartete, bekam aber keine Antwort.

»Sie müssen wissen, daß sie die Sterne gesehen hatten«, sagte Baedecker. »Obwohl sie am Ufer lagen und nach Luft schnappten und nur ins Meer zurück kehren wollten, *hatten sie die Sterne gesehen.*«

Baedecker räusperte sich wieder. »Ich will wissen ... bevor sie starben ... bevor ihre Gebeine zu den anderen sanken... haben sie geträumt? Ich meine, selbstverständlich haben sie geträumt, aber waren sie anders? Diese Träume. Ich versuche damit zu sagen ...« Er verstummte.

»Ich glaube ...«, begann Baedecker und verstummte wieder. Seine Hand stieß gegen das Mikrofon, als er sich rasch ab wandte. »Danke, daß ich heute bei Ihnen sein durfte«, sagte Baedecker, aber sein Kopf war abgewandt, das Mikrofon stand schief, und niemand hörte ihn.

Kurz vor drei Uhr übergab sich Baedecker leise und gründlich. Er war dankbar für das Bad neben dem Gästezimmer. Hinterher putzte er sich die Zähne, spülte den Mund aus und ging durch den Keller zu Terrys verlassenem Zimmer.

Die Ackroyds hatten sich schon vor Stunden hingelegt. Es herrschte Stille im Haus. Baedecker machte die Tür zu, damit kein Licht hereinfallen konnte, und wartete, bis die Sterne herauskamen.

Sie kamen. Einer nach dem anderen tauchte aus der Dunkelheit auf. Es waren mindestens mehrere Hundert. Die sonnenbeschienene Hemisphäre der Erde, drei Durchmesser über den lunaren Gipfeln, war ebenfalls mit phosphoreszierender Farbe gesprenkelt worden. Die Oberfläche des Mondes leuchtete im sanften Bad reflektierten Erdlichts. Die Sterne brannten. Krater warfen undurchdringliche Schatten. Die Stille war absolut.

Baedecker legte sich auf das Bett des Jungen, wobei er sorgfältig darauf achtete, daß er die Decke nicht zerwühlte. Er dachte an den kommenden Tag. Wenn er wieder in Chicago war und sich zurück gemeldet hatte, würde er bei Borman und Seretti vorbeischauen. Mit etwas Glück konnten sie sich am Abend zu einem zwanglosen Dinner treffen und sich über das Airbus-Geschäft unterhalten, bevor die Versammlung richtig losging.

Nach dem Essen würde Baedecker Cole Prescott in dessen Haus in St. Louis anrufen. Er würde Prescott sagen, daß er kündigte und die Einzelheiten eines schnellstmöglichen Austritts aushandeln. Anfang September wollte Baedecker St. Louis verlassen haben. Am Labor Day, wenn es klappte.

Was dann? Baedecker hob den Blick zur Erde, die am Sternenhimmel leuchtete. Die wirbelnden Wolkenmassen waren brillant. Er würde seinen vier Jahre alten Chrysler Le Baron gegen einen Sportwagen eintauschen. Eine Corvette. Nein, etwas Schlankes und Starkes, wie eine Corvette, aber mit einem richtigen Schaltgetriebe. Etwas, das man mit viel Spaß schnell fahren konnte. Baedecker grinste, so durch und durch einfach war alles.

Was dann? Noch mehr Sterne wurden sichtbar, als sich seine Augen an das Dunkel gewöhnten. *Der Junge muß stundenlang gearbeitet haben,* dachte Baedecker, sah zur Decke und erblickte ferne Galaxien, die sich als gewaltige, langsame Sternenarme drehten. Er würde nach Westen fahren. Es war viele Jahre her, seit Baedecker zum letzten Mal quer durch den Kontinent gefahren war. Er würde Dave in Salem besuchen und etwas Zeit bei Tom Gavin in Colorado verbringen.

Was dann? Baedecker hob die Hand und ließ das Gelenk auf der Stirn ruhen. Er hörte Stimmen in den Ohren, aber die Hintergrundgeräusche machten es unmöglich, sie zu verstehen. Baedecker dachte an graue Grabsteine im Gras und dunkle Umrisse, die zwischen den rostigen Stoßdämpfern eines Hudson Baujahr '38 herumwuselten. Er dachte an das Sonnenlicht, das auf den Wasserturm von Glen Oak fiel, und an die schreckliche Schönheit seines neugeborenen Sohns. Er dachte an die Dunkelheit. Er dachte an die Lichter des Riesenrads, das sich lautlos in der Nacht drehte.

Später, als Baedecker die Augen zumachte und schlief, leuchteten die Sterne weiter.

Dritter Teil

Uncompahgre

»Sind wir alle bereit, den Berg zu erklimmen?«

Richard Baedecker und die drei anderen Bergsteiger ließen die letzten Überprüfungen von Rucksäcken und Hüftgürteln sein und sahen zu Tom Gavin auf. Gavin war ein kleiner Mann, kaum eins fünfundsiebzig groß, mit länglichem Gesicht, kurzgeschnittenem schwarzen Haar und stechendem Blick. Wenn er das Wort ergriff, und sei es nur, um eine einfache Frage zu stellen, schien seine Stimme von einer angespannten Dringlichkeit, straff wie ein Draht, aus seinem Inneren gestoßen zu werden.

Baedecker nickte und bückte sich, um das Gewicht des Rucksacks zu verlagern. Er versuchte noch einmal, den gepolsterten Hüftgürtel zu schließen, aber es gelang ihm nicht. Baedeckers Bauch war gerade stattlich genug, der Gürtel gerade eng genug, daß die Metallzähne der Schnalle nicht faßten.

»Verdammt«, murmelte Baedecker und verstaute den Gürtel so, daß er nicht zu sehen war. Er würde sich mit den Schultergurten begnügen müssen, obwohl das Gewicht des Rucksacks bereits an einer Saite des Schmerzes im Nacken zupfte.

»Deedee?« fragte Gavin. Seine Tonlage erinnerte Baedekker an die Tausende Checklisten, die er und Gavin während den Simulationen durchgegangen waren.

»Ja, Liebes.« Deedee Gavin war fünfundvierzig, so alt wie ihr Mann, aber sie war in das alterslose Stadium eingetreten, in das manche Frauen zwischen ihrem fünfundzwanzigsten und fünfzigsten Geburtstag verschwinden. Sie war blond und spindeldürr, und obwohl sie ständig in Bewegung war, drückten ihre Stimme und ihr Verhalten nicht dieses Gefühl zwanghaft unterdrückter Spannung aus, welches das Benehmen ihres Mannes bestimmte. Gavin schien für gewöhnlich verhalten die Stirn zu runzeln, als wäre er geistesabwesend oder würde in Gedanken versuchen, ein inneres Rätsel zu knacken. Deedee Gavin ließ solche Spuren intellektueller Rastlosigkeit oder Aktivitäten nicht erkennen. Von den zahlreichen Astronautenfrauen, die Baedecker kennengelernt hatte, schien Deedee Gavin stets am wenigsten dazuzupassen, Joan, Baedeckers Ex-Frau, hatte vor fast zwanzig Jahren, als sich die beiden Paare im Frühjahr 1956 auf dem Luftwaffenstützpunkt Edwards zum ersten Mal kennengelernt hatten, die Prophezeiung ausgesprochen, daß die Gavins bald wieder geschieden sein würden.

»Tommy?« fragte Gavin.

Tom Gavin Jr. sah weg und nickte verkrampft. Er trug ausgefranste Jeansshorts und ein blaues T-Shirt mit der Aufschrift ›Campus Crusade for Christ‹. Der Junge war schon über einen Meter achtzig groß und wuchs noch. Im Augenblick schien er einen fast greifbaren Zorn mit sich herumzuschleppen, der an ihm hing wie ein zweiter Rucksack.

»Dick?«

»Jo«, sagte Baedecker. In seinem orangefarbenen Rucksack trug er ein Zelt mit Regenüberzug, Wasser, Extrakleidung, Erste-Hilfe-Kasten, Seil, Taschenlampe, Autan, einen Fiberfill-Schlafsack mit Bodendecke, Schaumstoffkissen und andere Campingsachen. Er hatte alles heute morgen auf Gavins Waage im Bad gewogen und brachte es auf achtundzwanzig Pfund, aber Baedecker war überzeugt, daß seither jemand heimlich ein paar Bowlingkugeln und eine umfangreiche Steinsammlung hinzu gefügt hatte. Der eingeklemmte Nerv in seinem Nacken fühlte sich wie eine zu straff gespannte Gitarrensaite an. Baedecker fragte sich, was für einen Laut der Nerv hervorbringen würde, wenn er riß. »Bereit«, sagte er.

»Miss Brown?«

Maggie zog ein letztes Mal an den Schultergurten des Rucksacks und lächelte. Für Baedecker war es, als wäre die

Sonne gerade hinter einer Wolke hervorgekommen, obwohl der Himmel über Colorado den ganzen Tag wolkenlos gewesen war. »Alles fertig«, sagte sie. »Nennen Sie mich Maggie, Tom.« Sie hatte das Haar geschnitten, seit Baedecker sie vor drei Monaten in Indien gesehen hatte. Sie trug Baumwollshorts und ein weiches kariertes Hemd offen über einem grünen Oberteil. Ihre Beine waren braun und muskulös. Maggie trug die leichteste Last, nicht einmal einen Rucksack mit Gestänge, sondern nur einen einfachen blauen Leinensack, an dem ihr zusammengerollter Daunenschlafsack festgebunden war. Alle anderen trugen schwere Bergsteigerstiefel, Maggie dagegen nur kurze Nikes. Baedecker rechnete halb damit, daß sie wie ein losgelassener Luftballon davonschweben würde, während alle anderen dahinstapften wie Tiefseetaucher.

»Okay«, sagte Gavin, »brechen wir auf, ja?« Er drehte sich um und führte sie schnellen Schrittes von dem geparkten Auto weg.

Jenseits der Wiese wurde die Straße zu nichts weiter als einem schmalen Weg, der sich zwischen Hainen von Goldkiefern wand. Deedee sputete sich, um mit ihrem Mann Schritt zu halten. Maggie verfiel wenige Schritte dahinter in eine angenehme Gangart. Baedecker strengte sich mächtig an, damit er den Anschluß nicht verlor, aber nach den ersten dreihundert Metern bergauf war er rot im Gesicht und stolperte, während seine Lunge sich bemühte, mehr Sauerstoff zu bekommen als in der dünnen Luft in dreitausend Meter Höhe zur Verfügung stand. Nur Tom Jr. blieb noch weiter zurück, warf ab und zu einen Stein gegen einen Baum oder schnitzte mit seinem Messer etwas in eine Espe.

»Kommt schon, legen wir einen Zahn zu«, rief Gavin von der nächsten Biegung. »Wir sind noch nicht einmal auf dem Pfad.«

Baedecker nickte, zu ausgepumpt zum Sprechen. Maggie machte kehrt und kam bergab auf ihn zugelaufen. Baedekker wischte sich das Gesicht ab, verschob den Rucksack auf dem schweißgetränkten Hemdrücken und dachte, was für ein Wahnsinn es doch sei, daß jemand bergab lief, wenn er gleich darauf wieder *bergauf* müßte.

»Hi«, sagte sie.

»Hi«, stieß Baedecker hervor.

»Es kann nicht mehr lange dauern, bis wir unser Lager aufschlagen«, sagte sie. »In fünfundvierzig Minuten oder so wird die Sonne hinter dem Kamm untergehen. Außerdem sollten wir uns heute abend im unteren Teil des Canyon halten, noch zwei Meilen, dann wird das Gelände ziemlich steil.«

»Woher wissen Sie das?«

Maggie lächelte und schob eine Haarsträhne hinter das Ohr. Es war eine Geste, die Baedecker von Indien noch in bester Erinnerung hatte. Er stellte erfreut fest, daß der kürzere Haarschnitt diese Bewegung nicht überflüssig gemacht hatte. »Ich habe mir die Karte angesehen, die Tom Ihnen gestern abend in Boulder gezeigt hat«, sagte sie.

»Oh«, sagte Baedecker. Maggies plötzliches Auftauchen im Haus der Gavins hatte Baedecker so durcheinandergebracht, daß er der Karte keine große Aufmerksamkeit geschenkt hatte. Er zog die Schultergurte zurecht und ging weiter bergauf. Sofort fing sein Herz an zu schlagen, und seine gequälte Lunge bekam nicht genügend Sauerstoff.

»Was stimmt nicht mit ihm?« fragte Maggie.

»Mit wem?« Baedecker konzentrierte sich darauf, die Füße zu heben. Er konnte sich nicht erinnern, daß er Bleisohlen verlangt hatte, als er die neuen Wanderstiefel letzte Woche kaufte, aber offenbar mußte er es getan haben.

»Ihm«, sagte Maggie und nickte mit dem Kopf bergab zu der mürrischen Gestalt von Tom Jr. Der Junge sah in die Richtung, aus der sie gekommen waren, und hatte die Hände tief in die Taschen gesteckt.

»Probleme mit seiner Freundin«, sagte Baedecker.

»Zu dumm«, sagte Maggie. »Hat sie ihm den Laufpaß gegeben, oder was?«

Baedecker blieb wieder stehen und schnappte nach Luft. Es schien nichts zu nützen. Winzige Trommler spielten Soli in seinen Ohren. »Nein«, sagte er, »Tom und Deedee kamen zum Ergebnis, daß es zu ernst wurde. Sie haben es unterbunden. Tommy darf sie nicht wiedersehen, wenn sie zurückkommen.«

»Zu ernst?« fragte Maggie.

»Die Möglichkeit von vorehelichem Sex hat ihr häßliches Haupt erhoben«, sagte Baedecker.

Maggie sah wieder zu Tom Jr. »Großer Gott«, sagte sie. »Er muß doch fast siebzehn sein.«

»Eher achtzehn«, sagte Baedecker, setzte sich wieder in Bewegung und wartete, daß sein zweiter Energieschub kam. Dieser war überfällig. »Fast Ihr Alter, Maggie.«

Sie verzog das Gesicht. »Nn-nnn, daneben«, sagte sie. »Ich bin sechsundzwanzig, und das wissen Sie auch, Richard.«

Baedecker nickte und bemühte sich, schneller zu gehen, damit Maggie nicht dauernd halbe Zwischenschritte machen mußte, um ihm nicht davonzulaufen.

»He, sagte sie, »wo ist Ihr Hüftgurt? Der ist nützlich bei diesen Gestängerucksäcken, wie Sie einen tragen. Entlastet die Schultern.«

»Kaputt«, sagte Baedecker. Er schaute zwischen den Bäumen hinauf und erblickte Tom und Deedee zwei Kehren weiter, wo sie rasch ausschritten.

»Sind Sie immer noch wütend?« fragte Maggie. Ihre Stimme veränderte sich etwas, wurde einen Tonfall tiefer. Als er sie hörte, schlug Baedeckers belastetes Herz noch schneller.

»Wütend weswegen?« fragte er.

»Sie wissen schon, weil ich aufgekreuzt bin, obwohl ich nicht eingeladen war«, sagte sie. »Weil ich geblieben bin und Sie zu diesem Wochenendausflug mit Ihren Freunden begleite.«

»Selbstverständlich nicht«, sagte Baedecker. »Jeder Freund von Scott wäre willkommen.«

»Hmm«, sagte Maggie. »Das hatten wir schon. Ich bin nicht von Boston hierher geflogen, nur weil ich die Freundin Ihres Sohnes bin. Ich meine, die *Vorlesungen* haben schon wieder angefangen.«

Baedecker nickte. Scott hätte dieses Jahr seinen Abschluß machen können, wäre er nicht ausgestiegen, um zu diesem indischen Guru zu gehen. Baedecker wußte, daß Maggie vier Jahre älter war als Scott; sie hatte nach ihrem Abschluß am Wellesley zwei Jahre beim Friedenskorps verbracht und schrieb gerade an ihrer Magisterarbeit in Soziologie.

Sie kamen auf eine Lichtung an einer breiten Haarnadelkurve, wo Baedecker stehenblieb und so tat, als bewundere er die Aussicht auf das Tal und die umliegenden Gipfel.

»Mir hat Ihr Gesichtsausdruck gefallen, als ich gestern abend aufgetaucht bin«, sagte Maggie. »Ich dachte, die Zähne würden Ihnen aus dem Mund fallen.«

»Meine Zähne sind meine eigenen«, sagte Baedecker. Er zog den Rucksack zurecht und zurrte einen Gurt fest. »Jedenfalls die meisten.«

Maggie warf den Kopf zurück und lachte. Sie strich ihm mit kühlen Fingern über den sonnenverbrannten Arm, dann hüpfte sie die Straße entlang, verweilte kurz, um ihm zu winken, und dann rannte sie. *Rannte. Bergauf.* Baedecker machte einen Moment die Augen zu.

»Kommen Sie, Richard«, rief sie. »Beeilen wir uns, damit wir das Lager aufschlagen und Abendessen machen können.«

Baedecker öffnete die Augen. Die Sonne stand direkt hinter Maggie, umgab sie mit einem Strahlenkranz und beleuchtete sogar die feinen goldenen Härchen auf ihren Unterarmen. »Nur zu«, rief er. »Ich komme in etwa einer Woche nach.«

Sie lachte und lief bergauf, offenbar unbeeinträchtigt von der Schwerkraft, die an Baedecker zerrte. Er sah ihr eine Weile nach, dann folgte er ihr, wobei er nun selbst leichtfüßiger voranschritt und die Last auf dem Rücken nicht mehr ganz so sehr spürte, während er höher stieg, der Kuppel des dünnen, blauen Himmels über Colorado entgegen.

Baedecker hatte an seinem Leben in St. Louis nichts so sehr gefallen wie die Abreise.

Er kündigte seinen Job bei der Flugzeugfirma, wo er die letzten acht Jahre gearbeitet hatte, und das Gefühl, daß er dort im Grunde genommen völlig überflüssig gewesen war, wurde versehentlich dadurch bestätigt, daß Cole Prescott, sein Boß, ihn zwar mit einem tiefen Gefühl des Bedauerns gehen ließ, aber ohne die Notwendigkeit einer Interimsperiode, um einen Neuen einzulernen. Baedecker verkaufte sein Haus in der Stadt an die Gesellschaft zurück, die es gebaut hatte, verkaufte den größten Teil seiner Möbel, lagerte seine Bücher, Papiere und den Schreibtisch ein, den Joan ihm zum vierzigsten Geburtstag geschenkt hatte, verabschiedete sich bei Drinks von seinen wenigen Kollegen und Freunden – die überwiegend für die Firma arbeiteten – und fuhr eines Nachmittags nach einem gemütlichen Essen im Three Flags-Restaurant jenseits des Missouri in St. Charles nach Westen.

Richard Baedecker hatte nicht einmal drei Tage gebraucht, sein Leben in St. Louis zu liquidieren.

Er erreichte das Gebiet des Staates Kansas, als in Kansas City gerade Hauptverkehrszeit herrschte. Das wahnsinnige Verkehrsaufkommen störte ihn nicht; er lehnte sich in den Lederpolstern zurück und hörte im Autoradio klassische Musik. Ursprünglich hatte er vorgehabt, den Chrysler Le Baron zu verkaufen und sich etwas kleineres, schnelleres zu kaufen – eine Corvette oder einen Mazda RX-7 –, die Art Wagen, wie er ihn vor achtzehn oder zwanzig Jahren gefahren hätte, als er auf Einsätze vorbereitet wurde oder Flugzeugprototypen flog, aber im letzten Augenblick wurde ihm klar, wie klischeebefrachtet das gewesen wäre – der Mann in mittleren Jahren, der in einem flotten Sportflitzer seiner verlorenen Jugend nachjagte –, und daher behielt er den Le Baron. In dessen klimatisiertem Komfort entspannte er sich nun und lauschte Händels *Wassermusik,* während er Kansas City mit seinen Getreidesilos hinter sich ließ und nach Westen auf die untergehende Sonne und die endlosen Prärien zufuhr.

In dieser Nacht blieb er in Russell, Kansas, wo er in einen kleinen Ort fuhr und sich ein billigeres Motel abseits der Interstate suchte. Auf dem Schild außen stand KABELFERN-

SEHEN KAFFEE UMSONST. Die alten Touristenbungalows waren nicht klimatisiert, aber sauber und ruhig, unter hohen Bäumen, die Pfützen dunklerer Schatten in der Dämmerung erzeugten. Baedecker duschte, zog sich um und ging spazieren. Das Abendessen holte er sich an den Imbißbuden bei den Tribünen im Stadtpark, zwei Hot Dogs und Kaffee an einem Stand unterhalb der Baseballtribüne. In der Halbzeit des Spiels ging der Mond auf, orange und abnehmend. Aus alter Gewohnheit sah Baedecker auf und versuchte das Mariusgebirge im westlichen Oceanus Procellarum zu finden, aber das war in Dunkelheit gehüllt. Baedecker verspürte eine traurige, Ende-der-Saison-Aura an diesem Abend. Labor Day – der Tag der Arbeit – lag vier Tage zurück, und obwohl der Sommer einen letzten Versuch unternahm, eine Hitzewelle zustande zu bringen, und trotz des Softballturniers hatte die Schule für die Kinder wieder angefangen, das städtische Freibad war geschlossen und die Maisfelder außerhalb der Stadt wurden gelber und trockener, je näher die Ernte rückte.

Baedecker ging nach der sechsten Runde des zweiten Spiels und begab sich wieder in sein Motelzimmer. Das ›KABELFERNSEHEN‹ bestand aus einem kleinen Schwarzweißfernseher, mit dem man zwei lokale Sender von Kansas City, WTBS aus Atlanta, WGN aus Chicago und drei fundamentalistische Sender empfangen konnte.

Im zweiten dieser religiösen Sender sah er Tom Gavin, seinen alten Mannschaftskameraden von der *Apollo*.

Eineinhalb Meilen oberhalb der Wiese, wo sie das Auto abgestellt hatten, ging der zweispurige Feldweg über in einen Trampelpfad durch dichten Wald. Baedecker konnte sich jetzt leichter bewegen, er hatte seinen eigenen Rhythmus gefunden und genoß den Abend und die Schatten, die über den Grund des Tals wanderten. Es war deutlich kühler geworden, als die Schatten der Berge über das schmale Tal fielen, durch das sie wanderten.

Maggie wartete an der Wegbiegung auf ihn, worauf sie eine Zeitlang in kameradschaftlichem Schweigen dahinschritten. Hinter der nächsten Wegbiegung waren Tom und Deedee emsig damit beschäftigt, ein Lager auf einer Lichtung zehn Meter oberhalb des Bachs zu errichten, zu dem der Weg parallel verlief. Baedecker setzte den Rucksack ab, streckte sich und massierte sich den schmerzenden Nacken.

»Habt ihr Tommy da hinten gesehen?« fragte Deedee.

Maggie antwortete. »Er war etwa hundert Meter oder so hinter uns. Müßte in einer oder zwei Minuten da sein.«

Baedecker breitete die Bodendecke aus und klopfte die Heringe des orangefarbenen Zweimannzelts, das er eingepackt hatte, fest. Es waren mehrere Glasfaserpfosten und Streben zu verbinden, und Baedecker und Maggie brauchten einige von Gelächter begleitete Augenblicke, bis sie das Exoskelett aufgerichtet und die Plane darüber gespannt hatten. Als sie fertig waren, stand Baedeckers niedriges Zelt einige Meter von Tom und Deedees blauer Kuppel entfernt.

Gavin kam herüber, kniete neben Maggie und hielt ihr ein Nylonbündel hin. »Das ist Tommys altes Einmannzelt«, sagte er. »Ziemlich klein. Eigentlich mehr eine Biwakplane, aber ich dachte mir, eine oder zwei Nächte würde es schon gehen.«

»Klar«, sagte Maggie und machte sich daran, das kleine Zelt wenige Meter von dem Baedeckers entfernt aufzubauen. Tommy hatte das Lager erreicht und unterhielt sich aufgeregt mit seiner Mutter, die auf der anderen Seite der Lichtung Holz sammelte.

»Du und Tommy im Zweierzelt, okay?« fragte Gavin. Er beobachtete Maggie, die mit einem Stein Heringe einschlug.

»Prima«, sagte Baedecker. Er hatte die Wanderstiefel ausgezogen und bewegte die Zehen in den schweißnassen Sokken. Die Erleichterung kam seiner Vorstellung vom Himmel ziemlich nahe.

»Kennst du sie schon lange?« fragte Gavin.

»Maggie? Ich habe sie diesen Sommer in Indien getroffen«, sagte Baedecker. »Wie ich gestern abend schon sagte, sie ist eine Freundin von Scott.«

»Hmmm«, sagte Gavin. Er schien mehr sagen zu wollen, stand aber statt dessen auf und klopfte sich die Jeans ab. »Ich sollte das Feuer in Gang und das Fleisch auf den Grill bringen. Willst du mir helfen?«

»Klar«, sagte Baedecker. Er stand auf und ging zaghaft über das Gras, wobei er den Druck jedes Asts und jedes Zweigs unter den Füßen spürte. »Nur noch einen Moment. Ich helfe Maggie, das Zelt aufzubauen, und komme dann gleich rüber, Tom.« Baedecker schritt leichtfüßig den Hang hinab zu der Stelle, wo Maggie arbeitete.

Das Programm des Senders war einer von zahlreichen Klonen des PTL Club, welcher den Sendeplan der fundamentalistischen Radiostationen bestimmte. Die Kulisse war in Supermarktgotik gehalten, das graue Haar des Talkmasters paßte perfekt zum grauen Polyester seines Anzugs, und eine zehnstellige Telefonnummer blieb ständig auf dem Bildschirm eingeblendet, falls sich ein Zuschauer plötzlich zu einer Spende veranlaßt sehen sollte und die Anschrift vergessen hatte, die die Frau des Talkmasters, angetan mit weißer Perücke, alle paar Minuten vorzeigte. Die Frau schien mit einem Nervenleiden gestraft zu sein, das Weinkrämpfe ohne ersichtlichen Grund auslöste. In den zehn Minuten, die Baedecker die Sendung verfolgte, bevor Tom Gavin auftrat, weinte die Frau, als sie Briefe von Zuschauern las, die bereut hatten und konvertiert waren, während sie die Sendung sahen; sie weinte, nachdem der mit Schüttellähmung geschlagene ehemalige Countrysänger seine Version von ›Blessed Redeemer‹ zum Besten gegeben hatte, und sie weinte, als der nächste Studiogast vom wundersamen Verschwinden eines acht Pfund schweren Tumors von seinem Hals berichtete. Unglaublicherweise verlief das Augen-Make-up der Frau, das mit einem Spachtel aufgetragen worden zu sein schien, nicht ein einziges Mal.

Baedecker hatte den Pyjama angezogen und wollte gerade aufstehen, um den Fernseher abzuschalten, als er seinen ehemaligen Mannschaftskameraden sah.

»Unser nächster Gast durfte die Schönheit der Schöpfung Gottes in einer Weise sehen, die den wenigstens von uns je vergönnt sein wird«, sagte der Gastgeber. Die Stimme des Mannes hatte einen sonoren, ernsten, aber nicht ganz feierlichen Tonfall angenommen, den Baedecker sein ganzes Leben lang von erfolgreichen Vertretern und mittleren Beamten gehört hatte.

»Gelobt sei Jesus Christus«, sagte seine Frau.

»Air Force Major Thomas Milburne Gavin ist nicht nur in Vietnam ein Held gewesen …«

Tom hat Düsenflugzeuge von Stützpunkten in Kalifornien nach Okinawa geflogen, dachte Baedecker. *Nun gut.*

»… er wurde mit dem Freiheitsorden des Präsidenten ausgezeichnet, nachdem sein *Apollo*-Raumfahrzeug 1971 zum Mond geflogen war«, sagte der Gastgeber.

Wir haben alle einen Orden bekommen, dachte Baedecker. *Wenn wir eine Schiffskatze dabei gehabt hätten, hätten sie der auch einen gegeben.*

»… ein Testpilot, Ingenieur, Astronaut und angesehener Wissenschaftler …«

Tom ist kein Wissenschaftler, dachte Baedecker. *Das war keiner von uns, bis Schmidt geflogen ist. Tom bekam seinen Titel in Ingenieurswissenschaft am Cal Tech viel später als die meisten von uns. Entweder das, oder er hätte aus dem Programm auf Edwards aussteigen müssen.*

»… und, möglicherweise am bedeutendsten, der Mann, der wahrscheinlich der erste *wahre Christ* gewesen ist, der auf dem Mond landete. Meine Freunde, Major Thomas M. Gavin!«

Tom ist nie auf dem Mond gelandet, dachte Baedecker.

Gavin schüttelte dem Gastgeber die Hand, bekam einen Kuß von der Frau des Gastgebers und nickte dem schüttelgelähmten Sänger und der Frau zu, die den Tumor verloren hatte. Er setzte sich auf das Ende der langen Couch, während der Gastgeber und seine Frau auf etwas Platz nahmen, das Ohrensessel sein mochten, aber – zumindest auf Baedeckers kleinem Bildschirm – wie Plüschthrone aussahen.

»Sagen Sie uns, Tom, wann haben Sie zum ersten Mal die Stimme des Herrn gehört, als Sie auf dem Mond spazieren gegangen sind?«

Gavin nickte und sah in die Kamera. Für Baedecker sah er nicht anders aus als damals, 1970 und '71, als sie beide und Dave Muldorff endlose Stunden in Flugsimulatoren verbracht hatten. Tom trug einen Fliegeroverall der Air Force, auf den verschiedene Flugabzeichen der NASA aufgenäht waren. Er sah schlank und fit aus. Baedecker hatte seit der Zeit ihres Mondflugs zwanzig Pfund zugenommen und paßte in keine alte Uniform mehr.

»Ich freue mich schon darauf, Ihnen davon zu erzählen«, sagte Gavin mit einem dünnen, gepreßten Lächeln, an das Baedecker sich noch gut erinnern konnte, »aber zuvor, Paul, sollte ich erwähnen, daß ich niemals auf dem Mond *spazierengegangen* bin. Unsere Mission erforderte, daß sich zwei Besatzungsmitglieder mit dem LM – dem Lunaren Exkursionsmodul, wie wir es nannten – auf der Mondoberfläche umher bewegten, während das dritte Besatzungsmitglied in der Mondumlaufbahn bleiben, sich um die Systeme des Kommandomoduls kümmern und Funksprüche von Houston weiter leiten mußte. Ich war das Besatzungsmitglied, das an Bord des Kommandomoduls blieb.«

»Ja, ja«, sagte der Gastgeber, »aber, Mann, nach der weiten Reise, ich meine, es war *fast* der Mond, richtig?«

»Zweihundertvierzigtausend Meilen, minus etwa achtzehntausend Meter«, sagte Gavin mit einem weiteren dünnen Lächeln.

»Und die anderen kamen mit staubigem Mondgestein zurück, Sie dagegen mit der ewigen Wahrheit von Gottes Wort, ist das richtig, Tom?« sagte der Gastgeber.

»Das ist richtig«, sagte Gavin und machte sich daran, von den zweiundfünfzig Stunden zu erzählen, die er allein im Kommandomodul verbracht hatte, von der Zeit ohne Funkverbindung auf der Rückseite des Mondes, und von der plötzlichen Offenbarung über dem Krater Ziolkovski, als Gott zu ihm gesprochen hatte.

»Mann«, sagte der Gastgeber, »das war eine Botschaft von der *wahren* Kontrolle, was?« Die Frau des Gastgebers quietschte und klatschte in die Hände. Das Publikum applaudierte.

»Tom«, sagte der Gastgeber dann ernster, streckte eine Hand aus und berührte den Astronauten am Knie, »alles, was Sie während dieser ... während dieser *unglaublichen* Reise gesehen haben ... alles, was Sie während Ihres Flugs zu den Sternen erlebten ... ich habe gehört, wie Sie jungen Menschen davon erzählt haben ... das alles war Zeugnis für die Wahrheit von Gottes Wort, wie es in der Bibel offenbart wurde ... alles kündete vom Ruhm Jesu Christi, oder nicht, Tom?«

»Unbedingt, Paul«, sagte Gavin. Er schaute direkt in die Kamera, und Baedecker sah dieselbe Willenskraft und wütende Entschlossenheit, an die er sich noch von den Handballturnieren der *Apollo*-Besatzungen erinnerte. »Und, Paul, so aufregend und erhebend und lohnend es war, zum Mond zu fliegen ... es ist nicht mit der Belohnung vergleichbar, die ich an dem Tag erfuhr, als ich Jesus Christus schließlich als meinen Herrn und Erlöser akzeptierte.«

Der Gastgeber wandte sich der Kamera zu und nickte, als wäre er überwältigt. Das Publikum applaudierte. Die Frau des Gastgebers brach in Tränen aus.

»Und, Tom, Sie hatten viele Gelegenheiten, davon zu künden und anderen Christus nahe zu bringen, oder nicht?« fragte der Gastgeber.

»Unbedingt, Paul. Erst letzten Monat wurde mir das Privileg zuteil, die Volksrepublik China zu besuchen und dort eines der wenigen verbliebenen Klöster zu sehen ...«

Baedecker legte sich auf das Bett zurück und preßte die Handballen gegen die Stirn. Tom hatte seine Offenbarung während des dreitägigen Rückflugs nicht erwähnt, auch nicht bei Gesprächen während der wochenlangen Quarantäne. Tatsächlich hatte Tom noch fünf Jahre nach dem Unternehmen mit gar niemandem darüber gesprochen oder danach gehandelt. Kurz nach der Pleite seiner Großhandelsvertretung in Sacramento hatte Gavin in der Talkshow eines lokalen Rundfunksenders von seiner Offenbarung gesprochen. Wenig später waren er und Deedee nach Colorado gezogen, um eine religiöse Organisation zu gründen. Baedekker überraschte es nicht, daß Tom nach der Mission weder mit ihm noch mit Dave darüber gesprochen hatte; sie drei waren eine gute Mannschaft gewesen, standen einander aber nicht so nahe, wie man es nach zwei Jahren gemeinsamen Trainings eigentlich hätte erwarten sollen.

Baedecker setzte sich auf und sah zum Fernseher. »... in unserer letzten Sendung hatten wir einen bedeutenden Wissenschaftler zu Gast«, sagte der Talkmaster, »einen Christen und missionarischen Befürworter für Schöpfungsgeschichte als gleichberechtigtes Unterrichtsfach an den Schulen ... wo man den Kindern, wie Sie sicher wissen, Tom, derzeit nur eine einzige, falsche und gottlose Theorie beibringt, wonach der Mensch vom Affen und anderen niederen Lebensformen abstammt ... und dieser bedeutende und angesehene Wissenschaftler wies nach, daß bei der Anzahl von Sternschnuppen, die jedes Jahr auf die Erde treffen ... Sie müssen eine Menge gesehen haben, als Sie im All waren, was, Tom?«

»Mikrometeoriten bereiteten den Ingenieuren einiges Kopfzerbrechen«, sagte Gavin.

»Nun, mit diesen Millionen kleinen ... kleinen Felsbrokken, das sind sie doch, oder nicht? Mit diesen Millionen Felsbrocken, die auf die Erde fallen ... wenn die Erde tatsächlich so alt wäre, wie ihre *Theorie* behauptet ... wie alt? Drei Milliarden Jahre?«

Viereinhalb, dachte Baedecker. *Idiot.*

»Etwas über vier Milliarden«, sagte Gavin.

»Ja«, sagte der Gastgeber lächelnd, »nun, dieser bedeutende christliche Wissenschaftler wies nach, bewies sogar *mathematisch,* wenn die Erde tatsächlich *so alt* wäre, müßte sie unter mehreren Meilen Meteoritenstaub begraben sein!«

Das Publikum applaudierte hemmungslos. Die Frau des Gastgebers rang die Hände, lobte Jesus Christus über den

Lärm hinweg und wippte hin und her. Gavin lächelte und hatte immerhin den Anstand, peinlich berührt dreinzuschauen. Baedecker mußte an den ›orangeroten Felsbrocken‹ denken, den er und Dave vom Mariusgebirge mitgebracht hatten. Altersbestimmungen mit Argon-39 und Argon-40 hatten ergeben, daß der Brocken Troktolitgestein 3,950 Milliarden Jahre alt sein mußte.

»Das Problem mit der Evolutionstheorie«, sagte Gavin, »besteht darin, daß sie konträr zur wissenschaftlichen Methode läuft. Es ist unmöglich, bedenkt man die kurze menschliche Lebensspanne, diese sogenannten evolutionären Mechanismen am Wirken zu sehen, die sie postulieren. Die geologischen Daten sind zu fragwürdig. Ständig zeigen sich Lücken und Widersprüche in diesen Theorien, wogegen *alle* biblischen Geschichten immer und immer wieder bestätigt worden sind.«

»Ja, ja«, sagte der Gastgeber und nickte nachdrücklich mit dem Kopf.

»Gelobt sei Jesus Christus«, sagte seine Frau.

»Wir können uns nicht darauf verlassen, daß die Wissenschaft unsere Fragen beantwortet«, sagte Gavin. »Der menschliche Intellekt ist zu fehlbar.«

»Wie wahr, wie wahr«, sagte der Gastgeber.

»Gelobt sei Jesus Christus«, sagte seine Frau, »und Gottes Wahrheit werde verkündet.«

»Amen«, sagte Baedecker und schaltete den Fernseher aus.

Kurz nach dem Essen, als die letzten Minuten der Dämmerung anbrachen, kamen die anderen auf die Lichtung. Die ersten beiden waren Jungs – junge Männer im Collegealter, stellte Baedecker fest –, die offensichtlich schwere Rucksäcke mit Aluminiumstativen darauf trugen. Sie beachteten Baedecker und die anderen gar nicht, sondern sputeten sich, die Rucksäcke abzusetzen und die Stative aufzustellen. Aus den Rucksäcken holten sie Schaumgummipolster und zwei Sechzehn-Millimeter-Filmkameras.

»Herrgott, ich hoffe, wir haben noch genug Licht«, sagte der Übergewichtige in Shorts.

»Müßten wir haben«, sagte der andere, ein großer Rothaariger mit Flaumbart. »Diese Tri-X ist schnell genug, wenn er bald *herkommt.*« Sie konzentrierten sich darauf, die Kameras an den Stativen festzuschrauben und auf den Wegabschnitt zu richten, von dem sie gerade gekommen waren. Hoch droben kreiste ein Falke in den letzten Aufwinden des Tages und stieß einen trägen Schrei aus. Ein letzter Sonnenstrahl fiel kurz auf seine Flügel, dann herrschte allumfassende Abenddämmerung.

»Sie sollten ihre Aufnahme möglichst schnell machen«, sagte Maggie. »Es wird dunkel.«

»Will noch jemand etwas?« fragte Deedee.

Eine blasse Bewegung war im Halbdunkel unter den Fichten zu sehen, dann tauchte ein Mann auf, der unter einer langen Last gebeugt ging und sich langsam aber sicher die letzten paar Meter des Wegs bis zur Lichtung heraufbewegte. Dieser Mann schien ebenfalls im Collegealter zu sein, wirkte aber älter als die beiden, die gebückt hinter ihren Kameras standen: er trug ein schweißnasses blaues Baumwollhemd, zerrissene Khakishorts und feste Wanderstiefel. Auf dem Rücken trug er einen zu groß geratenen blauen Bergsteigerrucksack mit Nylonnetz, an dem eine lange, zylindrische, in rotes und gelbes Segeltuch gewickelte Last befestigt war. Die Stangen mußten viereinhalb Meter lang sein, sie ragten fast zwei Meter über die gebeugten Schultern des Mannes hinaus und schleiften die gleiche Entfernung hinter ihm im Staub. Das braune Haar des Mannes war lang und in der Mitte gescheitelt, es hing in feuchten Strähnen herunter und lockte sich an den vorstehenden Wangenknochen. Als er näher kam, bemerkte Baedecker die tiefliegenden Augen, die schmale Nase und den kurzen Bart. Haltung und eindeutige Erschöpfung des Mannes bestärkten Baedecker in seinem Eindruck, daß er hier einen Schauspieler vor sich sah, der den letzten Gang Christi auf den Berg Golgatha darstellte.

»Großartig, Lude, wir bekommen es!« rief der rothaarige Junge. »Komm schon, Maria, bevor das Licht weg ist! Beeilung!« Eine junge Frau kam von dem dunklen Pfad. Sie hatte kurzes, dunkles Haar, ein langes, dünnes Gesicht und trug Shorts und ein Oberteil, das ihr ein paar Nummern zu groß zu sein schien. Auch sie hatte einen schweren Rucksack aufgeschnallt. Sie kam rasch näher, während der bärtige Bergsteiger auf der Wiese auf ein Knie sank, die Schultergurte löste und die in Tuch gewickelten Stangen auf den Boden sinken ließ. Baedecker hörte das Klirren von Metall auf Metall. Einen Augenblick wirkte der Mann zu erschöpft, sich aufzurichten oder hinzusetzen; er blieb auf dem Knie, hielt den Kopf gesenkt, so daß das Haar sein Gesicht verbarg, und ließ einen Arm auf dem anderen Knie liegen. Dann kam das Mädchen namens Maria nach vorn und berührte zärtlich seinen Hinterkopf.

»Toll, wir haben es!« rief der schwergewichtige Junge. »Kommt schon, wir müssen die ganze Scheiße hier aufbauen.« Die beiden Jungs und das Mädchen machten sich daran, das Lager zu errichten, während der Bärtige knien blieb.

»Wie seltsam«, sagte Maggie.

»Eine Art Dokumentarfilm«, sagte Gavin.

»Ich frage mich, worüber«, sagte Maggie.

»Marshmallows«, sagte Deedee. »Schnitzen wir ein paar Zweige, um Marshmallows zu rösten, bevor es zu dunkel wird, welche zu finden.« Tom Jr. verdrehte die Augen und wandte sein Gesicht zu dem dunklen Wald.

»Ich helfe mit«, sagte Baedecker, stand auf und streckte seine verkrampften Muskeln. Über dem Kamm im Osten waren einige schwache Sterne zu sehen. Jetzt wurde es rasch kälter. Auf der anderen Seite der Wiese hatten die beiden Jungs und die junge Frau zwei kleine Zelte aufgebaut und sammelten hastig Feuerholz für die Dunkelheit. Etwas weiter draußen, im Halbdunkel kaum zu erkennen, saß derjenige namens Lude mit überkreuzten Beinen im hohen Gras.

Baedecker war an einem Mittwoch um halb sechs Uhr nachmittags in Denver eingetroffen. Er wußte, daß Tom Gavin sein Büro in Denver hatte, aber in Boulder wohnte, zwanzig Meilen näher an den Vorgebirgen. Baedecker fand eine Tankstelle und rief bei Tom zu Hause an. Deedee nahm ab, freute sich, daß er angekommen war, wollte nichts davon hören, daß Baedecker in einem Hotel blieb, und machte den Vorschlag, er solle Tom aufsuchen, bevor dieser Feierabend machte. Sie nannte ihm Telefonnummer und Adresse.

Gavins biblische Organisation hieß ›Apogee‹ – Apogäum –, die Zentrale befand sich im zweiten Stock eines dreistökkigen Bankgebäudes in der East Colefax Avenue, mehrere Meilen von der Innenstadt von Denver entfernt. Baedecker stellte den Wagen auf dem Parkplatz ab und folgte Plakaten und Schildern mit Aufschriften wie EINBAHNSTRASSE neben einem Finger, der nach oben deutete, oder JESUS CHRISTUS IST DIE ANTWORT und WO WERDEN SIE SEIN, WENN DIE ERLÖSUNG KOMMT?

Das Büro war groß, drinnen drängten sich mehrere junge Leute, die selbst für Baedeckers veraltete Ansichten konservativ gekleidet und frisiert waren. »Kann ich Ihnen helfen, Sir?« fragte ein junger Mann im weißen Hemd mit dunkler Krawatte. Es war sehr heiß in dem Raum – entweder hatten sie keine Klimaanlage, oder diese funktionierte nicht –, aber der junge Mann hatte dennoch den Kragen zugeknöpft und die Krawatte fest gebunden.

»Ich bin hier, um Tom Gavin zu besuchen«, sagte Baedecker. »Ich glaube, er erwartet ...«

»Dick!« Gavin kam hinter einer Trennwand hervor. Baedecker hatte gerade noch Zeit festzustellen, wie fit und durchtrainiert sein alter Mannschaftskamerad aussah, und die Hand auszustrecken, da warf Gavin auch schon die Arme um ihn und drückte ihn an sich. Baedecker hob überrascht eine Hand. Er konnte sich erinnern, daß Tom immer ein distanzierter Typ gewesen war. Baedecker konnte sich nicht erinnern, je gesehen zu haben, daß Gavin auch nur seine Frau in der Öffentlichkeit umarmte. »Dick, du siehst großartig aus«, sagte Gavin und drückte Baedeckers Oberarme. »Mann, es ist schön, dich zu sehen.«

»Ich freue mich auch, dich zu sehen, Tom«, sagte Baedekker, der sich erfreut und gleichzeitig ein wenig Gefangen fühlte. Gavin umarmte ihn noch einmal und führte ihn in sein Büro, ein enges Kabuff aus vier Trennwänden. Bürogeräusche hallten in der warmen Luft. Irgendwo lachte eine junge Frau. An einer Wand von Gavins Büro hingen gerahmte Fotografien: eine *Saturn V*-Rakete nachts im Scheinwerferlicht auf der Startrampe, das Kommandomodul *Peregrine* mit dem strahlenden Mond darunter, ein Gruppenbild der Besatzung in Raumanzügen, eine Aufnahme des Landemoduls *Discovery*, das mit dem Landemanöver begann, ein handsigniertes Bild von Richard M. Nixon, der Toms Hand während eines Festakts im Rose Garden schüttelte. Baedekker kannte die Fotos gut; Kopien oder beinahe Kopien davon hatten zwölf Jahre lang auch in seinem Büro und Arbeitszimmer gehangen. In Gavins Sammlung fehlten lediglich die Standardfotos der NASA von der Mission – ein farbiger Druck, die Vergrößerung eines Bilds der Videokamera des Rover, das Baedecker und Dave Muldorff – in ihren klobigen Raumanzügen nicht zu unterscheiden – zeigte, wie sie mit dem Mariusgebirge im Hintergrund vor der amerikanischen Flagge salutierten.

»Sprich«, sagte Gavin. »Erzähl mir, was in deinem Leben vor sich geht, Dick.«

Baedecker redete eine Zeitlang und berichtete Gavin von seinem alten Job in St. Louis und seiner Abreise. Die Gründe für seine Abreise erklärte er nicht. Er war nicht sicher, ob er selbst alle Gründe kannte.

»Du suchst also Arbeit?« fragte Gavin.

»Im Moment nicht«, sagte Baedecker. »Ich reise nur herum. Ich habe genügend Geld gespart, daß ich ein paar Monate lang Vagabund sein kann. Dann sehe ich mich nach etwas um. Ich habe ein paar Angebote.« Er verschwieg, daß keines der Angebote ihn auch nur im geringsten interessierte.

»Klingt riesig«, sagte Gavin. Ein gerahmtes Plakat über seinem Schreibtisch verkündete: *Dein Leben Jesus Christus anzuvertrauen ist der größte Sieg, den du jemals erringen kannst.* »Wie geht es Joan? Habt ihr noch Kontakt?«

»Ich habe sie letzten März in Boston gesehen«, sagte Baedecker. »Sie macht einen sehr glücklichen Eindruck.«

»Prima«, sagte Gavin. »Was ist mit Scott? Immer noch an der ... wo war er? Universität von Boston?«

»Im Augenblick nicht«, sagte Baedecker. Er verstummte und überlegte sich, ob er Gavin erzählen sollte, daß sein Sohn zu den Lehren des indischen ›Meisters‹ konvertiert war. »Scott hat ein Freisemester genommen, reist durch Indien und studiert das Land«, sagte er.

»Indien, Mann«, sagte Gavin. Er lächelte entspannt, seine Miene war offen und voller Zuneigung, aber in den tiefliegenden dunklen Augen glaubte Baedecker dieselben kalten Reservoirs an Ressentiments zu sehen, die ihm noch von ihrer ersten Begegnung vor mehr als zwei Jahrzehnten auf Edwards im Gedächtnis waren. Damals waren sie Konkurrenten gewesen. Baedecker wußte nicht, ob sie es jetzt immer noch waren.

»Erzähl mir hiervon«, sagte Baedecker. »Von Apogee.«

Gavin grinste und fing an, mit leiser, fester Stimme zu sprechen. Es war eine Stimme, die weitaus mehr an öffentliche Reden und ans Geschichtenerzählen gewöhnt war als die, an die sich Baedecker aus der Zeit der Mission erinnerte. Damals war eine stehende Redensart gewesen, daß Tom gern in Worten mit einer Silbe oder weniger antwortete. Damals hatte Dave Muldorff den Spitznamen ›Rockford‹ getragen, weil er Ähnlichkeit mit einem Fernsehdetektiv hatte, den James Garner spielte, und eine Zeitlang hatten Bodenpersonal und die anderen Piloten Gavin ›Coop‹ genannt, wegen seinen lakonischen ›Jas‹ und ›Wolls‹. Tom hatte das gar nicht gefallen, und der Spitzname hatte sich nicht gehalten.

Nun berichtete Gavin von den Jahren nach ihrer Mission, von seinem Ausscheiden aus der NASA kurz nach Baedekker, von seinem erfolglosen Pharmaziegroßhandel in Kalifornien. »Anfangs habe ich haufenweise Geld verdient, wir hatten ein großes Haus in Sacramento und ein Strandhaus nördlich von San Francisco, Deedee konnte sich kaufen, was sie wollte, aber ich war einfach nicht glücklich ... verstehst du, was ich meine, Dick? Ich war einfach nicht glücklich.«

Baedecker nickte.

»Und zwischen Deedee und mir stand es einfach nicht gut«, fuhr Gavin fort. »Oh, die Ehe war intakt, zumindest sah es für unsere Freunde so aus, aber tief im Inneren ... der *hingebungsvolle* Teil, der war einfach nicht mehr da. Wir wußten es beide. Im Herbst 1976 lud ein Freund Deedee und mich dann zu einem Bibelwochenende ein, das von seiner Kirche finanziert wurde. Das war der Anfang. Obwohl ich als Baptist erzogen worden bin, hörte ich zum ersten Mal – wirklich zum ersten Mal – Gottes Wort und stellte fest, daß es für mich Gültigkeit hatte. Danach erhielten Deedee und ich eine christliche Eheberatung, und alles wurde besser. Zu der Zeit dachte ich gründlich über die *Nachricht* nach, die ich gehört ... eigentlich *gefühlt* hatte, als ich den Mond umkreiste. Trotzdem wachte ich erst im Frühling 1977, am fünften April, morgens auf, und mir wurde klar, wenn ich weiterleben wollte, mußte ich Jesus Christus meinen ganzen Glauben schenken. Meinen *ganzen* Glauben. Und das tat ich ... an diesem Morgen ... ich sank auf beide Knie und akzeptierte Christus als meinen persönlichen Erlöser und Herrn. Und ich habe es seither nicht bereut, Dick. Nicht einen einzigen Tag. Nicht eine Minute.«

Baedecker nickte. »Und das hat zu dem hier geführt?« fragte er und schloß das Büro und alles ringsum in sein Nicken ein.

»Sicher!« Gavin lachte, aber seine Augen blickten immer noch stechend und ohne zu blinzeln. »Selbstverständlich nicht auf einmal. Komm mit, ich zeig' dir alles, stell' dich einigen der Kinder vor. Wir haben sechs Vollzeitkräfte und etwa ein Dutzend Freiwillige.«

»Vollzeitkräfte wofür?« fragte Baedecker.

Gavin stand auf. »Hauptsächlich, um Anrufe entgegen zu nehmen«, sagte er. »Apogee ist ein nicht gewinnorientiertes Unternehmen. Die Kinder vereinbaren meine öffentlichen Auftritte, koordinieren die Aktivitäten mit lokalen Gruppen – normalerweise Priester und ›Campus Crusade‹ –, bringen unsere monatliche Zeitschrift heraus, geben auch einige christliche Beratungen, leiten ein Drogenrehabilitierungsprogramm – dafür haben wir speziell ausgebildete Mitarbeiter – und erfüllen ganz allgemein den Willen des Herrn, wenn ER ihn uns offenbart.«

»Hört sich nach einem vollen Terminplan an«, sagte Baedecker. »Irgendwie wie in alten Zeiten, als wir uns für das Unternehmen vorbereitet haben.« Baedecker wußte nicht, warum er das gesagt hatte; es klang selbst in seinen Ohren albern.

»Fast *genau* wie bei dem Unternehmen«, sagte Gavin und legte einen Arm um Baedecker. »Derselbe dichte Terminplan. Dasselbe Gefühl von Hingabe. Dieselbe Notwendigkeit von Disziplin. Nur ist dieses Unternehmen weitaus wichtiger als unser Flug zum Mond.«

Baedecker nickte und wollte ihm aus dem Büro folgen, aber Gavin blieb unvermittelt stehen und drehte sich zu ihm um. »Dick, du bist nicht christlich, oder?«

Baedecker spürte, wie seine Überraschung zu Wut wurde. Er war das schon früher gefragt worden, und die Frage erboste ihn jedesmal erneut durch ihre seltsame Kombination von Aggressivität und selbstgefälligem Provinzialismus. Und doch entzog sich ihm die Antwort, wie immer. Baedeckers Vater war ein abtrünniges Mitglied der Reformierten Kirche gewesen, seine Mutter, wenn überhaupt, Atheistin. Joan war katholisch, daher hatte Baedecker, während Scott aufwuchs, jahrelang jeden Sonntag die Messe besucht. Im vergangenen Jahrzehnt war er … was gewesen? »Nein«, sagte Baedecker, verbarg seinen Zorn, hielt aber Gavins Blick stand. »Ich bin nicht christlich.«

»Das hatte ich auch nicht erwartet«, sagte Gavin und drückte wieder Baedeckers Arm. Gavin lächelte. »Ich will dir von vornherein sagen, ich werde beten, daß du Christ wirst«, sagte er. »Das meine ich voller Liebe, Dick. Wirklich.«

Baedecker nickte und sagte nichts.

»Komm mit«, sagte Gavin. »Ich möchte dich unseren wunderbaren Kindern vorstellen.«

Nachdem die Kochtöpfe und andere Utensilien mit über dem Lagerfeuer gewärmtem Wasser gespült worden waren, schlenderten Baedecker, Maggie, Gavin und Tommy zu den anderen Campern hinüber, um mit ihnen zu reden. Die Gruppe saß ums Lagerfeuer und sah auf, als die anderen näher kamen.

»Howdy«, sagte Gavin.

»Hi«, sagte der rothaarige Junge. Das Mädchen und der dicke Junge sahen zu den Besuchern auf. Derjenige namens Lude sah weiter ins Feuer. Die Flammen beleuchteten alle Gesichter von unten.

»Möchten Sie über Paß und Hochebene zum Hanson Creek?« fragte Gavin.

»Wir werden Uncompahgre besteigen«, sagte der dicke blonde Junge in Shorts.

Gavin und die anderen kauerten sich beim Feuer nieder. Maggie zupfte einen Grashalm aus und kaute darauf. »Da wollen wir morgen hin«, sagte sie. »Laut Karte sind es noch einmal rund neun Meilen bis zum Südhang von Uncompahgre. Stimmt das?«

»Ja«, sagte der bärtige Rothaarige. »Kommt hin.«

Baedecker deutete auf die langen, in Segeltuch gewickelten Metallstangen. »Eine ziemliche Last, die Sie da bis zum Berg schleppen«, sagte er.

»Rogallo«, sagte das Mädchen namens Maria.

»Ahhh«, sagte Tommy. »Hätte ich mir gleich denken können. Abgefahren.«

»Was ist ein Rogallo?« fragte Maggie.

»Ein Drachen«, sagte der blonde Junge. »Ein Gleiter.«

»Von welcher Firma?« fragte Baedecker.

»Phoenix IV«, sagte der Rothaarige. »Kennen Sie die?«

»Nein«, sagte Baedecker.

»Wollen Sie vom Südhang starten?« fragte Gavin.

»Vom Gipfel«, sagte Maria. Sie warf dem stummen, langhaarigen Mann neben ihr einen Seitenblick zu. »Das ist unser Vorhaben, Ludes und meins.«

»Vom Gipfel«, hauchte Tommy. »*O Mann.*«

Der rothaarige Junge schürte das Feuer. »Wir nehmen es für unseren Filmkurs an der C. U. auf. Nach dem Schneiden etwa fünfundvierzig Minuten, schätzen wir. Wir wollen ihn einreichen ... Sie wissen schon ... Festivals und so. Möglicherweise möchte eine Sportfirma ihn für Werbezwecke und so haben.«

»Klingt interessant«, sagte Gavin. »Aber sagen Sie mir, warum nehmen Sie den langen Weg?«

»Was meinen Sie damit?« fragte das Mädchen.

»Dieser alte Feldweg am Cimarron entlang ist fast doppelt so weit, als wenn Sie die Hanson Creek Road von Lake City hochgefahren und dann nach Norden gegangen wären«, sagte Gavin.

»Das ist der Weg«, sagte Lude. Beim Klang seiner Stimme verstummten die anderen. Es war eine tiefe, rauhe Stimme, die nicht aus der Kehle zu kommen schien. Er hatte immer noch nicht vom Feuer aufgesehen. Als Baedecker ihn ansah, erblickte er die Spiegelungen der Flammen in den unergründlichen Kugeln der Augen.

»Nun, viel Glück«, sagte Gavin und stand auf. »Ich hoffe, das Wetter hält. Baedecker und Maggie standen auf und entfernten sich mit Gavin, aber Tommy blieb beim Feuer hokken.

»Ich bleibe noch ein paar Minuten«, sagte der Junge. »Ich möchte mehr über den Hanggleiter erfahren.«

Gavin hielt inne. »Okay, wir sehen uns dann.«

Als sie wieder um ihr eigenes Feuer saßen, erklärte Gavin seiner Frau den Plan der anderen. »Ist das denn sicher?« fragte Deedee.

»Es ist Irrsinn«, sagte Gavin.

»Hanggleiter können recht elegante Maschinen sein«, sagte Baedecker.

»Und sie können mörderisch sein«, entgegnete Gavin. »Ich kannte einen Piloten der Eastern Airlines in Kalifornien, der mit einem dieser Dinger ums Leben kam. Der Mann konnte auf achtundzwanzig Jahre Flugerfahrung zurückblicken, aber das half ihm kein bißchen, als der Drache abschmierte. Er senkte den Bug, um zu beschleunigen … was ich auch getan hätte, und du, Dick. Natürlicher Instinkt. Aber bei diesen Spielzeugen ist das grundverkehrt. In einer Höhe von fünfzehn Metern ist das Ding um ihn herum zusammengeklappt und hat ihm das Genick gebrochen.«

»Und dann von einem *Berg* herunter«, sagte Deedee. Sie schüttelte den Kopf.

»Viele Hanggleiterpiloten fliegen heutzutage von Bergen herunter«, sagte Baedecker. »Ich habe sie auf einem Sandhügel namens Chat's Dump südlich von St. Louis starten sehen.«

»Ein Sandhügel oder eine Klippe über dem Meer sind eines«, sagte Gavin. »Der Gipfel von Uncompahgre ist wieder etwas anderes. Du hast ihn noch nicht gesehen, Dick. Warte, bis du morgen von der Schlucht aus einen Blick darauf werfen kannst. Uncompahgre ist eine große Hochzeitstorte von einem Berg, Simse und Grate erstrecken sich in fast jede Richtung.«

»Klingt nicht nach guten Aufwinden«, sagte Baedecker.

»Es wäre ein Alptraum – außerdem herrscht in viertausendzweihundert Metern Höhe immer starker Wind. Die Hochebene liegt neunhundert Meter tiefer, und selbst die ist mehr als dreitausend Meter hoch – und die Ebene besteht fast nur aus Felsen und Findlingen. Es wäre Wahnsinn, dort zu fliegen.«

»Warum tun sie es dann?« fragte Maggie. Baedecker bemerkte, wie grün ihre Augen im Schein des Feuers waren.

»Habt ihr den Arm dieses Burschen – Lude – gesehen?« fragte Gavin.

Maggie und Baedecker sahen einander an und schüttelten den Kopf.

»Nadelspuren«, sagte Gavin. »Er ist auf etwas Hartem.«

Vom anderen Lagerfeuer auf der gegenüberliegenden Seite der Wiese ertönte plötzlich Gelächter und laute Musik vom Band. »Ich hoffe, Tommy kommt bald wieder rüber«, sagte Deedee.

»Erzählen wir Gespenstergeschichten am Lagerfeuer«, schlug Maggie vor.

Gavin schüttelte den Kopf. »Nein«, sagte er. »Nichts Übernatürliches oder Dämonisches. »Was würdet ihr sagen, sollen wir Fahrtenlieder singen?«

»Toll«, sagte Maggie und lächelte Baedecker zu.

Gavin und Deedee stimmten ›Kum Ba Yah‹ an, während von der anderen Seite der Wiese Gelächter und Billy Idol vom Band ertönten, der ›Eyes Without a Face‹ sang.

Am Donnerstagabend saß Baedecker im Wohnzimmer der Gavins und plante den Wochenendausflug mit ihnen, als es an der Tür läutete. Gavin hatte sich entschuldigt und war hingegangen, und Baedecker hörte Deedee zu, die vom Problem mit Tommy und seiner Freundin berichtete, als eine Stimme sagte: »Hallo, Richard.«

Baedecker sah auf und erstarrte. Es war unmöglich, daß Maggie Brown da im Wohnzimmer von Tom Gavin stand, aber sie war da und trug das weiße Baumwollkleid, das sie bei der gemeinsamen Besichtigung des Taj Mahal angehabt hatte. Ihr Haar war kürzer, von der Sonne ausgebleicht, aber das braune, sommersprossige Gesicht war dasselbe, und die grünen Augen waren dieselben. Selbst die kleine, irgendwie niedliche Lücke zwischen den Vorderzähnen bescheinigte die Tatsache, daß es sich tatsächlich um Maggie Brown handelte. Baedecker starrte sie an.

Gavin sagte: »Die Dame fragte, ob sie zum richtigen Haus gekommen wäre, um den berühmten Astronauten Richard E. Baedecker zu finden. Ich sagte: Aber logo.«

Später, als Tom und Deedee fernsahen, machten Baedekker und Maggie einen Spaziergang zur Pearl Street Mall. Baedecker war schon einmal in Boulder gewesen – ein fünftägiger Besuch im Jahr 1969, als ihr aus acht Astronautenanwärtern bestehendes Team dort Geologie studiert und das Fiske-Planetarium der Universität für Astrogationsübungen benutzt hatte –, und damals hatte die Mall noch nicht existiert. Pearl Street, im Herzen des alten Boulder, war nur eine von vielen staubigen, dichtbefahrenen Straßen des Westens gewesen, bevölkert mit Drugstores, Discount-Textilgeschäften und Restaurants. Jetzt war sie in eine vier Block umfassende Einkaufspassage für Fußgänger im Schatten von Bäumen umgewandelt, mit hübsch angelegten Blumenbeeten und teuren Geschäften, wo das billigste, das man kaufen konnte, eine Kugel Haagen Dazs-Eis mit Waffel für einen Dollar fünfzig war. In den beiden Blocks, die Baedekker und Maggie schon hinter sich gelassen hatten, hatten sie schon fünf Straßenmusikanten passiert, eine singende Gruppe Hare Krishnas, eine Gruppe von vier Jongleuren, einen Seiltänzer, der sein Seil zwischen zwei Kiosken gespannt hatte, und einen vergeistigten jungen Mann, der lediglich ein Gewand aus Sackleinen und eine goldene Pyramide auf dem Kopf trug.

»Warum sind Sie gekommen?« fragte Baedecker.

Maggie sah zu ihm auf, und Baedecker verspürte ein seltsames Gefühl, als hätte plötzlich eine kalte Hand seinen Nacken gepackt. »Sie haben mich angerufen«, sagte sie.

Baedecker blieb stehen. In der Nähe spielte ein junger Mann mit mehr Begeisterung als Geschick Violine. Der Geigenkasten lag offen auf dem Boden, zwei Dollarscheine und drei Vierteldollarmünzen lagen darin. »Ich habe Sie angerufen, weil ich wissen wollte, wie es Ihnen geht«, sagte Baedecker. »Wie es Scott ging, als Sie ihn zum letzten Mal gesehen haben. Ich wollte mich nur vergewissern, daß Sie wohlbehalten aus Indien zurück gekommen sind. Als das Mädchen im Wohnheim sagte, daß Sie noch Ihre Eltern besuchen würde, habe ich beschlossen, keine Nachricht zu hinterlassen. Woher wußten Sie, daß ich es war? Und wie, um alles in der Welt, haben Sie mich *gefunden?*«

Maggie lächelte, und da funkelte eine Spur Schalkhaftigkeit in ihren grünen Augen. »Das ist kein Geheimnis, Richard. Erstens, ich wußte eben, daß Sie es waren. Zweitens, ich habe Ihre Firma in St. Louis angerufen. Die sagten mir, Sie hätten gekündigt und seien weggezogen, aber niemand schien zu wissen, wohin Sie gegangen waren, bis ich mich mit Teresa in Mr. Prescotts Vorzimmer unterhielt. Sie fand die Adresse für Notfälle, die Sie hinterlassen hatten. Ich hatte das Wochenende frei. Hier bin ich.«

Baedecker blinzelte. »Warum?«

Maggie setzte sich auf eine flache Rotholzbank, Baedekker nahm neben ihr Platz. Eine Brise raschelte mit den Blättern über ihnen und bewirkte, daß Lampenlicht und Schatten über sie hinweg tanzten. Einen halben Block entfernt wurde Beifall laut, als der Seiltänzer etwas Interessantes machte. »Ich wollte wissen, wie Ihre Suche voranschreitet«, sagte sie.

Baedecker starrte sie verständnislos an. »Was für eine Suche?« fragte er.

Als Antwort machte Maggie die beiden obersten Knöpfe ihres weißen Kleids auf. Sie hob die Halskette ins spärliche Licht, und Baedecker brauchte eine Weile, bis er das Sankt-Christophorus-Medaillon erkannte, das er ihr in Poona geschenkt hatte. Es war das Medaillon, das sein Vater ihm 1952 gegeben hatte, an dem Tag, als er zum Marine-Korps eingezogen worden war. Es war das Medaillon, das er mit zum Mond und wieder zurück gebracht hatte. Baedecker schüttelte den Kopf. »Nein«, sagte er, »Sie haben nicht verstanden.«

»Doch«, sagte Maggie.

»*Nein*«, sagte Baedecker. »Sie haben zugegeben, daß es ein Fehler war, Scott nach Indien zu folgen. Jetzt machen Sie einen noch größeren Fehler.«

»Ich bin Scott nicht nach Indien gefolgt«, sagte Maggie. »Ich bin nach Indien geflogen, um zu sehen, wie es ihm geht, weil ich der Meinung war, es würde ihn leidenschaftlich interessieren, Fragen zu stellen, die ich für wichtig halte.« Sie machte eine Pause. »Ich habe mich geirrt. Er interessierte sich nicht dafür, Fragen zu stellen, nur dafür, Antworten zu bekommen.«

»Wo ist der Unterschied?« fragte Baedecker. Er spürte, wie ihm die Unterhaltung entglitt, wie sie aus seiner Kontrolle stürzte wie ein Flugzeug, das durchsackt.

»Der Unterschied ist, daß Scott den Weg des geringsten Widerstands gegangen ist«, sagte Maggie. »Wie die meisten Menschen, fand er es zu unbequem, sich frei zu geben ohne den Schutz einer Autorität. Als die Fragen zu schwer wurden, begnügte er sich eben mit einfachen Antworten.«

Baedecker schüttelte wieder den Kopf. »Das ist Quatsch«, sagte er. »Sie haben alles durcheinandergebracht. Sie haben mich mit jemandem verwechselt, Maggie. Ich bin nur ein Mann in mittleren Jahren, der seinen Job satt hat und dem es einfach so gut geht, daß er sich ein paar Monate unbezahlten Urlaub leisten kann.«

»Dummes Zeug«, sagte Maggie. »Erinnern Sie sich an unser Gespräch in Benares? Über Orte der Macht?«

Baedecker lachte. »Richtig«, sagte er. Er deutete auf zwei junge Männer in zerrissenen Shorts, die gerade mit ihren Skateboards durch die Menge geflitzt kamen. Hinter ihnen folgte ein Läufer in hautengen Hosen, dem man den Stolz auf seinen Körper so deutlich ansah wie den Schweiß, der auf seiner braunen Haut glitzerte. Eine Gruppe mürrischer Teenager mit purpurnen Irokesenschnitten wichen ihm aus. »Ich komme näher, richtig?« sagte er.

Maggie zuckte die Achseln. »Vielleicht dieses Wochenende«, sagte sie. »Berge sind schon immer ziemlich zuverlässige Orte der Macht gewesen.«

»Und wenn ich nicht mit Steintafeln von diesem ... wie heißt er noch ... diesem Uncompahgre herabsteige, dann kehren Sie am Montag nach Boston zurück und setzen Ihr Studium fort, einverstanden?« fragte Baedecker.

»Wir werden sehen«, sagte Maggie.

»Hören Sie, Maggie, ich glaube, wir müssen ...«, begann Baedecker.

»He, sehen Sie mal, der Typ sitzt auf einem Stuhl auf seinem Seil«, sagte sie. »Sieht so aus, als würde er Zauberkunststücke vorführen. Kommen Sie, sehen wir zu.« Sie zog Baedecker auf die Füße. »Und hinterher kaufe ich Ihnen ein Schokoladeneis.«

»Sie mögen also Seiltänzer und Kunststücke?« fragte er.

»Ich mag Zauberei«, sagte Maggie und zog ihn mit sich.

»Sechs-sechs-sechs ist die Zahl des Tiers«, sagte Deedee. »Sie steht auf meiner Sears-Kreditkarte.«

»Was?« sagte Baedecker. Das Lagerfeuer war zu Glut niedergebrannt. Im Freien war es ziemlich kalt. Baedecker hatte einen Wollpullover und seine alte Fliegerjacke aus Nylon angezogen. Maggie hockte in einem dicken Steppmantel neben ihm. Das Lagerfeuer auf der anderen Seite der Wiese war schon vor einiger Zeit erloschen, die vier jungen Leute hatten sich in die Zelte zurückgezogen, und Tommy war zurückgekommen und stumm in das Zelt gekrochen, das er sich mit Baedecker teilen sollte.

»*Offenbarung* dreizehn: sechzehn, siebzehn«, sagte Deedee. »›Und es macht, daß sie allesamt, die Kleinen und Großen, die Reichen und Armen, die Freien und Knechte, sich ein Malzeichen geben an ihre rechte Hand oder an ihre Stirn, daß niemand kaufen oder verkaufen kann, er habe denn das Malzeichen, nämlich den Namen des Tieres oder die Zahl seines Namens; denn es ist eines Menschen Zahl, und seine Zahl ist sechshundertsechsundsechzig.‹«

»Auf Ihrer Sears-Karte?« fragte Maggie.

»Nicht nur dort, sondern auch auf den monatlichen Abrechnungen«, sagte Deedee. Ihre Stimm klang leise, sanft, ernst.

»Die Sears-Karte sollte kein Problem sein, wenn du sie nicht auf der Stirn trägst, oder?« fragte Baedecker.

Gavin beugte sich nach vorn und warf zwei Zweige ins Feuer. Funken stoben empor und mischten sich unter die Sterne. »Das ist wirklich nicht komisch, Dick«, sagte er. »Die Offenbarung war bemerkenswert treffsicher, wenn es darum ging, Ereignisse vorherzusagen, die zur Zeit der Plagen führten. Der Code sechs-sechs-sechs wird häufig von Computern benutzt – und auch bei Visa- und Mastercard-Abrechnungen. In der Bibel steht, daß der Antichrist Staatsoberhaupt einer Konföderation von zehn Nationen in Europa sein wird. Nun, es könnte ein Zufall sein, aber der große Computer im Gebäude der Handelsverwaltung in Brüssel wird von manchen seiner Programmierer ›das Tier‹ genannt. Er nimmt drei Stockwerke in Anspruch.«

»Na und?« sagte Baedecker. »Die NASA-Zentren in Huntsville und Houston haben damals, '71, mehr Computerraum gebraucht. Das bedeutet nur, daß Computer damals klobiger waren, mehr Raum beanspruchten, nicht aber die Ankunft des Antichrist.«

»Ja«, sagte Gavin, »aber das war, bevor der UPC entwickelt wurde.«

»UPC?« fragte Maggie. Sie erschauerte und rückte ein wenig näher zu Baedecker, als ein kalter Wind aufkam.

»Universal Product Code«, sagte Gavin. »Diese Streifen auf sämtlichen Verpackungen, die du kaufst. Im Supermarkt ... der Laserscanner liest den Code, der Computer registriert den Stückpreis.«

»Ich kaufe in einem kleinen Eckladen in Boston ein«, sagte Maggie. »Ich glaube, die haben nicht einmal eine elektronische Registrierkasse.«

»Sie werden eine bekommen«, sagte Gavin. Er lächelte, aber seine Lippen bildeten nur eine dünne Linie. »Bis 1994 werden UPC-Scanner überall im Einsatz sein – zumindest in diesem Land.«

Baedecker rieb sich die Augen und hustete, als der Rauch in seine Richtung geweht wurde. »Ja, Tom«, sagte er, »aber der Scanner liest die Preisauszeichnungen auf meinen Suppendosen und Tater Tots-Packungen, nicht auf meiner Stirn.«

»Lasertätowierungen«, sagte Gavin. »Professor R. Keith Farrell von der Washington State Universität entwickelte schon vor vielen Jahren eine Lasertätowierkanone, um Fische zu registrieren. Sie ist schnell – nicht einmal eine Mikrosekunde –, schmerzlos und kann unsichtbar sein, außer für UV-Laserscanner. Schecks der Sozialversicherung tragen bereits ein S oder ein H unter ihrem Computercode. Das steht mit Sicherheit für ›Stirn oder Hand‹. Als nächstes wird die Regierung anfangen, die Empfänger der Sozialversicherung selbst zwecks leichterer Identifizierung und Kodierung zu markieren.«

»Das wäre prima, wenn man wieder in Rock-Konzerte rein will«, sagte Maggie.

Deedee beugte sich nach vorne ins rote Licht des erlöschenden Lagerfeuers. Ihre Stimme klang sanft. »›So jemand das Tier anbetet und sein Bild und nimmt das Malzeichen an seine Stirn oder an seiner Hand, der soll von dem Wein des Zornes Gottes trinken, der unvermischt eingeschenkt ist in seines Zornes Kelch, und er wird gequält werden mit Feuer und Schwefel vor den heiligen Engeln und vor dem Lamm. Und der Rauch ihrer Qual wird aufsteigen von Ewigkeit zu Ewigkeit; und sie haben keine Ruhe Tag und Nacht, die das Tier anbeten und sein Bild, und wer das Malzeichen seines Namens annimmt.‹« Deedee lächelte schüchtern. »*Offenbarung* vierzehn: neun bis elf.«

»Puh«, sagte Maggie mit aufrichtiger Bewunderung in der Stimme, »wie können Sie sich das alles nur einprägen? Ich konnte in der High School nicht einmal die ersten zwei Verse der ›Betrachtung über dem Tod‹, der *Thanatopsis*, auswendig lernen.«

Gavin ergriff Deedees Hand. »Vielleicht läßt sich ein anderer Vers leichter auswendig lernen, Johannes drei: sechzehn, siebzehn«, sagte er. »›Denn Gott hat seinen Sohn nicht gesandt in die Welt, daß er die Welt richte, sondern daß die Welt durch ihn gerettet werde.‹«

Ein paar schwere Regentropfen zischten im Feuer. Baedecker sah nach oben und stellte fest, daß die Sterne verschwunden waren und der Himmel über ihnen so schwarz wie die Felswände des Tals aussah. »Verdammt«, sagte er, »ich wollte heute nacht im Freien schlafen.«

Baedecker lag in dem kleinen Zelt und dachte über seine Scheidung nach. Das war ein Thema, das er sich nur selten ins Gedächtnis rief; die Erinnerungen waren so verschwommen und schmerzlich wie die an die zwei Monate, die er im Krankenhaus verbringen mußte, nachdem er 1962 mit einer F-104 abgestürzt war. Er drehte sich um, aber der unebene Boden drangsalierte ihn durch den Schlafsack und die dünne Schaumgummiunterlage. Tommy Jr. schnarchte neben ihm. Der Junge roch nach Wein und Pot. Draußen klatschten ein paar Regentropfen auf das Zelt, und zehn Meter entfernt gab der Cimarron River, nicht breiter als ein Bach, plätschernde Laute von sich.

Baedeckers Scheidung war im August 1986 rechtskräftig geworden, nur zwei Wochen vor ihrem achtundzwanzigsten Hochzeitstag. Baedecker war wegen der Formalitäten nach Boston geflogen und hatte dort einen Tag in Carl Bumbrys Haus verbracht. Er hatte vergessen, daß Carls Frau enger mit Joan befreundet gewesen war als Carl mit ihm. Die nächste Nacht verbrachte er im Holiday Inn in Cambridge.

Zwei Stunden vor dem Gerichtstermin zog Baedecker seinen besten dreiteiligen Sommeranzug an. Joan gefiel der Anzug, sie hatte ihm vor drei Jahren geholfen, ihn auszusuchen. Wenige Minuten, bevor es Zeit war aufzubrechen, wurde Baedecker klar, daß er genau wußte, in welchem Kleid Joan zu der Scheidungsverkündung erscheinen würde. Sie hatte sicher kein neues gekauft, weil sie es nie wieder anziehen würde. Sie würde nicht ihr weißes Lieblingskleid oder den etwas strengeren grünen Hosenanzug tragen. Heute würde ihr nur das purpurne Baumwollkleid leicht und nüchtern genug sein. Und Baedecker hatte die Farbe Purpur nie leiden können.

Baedecker zog unverzüglich Tennisshorts, ein blaues T-Shirt und Tennisschuhe an. Er streifte das schweißgetränkte Handgelenkband über und warf Schläger und eine Packung Bälle auf den Rücksitz seines Mietwagens. Bevor er zum Gericht ging, rief er Carl Bumbry an und vereinbarte ein Spiel für halb fünf in Carls Club, unmittelbar nach der Scheidungsverkündung.

Joan trug das purpurne Kleid. Baedecker unterhielt sich vor und nach der Verkündung kurz mit ihr, konnte sich später aber nicht erinnern, was sie einander gesagt hatten. Aber an den Punktestand der Tennisspiele erinnerte er sich – Carl hatte 6 : 0, 6 : 3 und 6 : 4 gewonnen –, und auch die Einzelheiten jedes Spiels waren Baedecker lebhaft im Gedächtnis geblieben. Nach dem Match duschte Baedecker, zog sich um, stopfte seine Kleidungsstücke in den alten Militärseesack und fuhr nordwärts nach Maine.

Wie ihm später bewußt wurde fuhr er allein nach Monhegan Island, weil Joan immer dorthin gewollt hatte. Lange bevor sie nach Boston gezogen waren, selbst an den heißen Tagen in Houston, hatte Joan die Aussicht fasziniert, einen Urlaub auf der kleinen Insel vor der Küste von Maine zu verbringen. Irgendwie hatten sie nie die Zeit dazu gefunden.

Baedecker war das Bild seiner Ankunft nach einer Stunde Bootsfahrt an Bord der *Laura B.* im Gedächtnis geblieben. Etwa eine oder zwei Meilen von der Küste entfernt war das kleine Boot in eine dichte Nebelbank geraten, Wassertröpfchen hingen an Kabeln und Tauen des Schiffs. Die Passagiere hatten ihre Gespräche eingestellt, selbst die Kinder, die am Bug spielten, hatten mit ihrem johlenden Herumrennen aufgehört. Die letzten zehn Minuten der Fahrt verliefen schweigend. Dann passierten sie die beiden Wellenbrecher aus Betontrümmern und fuhren in den Hafen ein. Graugedeckte Häuser und tropfende Piers tauchten aus dem wallenden Nebel auf, verschwanden und erschienen wieder. Möwen kreisten über dem Kielwasser des Boots und stießen herab; ihre Schreie zerrissen die Stille in scharfkantige Bruchstücke. Baedecker stand allein an der Backbordreling, als er die Menschen auf dem Dock bemerkte. Zuerst war er nicht sicher, ob es sich überhaupt um Menschen handelte, so reglos standen sie da. Dann hob sich der Nebel und er konnte die bunten Freizeithemden ausmachen, die Touristenhüte, sogar die Fabrikate von Kameras, die manche um den Hals hängen hatten.

Baedecker hatte ein seltsames Gefühl verspürt. Später erfuhr er, daß sich die Menge zweimal täglich einfand, um das Boot zu begrüßen: Touristen, die auf das Festland zurückfuhren; Inselbewohner, die Gäste begrüßten; Urlauber, die, aus Langeweile, weil es keinen Strom auf der Insel gab, nur kamen, um das Boot zu sehen. Obwohl Baedecker drei Tage auf der Insel verbrachte, las, schlief, wanderte und die druidenhaften Wälder bewunderte, konnte er sich später nur noch an das Bild des Docks und des Nebels und der Gestalten erinnern, die stumm dastanden. Es war eine Szene aus dem Hades, wo die lange Toten gleichgültig darauf warteten, die frisch Verstorbenen zu begrüßen. Manchmal, besonders wenn Baedecker müde war und sich an die Scheidung und das schmerzvolle Jahr erinnerte, das ihr vorangegangen war, träumte er, er stünde auf dem Dock, im Nebel, eine graue Gestalt im grauen Wallen, und wartete.

Der Regen hörte auf. Baedecker schloß die Augen und lauschte dem Fluß, der unten im Bachbett über Steine plätscherte. Irgendwo im Wald rief eine Eule, aber Baedecker hörte sie als Rufen und Kreischen von Möwen, die über dem Meer krächzten.

Tommy Jr. übergab sich, als Baedecker erwachte. Es war dem Jungen gelungen, Kopf und Schultern aus dem Zelt zu bekommen. Nun strampelte er mit den Beinen und krümmte bei jedem neuerlichen Würgen den Rücken.

Baedecker zog Hemd und Jeans an und zwängte sich zur Klappe hinaus. Es war fast sieben Uhr, aber noch kein Sonnenlicht fiel in den Canyon, und die Luft war bitter kalt. Tommy hatte aufgehört zu brechen und legte das Gesicht auf die Unterarme. Baedecker kniete sich neben ihn und fragte ihn, ob er etwas für ihn tun könnte, aber da kam Deedee schon aus ihrem eigenen Zelt herüber, tupfte dem Jungen das Gesicht mit einem feuchten Taschentuch ab und sprach beruhigend auf ihn ein.

Ein paar Minuten später gesellte sich Maggie zu Gavin und Baedecker am Frühstückslagerfeuer. Ihr Gesicht, das sie im eiskalten Bach gewaschen hatte, war rosa, und das kurze Haar sah frisch gebürstet aus. Sie trug Khakihosen und ein hellrotes Hemd. »Was ist denn mit Tommy los?« fragte sie, während sie heißes Wasser aus dem Topf einschenkte und sich löslichen Kaffee in ihre Sierra Tasse rührte.

»Möglicherweise die Höhe«, meinte Baedecker.

»Nicht die Höhe«, sagte Gavin. »Wahrscheinlich etwas, das ihm diese Hippies gestern nacht gegeben haben.« Er deutete auf die andere Seite der Wiese, wo die anderen nur ein erloschenes Lagerfeuer und niedergetrampeltes Gras hinterlassen hatten.

»Wann sind sie denn aufgebrochen?« fragte Maggie.

»Vor der Dämmerung«, sagte Gavin. »Da hätten *wir* auch losmarschieren sollen. Wir werden es heute nie und nimmer bis zum Uncompahgre Peak schaffen.«

»Was machen wir nun?« fragte Baedecker. »Sollen wir packen und dann zurück zum Auto?«

Gavin sah erschrocken drein. »Nein, nein, auf diese Weise kommt der Plan vielleicht sogar noch besser hin. Schau her.« Er holte die Karte heraus und breitete sie auf einem Felsen aus. »Ich hatte vorgehabt, daß wir gestern abend bis *hierher* kommen«, sagte er. Er deutete mit dem Finger auf eine weiße Fläche weit oben im Canyon. »Aber weil wir so spät von Boulder aufgebrochen und gestern nur so langsam vorangekommen sind, haben wir hier das Lager aufgeschlagen.« Er deutete auf ein grünes Areal mehrere Meilen nördlich. »Also gehen wir es heute ruhig an, schaffen es bis zur Hochebene und lagern heute nacht dort.« Er deutete auf ein Gebiet südwestlich des Uncompahgre Peak. »Auf diese Weise kommen wir Sonntag morgen früh los. Deedee und ich werden die Kirche versäumen, aber wir werden auf jeden Fall zur Abendandacht zurücksein.«

»Wo hast du das andere Auto gelassen?« fragte Baedecker.

»Genau hier«, sagte Gavin und deutete auf eine grüne Fläche auf der Karte. »Nur ein paar Meilen südlich von Paß und Hochebene. Wenn wir den Berg bestiegen haben, marschieren wir los, nehmen auf dem Weg nach Norden das andere Auto mit und machen uns auf den Heimweg.«

Maggie studierte die Karte. »Dieser Lagerplatz läge hoch«, sagte sie. »Über dreitausenddreihundert Meter. Und er scheint ziemlich ungeschützt zu sein, wenn das Wetter schlechter wird.«

Gavin schüttelte den Kopf. »Ich habe mich gestern beim Wetterdienst erkundigt, und die Chance, daß es vor Montag hier regnet, liegt nur bei fünfzehn Prozent. Außerdem werden wir jede Menge geschützte Stellen finden, wenn wir uns dem südlichen Kamm hier nähern.«

Maggie nickte, schien aber nicht zufrieden zu sein.

»Ich frage mich, was die Gruppe mit dem Hanggleiter wohl macht«, sagte Baedecker. Er sah den Canyon hinauf, konnte aber niemanden auf den wenigen zwischen den Bäumen sichtbaren Wegabschnitten erkennen. Das Sonnenlicht wanderte an der westlichen Felswand zu ihrer Rechten herab und entblößte Schichten rosa Gesteins wie Muskeln und Gewebe, die sich unter einem Skalpell auftun.

»Wenn sie einen Funken Verstand haben, sind sie umgekehrt und nach Norden zurück, Richtung Cimarron«, sagte Gavin. »Kommt, packen wir zusammen.«

»Was ist mit Tommy?« fragte Maggie.

»Er wird in ein paar Minuten mit Deedee nachkommen«, sagte Gavin.

»Glaubst du, er ist dazu imstande?« fragte Baedecker. »Laut Karte geht es die nächsten zehn Meilen nur bergauf.«

»Er wird dazu imstande sein«, sagte Gavin, in dessen Stimme nicht der geringste Zweifel mitschwang.

Nach der reinen Hölle der ersten Stunde war es gar nicht mehr so schlimm.

Obwohl Lebensmittel verzehrt worden waren, schien der Rucksack schwerer zu sein als am Tag zuvor. Das Tal wurde immer schmaler, ebenso der Pfad, der sich parallel zum Bachbett durch den Canyon wand. Hier und da mußten die drei wegen eines Erdrutschs oder umgestürzten Baums vorsichtig zwanzig Meter über dem Wasser auf einem steilen Felshang oder Gras balancieren. Zuerst war Baedecker überzeugt, daß die Gruppe mit dem Hanggleiter unmöglich hier entlang gegangen sein konnte, aber dann fielen ihm Stiefelabdrücke im weichen Boden und Furchen im Schlamm auf, wo das Gestänge gezogen worden war. Baedecker schüttelte den Kopf und ging weiter.

Um neun Uhr brannte direktes Sonnenlicht auf die Felsen und erfüllte die Luft mit dem Duft von erwärmten Pinien und Fichten. Baedecker schwitzte in Strömen. Er wollte Rast machen und statt der Jeans ein paar Shorts anziehen, fürchtete aber, er würde die beiden anderen nie mehr einholen, wenn er zurückblieb. Von Deedee und Tom Jr. war auf dem Weg hinter ihnen keine Spur zu sehen, aber Deedee hatte einen fröhlichen Eindruck gemacht, als sie das Lager abgebrochen und sich verabschiedet hatten. Tom Gavin ruhte sich nie richtig aus, sondern blieb immer nur kurz stehen, trat von einem Fuß auf den anderen, sah mit verkniffenen Augen den Weg vor ihnen entlang und sagte dann nur: »Fertig?«, worauf er sich wieder in Bewegung setzte, ohne Maggies oder Baedeckers Antwort abzuwarten.

Nach der ersten Stunde war es nicht mehr so schlimm. Nach der zweiten Stunde war Baedecker in einen Rhythmus von Schmerzen und Keuchen verfallen, der erträglich zu sein schien. Kurz vor Mittag kamen sie um einen Felsvorsprung herum, dort wurden zwei Gipfel in der Ferne sichtbar, wo trotz des gerade vergangenen heißen Sommers noch Schneekappen lagen. Gavin bezeichnete den stufenförmigen, flachen Gipfel als Uncompahgre, den spitzeren als das Wetterhorn. Einen dritten Gipfel konnte man über der Kammlinie gerade noch erkennen. »Uncompahgre sieht aus wie eine Hochzeitstorte, das ›Wetterhorn‹ sieht ein bißchen wie das Matterhorn aus, und das ›Matterhorn‹ hat nicht die geringste Ähnlichkeit mit dem echten Matterhorn«, sagte Gavin.

»Kapiert«, sagte Baedecker.

Sie schritten weiter an Nadeln aus rotem Fels und Wasserfällen vorbei den zunehmend schlechteren Pfad entlang. An manchen Stellen standen die Douglasfichten fünfundzwanzig Meter hoch und erhoben sich über jedes Gelände, das flach genug für sie war. Die drei kamen durch einen dichten Hain von Goldkiefern, und Maggie ließ sie alle an den Bäumen schnuppern und erklärte ihnen, daß das Harz der Goldkiefer wie Karamelbonbons roch. Baedecker fand eine frische Narbe, roch an dem Harz und verkündete, es würde eindeutig nach Schokolade riechen. Maggie schalt ihn einen Perversling. Gavin schlug vor, sie sollten alle ein bißchen schneller gehen.

Sie aßen zu Mittag, wo der Silver Creek in den Cimarron River mündete. Inzwischen war der Pfad vollkommen verschwunden, und die drei brauchten eine halbe Stunde, bis sie einen Weg die letzten paar hundert Meter der Geröllhalde hinab zum Grund des Canyon gefunden hatten. Baedekker sah den Canyon hinab, konnte aber immer noch keine Spur von Deedee oder Tommy erkennen. Im Süden ging der Weg auf der anderen Seite des Flusses weiter, aber Baedekker sah keine einfache Möglichkeit, den acht Meter breiten Strom zu überqueren. Er fragte sich, wie es Lude und Maria und den anderen gelungen war, hinüber zu gelangen.

Maggie schlenderte den Silver Creek entlang, kam eine Minute später zurück und führte Baedecker an eine Stelle, wo ein Dutzend blaue Akelei bei einem umgestürzten Baumstamm blühten.

Ein Ring von Engleman- und Blaufichten standen um eine kleine Lichtung mit Gras und Farnen herum. Ein schmales Bächlein plätscherte darin, unzählige weiße und purpurne Blumen wuchsen zwischen dem Gras, obwohl der Herbst schon fortgeschritten war. In der Nähe hämmerte ein Specht einen hektischen Code.

»Wunderschöner Platz zum Lagern«, sagte Baedecker.

»Ja«, sagte Maggie. »Und ein wunderschöner Platz, nicht zu lagern.« Sie holte einen Hershey-Schokoriegel heraus, brach ihn durch und reichte Baedecker die Hälfte mit mehr Mandeln.

Gavin kam auf die Lichtung. Er hatte seinen schweren Rucksack wieder geschultert und ein Fernglas um den Hals baumeln. »Hört zu«, sagte er. »Ich werde dort durch den Fluß waten, wo der Bach mündet. Ich spanne ein Seil darüber. Dann folge ich dem Pfad auf der Westseite dort. Müßte eine halbe Meile bis zu diesen letzten Kehren sein. Ich warte oberhalb der Baumgrenze auf euch, okay?«

»Okay«, sagte Baedecker.

»Laut Karte liegt die alte Silver Jack-Mine an diesem Bach«, sagte Maggie. »Warum lassen wir uns nicht ein paar Minuten Zeit und besuchen sie? Deedee und Tommy müßten bald hier sein.«

Gavin lächelte und zuckte die Achseln. »Tut euch keinen Zwang an. Ich möchte auf die Hochebene und einen Lagerplatz suchen, damit wir noch vor Einbruch der Nacht den Südkamm erkunden können.«

Maggie nickte, worauf sich Gavin entfernte. Baedecker begleitete ihn bis zum Fluß und vergewisserte sich, daß es keine Probleme gab, als er durch die rasche Strömung watete. Als Gavin das andere Ufer erreicht hatte, winkte er und band das Seil an einem Baum am Ufer fest. Baedecker winkte zurück und ging wieder zur Lichtung.

Maggie lag auf ihrem roten Hemd. Leibesmitte und Schultern waren braungebrannt, aber die Brüste waren weiß, die Brustwarzen zartrosa.

»Oh«, sagte Baedecker.

Maggie schirmte mit der Hand die Augen ab und sah zu ihm auf. »Macht Sie das nervös, Richard?« Als Baedecker zögerte, richtete sich Maggie auf und zog das Hemd an. »So, wieder anständig«, sagte sie lächelnd. »Oder zumindest bedeckt.«

Baedecker zupfte zwei lange Grashalme aus, schälte die Enden ab und gab einen Maggie.

»Danke.« Sie sah zur Westwand des Tals. »Ihre Freunde sind interessant«, sagte sie.

»Tom und Deedee?« sagte Baedecker. »Was meinen Sie?«

Maggie erwiderte seinen gelassenen Blick. »Ich meine, sie sind Ihre Freunde«, sagte sie. »Und ich bin ihr Gast.«

Baedecker kaute auf seinem Grashalm und nickte. »Ich hätte gern Ihre Meinung gehört«, sagte er nach einer Weile.

Maggie lächelte und sah zur Sonne empor. »Nun, nach der gestrigen Predigt über Numerologie war ich geneigt zu sagen, daß diese Leute nicht mehr ganz richtig im Oberstübchen sind.« Sie biß ein Stück von dem Grashalm ab. »Aber das wäre nicht fair. Es wäre unhöflich. Ich glaube, Tom und Deedee gehören einfach einem bestimmten Menschenschlag an, gegen den ich starke Vorbehalte habe«, sagte sie.

»Wiedergeborene Christen?« sagte Baedecker.

Maggie schüttelte den Kopf. »Nein, Leute, die ihr Hirn gegen heilige Wahrheiten eintauschen, die letztendlich auf Plakatslogans hinauslaufen.«

»Hört sich ganz so an, als würden wir immer noch über Scott sprechen«, sagte Baedecker.

Maggie bestritt es nicht. »Was halten *Sie* von Tom?« fragte sie.

Baedecker dachte eine Zeitlang nach. »Nun«, sagte er schließlich, »es gibt da eine Geschichte aus der Anfangszeit unserer Ausbildung, an die ich gerade denken mußte.«

»Toll«, sagte Maggie. »Ich bin süchtig nach Geschichten.«

»Sie ist ziemlich lang.«

»Ich bin süchtig nach langen Geschichten«, sagte Maggie.

»Nun, wir waren zu einem zweiwöchigen Überlebenstraining unterwegs«, sagte Baedecker. »Für das große Finale teilten sie uns in Dreiergruppen ein – Mannschaften –, flogen uns in die Wüste von New Mexico, irgendwo nordwestlich von White Sands, und gaben uns drei Tage Zeit, in die Zivilisation zurückzufinden. Wir hatten unsere Schweizer Offiziersmesser, ein paar Broschüren über eßbare Pflanzen und einen Kompaß dabei.«

»Klingt spaßig«, sagte Maggie.

»Ja«, sagte Baedecker. »Der Meinung war die NASA auch. Wenn wir nach fünf Tagen noch nicht aufgetaucht waren, wollten sie ein Suchkommando losschicken. Sie waren nicht gerade erpicht darauf, welche von ihren Astronauten der zweiten Generation zu verlieren. Wie auch immer, unser Team entsprach genau der späteren Besatzung – Dave Muldorff, Tom und ich. Schon damals hat Tom härter als alle anderen gearbeitet. Auch nachdem er es geschafft hatte – ins Astronautenkorps aufgenommen war, die Mannschaftsauswahl bestanden hatte, was auch immer –, arbeitete er immer noch doppelt so hart, als nötig gewesen wäre, als wäre er immer drauf und dran gewesen, wieder rausgeworfen zu werden. Nun, manchmal ging es uns allen so, aber bei Tom schien es nie anders zu sein.«

Unser anderes Teammitglied war Dave Muldorff – damals nannten wir ihn manchmal Rockford –, und Dave war das genaue Gegenteil. Dave hat mir einmal gesagt, die einzige Philosophie, der er folgte, sei das Ohmsche Gesetz – finde den Weg des geringsten Widerstands und folge ihm. Dave war in vieler Hinsicht wie Neil Armstrong – sie gaben tausend Prozent und schafften es immer, wenn sie mußten, aber man sah keinen der beiden je bei Morgendämmerung beim Frühsport. Der größte Unterschied zwischen Muldorff und Armstrong war der, daß Dave einen verschrobenen Sinn für Humor hatte.

Wie auch immer, unser erster Tag in der Wildnis verlief ausgezeichnet. Wir fanden eine Wasserstelle und eine Möglichkeit, etwas davon mitzunehmen. Tom fing vor Einbruch der Nacht eine Echse und wollte sie roh essen, aber Dave und ich beschlossen, eine Weile zu warten. Wir hatten unsere Route dahingehend geplant, eine Straße zu überqueren, die, wie wir wußten, in die Berge führte, und wir waren überzeugt, daß wir sie früher oder später finden würden. Am zweiten Tag war Tom bereit, die Echse zum Mittagessen zu verspeisen, aber Dave überzeugte uns, noch eine Weile von Pflanzen zu leben und den Hauptgang zum Abendessen aufzuheben. An diesem Nachmittag gegen zwei Uhr fing Dave an, sich seltsam zu benehmen. Er schnupperte immer am Boden und behauptete, er könnte den Weg in die Zivilisation *riechen*. Tom sprach von einem Sonnenstich, und wir waren beide gehörig erschrocken. Wir versuchten, Dave ein Hemd um den Kopf zu binden, aber er heulte nur zum Himmel hinauf und rannte los.

Nach einer Viertelmeile hatten wir ihn eingeholt; als wir über einen Felsgrat kamen, saß Muldorff mitten in einem verlassenen Flußbett auf einem Liegestuhl unter einem Sonnenschirm und trank kaltes Bier. Er hatte ein Transistorradio laufen, eine Kühltasche voll Eis und Bier neben sich, und in der Nähe stand ein Planschbecken, wie man sie für Kinder bekommt, mit einer Luftmatratze und ein paar Quietschenten darin. Sie dürfen nicht vergessen, wir befanden uns mitten in der Wüste – immer noch rund sechzig Meilen von der nächsten Straße entfernt.

Nachdem er sich beruhigt und aufgehört hatte zu lachen, erzählte uns Dave, wie er es gemacht hatte. Er hatte einen Adjutanten im Stützpunkt des Kommandanten dazu gebracht, in den Akten die Ausgangspunkte der verschiedenen NASA-Teams nachzuschlagen. Dann bestimmte Dave unseren wahrscheinlichen Rückweg und brachte einen Freund, der in White Sands Hubschrauber flog, dazu, den ganzen Plunder in dieses Flußbett zu schaffen. Dave fand das urkomisch. Tom nicht. Zuerst war er so wütend, daß er sich umdrehte und Dave mit seinem Sonnenschirm und der Rockmusik den Rücken kehrte. Anfangs stimmte ich mit Tom überein. Daves Gag war genau das, was die NASA absolut auf die Palme brachte. Soweit wir wußten, hatten sie überhaupt keinen Humor. Unser ganzes Team hätte in ernste Schwierigkeiten kommen können.

Aber nach einem oder zwei Bieren verstaute Dave den ganzen Plunder hinter einem Felsbrocken, und wir setzten unser Überlebenstraining fort. Tom redete vierundzwanzig Stunden kein Wort mit ihm. Schlimmer, ich glaube, Tom hat ihm das in den zwei Jahren danach, die wir zusammenarbeiteten, nie ganz vergessen oder vergeben. Anfangs dachte ich, es läge nur daran, daß Dave unser Training versaut und Toms perfektes Führungszeugnis gefährdet hatte. Aber dann wurde mir klar, daß es mehr war. Dave hatte die Regeln verletzt, und darüber kam Tom nie richtig hinweg. Und dann war da noch etwas …«

»Und das wäre?« fragte Maggie.

Baedecker beugte sich nach vorne und flüsterte: »Nun, ich glaube, Tom hatte sich wirklich darauf gefreut, diese verdammte Eidechse zu essen, und Dave hat ihm den Spaß verdorben.«

Deedee und Tom tauchten auf, als Baedecker und Maggie gerade den Fluß überqueren wollten, und die vier wateten gemeinsam hinüber. Tommy sah blaß und leicht geknickt aus, blieb aber so mürrisch wie bisher. Dafür war Deedee fröhlich für beide. Der Fluß war nie mehr als knietief, aber die Strömung schnell und das Wasser eiskalt. Baedecker wartete, bis die anderen drüben waren, dann löste er das Seil vom östlichen Ufer und nahm es mit.

Fünfundvierzig Minuten später kamen sie an einen Wasserfall, überquerten den Bach noch einmal – dieses Mal auf einem umgestürzten Baumstamm – und stiegen wenig später in Serpentinen ein. Der Gipfel des ›Matterhorns‹ ragte über ihnen auf, und jedesmal, wenn sie Rast machten, konnten sie mehr vom Uncompahgre Peak im Südwesten sehen. Sie hatten sich dem Berg mittlerweile auf wenige Meilen genähert, und Baedecker wurde allmählich klar, wie gewaltig das Massiv tatsächlich war. Es erinnerte ihn an die gewaltigen Hochebenen und Gipfel, die er in New Mexico und Arizona gesehen hatte, aber dieses hier war steiler, spitzer und erhob sich nicht über der Wüste, sondern über einer Hochebene in dreitausenddreihundert Metern Höhe.

Am Nachmittag hatten sie die letzten Serpentinen hinter sich gelassen und gelangten auf die hohe Tundra. Die Veränderungen waren erstaunlich. Die dichten Pinienwälder des Tals wichen einigen uralten und verkrüppelten Fichten, häufig bis zu dem Punkt verwittert, daß sie keine Zweige mehr an den westlich und nördlich ausgerichteten Seiten hatten, schließlich dann hohen Stauden Wacholder, und selbst diese verschwanden allmählich, bis nur noch Gras und rotbrauner Stechginster die felsige Tundra bedeckten. Für Baedecker, der über den letzten Kamm nach dem Canvon kam, war es, als würde er von der obersten Sprosse einer Leiter auf das Dach eines hohen Gebäudes steigen.

Von dem hohen Paß, den sie jetzt überquerten, konnte Baedecker Dutzende größere und kleinere Berggipfel und ein scheinbar endloses Panorama von Pässen, Graten, Hochwiesen und sanft rollender Tundra erkennen. Schneebedeckte Flächen überzogen die Landschaft. Über ihnen erstreckten sich flauschige Kumuluswolken bis zum zerklüfteten Horizont, und das Weiß auf Blau oben verschmolz fast mit dem Weiß auf Braun unten.

Baedecker machte eine Pause, keuchte, spürte Sturzbäche Schweiß auf sich und stellte fest, daß seine Lungen nach wie vor mehr Sauerstoff verlangten als zur Verfügung stand. »Fantastisch«, sagte er.

Maggie grinste. Sie nahm ein rotes Taschentuch, das sie als Stirnband benutzt hatte, aus der Tasche und wischte sich damit das Gesicht ab. Sie berührte Baedecker am Arm und deutete nach Nordosten, wo mehrere Kuppen entfernt Schafe auf einer rollenden Hochwiese grasten. Die grauen Leiber vermischten sich mit den Wolken und Schneefeldern und Wolkenschatten und verliehen dem ganzen Panorama einen Hauch scheckiger Regsamkeit.

»Fantastisch«, sagte Baedecker noch einmal. Das Herz klopfte ihm in der Brust. Ihm war, als hätte er einen dunklen Teil von sich in den Schatten des Canyon zurückgelassen. Maggie reichte ihm die Wasserflasche. Er spürte beim Trinken, wie ihr Arm den seinen berührte.

Tommy hockte sich auf einen Felsen und stocherte mit seinem Spazierstock in einem Klumpen Moos und Lichtnelke. Deedee lächelte und sah sich um. »Da ist Tom«, sagte sie und deutete auf eine winzige Gestalt weit entfernt auf der anderen Seite des Passes. »Sieht so aus, als würde er bereits das Zelt aufbauen.«

»Das ist wunderbar«, sagte Baedecker leise zu sich. Aus unerfindlichen Gründen fühlte er sich beschwingt in der kühlen, dünnen Luft. Er gab Maggie die Wasserflasche, und sie trank in vollen Zügen, wobei sie den Kopf zurückwarf, so daß sich das Sonnenlicht auf ihren kurzen, kastanienfarbenen Locken spiegelte.

Maggie hielt Deedee die Wasserflasche hin, aber die ältere Frau ergriff statt dessen ihre Hand. Mit der anderen Hand hielt sie Baedeckers Finger. Die drei standen ungefähr im Halbkreis. Deedee neigte den Kopf. »Danke, Herr«, sagte sie, »daß Du uns ermöglichst, die Vollkommenheit Deiner Schöpfung zu sehen und diesen Augenblick mit lieben Freunden zu teilen, die mit Hilfe des Heiligen Geistes die Wahrheit Deines Wortes erkennen werden. Wir bitten im Namen Jesu Christi. Amen.«

Deedee tätschelte Baedeckers Hand und sah ihn an. »Es ist wunderbar«, sagte sie. Tränen standen ihr in den Augen. »Und geben Sie es zu, Richard«, sagte sie, »wünschen Sie sich nicht, Joan wäre hier, um es mit Ihnen zu teilen?«

Das Lager bestand aus drei Zelten um einen hohen, flachen Felsbrocken herum, der mutterseelenallein im Mittelpunkt eines großen Kreises der Tundra stand. In dieser Höhe gab es kein Feuerholz mehr, abgesehen von den Zweigen des verkrüppelten Gestrüpps, das zwischen den Felsen wuchs, daher stellten sie ihre beiden Gasbrenner auf einen flachen Stein neben dem Felsbrocken und sahen in die blaue Propanflamme, während die Sterne herauskamen.

Vor dem Essen legten sie ihre Route fest, während die Schatten von ›Wetterhorn‹ und ›Matterhorn‹ über die Hochebene fielen und langsam an den Terrassenwänden des Uncompahgre hinaufstiegen. »Da«, sagte Gavin und gab Baedecker das Fernglas. »Direkt am Ansatz des Südkamms.«

Baedecker sah hindurch und erblickte ein flaches rotes Zelt zwischen den Schatten von Felsen. Zwei Gestalten bewegten sich um das Zelt herum, verstauten Ausrüstung und machten sich an einem kleinen Ofen zu schaffen. Baedecker gab das Fernglas zurück. »Ich sehe zwei von ihnen«, sagte er. »Ich frage mich, wo das Mädchen und der Junge, der den Hanggleiter trägt, stecken könnten.«

»Da oben«, sagte Maggie und deutete auf den hohen Grat, wo gerade noch Sonnenlicht auf das Massiv fiel.

Gavin justierte das Fernglas. »Ich sehe sie. Dieser Idiot schleppt immer noch den Drachen mit.«

»Er kann doch nicht vorhaben, heute nacht zu fliegen, oder?« fragte Maggie.

Gavin schüttelte den Kopf. »Nein, er ist noch Stunden vom Gipfel entfernt. Sie wollen nur vor Einbruch der Nacht so hoch sie können.« Er gab Maggie das Fernglas.

»Früher Morgen wäre für sein Vorhaben am geeignetsten«, sagte Baedecker. »Starke Aufwinde. Nicht zuviel Wind.« Maggie reichte ihm das Fernglas, und Baedecker suchte den Grat zweimal ab, bis er die winzigen Gestalten fand, die hoch auf dem zerklüfteten Rückgrat des Berges gingen. Sonnenlicht beschien die rotgelbe Tragetasche, während der kleine Mann sich unter der Last des Bündels aus Aluminium und Dacron beugte. Die Frau folgte ihm in einigen Schritten Abstand und ging gebückt unter ihrer eigenen Last eines großen Rucksacks mit zwei Schlafsäcken. Vor Baedeckers Augen verschwand das Sonnenlicht vom Berg, und die beiden Gestalten waren nicht mehr von dem Durcheinander von Simsen und Felsbrocken auf dem Grat zu unterscheiden.

»Oh-ooh«, sagte Maggie. Sie sah nach Westen. Die Sonne war noch nicht untergegangen, aber am Horizont hing ein Band blauschwarzer Wolken, die das letzte Tageslicht verschluckten.

»Zieht wahrscheinlich vorbei«, sagte Gavin. »Der Wind weht Richtung Südost.«

»Das hoffe ich«, sagte Maggie.

Baedecker richtete das Fernglas wieder auf den Südgrat, aber die beiden menschlichen Gestalten waren so winzig, daß man sie im Heraufziehen von Nacht und Sturm nicht mehr sehen konnte.

Über ihnen leuchteten weiterhin die Sterne, aber im Westen war alles in Finsternis gehüllt. Die vier Erwachsenen kauerten um die Gasbrenner und tranken heißen Tee, während Tommy eineinhalb Meter über ihnen auf dem Felsen saß und nach Norden sah. Es war sehr kalt und völlig windstill.

»Sie haben Dicks Frau Joan nie kennengelernt, Maggie, oder?« fragte Deedee.

»Nein«, sagte Maggie, »ich habe sie nicht kennengelernt.«

»Joan ist eine wunderbare Frau«, sagte Deedee. »Sie besitzt die Geduld einer Heiligen. Ihre Persönlichkeit ist voll und ganz für so einen Campingausflug geeignet, weil sie sich durch nichts aus der Ruhe bringen läßt. Sie erledigt alles so, wie sie es will.«

»Wohin gehst du nach Colorado?« fragte Gavin Baedekker.

»Oregon. Ich habe mir gedacht, ich mache einen Besuch bei Rockford.«

»Rockford?« sagte Gavin. »Oh, Muldorff. Zu dumm mit seiner Krankheit.«

»Welcher Krankheit?« fragte Baedecker.

»Joan war die geduldigste Frau von allen«, sagte Deedee zu Maggie. »Wenn die Männer tagelang fort waren – *wochenlang* –, wurden wir alle ein wenig nervös – sogar ich, fürchte ich –, aber Joan hat sich nie beschwert. Ich glaube, ich habe in all den Jahren, die ich sie kannte, nicht einmal gehört, wie Joan sich beschwert hat.«

»Er kam letzten Juni ins Krankenhaus«, sagte Gavin.

»Ich weiß«, sagte Baedecker. »Ich dachte, wegen einer Blinddarmgeschichte. Jetzt ist er doch wieder wohlauf, oder?«

»Joan war damals schon Christin, aber sie hatte sich nicht völlig Jesus anvertraut«, sagte Deedee. »Jetzt sind sie und Phillip – er ist Buchhalter? – soweit ich weiß sehr aktiv in der evangelischen Kirche in Boston.«

»Es war keine Blinddarmgeschichte«, sagte Gavin. »Ich habe mit Jim Bosworth gesprochen, einem Lobbyisten auf dem Hill in Washington. Er sagte, Muldorffs Freunde im Haus wüßten, daß er an der Hodgkins-Krankheit leidet. Seine Milz wurde letzten Monat herausgenommen.«

»Gehen Sie dort zur Kirche, meine Liebste? In Boston, meine ich.«

»Nein«, sagte Maggie.

»Oh, nun ja«, sagte Deedee. »Ich dachte mir nur, vielleicht sind Sie ja einmal über Joan gestolpert. Die Welt ist ja so klein, oder nicht?«

»Wirklich?« fragte Maggie.

»Die Prognosen sind meines Wissens nicht gut«, sagte Gavin. »Aber es besteht ja immer die Möglichkeit, daß ein Wunder geschieht.«

»Ja, das ist sie«, sagte Deedee. »Einmal, als wir uns alle auf das Unternehmen der Männer vorbereiteten, rief Joan mich an und fragte mich, ob ich kommen und auf ihren kleinen Jungen aufpassen könnte, während sie ein Geburtstagsgeschenk für Dick kaufen ging. Ich hatte eine Freundin aus Dallas zu Besuch, sagte aber: ›Klar, wir kommen beide rüber.‹ Nun, Scott war damals etwa sieben und Tommy drei oder vier ...«

Baedecker stand auf, ging zum Zelt, kroch hinein und hörte nichts mehr.

Als Baedecker sieben oder acht war, irgendwann Anfang des Krieges, hatte er seinen Vater auf einen Angelausflug zu einem Stausee irgendwo in Illinois begleitet. Es war der erste Angelausflug über Nacht, zu dem er mit durfte. Er wußte noch, wie er mit seinem Vater in einer Touristenblockhütte am See in einem Bett geschlafen hatte und am Morgen in einen heißen, strahlenden Mittsommertag hinausgetreten war. Der breite Wasserstreifen schien alle Geräusche zu dämpfen und gleichzeitig zu verstärken. Die Vegetation entlang des Schotterwegs zum Dock hinunter schien so dicht, daß man sie nicht überwinden konnte, und die Blätter waren um halb sieben Uhr morgens schon mit Staub bedeckt.

Das kleine Ritual, das Boot und den Außenbordmotor vorzubereiten, war aufregend, ein Erlebnis in der generellen Aufregung des Ausflugs. Die hinderliche, nach Fisch riechende Schwimmweste wirkte beruhigend. Das kleine Boot tuckerte langsam über den Stausee, schnitt durch das ruhige Wasser, wirbelte träge Regenbogen auf, wo Benzin ausgelaufen war, und das Pochen des Zehn-PS-Motors verschmolz mit dem Geruch von Benzin und Fischschuppen und löste ein vollkommenes Gefühl für die Örtlichkeit in Baedeckers jungem Bewußtsein aus.

Die alte Highwaybrücke war weit vom Ufer entfernt gestrandet, als der Damm den Fluß vor ein paar Jahren zugepfropft hatte. Jetzt standen nur noch zwei Bruchstücke des Brückenbogens, die sich weiß wie gebrochene Schenkelknochen vor dem blauen Himmel und dem dunklen Wasser abzeichneten.

Der junge Baedecker war fasziniert von der Vorstellung, diese Brücken zu betreten, weit draußen in der heißen Ausdehnung des Sees darauf zu stehen, darauf zu angeln. Baedecker wußte, daß sein Vater mit einem Blinker fischen wollte. Er kannte die grenzenlose Geduld, mit der sein Vater angeln würde, mit der er stundenlang, fast ohne zu blinzeln, die Schnur beobachtete, während er das Boot über den See tuckern oder gar mit ausgeschaltetem Motor treiben ließ. Baedecker besaß die Geduld seines Vaters nicht. Das Boot kam ihm bereits zu klein vor, ihr Vorankommen viel zu langsam. Der Kompromiß bestand darin, daß der Vater den Jungen – mitsamt der schwerfälligen Schwimmweste – aussteigen ließ, während er selbst die nahegelegenen Buchten nach vielversprechenden Fischgründen absuchte. Er nahm Baedecker das Versprechen ab, daß dieser in der Mitte des größeren der beiden Bogen bleiben würde.

Das Gefühl der Einsamkeit war herrlich. Er beobachtete das Boot seines Vaters, bis dieses hinter einer Landzunge verschwunden war, dann sah er weiter auf die Stelle, bis die letzten Geräusche des Außenbordmotors verhallten. Die Sonne brannte sehr heiß, und die Beobachtung von Angelschnur und Blinker hatte bald etwas Hypnotisierendes. Die kleinen Wellen, die knapp zwei Meter tiefer gegen die moosbewachsenen Unterseiten der Brücke plätscherten, erzeugten die Illusion von Bewegung, als würden die beiden

Bruchstücke der Brücke langsam über den Stausee treiben. Nach einer halben Stunde weckten Hitze und das Gefühl der Bewegung eine leichte Übelkeit in dem Jungen, ein pochendes Pulsieren von Schwindel. Er zog die Schnur ein, lehnte die Angel an das rissige Betongeländer und setzte sich auf die Straße. Es war zu heiß. Er zog die Schwimmweste aus und fühlte sich gleich besser, als der Schweiß auf seinem Rücken trocknete.

Er war nicht sicher, wann ihm der Einfall kam, von einem Teil der Brücke auf den anderen zu springen. Die beiden Trümmer des gebrochenen Brückenbogens wurden nicht einmal durch zweieinhalb Meter Wasser voneinander getrennt. Der Straßenbelag des kleineren Teils befand sich knapp zwei Meter über der Wasseroberfläche, aber der größere Teil, auf dem Baedecker stand, hatte sich nicht so sehr abgesenkt wie der andere und lag dreißig Zentimeter höher, wodurch der Sprung noch einfacher aussah.

Der Gedanke zu springen wurde rasch zum Zwang, einem Druck, der in Baedeckers Brust wuchs. Mehrmals schritt er zum Rand des Brückenbogens, plante seine Schritte, übte den Absprung. Aus irgend einem Grund glaubte er, daß sein Vater zufrieden und amüsiert sein würde, wenn er zurückkam und seinen Sohn auf dem anderen Abschnitt der Brücke fand. Er nahm einige Male allen Mut zusammen, fing an zu laufen, blieb stehen. Jedesmal spürte er, wie Angst ihm den Hals zuschnürte, und er kam mit auf dem rauhen Beton quietschenden Turnschuhen zum Stillstand. Er stand keuchend da, seine helle Haut brannte im Sonnenschein, das Gesicht vor Scham gerötet. Dann drehte er sich um, machte fünf große Schritte und sprang.

Oder versuchte zu springen. Im letztmöglichen Augenblick versuchte er, seine Vorwärtsbewegung zu bremsen, aber sein rechter Fuß rutschte über den Rand des Brückenbogens und er fiel. Es gelang ihm, sich in der Luft zu drehen, er verspürte einen gewaltigen Hieb in der Leibesmitte, und dann baumelte er – Füße und Beine über dem Wasser, Ellbogen und Unterarme flach auf dem Straßenbelag.

Er hatte sich verletzt. Seine Arme und Hände waren schlimm aufgeschürft, im Mund hatte er den Geschmack von Blut, Magen und Rippen taten mehr weh, als er je für möglich gehalten hätte. Er hatte nicht die Kraft, sich zur Oberfläche der Brücke hinaufzuziehen. Seine Knie baumelten unter der Ebene des Straßenbelags, und so sehr er sich bemühte, er konnte die Füße nicht so hoch heben, daß er auf dem rissigen Beton Halt gefunden hätte. Das Wasser des Sees schien einen Sog zu erzeugen, der drohte, ihn nach unten zu ziehen. Baedecker hörte auf zu zappeln und hing da; und nur der Reibungswiderstand seiner aufgeschürften Hände und Arme verhinderte, daß er rückwärts in den See rutschte. Mit seiner kindlichen Vorstellungskraft sah er die dunklen Tiefen unter der Brücke, konnte die versunkenen Bäume tief unter der Oberfläche ahnen und spürte regelrecht, wie er im schlammigen Boden des Sees versank. Er konnte sich die ertrunkenen Straßen und Häuser und Friedhöfe des Tals vorstellen, das zum Stausee geworden war, und alle warteten unter dem dunklen Gewässer. Warteten auf ihn.

Sechzig Zentimeter vor Baedecker wuchs ein Unkraut aus einer schmalen Spalte im Straßenbelag. Er konnte es nicht erreichen. Und selbst wenn, hätte es sein Gewicht nicht gehalten. Er spürte, wie der rettende Druck auf zerschundenen Händen und Armen schwand. Seine Schultern schmerzten, und er wußte, es würde nur noch Minuten, möglicherweise Sekunden dauern, bis seine zitternden Arme den Dienst versagen und er über den heißen Beton nach hinten rutschen und sich dabei Arme und Hände noch mehr aufschürfen würde.

Dann stieg der träumende Baedecker aus seinem Traum empor wie ein Taucher aus großer Tiefe und bemerkte den Wind und das flatternde Zelt und den Geruch des aufziehenden Regens, aber er konnte gleichzeitig – so deutlich wie vor fünfundvierzig Jahren – das konstante Knattern des näherkommenden Außenbordmotors hören, der verstummte, und dann spürte er die kräftigen Hände seines Vaters an den Seiten und hörte dessen Stimme. »Laß gehen, Richard. Spring. Alles in Ordnung. Ich habe dich. Laß gehen, Richard.«

Donner grollte. Kalter Wind wehte herein, als die Zeltklappe zurückgeschlagen wurde. Maggie Brown kam hereingeschlüpft und legte Schaumgummimatratze und Schlafsack neben seinen.

»Was?« sagte Baedecker. Seine Hände und Unterarme waren wund.

»Tommy wollte tauschen«, flüsterte Maggie. »Ich glaube, er wollte allein sein und trinken. Ich habe gesagt, einverstanden. Pssst.« Maggie hielt einen Finger an seine Lippen. Die Dunkelheit in dem Zelt wurde nur von gelegentlichen grellen Blitzschlägen unterbrochen, Sekundenbruchteile später von so lautem Donner gefolgt, daß Baedecker glaubte, Güterzüge würden über die Tundra auf sie zugerast kommen. Die nächste Explosion von Licht zeigte Maggie, die aus den Shorts schlüpfte, indem sie sie über die Hüften nach unten zog. Ihr Slip war klein und weiß.

»Der Sturm ist da«, sagte Baedecker und blinzelte Netzhautbilder des Blitzes weg, der Maggie zeigte, wie sie das Hemd auszog. Im kurzen Stroboskopleuchten sahen ihre Brüste blaß und schwer aus.

»Pssst«, sagte Maggie und drückte sich in der Dunkelheit an ihn. Er war in seinen Boxershorts und einem weichen Flannellhemd eingeschlafen. Ihre Finger knöpften in der Dunkelheit das Hemd auf und zogen es ihm aus. Er rollte sich auf dem weichen Durcheinander der Schlafsäcke neben sie und nahm sie in die Arme, als ihre Hand in den elastischen Bund seiner Shorts glitt. »Pssst«, flüsterte sie, zog ihm die Unterhose aus und befreite ihn mit der rechten Hand. »Pssst.«

Die Blitze hielten ihren Liebesakt in Bildern gefrorenen Lichts fest. Donner grollte und löschte jegliche Laute aus, abgesehen von Herzschlägen und geflüsterten Zärtlichkeiten. Einmal sah Baedecker zu Maggie auf, die über ihm saß, während sie die Arme wie Tänzer ausstreckten, die Finger ineinander verhakten und der Nylonstoff der Zeltwand sich grell hinter ihr abzeichnete, da ein Blitz nach dem anderen folgte und das Donnergrollen wie Wogen über sie hinwegrauschte. Einen Augenblick später, als er sich fest in ihren Armen wiegte und sich noch gegen die Explosion seines Orgasmus wehrte, war Baedecker ganz sicher, daß er sie über die Kaskade der Geräusche von draußen flüstern hörte: »Ja, Richard, laß gehen. Ich habe dich. Laß gehen.«

Sie rollten sich, während sie sich immer noch schwach bewegten, im Gewühl der Matratzen und Schlafsäcke auf die Seite und lauschten, wie der Wind zu einen schrecklichen Crescendo anschwoll, das Zelt heftig an seinen Verankerungen flatterte und Blitze und Donner nicht einmal mehr eine Sekunde auseinander lagen. Gemeinsam kuschelten sie sich gegen den Sturm aneinander.

»KOMMT SCHON, IHR GÖTTER, LASST SEHEN, WIE IHR EUER SCHLIMMSTES VOLLBRINGT! LOS DOCH, IHR FEIGLINGE!« Der Schrei ertönte unmittelbar vor dem Zelt, ihm folgte ein Donnerschlag.

»Großer Gott«, flüsterte Maggie. »Was ist das?«

»KOMMT SCHON, VERANSTALTET EINE VERDAMMT GUTE OLYMPIADE. ZEIGT EURE KÜNSTE, DAS KÖNNT IHR DOCH NOCH BESSER! ZEIGT ES UNS, IHR SCHEISSER!« Dieses Mal klang der Schrei so rauh und schrill, daß er fast nichts Menschliches mehr hatte. Den letzten Worten folgten ein Blitzschlag und ein so lauter Knall, daß es schien, als würde der Himmel von gigantischen Händen aufgerissen. Baedecker zog die Shorts an und streckte den Kopf zur Zeltklappe hinaus. Einen Augenblick später folgte ihm Maggie, die Baedeckers Flannellhemd angezogen hatte. Es regnete noch nicht, aber beide mußten die Augen zusammenkneifen, weil die Sturmböen Staub und Geröll aufwirbelten.

Tommy Gavin Jr. stand auf dem Felsen zwischen den Zelten. Er war nackt, hatte die Beine gespreizt, damit er in dem heftigen Wind das Gleichgewicht nicht verlor, die Arme erhoben und den Kopf zurückgelegt. In einer Hand hielt er eine fast leere Flasche Johnny Walker. In der anderen eine ein Meter lange Zeltstange aus Aluminium. Das Metall schimmerte blau. Hinter dem Jungen konnte Baedecker Blitze durch die Leiber von Donnerwolken zucken sehen, die dunkler und näher aufragten als die Berggipfel, die von jedem Blitz beleuchtet wurden.

»Tommy!« rief Gavin. Er und Deedee hatten Köpfe und Schultern aus dem flatternden Zelt gestreckt. »Komm da runter!« Der Wind riß die Worte mit sich.

»KOMMT SCHON, GÖTTER, ZEIGT MIR WAS!« kreischte Tommy. »DU BIST DRAN, ZEUS. LOS DOCH!« Er hielt die Zeltstange in die Höhe.

Ein blauweißer Blitzstrahl schien von einem nahegelegenen Gipfel emporzuschnellen. Baedecker und Maggie zuckten zusammen, als das Trommelfeuer des Donners über sie hinwegrollte. Ein paar Schritte entfernt brach das Zelt der Gavins im zunehmenden Sturm zusammen.

»DAS SIND SECHS PUNKT ACHT«, schrie Tommy, während er eine imaginäre Wertungskarte in die Höhe hielt. Er hatte die Flasche fallen lassen, schwenkte aber die Zeltstange immer noch. Gavin bemühte sich, sich aus dem eingestürzten Zelt zu befreien, aber die Plane hüllte ihn ein wie ein orangefarbenes Leichentuch.

»OKAY, SATAN, ZEIG DU, WAS DU KANNST«, brüllte Tommy und lachte hysterisch. »LASS SEHEN, OB DU SO GUT BIST, WIE DER ALTE BEHAUPTET.« Er machte eine Pirouette, stürzte um ein Haar und wahrte das Gleichgewicht zwei Meter über ihnen am Rand des Felsens. Baedekker sah, daß der Junge eine Erektion hatte. Maggie sagte Baedecker etwas ins Ohr, aber die Worte gingen im Donner unter.

Die beiden gegabelten Blitze zuckten gleichzeitig hernieder, auf jeder Seite des Lagers einer. Baedecker wurde mehrere Sekunden geblendet, während denen er sich irrwitzigerweise an elektrische Eisenbahnen erinnerte, die er als Junge besessen hatte. *Das Ozon*, dachte er. Als er wieder sehen konnte, erblickte er Tommy, der lachend auf dem Felsen herum hüpfte, wo der zunehmende Wind ihm das Haar zerzauste. »NEUN PUNKT FÜNF!« schrie der Junge. »SAU-GUT!«

»Mach, daß du da runterkommst«, brüllte Gavin. Er hatte sich aus dem Zelt befreit und fuchtelte mit den Händen Zentimeter von Tommys Knöcheln entfernt. Der Junge tänzelte auf dem Felsen rückwärts.

»MUSS JESUS NOCH AN DIE REIHE KOMMEN LASSEN«, schrie Tommy. »MUSS DEM MANN EINE CHANCE GEBEN ZU ZEIGEN, WAS ER DRAUF HAT, OB ER IMMER NOCH DA IST.«

Gavin lief zum flacheren Ende des Steins und suchte nach Griffmulden. Blitze zuckten durch eine bauschige dunkle Wolke dicht über ihnen, explodierten aus ihr heraus und schlugen in den eine Meile östlich gelegenen Uncompahgre Peak ein.

»FÜNF PUNKT FÜNF!« schrie Tommy. »DAS WAR JA WOHL NOCH NICHTS.«

Gavin rutschte auf dem Felsen aus, glitt nach unten, fing wieder an zu klettern. Tommy tänzelte zur höchsten Spitze des Felsens zurück. »NOCH EINEN!« schrie er in den Wind. Jetzt konnte Baedecker den aufziehenden Regen hören und riechen, der wie ein schwerer Vorhang über die Tundra wanderte. »JAHWEH!« kreischte Tommy. »KOMM SCHON! LETZTE MÖGLICHKEIT, IN DAS SPIEL EINZUSTEIGEN, FALLS DU DICH NOCH HIER HERUMTREIBST, JAHWEH, DU ALTER FURZ, LETZTE MÖGLICHKEIT, NOCH PUNKTE ZU MACHEN ...«

Alles geschah gleichzeitig. Die Zeltstange in der erhobenen Hand des Jungen leuchtete so grell wie eine Neonreklame, Tommys Haar stand vom Kopf ab und waberte wie ein Nest voller Schlangen, dann verschmolz die dunkle Gestalt Gavins mit der des Jungen, und die beiden fielen von dem Felsen, als die ganze Welt in Licht und Lärm explodierte und eine gewaltige Implosion Baedecker auf den Boden drückte und seine Sinne im Pulsieren reiner Energie ertränkte.

Baedecker sollte nie erfahren, ob der Blitz den Felsen getroffen hatte oder nicht. Am Morgen fanden sie keine Spuren darauf. Als er wieder hören und sehen konnte, stellte Baedecker fest, daß er Maggie mit dem Körper abschirmte und sie im selben Augenblick versucht hatte, dasselbe mit ihm zu tun. Sie richteten sich beide auf und sahen sich um. Jetzt regnete es in Strömen. Nur Baedeckers Zelt hatte dem Sturm standgehalten. Tom Gavin lag auf Händen und Knien, hatte den Kopf gesenkt und keuchte; sein Gesicht, das man bei den Blitzschlägen erkennen konnte, war blaß. Tommy schlotterte und hatte sich auf dem nassen Boden in Embryonalhaltung zusammengerollt. Die Hände drückt er fest auf die Augen, und er schluchzte. Deedee kauerte über ihm, hielt ihn halb und schirmte ihn halb vor dem dunklen Himmel ab. Ihr T-Shirt klebte naß am Rücken, so daß man jede Ader sehen konnte. Das Gesicht hatte sie in den letzten Blitzschlägen aufgerichtet, bevor der Sturm nach Osten weiter zog, und Baedecker sah den Triumph darin. Und den Trotz.

Maggie beugte sich zu Baedecker bis ihre nassen Haarsträhnen seine Wange berührten. »Zehn Punkt null«, sagte sie leise und küßte ihn.

Es regnete den Rest der Nacht.

Kurz vor Sonnenaufgang kamen sie zum Südgrat.

»Das ist seltsam«, sagte Maggie. Baedecker nickte, worauf sie zehn Meter hinter Gavin weiterkletterten. Gavin hatte schon vor fünf Uhr zusammengepackt und war aufgebrochen, lange bevor das erste Licht der Morgendämmerung durch das graue Nieseln drang. Er hatte nur gesagt: »Ich bin gekommen, um einen Berg zu besteigen. Das werde ich auch tun.« Weder Maggie noch Baedecker hatten es verstanden, aber sie waren mitgekommen. Baedecker konnte ihre beiden Zelte weit unten sehen, immer noch im Schatten des Uncompahgre. Es war ihnen gelungen, Gavins Zelt in der Nacht wieder aufzustellen, aber das von Tommy war vollkommen zerstört; Nylonfetzen wehten über die Tundra. Als Gavin und Baedecker sich in der Dunkelheit aufgemacht hatten, Schlafsack und Kleidung des Jungen zurückzubringen, hatten sie zwei weitere Whiskeyflaschen in den Trümmern des Zelts gefunden. Deedee erwähnte, daß sie aus der Hausbar stammten, die die Gavins für Gäste bereithielten.

Jetzt verweilte Gavin auf dem Kamm, bis sie ihn eingeholt hatten. Sie waren schon deutlich über dreieinhalbtausend Metern Höhe. Sie waren direkt nach Osten zur Kammlinie geklettert und hatten den einfacheren Aufstieg von Süden außer acht gelassen. Baedeckers Herz schlug heftig, und er war erschöpft, aber es war eine Erschöpfung, mit der er fertigwerden und trotzdem ausreichend agieren konnte. Neben ihm stand Maggie mit rotem Gesicht und schwer atmend nach der Anstrengung. Baedecker berührte ihre Hand, da lächelte sie.

»Da ist jemand«, sagte Gavin und deutete den Grat hinauf, wo sich jemand an einem steilen Abschnitt des Wegs abquälte.

»Das ist Lude«, sagte Baedecker. Er konnte sehen, wie der Mann ausrutschte, fiel und sich wieder auf die Füße rappelte. »Er hat den Hanggleiter immer noch bei sich.«

Gavin schüttelte den Kopf. »Warum bringt sich jemand für etwas so Sinnloses um?«

»Wie sehne ich mich danach, mich in den endlosen Raum zu werfen«, sagte Maggie, »und über dem gräßlichen Abgrund zu schweben.«

Baedecker und Gavin drehten sich um und sahen sie an.

»Goethe«, sagte sie, als müßte sie sich verteidigen.

Gavin nickte, rückte den Rucksack zurecht und ging weiter den Pfad entlang. Baedecker grinste sie an. »Du kannst dir den ersten Vers der *Thanatopsis* nicht merken, hm?« sagte er.

Maggie zuckte die Achseln und grinste zurück. Gemeinsam schritten sie den Weg hinauf, dem lockenden Streifen des Sonnenlichts entgegen.

Sie fanden die zerfetzten Überreste eines kleinen Zelts nahe der Dreitausendneunhundert-Meter-Marke. Hundert Meter weiter fanden sie das Mädchen namens Maria. Sie lehnte an einem Felsen, hatte die gefalteten Hände zwischen die Knie gepreßt und zitterte heftig, obwohl das direkte Sonnenlicht sie inzwischen alle mit einem goldenen Schein überzog.

Sie hörte auch dann nicht auf zu zittern, als Maggie sie in einen Steppmantel gehüllt und mehrere Minuten in die Arme genommen hatte.

»St ... St ... Sturm h ... h ... hat das Z ... Z ... Zelt in Stücke gerissen«, brachte sie zwischen zusammengebissenen und klappernden Zähnen heraus. »Alles ist n ... n ... naß ge ... ge ... geworden.«

»Schon gut«, sagte Maggie.

»M ... muß d ... den B ... B ... Berg hinauf.«

»Heute nicht, junge Dame«, sagte Gavin. Er rieb dem Mädchen die Hände. Baedecker bemerkte, daß die Lippen des Mädchens grau waren, ihre Finger an den Spitzen weiß. »Unterkühlung«, sagte Gavin. »Sie gehen so schnell wie möglich wieder bergab.«

»Sagen Sie L ... L ... Lude, es tut mir l ... l ... leid«, sagte sie und fing an zu weinen. Ihr Schluchzen wurde von Anfällen von Schüttelfrost begleitet.

»Ich gehe mit Ihnen nach unten«, sagte Maggie. »Unten haben wir heißen Kaffee und Suppe.« Die beiden Frauen standen auf, die kleinere schlotterte immer noch unbeherrscht.

»Ich komme mit nach unten«, sagte Baedecker.

»Nein!« Maggies Stimme klang fest. Baedecker sah sie überrascht an. »Ich glaube, du solltest weiter gehen.« Ihre Augen sandten Baedecker eine Botschaft, aber er war nicht sicher, was für eine.

»Sicher?« fragte er.

»Sicher«, sagte sie. »Du mußt, Richard.«

Baedecker nickte und drehte sich um, um Gavin zu folgen, als Maria rief: »Halt!« Immer noch zitternd kramte sie in ihrem Rucksack und holte ein rechteckiges Plastikkästchen heraus. Sie gab es Baedecker. »Lude hat ver ... vergessen, daß ich das bei mir habe. Er br ... braucht es.«

»Nein«, sagte Gavin. »Das bringen wir ihm nicht.«

Maria sah sie verständnislos an. »Aber d ... d ... das müssen Sie«, sagte sie. »Er br ... braucht es. Er hat es gestern vergessen.«

»Nein«, sagte Gavin.

»Wir bringen es ihm«, sagte Baedecker und verstaute das Kästchen in der Tasche seiner Fliegerjacke. Er zuckte mit keiner Wimper, als Gavin zu ihm herumfuhr. »Es ist Insulin«, sagte Baedecker. Er drückte Maggie noch einmal die Hand und ging vor Gavin den schmalen Pfad hinauf.

Lude hatte es bis fünfzehnhundert Meter vor den Gipfel geschafft, dann war er zusammengebrochen. Sie fanden ihn unter dem schweren Rucksack, die langen, in Segeltuch gewickelten Stangen trug er noch auf der Schulter. Seine braunen Augen standen offen, aber das Gesicht war aschfahl, und er atmete kurz und abgehackt.

Baedecker und Gavin halfen ihm unter dem zerlegten Hanggleiter hervor, dann setzten die drei sich auf einen großen Stein neben einem sechshundert Meter tiefen Abgrund zur Hochwiese unten. Der Schatten des Uncompahgre reichte inzwischen weiter als eine Meile und berührte die steile Flanke des ›Matterhorns‹. Hohe Gipfel und schneebedeckte Plateaus waren sichtbar, soweit das Auge reichte. Baedecker sah den Hang hinab und konnte Maggies rotes Hemd erkennen. Die beiden Frauen schritten langsam, aber jede für sich, den Südgrat hinab.

»Danke, Mann«, sagte Lude, und gab Gavin die Feldflasche zurück. »Das habe ich gebraucht. Gestern nacht vor dem Sturm ist uns das Wasser ausgegangen.«

Baedecker gab ihm das Kästchen mit der Spritze.

Der kleine Mann schüttelte den Kopf und strich sich mit einer zitternden Hand durch den Bart. »He, ja, danke«, sagte er leise. »Dumm. Habe vergessen, daß Maria das bei sich hatte. Und das bei dem ganzen Mist, den ich gestern gegessen habe.«

Baedecker wandte sich ab, während die Spritze gesetzt

wurde. Gavin sah auf die Uhr und sagte: »Acht Uhr dreiundvierzig. Könnte ich nicht alleine weiter? Du kannst unserem Freund runterhelfen, Dick, und ich stoße dann zu euch.«

Baedecker zögerte, aber Lude lachte lauthals. Er packte das Spritzbesteck weg. »Auf gar keinen Fall, Mann. Ich hab' nicht fünfzehn Meilen hinter mich gebracht, um meine Sachen wieder einzupacken und einen Rückzieher zu machen. Nn-nnn.« Er rappelte sich auf und versuchte, das lange Bündel zu tragen. Er konnte es fünf Schritte den steilen Weg entlangziehen, dann sank er auf die Knie.

»Hier«, sagte Baedecker, löste die segeltuchverpackten Stangen vom Rucksack und half Lude auf die Füße. »Sie behalten den Rucksack. Ich nehme das hier.« Baedecker ging bergauf und stellte überrascht fest, wie leicht die langen Stangen waren. Tom Gavin stieß einen Stoßseufzer aus und ging voraus.

Der Hang wurde steiler, der Weg schmaler, das Gefühl des Ausgeliefertseins dicht unterhalb des Gipfels dramatischer, aber es war die Höhe, die Baedecker auf den letzten hundert Metern fast fertigmachte. Seine Lungen konnten nicht genügend Luft einatmen. Das Läuten in seinen Ohren hörte nicht auf. Baedecker spürte, wie sein Blick im dröhnenden Rhythmus seines Pulses verschwamm. Am Ende vergaß er alles außer der Aufgabe, einen Fuß weiter bergauf zu setzen als den anderen und dann das Gewicht gegen die schreckliche Schwerkraft zu verlagern, die ihn auf die felsige Bergflanke zu pressen drohte. Er gelangte auf ein breiteres flaches Stück und wäre beinahe über die steile Nordseite hinunter gestolpert, bevor ihm klar wurde, daß sie auf dem Gipfel angelangt waren. Er plumpste zu Boden und ließ die Stangen fallen, als Lude sich gerade neben ihm niedersinken ließ.

Gavin setzte sich auf einen großen Stein in der Nähe. Er zog ein Bein an und rauchte eine Pfeife. Der Geruch des Tabaks hing beißend und klar in der kalten Luft. »Wir sollten hier oben nicht zuviel Zeit verbringen, Dick«, sagte er. »Wir müssen packen und zum Henson Creek.«

Baedecker sagte nichts; er beobachtete Lude. Der kleine Mann war immer noch blaß, seine großen Hände zitterten, aber nun kroch er zu der langen Tragetasche und zog die Aluminiumstangen heraus. Er breitete ein quadratisches rotes Nylontuch aus, holte ein Werkzeugset aus dem Rucksack und legte die Teile zurecht.

»Kabel«, sagte Lude. »Edelstahl. Geschweißt.«

Baedecker ging zu ihm und sah zu, wie er weitere Verpackungen zutage förderte.

»Schultergurt«, sagte Lude. »Kniehänger mit Velcro befestigt. Mit diesem Karabinerhaken anbringen.«

Baedecker berührte den Metallring, spürte die Wärme der Sonne auf der Oberfläche, spürte den kälteren Stahl darunter.

»Schrauben und Bolzen«, sagte Lude und legte Tütchen und Einzelteile gemäß einem vorgegebenen Plan auf den roten Stoff. Seine Stimme hatte den Tonfall einer Litanei angenommen. »Kabelspanner. Sättel, Bürsten, Griffzapfen, Nutabdeckungen.« Er holte größere Teile heraus. »Tragflächengestänge, Bugplatten, Klammern, Querstrebe, Steuergestänge.« Er tätschelte das zusammengelegte Dacron. »Segel.«

»Wir sollten zurück«, sagte Gavin.

»Nur noch einen Moment«, sagte Baedecker.

Lude hatte die langen Aluminiumröhren an ihrem Apex miteinander verbunden und klappte sie in einem Winkel von hundert Grad aus. Orangeweißer Dacron-Stoff entfaltete sich wie Schmetterlingsflügel in der Sonne. Er brauchte nur wenige Minuten, bis er eine vertikale Stange und ein Kreuz festgeschraubt hatte. Danach befaßte er sich mit den Kabeln, die die Einzelteile miteinander verbanden. »Helfen Sie mir, Mann, ja?« Er sagte es zu Baedecker.

Baedecker nahm die Werkzeuge und folgte den Anweisungen des jungen Mannes, sicherte Bolzen, befestigte Flugdrähte am Lenkgestänge, drehte Schrauben fest. Lude blies Taschen unter der Leitkante der Tragflächen auf, und da bemerkte Baedecker zum ersten Mal, daß sich der Radsturz dort justieren ließ. Da er dreißig Jahre lang geflogen war, konnte er die elegante Einfachheit des Rogallo bewundern: es war, als wäre die Essenz bemannten Fluges in diese wenigen Meter Stahl, Aluminium und Dacron destilliert worden. Als sie fertig waren, überprüfte Lude sämtliche Verbindungen und Justierungen Baedeckers, und dann stand der Hanggleiter da wie ein buntes, zu groß geratenes Insekt, das bereit war, ins All zu springen. Baedecker stellte erschrokken fest, wie groß der Gleiter war, drei Meter sechzig von Bugplatte bis Kiel, acht Meter Flügelspannweite.

Gavin klopfte die Pfeife auf dem Stein aus. »Wo ist Ihr Helm?«

»Maria hat den Helm«, sagte Lude. Er sah Gavin an, dann Baedecker. Plötzlich lachte er. »He, Mann, Sie verstehen nicht. Ich fliege nicht. Ich baue sie nur zusammen, modifiziere sie und zeige, wie. Maria wird ihn fliegen.«

Nun war Gavin derjenige, der lachte. »Heute nicht«, sagte er. »Sie ist mit runter zu unserem Lager gegangen. Sie ist kaum in der Verfassung zu gehen, geschweige denn zu fliegen.«

»Quatsch, Mann«, sagte Lude, »sie folgt dicht hinter mir.«

Baedecker schüttelte den Kopf. »Unterkühlung«, sagte er. »Maggie hat sie mit nach unten genommen.«

Lude sprang auf und lief zur südwestlichen Ecke des Gipfels. Als er die beiden Gestalten erblickte, die neunhundert Meter tiefer gerade den Grat verließen, hielt er sich mit beiden Händen den Kopf. »Verdammt, das kann ich nicht glauben.« Er setzte sich niedergeschlagen, und das lange Haar fiel ihm ins Gesicht. Dann gab er Geräusche von sich, die Baedecker zuerst als Schluchzen interpretierte; dann stellte er fest, daß der Mann lachte. »Fünfzehn beschissene Meilen mit diesem Ding auf dem Rücken«, sagte er. »Bis hier rauf, und jetzt ist es vorbei.«

»Macht Ihre Filmpläne zunichte«, sagte Gavin.

»Scheiß auf den Film«, sagte Lude. »Es vermasselt die Feier.«

»Feier?« sagte Gavin. »Was für eine Feier?«

»Kommen Sie hierher«, sagte Lude, stand auf und drehte sich nach Westen. Er führte Gavin und Baedecker an den Rand des Hangs. »Die Feier von *dem allem* hier«, sagte Lude und beschrieb mit dem rechten Arm einen Bogen, der Gipfel, Hochebene und Himmel einschloß.

Gavin nickte. »Gottes Schöpfung ist wunderbar«, stimmte er zu. »Aber es ist keine närrische Tat nötig, um den Schöpfer oder sein Werk zu ehren.«

Lude sah Gavin an und schüttelte langsam den Kopf. »Nein, Mann, Sie kapieren nicht«, sagte er. »Das ist nicht das *Ding* von irgend jemand. Es *ist* einfach. Und wir sind ein Teil davon. Das verdient eine Feier, klar?«

Nun schüttelte Gavin mitleidig den Kopf, wie gegenüber einem Kind. »Felsen und Luft und Schnee«, sagte er. »Für sich allein bedeutet das nichts.«

Lude betrachtete den Ex-Astronauten eine ganze Weile, während Gavin den Rucksack schulterte. Schließlich lächelte er. Sein langes Haar wehte in der leichten Brise. »Ihr Denken ist echt total versaut, Mann, wissen Sie das?«

»Komm mit, Dick«, sagte Gavin und wandte dem anderen den Rücken zu. »Gehen wir runter.«

Baedecker ging zu dem Rogallo-Gleiter zurück, kroch unter die Leitkante und hob die Gurte. »Helfen Sie mir«, sagte er.

Lude lief zu ihm. »Sind Sie sicher, Mann?«

»Helfen Sie mir«, sagte Baedecker. Ludes große Hände schlossen bereits Schnallen, zurrten Nylonseile fest und sicherten Taillen- und Schultergurte. Schrittgurt und D-Ringe erinnerten Baedecker an die vielen Fallschirme, die er im Lauf der Jahre getragen hatte.

»Das kann nicht dein Ernst sein«, sagte Gavin.

Baedecker zuckte die Achseln. Lude zog die Beingurte aus Velcro fest und zeigte ihm, wie er das Gewicht verlagern mußte, damit er bäuchlings in Flughaltung kam. Baedecker stand auf und nahm das Gewicht des Gleiters am Apex des Metalldreiecks auf die Schultern, während Lude den Kiel parallel zum Boden hielt.

»Du hast den Verstand verloren«, sagte Gavin. »Laß den Unsinn, Dick. Du hast nicht einmal einen Helm. Wir müssen einen Rettungstrupp der Bergwacht kommen lassen, um deinen Körper von der Felswand abzukratzen.«

Baedecker nickte. Der Wind wehte sanft mit nicht einmal zehn Stundenmeilen von Westen. Er machte zwei Schritte auf den Abgrund zu. Der Drachen wippte leicht und ließ sich auf seinen Schultern nieder. Er konnte das Spiel von Wind und Schwerkraft in den straffen Tauen und dem gebauschten Dacron spüren.

»Das ist lächerlich, Dick. Du benimmst dich wie ein Halbstarker.«

»Halten Sie die Nase oben, Mann«, sagte Lude. »Verlagern Sie das Körpergewicht in die Schräge.«

Baedecker näherte sich dem Abgrund bis auf acht Schritte. Es gab keinen Hang. Die Felswand fiel lotrecht dreißig Meter oder mehr bis zu zerklüfteten Terrassen ab, dann weiter senkrecht nach unten. Baedecker konnte Maggies rotes Hemd eine Meile weiter unten sehen, ein kleiner Farbtupfer im Braun und Weiß der felsübersäten Tundra.

»Dick!« sagte Gavin. Es war ein schneidender Befehl.

»Fangen Sie keine drei-sechziger an bevor Sie nicht mindestens dreihundert Meter Luft unter sich haben«, sagte Lude. »Und weg von dem Berg, Mann.«

»Du bist ein verdammter Narr«, sagte Gavin tonlos. Es war eine endgültige Meinung. Ein Urteil.

Baedecker schüttelte den Kopf. »Ein Feiernder«, sagte er, lief fünf Schritte und sprang.

Vierter Teil

Lonerock

Die Beerdigung findet am Neujahrstag statt, die Wolken hängen tief, und die kurze Fahrzeugprozession hat die viereinhalbstündige Fahrt von Salem, Oregon, in verschiedenen kurzen Schneeschauern zurückgelegt. Obwohl es immer noch Morgen ist, scheint das Licht müde und resigniert zu sein, absorbiert von Bäumen und Steinen und dem Holz der Farmhäuser, bis nur noch die grauen Umrisse der Wirklichkeit verbleiben. Es ist sehr kalt. Die weißen Abgase des wartenden Leichenwagens wehen über die sechs Männer dahin, die sich bemühen, den Sarg aus dem Wagen zu heben und über eine knirschende Fläche gefrorenen Grases zu tragen.

Baedecker spürt die Kälte des Bronzegriffs durch den Handschuh und wundert sich, wie leicht der Leichnam seines Freundes zu sein scheint. Mit Hilfe der anderen fünf Männer ist es überhaupt kein Problem, den massiven Sarg zu tragen. Baedecker muß an ein Kinderspiel denken, bei dem eine Gruppe einen bäuchlings liegenden Freiwilligen schweben läßt, wobei jede Person nur einen einzigen Finger unter den nervös verkrampften, wartenden Leib schiebt. Jedesmal wurde das liegende Kind, von einem kichernden Chor begleitet, hoch über den Boden gehoben. Für Baedekker hatte es als Jungen stets einen leichten Anfall von Angst mit sich gebracht, jemanden auf diese Weise hochzuheben, als würde man der Schwerkraft trotzen, als würden Gesetze übertreten, die man nicht übertreten durfte. Aber am Ende wurde das zappelnde, kichernde Kind stets heruntergelassen, behutsam oder abrupt, und das Gewicht stellte sich wieder ein; letztlich gehorchte man der Schwerkraft doch.

Baedecker zählt achtundzwanzig Trauergäste am Grab. Er weiß, es hätten viel mehr sein können. Man hatte davon gesprochen, daß der Vizepräsident erscheinen würde, aber dem Angebot haftete angesichts des Wahljahrs ein unangenehmer Beigeschmack an, daher hatte Diane dem rasch ein Ende bereitet. Baedecker schaut nach links und sieht den Turm der Methodistenkirche von Lonerock zwei Meilen tiefer im Tal. Das trübe Licht wabert mit jeder vorbeiziehenden Wolkenschicht, und Baedecker ist fasziniert vom Eindruck wechselnder Substanz an dem fernen Turm. Vor der Beerdigung heute morgen war die Kirche jahrelang geschlossen gewesen, und als Baedecker vor der Ankunft der anderen Trauergäste Anfeuerholz in den Metallofen geworfen hatte, war ihm das Datum der alten Zeitung aufgefallen: 21. Oktober 1971. Da hatte Baedecker einen Moment innegehalten und sich überlegt, wo er und Dave am 21. Oktober dieses Jahres gewesen sein konnten. Keine drei Monate vor dem Flug. Wahrscheinlich in Houston oder am Cape. Baedecker kann sich nicht erinnern.

Die Trauerfeier am Grab ist kurz und einfach. Oberst Terrence Paul, Kaplan der Luftwaffe und alter Freund, spricht ein paar Sätze. Baedecker spricht einen Moment und erinnert an seinen Freund, wie er auf dem Mond spazierenging, schwebend, in Licht gehüllt. Ein Telegramm von Tom Gavin wird laut vorgelesen. Andere sprechen. Schließlich schildert Diane leise die Liebe, die ihr Mann für das Fliegen und für seine Familie empfand. Ihre Stimme bricht ein- oder zweimal, aber sie fängt sich wieder und spricht zu Ende.

In der nachfolgenden Stille kann Baedecker fast hören, wie die Schneeflocken auf Mäntel und Gras und Sarg fallen. Plötzlich ertönt ein Lärm, der den gesamten Hügel erschüttert, die Gruppe schaut auf und erblickt vier T-38 in dichter Formation, die im Tiefflug von Westen kommen, nicht höher als hundertfünfzig Meter, damit sie unter den Wolken bleiben können. Als die Formation mit einem Brüllen über sie hinweg fliegt, das in Knochen, Zähnen und Schädel widerhallt, schert der Düsenjäger in der äußeren Position plötzlich aus, steigt fast senkrecht in die Höhe und wird von der grauen Wolkendecke verschluckt. Die drei anderen T-38 verschwinden im Südosten, das Donnern ihrer Nachbrenner verhallt zu einem leisen Stöhnen, dann zu Stille.

Der Anblick der Formation ›Mann vermißt‹ hat Baedecker wie immer zu Tränen gerührt. Er blinzelt in der kalten Luft. General Layton, ebenfalls ein Freund der Familie, nickt der Ehrenwache der Luftwaffe zu, worauf die amerikanische Flagge vom Sarg genommen und zeremoniell zusammengelegt wird. General Layton reicht Diane die zusammengelegte Flagge. Sie nimmt sie ohne Tränen entgegen.

Kleine Gruppen und Einzelpersonen sprechen murmelnd zur Witwe, dann verweilen die Leute einen Moment, bevor sie langsam zu den wartenden Automobilen außerhalb des Zauns gehen.

Baedecker bleibt ein paar Minuten zurück. Kalte Luft brennt ihm in den Lungen. Jenseits des Tales sieht er die braunen Hügel mit Flecken grauen Schnees. Die Landstraße verläuft wie eine Narbe über das Antlitz der Klippe. Weiter westlich ragt ein Steinkamm aus den Hügeln mit ihren Pinienwäldern empor, und Baedecker muß an die Panzerplatten eines Stegosaurus denken. Er sieht zu dem kleinen Schuppen am entgegengesetzten Ende des Friedhofs und sieht den gelben Bagger, der dort halb verborgen steht. Zwei Männer in dicken grauen Overalls und blauen Schirmmützen rauchen und beobachten. *Sie warten darauf, daß ich gehe,* denkt Baedecker. Er betrachtet die Oberfläche des grauen Sargs über dem Loch, das in den gefrorenen Boden gegraben wurde, dann dreht er sich um und geht zu den Autos.

Diane wartet an der offenen Tür ihres weißen Jeep Cherokee, sie winkt Baedecker zu sich, nachdem die letzten Trauernden zu ihren eigenen Autos gegangen sind. »Richard, würdest du mit mir nach unten fahren?«

»Selbstverständlich«, sagt Baedecker. »Soll ich fahren?«

»Nein, ich fahre.« Ihr Auto ist das letzte, das sich entfernt. Baedecker sieht Diane an, als sie die schmale Schotterstraße hinunterfahren; sie schaut nicht zum Friedhof zurück. Ihre bloßen Hände halten das Lenkrad weiß und fest. Es schneit heftiger, als sie die Serpentinen hinter sich lassen, daher schaltet sie die Scheibenwischer ein. Das Metronomticken der Wischblätter und das Schnurren der Heizung sind ein paar Minuten lang die einzigen Geräusche.

»Richard, findest du, daß alles gutgegangen ist?« Diane knöpft den Mantel auf und dreht die Heizung kleiner. Ihr Kleid ist tief dunkelblau; sie hat in den drei Tagen vor der Beerdigung kein schwarzes Umstandskleid finden können.

»Ja«, sagt Baedecker.

Diane nickt. »Ich auch.«

Sie holpern über eine Viehsperre. Bremslichter leuchten auf, als das Auto vor ihnen langsamer macht, um einem großen Stein auszuweichen, der aus dem ausgefahrenen Weg ragt. Sie durchqueren die Wiese eines Farmers und biegen nach rechts auf eine Schotterstraße ab, die zum Tal führt.

»Wirst du heute abend bei uns in Salem bleiben?« fragt Diane. »Wir nehmen hier im Haus eine warme Mahlzeit ein und fahren dann zurück.«

»Natürlich«, sagt Baedecker. »Ich habe Bob Munsen gesagt, daß ich mich heute nachmittag mit ihm an der Absturzstelle treffen würde, aber ich kann bis sieben zurück sein.«

»Tucker wird heute abend hier sein«, sagt sie rasch, als müßte sie ihn überzeugen. »Und Katie. Es wäre schön, wenn wir vier ein letztes Mal zusammen sein könnten.«

»Es muß nicht das letzte Mal sein, Di«, sagt Baedecker.

Sie nickt, sagt aber nichts. Baedecker betrachtet ihr Gesicht, sieht die Sommersprossen auf der blassen Haut und muß an eine Porzellanpuppe aus Deutschland denken, die seine Mutter auf ihrer Kommode sitzen hatte. Er hatte sie eines Tages zerbrochen, als er mit Boots, ihrem zu groß geratenen Spaniel, durch das Haus getobt war. Sein Vater hatte sie zwar sorgfältig wieder zusammengeleimt, aber von dem Zeitpunkt an waren Baedecker stets die winzigen, haarfeinen Risse auf den weißen Wangen und der Stirn der zerbrechlichen Figur aufgefallen. Nun studiert Baedecker Dianes Stirn, als suche er dort nach neuen Rissen.

Draußen schneit es heftiger.

Baedecker traf Anfang Oktober in Salem ein. Er sprang vom Zug, stellte das Gepäck ab und sah sich um. Der kleine Bahnhof lag fünfzig Meter entfernt. Er war kaum größer als ein kleiner Picknickpavillion und sah aus, als wäre er in den zwanziger Jahren erbaut und kurz danach wieder aufgegeben worden. Moosklumpen wuchsen auf den Dachziegeln.

»Richard!«

Baedecker sah an einer Familie vorbei, die sich umarmte, und konnte die hochgewachsene Gestalt von Dave Muldorff beim Bahnhof erkennen. Baedecker winkte, hob seine alte Militär-Fliegertasche auf und ging langsam in Daves Richtung.

»Verdammt, es ist schön, dich zu sehen«, sagte Dave. Seine Hand war groß, der Handschlag fest.

»Es ist schön, *dich* zu sehen«, sagte Baedecker und stellte von einer plötzlichen Gefühlsaufwallung begleitet fest, daß er sich *wirklich* freute, seinen alten Mannschaftskameraden zu sehen. »Wie lange ist es her, Dave? Zwei Jahre?«

»Fast drei«, sagte Dave. »Bei dieser Luft- und Raumfahrtmuseumsgeschichte, zu der Mike Collins eingeladen hatte. Was hast du mit deinem Bein angestellt?«

Baedecker lächelte leutselig und klopfte sich mit dem Spazierstock, den er als Krücke benützte, an den rechten Fuß.

»Nur ein verstauchter Knöchel«, sagte er. »Ich habe ihn mir übertreten, als ich mit Tom Gavin in den Bergen war.«

Dave nahm Baedeckers Fliegertasche, dann gingen die beiden langsam zum Parkplatz. »Wie geht es Tom?«

»Prima«, sagte Baedecker. »Ihm und Deedee geht es ausgezeichnet.«

»Er ist neuerdings im Erlösungsgeschäft, oder nicht?«

Baedecker sah seinen ehemaligen Mannschaftskameraden an. Gavin und Muldorff hatten sich nie leiden können. Baedecker war neugierig, wie Dave heute, fast siebzehn Jahre nach dem Unternehmen, empfinden mochte.

»Er leitet eine religiöse Organisation namens Apogee«, sagte Baedecker. »Ziemlich erfolgreich.«

»Gut«, sagte Dave, dessen Stimme aufrichtig klang. Sie hatten einen neuen weißen Jeep Cherokee erreicht, Dave warf Baedeckers Fliegertasche und Reisetasche zur Hecktür hinein. »Freut mich zu hören, daß es Tom gutgeht.«

Der Jeep roch nach neuen Polstern, die von der Sonne erwärmt worden waren. Baedecker kurbelte das Fenster herunter. Der Oktobertag war warm und wolkenlos. Vertrocknete Blätter raschelten an einer alten Eiche unmittelbar hinter dem Parkplatz. Der Himmel hatte eine herzzerreißend klare blaue Farbe. »Ich dachte, hier in Oregon würde es immer regnen«, sagte Baedecker.

»Tut es normalerweise auch.« Dave lenkte den Jeep in den Verkehrsstrom. »An drei oder vier Tagen im Jahr kommt die Sonne heraus und gibt uns eine Chance, die Pilze zwischen unseren Zehen abzukratzen. Polizei, Fernsehsender und der hiesige Luftwaffenstützpunkt hassen Tage wie diesen.«

»Warum?« fragte Baedecker.

»Jedesmal, wenn die Sonne herauskommt, bekommen sie drei- bis vierhundert Anrufe, die ein großes, orangerotes UFO am Himmel melden.«

»O-ooh.«

»Ich verscheißere dich nicht. Im ganzen Bundesstaat sausen die Vampire zu ihren Särgen. Dies ist der einzige Staat der Union, wo sie ihrem Geschäft bei Tag nachgehen können, ohne Sonnenlicht abzubekommen. Solche sonnigen Tage sind ein großer Schock für unsere Nosferatupopulation.«

Baedecker lehnte den Kopf an die Sitzlehne und machte die Augen zu. Es würde ein langer Besuch werden.

»He, Richard, sieht man mir an, daß ich kürzlich oralen Sex mit einem Huhn hatte?«

Baedecker öffnete ein Auge. Sein alter Mannschaftskamerad glich immer noch einer schlaksigen, runzeligen Version von James Garner. Jetzt wies das Gesicht noch mehr Falten auf, die Wangenknochen zeichneten sich deutlicher unter der Haut ab, aber in dem lockigen schwarzen Haar war keine Spur grau zu erkennen. »Nein«, sagte Baedecker.

»Gut«, sagte Dave in erleichtertem Tonfall. Plötzlich hustete er zweimal in die Hand. Gelbe Kleenfetzen flatterten in die Luft wie Federn.

Baedecker machte das Auge wieder zu.

»Es ist wirklich schön, dich hier zu haben, Richard«, sagte Dave Muldorff.

Baedecker lächelte ohne die Augen aufzuschlagen. »Es ist schön, hier zu sein, Dave.«

Baedecker hatte in Denver sein Auto verkauft und war mit Maggie Brown mit dem Zug nach Westen gefahren. Er wußte nicht, ob das eine kluge Entscheidung war – er vermutete das Gegenteil –, aber dieses Mal hatte er einfach versucht, eine Handlung ohne Analyse auszuführen.

Der ›California Zephyr‹ von Amtrak verließ Denver um neun Uhr, er und Maggie frühstückten im Speisewagen, während der Zug unter der Kontinentalscheide durch den ersten von fünfundfünfzig Tunneln fuhr, die sie in Colorado erwarteten. Baedecker betrachtete Pappteller, Papierservietten und das Tischtuch aus Papier. »Als ich das letzte Mal mit dem Zug durch Amerika gefahren bin, gab es noch echtes Leinen auf den Tischen, und das Essen wurde nicht in der Mikrowelle warm gemacht«, sagte er zu Maggie.

Maggie lächelte. »Wann war das Richard, während des Zweiten Weltkriegs?« Sie meinte es als Witz – als nicht so subtile Anspielung darauf, daß er ständig den Altersunterschied zwischen ihnen erwähnte –, aber Baedecker blinzelte betroffen, als ihm klar wurde, daß es *tatsächlich* während des Krieges gewesen war. Seine Mutter war mit ihm und seiner Schwester Anne von Peoria nach Chicago gefahren, um die Ferien über Verwandte zu besuchen. Baedecker erinnerte sich an die Sitze, die rückwärts standen, den gedämpften Tonfall der Schaffner und Kellner im Speisewagen und den seltsamen Kitzel, den er empfand, als er durch das Fenster Straßenlaternen und orangefarben erleuchtete Fenster in der Nacht betrachtete. Chicago hatte aus Lichterkonstellationen und reihenweise Apartmentfenstern bestanden, die in der Nacht vorbeihuschten, während der Zug auf hoch gelegenen Schienen durch die Southside fuhr. Obwohl er in Chicago geboren worden war, hatte der Anblick den zehnjährigen

Richard Baedecker desorientiert, ihm ein nicht unangenehmes Gefühl verschafft, als hätte er das Zentrum der Dinge verloren. Achtundzwanzig Jahre nach der Reise nach Chicago sollte er dasselbe Gefühl der *Zentrumslosigkeit* verspüren, als die *Apollo*-Kapsel die Funkverbindung mit der Erde verlor und die rauhe Mondoberfläche die ganze Sicht ausfüllte. Baedecker erinnerte sich, wie er am kleinen Bullauge des Kommandomoduls lehnte und mit der Hand Beschlag wegwischte, so wie viereinhalb Jahrzehnte früher, als der Zug mit seiner Mutter, seiner Schwester und ihm an Bord in den Bahnhof Union Station eingefahren war.

»Sind Sie fertig?« Die Stimme des Amtrak-Kellners grenzte ans Unverschämte.

»Fertig«, sagte Maggie und trank den letzten Schluck Kaffee.

»Gut«, sagte der Kellner. Er legte das rote Tischtuch von gegenüberliegenden Ecken zusammen, raffte Pappteller, Plastikbesteck und Plastikbecher damit zusammen und warf das ganze Bündel in einen Abfalleimer.

»Fortschritt«, sagte Baedecker, als sie durch den schwankenden Gang zurückgingen.

»Was?« fragte Maggie.

»Nichts«, sagte Baedecker.

Später in der Nacht, als Maggie an seiner Schulter schlief, sah Baedecker zum Fenster hinaus, während sie in einer entlegenen Ecke des Rangierbahnhofs von Salt Lake City die Lokomotiven wechselten. Unter einer stillgelegten Überführung, die von hohem Unkraut umgeben war, das die Herbstkälte spröde machte, saßen Hobos um ein Feuer herum. *Werden sie immer noch Hobos genannt?* fragte sich Baedecker.

Am Morgen erwachten er und Maggie kurz vor der Dämmerung, als das erste falsche Licht auf die rosa Felsen des Wüstencanyons fiel, durch den der Zug raste. Baedecker wußte gleich beim Aufwachen, daß die Reise nicht gut verlaufen würde, daß das, was er und Maggie in Indien geteilt und in den Bergen von Colorado wiederentdeckt hatten, die Realität der nächsten paar Tage nicht überstehen würde.

Keiner sagte etwas, während die Sonne aufging. Der Zug brauste weiter nach Westen, Felsen und Prärien flogen vorbei, der Morgen war in eine vergängliche und zerbrechliche Stille gehüllt.

Dave und Diane Muldorff wohnten in einem vornehmen Vorort der Southside von Salem. Von ihrer Veranda aus hatte man Aussicht auf einen bewaldeten Bach, und Baedecker lauschte dem Wasser, das über unsichtbare Steine plätscherte, während er sein Steak mit Bratkartoffeln aß.

»Morgen nehmen wir dich mit nach Lonerock«, sagte Dave.

»Hört sich toll an«, sagte Baedecker. »Ich freue mich schon darauf, es zu sehen, nachdem ich jahrelang soviel davon gehört habe.«

»*Dave* nimmt dich mit dorthin«, sagte Diane. »Ich habe morgen abend einen Empfang im Kinderheim und eine Spendensammlung am Sonntag. Wir sehen uns am Montag.«

Baedecker nickte und sah Diane Muldorff an. Sie war vierunddreißig, vierzehn Jahre jünger als ihr Mann. Mit ihrer zerzausten Mähne schwarzen Haars, den erstaunlich blauen Augen, der Stupsnase und den Sommersprossen erinnerte sie Baedecker an alle ›Mädchen von nebenan‹, die er je kennengelernt hatte. Und doch besaß Diane eine starke erwachsene Ader, eine leise aber feste Reife, die im sechsten Monat ihrer Schwangerschaft noch betont wurde. An diesem Abend trug sie Jeans und ein verblichenes blaues Oxford-Hemd, dessen Zipfel heraushingen. »Du siehst gut aus, Di«, sagte Baedecker impulsiv. »Die Schwangerschaft steht dir gut.«

»Danke, Richard. Du siehst auch gut aus. Du hast seit der Party in Washington etwas abgenommen.«

Baedecker lachte. Damals war er am schwersten gewesen, sechsunddreißig Pfund über seinem Fliegergewicht. Jetzt lag er immer noch einundzwanzig Pfund über diesem Gewicht.

»Joggst du immer noch?« fragte Dave. Muldorff war der einzige der zweiten Astronautengeneration, der nicht regelmäßig lief. Das war Anlaß zu mancherlei Tadel gewesen. Jetzt, zehn Jahre, nachdem er das Programm verlassen hatte, sah er schlanker als damals aus. Baedecker fragte sich, ob Daves Krankheit der Grund dafür war.

»Ich laufe ein wenig«, sagte Baedecker. »Hab' erst vor ein paar Monaten wieder angefangen, nachdem ich von Indien zurückgekommen bin.«

Diane trug einige Flaschen eiskaltes Bier zum Tisch und stellte sie ab. Das letzte Abendlicht fiel auf ihre Wangen. »Wie war Indien?« fragte sie.

»Interessant«, sagte Baedecker. »Zuviel zu sehen in der kurzen Zeit.«

»Und hast du Scott dort getroffen?« fragte Dave.

»Ja«, antwortete Richard. »Kurz.«

»Scott fehlt mir«, sagte Dave. »Erinnerst du dich an unsere Angelausflüge bei Galvestone Anfang der siebziger Jahre?«

Baedecker nickte. Er erinnerte sich an die endlosen Nachmittage im strahlenden Sonnenschein und die trägen, warmen Abende. Er und sein Sohn kamen beide mit Sonnenbrand nach Hause. »Die Rothäute kommen!« hatte Joan in gespielter Verzweiflung gerufen. »Holt die Brandsalbe!«

»Hast du gewußt, daß dieser Wieheißternochgleich, Scotts heiliger Mann, endgültig in seinen Ashram nicht weit von Lonerock entfernt übersiedeln möchte?« fragte Diane.

Baedecker sah sie blinzelnd an. »Auf Dauer? Nein, das habe ich nicht gewußt.«

»Wie war der Ashram in Poona, wo Scott wohnt?« fragte Dave.

»Das kann ich nicht sagen«, meinte Baedecker. Er dachte an den Laden vor dem Hauptgebäude, wo man T-Shirts mit dem bärtigen Gesicht des Meisters darauf kaufen konnte. »Ich war nur zwei Tage in Poona und habe kaum etwas von dem Ashram gesehen.«

»Wird Scott in die Staaten zurück kehren, wenn die Gruppe hierher zieht?« fragte Diane.

Baedecker kostete das Bier. »Ich weiß nicht«, sagte er. »Vielleicht ist er schon hier. Ich fürchte, ich habe den Kontakt verloren.«

»He«, sagte Dave. »Möchtest du auf ein schnelles Spiel mit in das Billy Yard-Zimmer kommen?«

»Billy Yard-Zimmer?« sagte Baedecker.

»Was ist los mit dir, Richard?« sagte Dave, »hast du in den goldenen Zeiten der Glotze nie die *Beverly Hillbillies* angesehen?«

»Nein«, sagte Baedecker.

Dave sah Diane an und verdrehte die Augen. »Das ist das Problem mit diesem Burschen, Di. Er ist kulturell vollkommen unterernährt.«

Diane nickte. »Ich bin sicher, du wirst das kurieren, Dave.«

Muldorff schenkte Bier nach und trug beide Krüge zur offenen Verandatür. »Sein Glück, daß ich zwanzig Folgen der *Beverly Hillbillies* auf Video aufgenommen habe. Wir fangen damit an, sobald ich ihn in einem schnellen, aber teuren Billardspiel vernichtet habe. Komm mitt mirr, mon sewer Baedecker.«

»Oui«, sagte Baedecker. Er nahm etwas Geschirr und trug es Richtung Küche. »Einen Augenblick, por favor, mon ami.«

Baedecker parkt den Mietwagen und geht die zweihundert Meter zur Absturzstelle. Er hat schon viele solcher Stellen gesehen und rechnet nicht damit, daß diese Überraschungen bergen wird. Er irrt sich.

Als er die Kuppe des Grats erreicht, streicht eisiger Wind über ihn hinweg und im selben Augenblick sieht er Mount St. Helens deutlich. Der Vulkan ragt über das Tal und die Kammlinie auf wie ein großer, zertrümmerter Eisklumpen. Eine kleine Fahne Rauch oder Wolken hängt darüber. Zum ersten Mal stellt Baedecker fest, daß er auf Asche geht. Unter der dünnen Schneeschicht ist der Boden mehr grau als braun. Das Durcheinander der Fußspuren auf dem Boden erinnert ihn an den niedergetrampelten Bereich um die Mondlandefähre, als er und Dave am Ende des zweiten Tages von ihrer letzten Exkursion zurückkehrten.

Die Absturzstelle, der Vulkan und die Asche erinnern Baedecker an den unausweichlichen Triumph von Katastrophen und Entropie über Ordnung. Lange Streifen gelb-orangefarbenen Plastikbandes hängen an Felsen und Büschen und kennzeichnen Stellen, die die Ermittler interessant fanden. Zu Baedeckers Überraschung ist das Wrack des Flugzeugs noch nicht abtransportiert worden. Er bemerkt die beiden langen, verbrannten Areale, etwa dreißig Meter auseinander, wo die T-38 auf den Hügel aufgeschlagen und berstend abgeprallt war. Der größte Teil des Wracks befindet sich an einer Stelle, wo ein Band flacher Felsen wie neue Backenzähne aus der Hügelflanke emporsteigt. Schnee und Asche erstrecken sich in einem Muster, das Baedecker an die sekundären Krater in der Nähe der Mondlandestelle beim Mariusgebirge erinnert.

Nur undefinierbare und verbogene Trümmer des Flugzeugs sind übrig geblieben. Das Heck ist beinahe unversehrt; zwei Meter sauberes Metall, auf dem Baedecker die Seriennummer der Air National Guard lesen kann. Eine lange, rußgeschwärzte Masse identifiziert er als eine der beiden General Electric-Turbojets. Geschmolzene Plastikteile und verbogene Metalltrümmer liegen überall verstreut. Stränge weißer, isolierter Kabel sind wahllos um den Rumpf herum verstreut wie die zerrissenen Eingeweide eines geschlachteten Tiers. Baedecker sieht einen Teil der rußgeschwärzten Plexiglashaube, die noch mit einem Bruchstück des Rumpfs verbunden ist. Abgesehen von den bunten Bändern, die dort besonders häufig sind, deutet nichts darauf hin, daß der Leichnam eines Mannes in diese zerschmetterten Trümmer geschmolzener Legierungen eingebrannt wurde.

Baedecker machte zwei Schritte auf die Kuppel zu, tritt auf etwas, sieht nach unten und weicht entsetzlich zurück. »Mein Gott.« Er reißt eine Faust hoch, ein Reflex, noch während er feststellt, daß es sich bei dem Stück Knochen und verbranntem Fleisch und versengtem Haar unter dem Busch um einen Teil des Leichnams eines kleinen Tiers handeln muß, das unglücklicherweise vom Aufprall oder der Feuerwolke der Explosion erwischt wurde. Er duckt sich und sieht genauer hin. Das Tier mußte so groß wie ein zu groß geratenes Kaninchen gewesen sein, aber die unverbrannten Überreste des Fells sind seltsam dunkel. Er greift nach einem Stock und stößt den winzigen Kadaver an.

»He, niemand darf dieses Gebiet betreten!« Ein Washington State Trooper kommt schnaufend den Hügel herauf.

»Schon gut«, sagt Baedecker und zeigt seinen Ausweis vom Luftwaffenstützpunkt McChord. »Ich bin hier wegen der Untersuchung.«

Der Trooper nickt und bleibt wenige Meter von Baedecker entfernt stehen. Er hakt die Daumen in den Gürtel, während er nach Luft ringt. »Riesenschlamassel, was?«

Baedecker schaut zu den Wolken auf, als es gerade wieder anfängt zu schneien. Der Mount St. Helens ist nicht mehr zu sehen, er versteckt sich hinter Wolken. Es riecht nach verbranntem Gummi, obwohl Baedecker weiß, daß sich abgesehen von den Reifen kaum Gummi an Bord befunden hat.

»Gehören Sie zum Untersuchungsteam?« fragt der Trooper.

»Nein«, sagte Baedecker. »Ich kannte den Piloten.«

»Oh.« Der State Trooper tritt von einem Fuß auf den anderen und sieht wieder bergab zur Straße.

»Ich bin überrascht, daß sie das Wrack noch nicht abtransportiert haben«, sagt Baedecker. »Normalerweise versuchen sie immer, es so schnell wie möglich in einen Hangar zu schaffen.«

»Probleme mit dem Transport«, sagt der Trooper. »Oberst Fields und die Jungs von der Regierung sind heute nachmittag drüben in Camp Withycombe in Portland und versuchen, die Situation mit den Lastwagen zu klären. Und dann ist da das Problem mit der Zuständigkeit. Selbst das Forstamt ist eingeschaltet worden.«

Baedecker nickt. Er bückt sich wieder, um das tote Tier anzusehen, wird aber von einem Stück orangefarbenem Stoff abgelenkt, der von einem Zweig in der Nähe fällt. *Von einem Rückentournister*, denkt er. *Oder einem Fliegeranzug.*

»Ich war einer der ersten, die nach der Bruchlandung hier angekommen sind«, sagt der State Trooper. »Jamie und ich bekamen den Anruf, als wir gerade von Yale Richtung Westen fuhren. Der einzige Typ vor uns war dieser Geologe, der seine Blockhütte drüben am Goat Mountain hat.«

Baedecker richtet sich auf. »War das Feuer groß?«

»Als wir herkamen, nicht mehr. Der Regen muß es gelöscht haben. Hier oben gab es auch nicht viel zum Verbrennen. Außer dem Flugzeug natürlich.«

»Hat es vor dem Absturz stark geregnet?«

»Scheiße, ja. Wir konnten keine fünfzehn Meter weit sehen, als wir die Straße heraufgefahren kamen. Und ziemlich starker Wind. Wie ich mir immer einen Hurrikan vorgestellt habe. Haben Sie je einen Hurrikan gesehen?«

»Nein«, sagt Baedecker, aber dann fällt ihm der Hurrikan im Pazifik ein, den er Dave und Tom vor dem Zünden der Triebwerke auf der Mondrückseite aus einer Höhe von zweihundert Meilen gesehen hatte. »Es war also schon dunkel und hat stark geregnet?« fragt er.

»Ja.« Der Tonfall des Troopers verrät, daß er das Interesse verliert. »Sagen Sie mir eines. Der Mann von der Air Force – Oberst Fields – scheint der Meinung zu sein, daß Ihr Freund über dieses Gelände geflogen ist, weil er wußte, daß das Flugzeug runterkommen würde.«

Baedecker sieht den State Trooper an.

Der Mann räuspert sich und spuckt aus. Es hat aufgehört zu schneien, und der Boden, der noch sichtbar ist, kommt Baedecker im schwindenden Abendlicht noch grauer vor. »Wenn er wußte, daß das Ding Probleme haben würde«, sagt der Trooper, »warum ist er dann nicht einfach ausgestiegen, als er die Maschine hier über dem Niemandsland hatte? Warum hat er sie gegen den Berg gesteuert?«

Baedecker wendet den Kopf ab. Auf dem Highway unten

haben mehrere Militärfahrzeuge, zwei Sattelschlepper und ein kleiner Kran bei Baedeckers gemietetem Toyota angehalten. Ein geschlossener Jeep mit jemand in der blauen Uniform der Luftwaffe am Steuer kommt bergauf gefahren. Baedecker läßt den Trooper stehen und geht dem Jeep bergab entgegen.

»Ich weiß nicht«, sagt er zu sich selbst, aber die Worte sind so leise, daß sie im zunehmenden Wind und Motorenlärm des näher kommenden Fahrzeugs untergehen.

»Wie weit ist es bis Lonerock?« fragte Baedecker. Sie fuhren auf der Twelfth Street in Salem nordwärts. Es war schon drei Uhr nachmittags.

»Etwa fünf Stunden Fahrt«, sagte Dave. »Man muß auf der I-5 nach Norden bis Portland und dann die Schlucht entlang am Dalles vorbei. Dann sind es noch eineinhalb Stunden hinter Wasco und Condon.«

»Dann werden wir erst dort sein, wenn es dunkel ist«, sagte Baedecker.

»Nee.«

Baedecker legte die Karte wieder zusammen, mit der er sich abgeplagt hatte, und zog eine Braue hoch.

»Ich kenne eine Abkürzung«, sagte Dave.

»Durch die Cascades?«

»So könnte man sagen.«

Sie bogen von der Turner Road auf eine Straße, die zu einem kleinen Flugplatz führte. Mehrere Firmenjets parkten vor zwei großen Hangars. Jenseits des ausgedehnten Vorfelds standen eine Chinook, eine Cessna A-37 Dragonfly mit Kennung der Air National Guard und eine alte C-130. Dave parkte den Cherokee in der Nähe des Militärhangars, holte ihr Gepäck von hinten und warf Baedecker eine gesteppte Daunenjacke zu. »Zieh das an, Richard. Es ist kalt, wo wir hinwollen.«

Ein Sergeant und zwei Männer in Mechanikeroveralls kamen aus dem Hangar, als Dave näher kam. »Howdy, Oberst Muldorff. Alles vorbereitet und überprüft«, sagte der Sergeant.

»Danke, Chico. Das ist Oberst Dick Baedecker.«

Baedecker schüttelte dem Mann die Hand, dann schritten sie über den Asphalt zu der Stelle, wo die Mechaniker die Seitentür eines Helikopters zurückschoben, der hinter der größeren Chinook parkte. »Hol's der Teufel«, sagte Baedekker. »Ein Huey.«

»Ein Bell Hu-W Iroquois für dich, Samtpfote«, sagte Dave.

»Danke, Chico, wir übernehmen ab hier. Nate hat meinen Flugplan aufgezeichnet.«

»Schöne Reise, Oberst«, sagte der Sergeant. »Schön, Sie kennenzulernen, Oberst Baedecker.«

Als Baedecker Dave um die Maschine herum folgte, verspürte er ein flaues Gefühl in der Gegend des Solarplexus. Er war Dutzende Male in Hueys geflogen – in den Anfangstagen der NASA-Ausbildung hatte er es auf fünfunddreißig Flugstunden oder mehr gebracht – und hatte jede einzelne Minute verabscheut. Baedecker wußte, daß Dave Muldorff die verräterischen Maschinen liebte; viele von Muldorffs Trainingsflügen hatten in Helikoptern stattgefunden. 1965 war Dave zu Hughes Aircraft überstellt worden, um Probleme mit dem Prototyp ihres TH-55A-Trainers zu beseitigen. Der neue Helikopter neigte dazu, ohne Vorwarnung Schnauze voraus auf den Boden zu fallen. Die Untersuchungen führten zu vergleichenden Feldstudien über die Flugeigenschaften des älteren Bell HU-1, der bereits in Vietnam im Einsatz war. Dave wurde sechs Wochen nach Vietnam geschickt, um Testflüge mit den Armeepiloten zu unternehmen, die Berichten zufolge außergewöhnliche Dinge mit ihren Maschinen anstellten. Viereinhalb Monate später wurde er zurückbeordert, nachdem bekannt wurde, daß er gegen Honorar Kampfeinsätze mit einer Medevac-Einheit geflogen hatte.

Dave hatte seine Erfahrung darauf verwendet, Hughes' Probleme mit dem TH-55A zu lösen, war aber als Folge seiner nicht genehmigten Flüge mit der 1st Cav bei der Beförderung übergangen worden. Außerdem erhielt er Schreiben von der Air Force und der Armee, daß er unter gar keinen Umständen die Gefahrenzulage für Kampfeinsätze verlangen könne. Dave hatte gelacht. Zwei Wochen vor seiner Abreise nach Vietnam hatte er erfahren, daß er für das Ausbildungsprogramm der NASA für Astronauten des *Gemini*-Folgeprogramms angenommen worden war.

»Nicht schlecht«, sagte Baedecker, als sie die externen Checks durchgeführt hatten und sich ins Cockpit begaben. »Hast eine eigene Mühle für Wochenendausflüge. Ist das einer der Vorzüge, wenn man Kongreßabgeordneter ist, Dave?«

Muldorff lachte und warf Baedecker die Checkliste für das Cockpit zu. »Klar«, sagte er. »Goldwater hatte seine Freiflüge mit der F-18. Ich habe meinen Huey. Natürlich ist es nützlich, daß ich hier draußen immer noch in aktiver Reserve bin.« Er gab Baedecker eine Baseballmütze, auf die die Abzeichen ›AIR FORCE 1 1/2‹ gestickt waren. Baedecker setzte sie auf und zog den Kopfhörer des Funkgeräts über. »Außerdem, Richard«, fuhr Dave fort, »wird es dich als besorgten Steuerzahler vielleicht beruhigen, daß dieser spezielle Schrotthaufen in Vietnam Dienst getan, zehn Jahre lang Wochenendkämpfer durch die Gegend geflogen hat und inzwischen offiziell auf der Ersatzteilliste steht. Chico und die Jungs halten ihn bereit, falls jemand mal schnell nach Portland muß, um Zigaretten zu holen, oder so.«

»Ja«, sagte Baedecker. »Toll.« Er schnallte sich auf dem linken Sitz an, während Dave den Steuerknüppel bewegte und mit der linken Hand nach unten griff, um den Starter an der Kollektivsteuerung zu drücken. Es war das konstante Hin und Her zwischen den Steuersystemen gewesen – Steuerknüppel, Rotorklettverstellung, Ruderpedale und Schubdrosselung –, das Baedecker Anfälle verschafft hatte, als er vor zwanzig Jahren gezwungen gewesen war, selbst diese perversen Maschinen zu fliegen. Im Vergleich mit den Helikoptern des Militärs war die *Apollo*-Mondlandefähre einfach zu bedienen gewesen.

Die Gasturbine heulte auf, der Hochgeschwindigkeits-

Startermotor surrte, die beiden fünfzehn Meter langen Rotorblätter begannen sich zu drehen. »Yowzuh!« rief Dave über Bordfunk. Verschiedene Skalen zeigten die passenden Werte an, während das *Wupp-wupp-wupp* der Hauptrotoren den Punkt fast körperlich spürbaren Drucks erreichte. Dave zog an der Rotorblattverstellung, worauf sich drei Tonnen in Ehren ergrauter Maschinerie von den Kufen erhoben und eineinhalb Meter über dem Asphalt schwebten.

»Bist du bereit für meine Abkürzung?« Daves Stimme klang tonlos und metallisch über Bordfunk.

»Zeig sie mir«, sagte Baedecker.

Dave grinste, sagte leise etwas ins Mikrofon und neigte die Maschine selbstbewußt nach vorn, während sie ihren Aufstieg Richtung Osten begannen.

San Francisco war an den zwei Tagen, die Baedecker und Maggie Brown dort verbrachten, regnerisch und kalt. Auf Maggies Vorschlag hin nahmen sie Zimmer in einem renovierten Hotel am Union Square. Die Flure waren spärlich beleuchtet und rochen nach Farbe, die Duschen auf gewaltige Badewannen mit Pfotenfüßen aufmontiert, und überall hingen die freiliegenden Leitungen des Löschsystems des Gebäudes. Baedecker und Maggie duschten nacheinander, um den Schmutz der achtundvierzigstündigen Zugfahrt abzuwaschen, legten sich hin, um ein Nickerchen zu machen, schliefen statt dessen miteinander, duschten noch einmal und traten in den Abend hinaus.

»Ich bin noch nie hier gewesen«, sagte Maggie mit einem breiten Grinsen. »Herrlich!« Auf den Straßen drängten sich Theaterbesucher und Paare – überwiegend männlich –, die Hand in Hand unter Neonreklamen dahinschlenderten, welche Wonnen ›oben ohne‹ und ›unten ohne‹ anpriesen. Der Wind roch nach Meer und Autoabgasen. Das Straßenbahnsystem, die Cable Cars, war wegen Reparaturen stillgelegt, und sämtliche Taxis waren entweder besetzt oder außer Rufweite. Baedecker und Maggie fuhren mit dem Bus zum Fisherman's Wharf, wo sie wortlos spazieren gingen, bis ein kalter Nieselregen und Baedeckers verletzter Knöchel sie zwangen, in ein Restaurant zu gehen.

»Die Preise sind hoch«, sagte Maggie, als der Hauptgang serviert worden war, »aber die Scampi sind köstlich.«

»Ja«, sagte Baedecker.

»Na gut, Richard«, sagte Maggie und nahm seine Hand. »Was ist los?«

Baedecker schüttelte den Kopf. »Nichts.«

Maggie wartete.

»Ich habe mich nur gefragt, wie du die Vorlesungen dieser Woche nachholen willst«, sagte er und schenkte ihnen beiden mehr Wein ein.

»Stimmt nicht«, sagte Maggie. Im Kerzenlicht wirkten ihre grünen Augen beinahe türkis. Ihre Wangen waren selbst unter der Bräune von der Sonne verbrannt. »Sag es mir.«

Baedecker sah sie lange an. »Ich habe darüber nachgedacht, wie Tom Gavins Sohn seine dumme Show auf dem Berg abzog«, sagte er.

Maggie lächelte. »Du meinst, während eines Gewitters nackt auf einem Felsen zu tanzen? Mit einer Zeltstange in einer Hand? *Die* dumme Show?«

Baedecker nickte. »Er hätte ums Leben kommen können.«

»Das stimmt«, stimmte Maggie zu. »Zumal er entschlossen zu sein schien, die Namen sämtlicher Götter zu lästern, bis er an den falschen geriet.« Sie schien Baedeckers Ernst zu bemerken, und da veränderte sich ihre Stimme. »He, es ist doch alles gutgegangen? Warum machst du dir jetzt darüber Gedanken?«

»Mir macht nicht zu schaffen, was er getan hat«, sagte Baedecker. »Mir macht zu schaffen, was ich getan habe, als er auf dem Felsen oben war.«

»Du hast nichts getan«, sagte Maggie.

»Genau«, sagte Baedecker und trank sein Weinglas leer. Er schenkte sich noch mehr ein. »Ich habe nichts getan.«

»Tommys Vater hat ihn da runtergeholt, bevor einer von uns etwas tun konnte«, sagte Maggie. Baedecker nickte. An einem Tisch in der Nähe lachten mehrere Frauen lauthals über einen unhörbaren Witz.

»Oh, ich verstehe«, sagte Maggie. »Wir sprechen wieder über Scott.«

Baedecker wischte sich die Hände mit der roten Stoffserviette ab. »Ich bin nicht sicher«, sagte er. »Aber Tom Gavin hat zumindest seinen Sohn etwas Dummes machen sehen und ihn vor einer möglichen Katastrophe gerettet.«

»Ja«, sagte Maggie, »und der kleine Tommy war … was? … siebzehn, und Scott wird im März dreiundzwanzig.«

»Ja, aber …«

»Und der kleine Tommy war drei Meter entfernt«, sagte Maggie. »Scott befindet sich in Poona in Indien.«

»Das weiß ich …«

»Außerdem, wer bist du, daß du sagen kannst, Scotts Tun sei eine Katastrophe? Du hast deine Chance gehabt, Richard. Scott ist jetzt ein großer Junge, und wenn er ein paar Jahre damit verbringen will, Mantras zu singen und sein Taschengeld einem bärtigen Arschloch mit Jehovakomplex zu geben, nun, du hast *deine* Chance gehabt, ihm zu helfen, was also würdest du dazu sagen, daß du einfach dein eigenes versautes Leben in Ordnung bringst, Richard E. Baedecker?« Maggie trank einen großen Schluck Wein. »Oh, Scheiße, manchmal, Richard, machst du mich so …« Sie verstummte und fing heftig an zu hicksen.

Baedecker gab ihr sein Eiswasser und wartete. Sie blieb einen Moment schweigend sitzen, machte den Mund auf, um etwas zu sagen, und hickste wieder. Beide lachten. Ein Damenkränzchen an einem der Nachbartische sah mißbilligend herüber.

Am nächsten Tag, im Golden Gate Park, als sie unter ihrem neugekauften Sonnenschirm orangefarbene Säulen betrachteten, die in den tiefhängenden Wolken auftauchten und wieder verschwanden, sagte Maggie: »Du mußt diese Sache mit Scott erst ins reine bringen, ehe wir uns um unsere eigenen Gefühle kümmern können, Richard, oder?«

»Ich bin nicht sicher«, sagte Baedecker. »Lassen wir es einfach ein paar Tage ruhen, ja? Wir unterhalten uns Ende der Woche noch einmal darüber.«

Maggie strich einen Regentropfen von der Nase. »Richard«, sagte sie, »ich liebe dich.« Es war das erste Mal, daß sie das sagte.

Am Morgen, als Baedecker aufwachte, weil strahlender Sonnenschein zu den Vorhängen des Hotels herein fiel und der Lärm von Verkehr und Fußgängern von der Straße unten heraufdrang, war Maggie verschwunden.

Sie flogen nach Osten, nach Norden, und dann wieder nach Osten, und stiegen höher, als das bewaldete Land unter ihnen anstieg. Als der Höhenmesser zweitausendfünfhundert Meter anzeigte, sagte Baedecker: »Verlangen die Vorschriften der Air National Guard nicht irgendwo ab dieser Höhe nach Sauerstoff?«

»Stimmt«, sagte Dave. »Bei plötzlichem Druckverlust in der Kabine fallen Sauerstoffmasken aus dem Deckenfach und treffen dich am Kopf. Bitte drück sie auf die Schnauze und atme normal. Falls du mit einem Kind oder Kleinkind auf dem Schoß reisen solltest, entscheide dich möglichst schnell, wer von euch das Recht zu atmen hat.«

»Danke«, sagte Baedecker. »Mount Hood?« Sie flogen schon eine ganze Weile auf den Vulkangipfel zu. Nun ragte er links von ihrer Flugbahn hoch auf, der schneebedeckte Gipfel immer noch sechshundert Meter höher als ihre eigene Flughöhe. Der Schatten des Huey glitt über den Teppich aus Bäumen unter und vor ihnen.

»Hm-hmm«, sagte Dave, »und das da ist Timberline Lodge, wo sie die Außenaufnahmen für *The Shining* gemacht haben.«

»Mmmm«, sagte Baedecker.

»Hast du den Film gesehen?« fragte Dave über Bordfunk.

»Nein.«

»Das Buch gelesen?«

»Nein.«

»Überhaupt mal was von Stephen King gelesen?«

»Nein.«

»Mein Gott«, sagte Dave, »für einen belesenen Mann, Richard, ist deine Kenntnis der Klassiker bemitleidenswert lückenhaft. Aber an Stanley Kubrick *kannst* du dich noch erinnern, oder?«

»Wie könnte ich ihn je vergessen?« sagte Baedecker. »Du hast mich in dem Jahr, als der Film im Cinerama-Kino in Houston gezeigt wurde, fünfmal mit in *2001 – Odyssee im Weltraum* geschleppt.« Das war nicht übertrieben. Muldorff war besessen von dem Film gewesen und hatte darauf bestanden, daß ihn seine Mannschaftskameraden mehrmals mit ihm ansahen. Vor dem Flug hatte Dave enthusiastisch davon gesprochen, daß er einen aufblasbaren schwarzen Monolithen mit an Bord schmuggeln würde, um ihn während einer Exkursion unter der Mondoberfläche versteckt zu ›finden‹. Mangels eines aufblasbaren Monolithen hatte Dave den Plan aufgeben müssen, daher hatte er sich damit begnügt, sie am Ende jeder Schlafperiode von der Flugkontrolle mit den ersten Takten von *Also sprach Zarathustra* wecken zu lassen. Die ersten paar Male hatte Baedecker es noch gelinde amüsant gefunden.

»Kubricks Meisterwerk«, sagte Dave und lenkte den Huey nach rechts. Sie flogen über einen niedrigen Paß, wo sich Zelte und Campingwagen um einen kleinen Bergsee drängten, wo das Sonnenlicht des Spätnachmittags sich auf dem Wasser spiegelte, und dann fiel das Land ab, der Pinienwald sah nicht mehr so grün aus, und Baedecker sah flache braune Hügel im Süden und Osten auftauchen. Sie flogen in einer konstanten Höhe von fünfzehnhundert Metern, während sich das Land unter ihnen veränderte, zu angebauten Farmland und schließlich zu Ödland wurde. Dave sprach über Mikrofon leise mit der Flugkontrolle, scherzte einmal mit jemandem auf einem Privatflughafen südlich von Maupin und schaltete dann wieder auf Bordfunk. »Siehst du den Fluß?«

»Ja.«

»Das ist der John Day. Scotts Guru hat eine kleine Stadt südwestlich von hier gekauft. Dieselbe, die vor ein paar Jahren Rajneesh in die Schlagzeilen gebracht hat.«

Baedecker schlug die Navigationskarte auf und nickte. Er machte den Reißverschluß der Daunenjacke auf, schenkte Kaffee aus einer Thermosflasche ein und gab Dave die Tasse.

»Danke. Möchtest du eine Weile den Knüppel übernehmen?«

»Nicht unbedingt«, sagte Baedecker.

Dave lachte. »Du magst Helikopter nicht, Richard, was?«

»Nicht besonders.«

»Verstehe ich nicht«, sagte Dave. »Du hast fast alles geflogen, was Flügel hat, einschließlich Senkrecht- und Kurzstartern, und diese verfluchte Pogomaschine der Navy, die mehr Menschen getötet hat, als notwendig gewesen wäre. Was hast du gegen Helikopter?«

»Meinst du, davon abgesehen, daß sie verräterische, tückische Scheißdinger sind, die nur darauf warten, einen auf den Boden zu klatschen?« fragte Baedecker. »Meinst du davon abgesehen?«

»Ja«, sagte Dave und lachte wieder. »Davon abgesehen.« Sie sanken auf neunhundert Meter, dann auf sechshundert. Vor ihnen bewegte sich eine Viehherde mit in der Sonne gold- und schokoladenfarbenen Flanken über eine weite Fläche trockenen Graslands.

»He«, sagte Dave, »erinnerst du dich noch an diese Pressekonferenz, die wir vor *Apollo 11* besucht haben, um zu sehen, wie Neil, Buzz und Mike ihre Sachen gezeigt haben?«

»Welche?«

»Die unmittelbar vor dem Start.«

»Vage«, sagte Baedecker.

»Nun, da hat Armstrong etwas gesagt, das mich richtig wütend gemacht hat.«

»Und das wäre?« fragte Baedecker.

»Dieser Reporter – wie hieß er doch gleich, er ist inzwischen gestorben –, Frank McGee, hat Armstrong eine Frage nach Träumen gestellt, und Neil sagte, er hätte einen immer wiederkehrenden Traum, seit er ein Junge war.«

»Und?«

»Es war ein Traum, in dem Neil über dem Boden schweben konnte, wenn er lange genug die Luft anhielt. Erinnerst du dich daran?«

»Nein.«

»Aber ich. Neil sagte, er hätte den Traum zum ersten Mal als kleiner Junge gehabt. Er hielt den Atem an, und dann fing er an zu schweben. Nicht zu fliegen, nur zu schweben.«

Baedecker trank den Kaffee leer und warf den Plastikbecher in eine Mülltüte hinter dem Sitz. »Warum hat dich das wütend gemacht?« fragte er.

Dave sah ihn an. Hinter der Sonnenbrille ließen sich seine Augen nicht lesen. »Weil es *mein* Traum war«, sagte er.

Der Huey kippt und sank, bis sie nur noch neunzig Meter über dem unebenen Gelände flogen, weit unter der von der Flugsicherung vorgeschriebenen Mindestflughöhe. Beifußsträucher und Pinienbäume huschten vorüber und ließen ihren Überflug wieder schneller erscheinen. Baedecker sah nach unten, an seinen Füßen vorbei, durch die Plexiglaskuppel, und erblickte ein einsames Farmhaus, das zurückblieb. Es war braun und verwittert gewesen, das Blechdach verrostet, die Scheune verfallen, der einzige Zufahrtsweg aus zwei halb zugewachsenen Reifenspuren bestehend, die sich bis zum Horizont erstreckten. Neben dem Schuppen hatte eine brandneue weiße Satellitenschüssel gestanden.

Baedecker schaltete den Bordfunk ein. Es gab keinen Fußschalter vor dem linken Sitz, daher mußte er jedesmal, wenn er reden wollte, die Hand ausstrecken und den Schalter am Steuerknüppel drücken. »Tom Gavin hat mir gesagt, daß du letztes Frühjahr ziemlich krank gewesen bist«, sagte er.

Dave sah nach links, dann wieder auf den Boden, der mit einhundert Knoten unter ihnen vorbeihuschte. »Ja, ich hatte Probleme. Ich dachte, es wäre die Grippe – Fieber und geschwollene Halsdrüsen. Statt dessen sagte mir mein Arzt in

Washington, ich hätte die Hodgkins-Krankheit. Bis dahin wußte ich nicht einmal, was das ist.«

»Im Ernst?«

»Sie haben eine Skala mit vier Punkten dafür«, sagte Dave. »Stufe eins ist: Nimm ein paar Aspirin und schicke vierzig Dollar. Stufe vier ist S.E.S.U.S.E.A.L.«

Baedecker mußte nicht nach der Abkürzung fragen. In den Hundert Stunden, die sie in engen Simulatoren verbracht hatten, hatte er Daves Antwort auf einen neu verkündeten Notfall – S.E.S.U.S.E.A.L. – oft gehört: Schnappt eure Socken und sagt eurem Arsch Lebewohl.

»Ich war Stufe drei«, sagte Dave. »Ziemlich früh erkannt. Nach Medikamenten und Chemotherapie ging es mir etwas besser. Haben mir obendrein auch noch die Milz rausgenommen. Jetzt sieht alles ziemlich gut aus. Wenn sie es beim ersten Versuch erwischen, können sie es normalerweise endgültig beseitigen. Ich habe vor drei Wochen den Fitneßtest für Flüge bestanden.« Er grinste und deutete auf eine Stadt, die gerade im Norden auftauchte. »Das ist Condon. Nächster Halt Lonerock. Heimat des künftigen Westlichen Weißen Hauses Amerikas.«

Sie überflogen eine Schotterstraße, und Dave kippte hart, folgte ihr und ging auf fünfzehn Meter. Es herrschte kein Verkehr. Kurze, windschiefe Telefonmasten standen am linken Straßenrand; sie sahen aus, als stünden sie schon seit Ewigkeiten hier. Bäume waren keine zu sehen; die Stacheldrahtzäune hatten eine Art Metallboiler oder ausgemusterte Heizstäbe als Pfosten.

Der Huey flog über den Rand eines Canyons. Eben noch flogen sie fünfzehn Meter über der Schotterstraße, im nächsten Augenblick waren sie zweihundertfünfzig Meter über einem versteckten Tal, wo ein Bach durch Pappelgehölze strömte und die Wiesen überflossen von Winterweizen und Gras. In der Mitte dieses Tals lag eine Geisterstadt. Hier und da konnte man ein Blechdach durch kahle Zweige oder Herbstlaub schimmern sehen, und an einer Stelle war ein hoher Kirchturm zu erkennen. Baedecker bemerkte eine große alte Schule, die von einer erhöhten Stelle über der Stadt Richtung Westen schaute. Es war erst siebzehn Uhr, aber man sah deutlich, daß das Tal schon einige Zeit im Schatten lag.

Dave jagte den Hubschrauber in eine halbkreisförmige Kurve, bei der die Rotorblätter mehrere Sekunden fast lotrecht zum Boden standen. Sie flogen über eine Hauptstraße, die aus fünf leerstehenden Häusern und einer verrosteten Zapfsäule zu bestehen schien. Sie kippten nach links und passierten eine weiße Kirche, deren Turm vor einer zerklüfteten Felsnadel jenseits des Kirchhofs zur Zwergenhaftigkeit schrumpfte.

Baedeckers Bordfunk klickte. »Willkommen in Lonerock«, sagte Dave.

Als Baedecker ins Haus von Dave und Diane in Salem zurückkehrt, haben sich die meisten Trauergäste verabschiedet. Der Schnee, den er am Mount St. Helens gesehen hat, fällt jetzt als leichter Nieselregen.

Tucker Wilson begrüßt Baedecker an der Tür. Vor heute morgen hat er Tucker seit dem Tag des *Challenger*-Unglücks vor zwei Jahren nicht mehr gesehen. Tucker, ein Pilot der Air Force und Ersatzmann des *Apollo*-Teams, hatte schlußendlich ein Jahr, bevor Baedecker die NASA verlassen hatte, eine Skylab-Mission befehligt. Tucker ist ein kleinwüchsiger Mann mit der Statur eines Ringers, rosigem Gesicht und wenigen sandfarbenen Haarbüscheln über den Ohren. Im Gegensatz zu vielen Testpiloten, die einen südlichen oder neutralen Akzent sprechen, kennzeichnen die unbetonten Vokale Neu Englands Tuckers Sprechweise. »Di ist mit Katie und ihrer Schwester oben«, sagt Tucker. »Komm auf einen Drink mit in Daves Salon.«

Baedecker folgt ihm. Das Zimmer mit seinen Bücherregalen, Ledersesseln und dem alten Sekretär ist mehr Arbeitszimmer als Salon. Baedecker sinkt in einen Sessel und sieht sich um, während Tucker den Scotch einschenkt. Auf den Regalen steht eine kunterbunte Mischung von wertvollen

Erstausgaben, populären gebundenen Büchern, Taschenbüchern und Stapeln von Zeitschriften und Papieren. An einem freien Abschnitt der Wand beim Fenster hängen ein rundes Dutzend Fotografien: Baedecker erkennt sich selbst auf einer, wie er lächelnd neben Tom Gavin steht, während Richard Nixon steif die Hand einem grinsenden Dave entgegenstreckt.

»Wasser oder Eis?« fragt Tucker.

»Nein«, sagt Baedecker. »Pur, bitte.«

Tucker gibt Baedecker das Glas und setzte sich auf den antiken Drehstuhl beim Schreibtisch. Er scheint sich dort nicht wohl zu fühlen, nimmt ein maschinengeschriebenes Blatt vom Schreibtisch, legt es ab, trinkt einen großen Schluck.

»Probleme mit dem Flug heute morgen?« fragt Baedecker. Tucker war bei der Formation »Mann vermißt« mitgeflogen.

»Nn-nnn«, sagt Tucker. »Aber es hätte welche geben können, wenn die Wolken noch tiefer gewesen wären. Wir haben auch so schon die Hühner auf den Höfen geröstet.«

Baedecker nickt und kostet den Scotch. »Stehst du nicht in der Schlange für einen Flug, wenn das Shuttle-Programm wiederaufgenommen wird?« fragt er Tucker.

»Jawoll. Nächsten November, wenn alles so läuft, wie es vorgesehen ist. Wir sollen militärische Nutzlast transportieren, daher werden wir auf den ganzen Pressemist von wegen heldenhafte Eroberer vor dem Flug verzichten.«

Baedecker nickt. Der Scotch ist Glenlivet, unverschnitten, Daves Lieblingsmarke. »Was meinst du, Tucker«, sagt er, »ist das Ding sicher zu fliegen?«

Der kleinere Pilot zuckt die Achseln. »Zweieinhalb Jahre«, sagt er. »Mehr Zeit, alles in Ordnung zu bringen, als nach dem Tod von Gus, Chaffee und White bei *Apollo 1*. Natürlich haben sie die Verbesserung der SRBs an Morton Thiokol übergeben, und die haben ja in erster Linie behauptet, daß die O-Ringe sicher sind.«

Baedecker lächelt nicht. Er hat den seltsamen, inzestuösen Tanz zwischen Vertragsfirmen und Regierungsagenturen selbst miterlebt und war, wie die meisten Piloten, ganz und gar nicht davon angetan. »Soweit ich gehört habe, wollen sie für den ersten Flug das neue Notausstiegssystem bereit haben.«

Jetzt lacht Tucker. »Ja, hast du es gesehen, Dick? Sie haben eine lange Stange in der unteren Ladebucht, und während der kommandierende Pilot das Flugzeug gerade und im Unterschallbereich hält, hält sich die Besatzung fest und rutscht daran hinaus wie Forellen an einer Schnur.«

»Das hätte der *Challenger* nichts genützt«, sagt Baedecker.

»Erinnert mich an den AIDS-Witz von dem Heroinjunkie, der keine Angst hat, daß er sich etwas holt, wenn er schmutzige Nadeln benutzt, weil er ein Kondom trägt«, sagt Tukker. Er trinkt den Rest Scotch und schenkt sich neuen ein. »Nun, zum Teufel«, sagt er, »es befinden sich über siebenhundert Teile der Gefahrenstufe Eins im Shuttle, und ich glaube, die gottverdammten O-Ringe sind das einzige, um das wir uns *keine* Gedanken machen müssen.«

Baedecker wußte, daß ein Teil der Gefahrenstufe Eins ein System oder eine Komponente ist, für das es keine zuverlässige Ersatzfunktionen gibt; wenn dieses Teil ausfällt, scheitert die ganze Mission. »Landet ihr nicht mehr am Cape?« sagt Baedecker.

Tucker schüttelt den Kopf. Beim ersten Shuttleflug hatte Wilson die *Columbia* auf der langen Landebahn auf Cape Canaveral gelandet, wobei ein Reifen platzte und zwei Bremsen restlos verschlissen wurden. »Sie wissen jetzt, daß das viel zu riskant ist«, sagt er. »In absehbarer Zukunft werden wir von Edwards oder White Sands starten.« Er trinkt einen kräftigen Schluck. »Aber was soll's«, sagt er und grinst, »kein Mumm, kein Ruhm.«

»Wie fliegt sich das Ding denn?« fragt Baedecker. Zum ersten Mal seit Tagen kann er an etwas anderes als an Dave denken.

Tucker beugt sich aufgeregt nach vorn und gestikuliert mit Händen und gespreizten Fingern in der Luft. »Fast unglaublich, Dick«, sagt er. »Wenn man runterkommt ist es, als würde man in einer DC-9 bei Mach 5 die Triebwerke abwürgen. Man muß mit den verdammten Computern streiten, damit sie einen fliegen lassen, aber bei Gott, wenn man fliegt, dann fliegt man *wirklich.* Hast du den neuesten Simulator gesehen?«

»Bei einer Besichtigung«, sagt Baedecker. »Ich habe mir aber nicht die Zeit genommen, auf dem linken Sitz Platz zu nehmen.«

»Das mußt du versuchen«, sagt Tucker. »Komm nächsten Herbst runter zum Cape, dann mach' ich etwas Zeit für dich frei.«

»Klingt nicht schlecht«, sagt Baedecker. Er kippt den Rest seines Drinks und dreht das Glas in den Händen, so daß sich das Licht der Lampe darin spiegelt. »Hast du Dave oft am Cape gesehen?«

Tucker schüttelt den Kopf. »Es gefiel ihm nicht, daß die ganzen Kongreßabgeordneten und Senatoren Gratisflüge bekommen sollten, während wir Ex-Kämpfer jahrelang auf einen neuen Versuch warten mußten. Er saß in allen wichtigen Komitees und hat hart für das Programm gearbeitet, hielt aber nichts von dem ›Lehrer im Weltall‹ – und ›Journalist im Weltraum‹ – Mist. Er sagte, das Shuttle sei kein Platz für Leute, die die Hosen ein Bein nach dem anderen anziehen.«

Baedecker kichert. Die Anspielung galt einem der ersten Zwischenfälle, bei dem Dave Ärger mit der NASA bekam. Während Muldorffs erstem Flug in einer *Apollo*-Kapsel, einem Übungsflug in der Erdumlaufbahn, hatte Dave eine Live-Fernsehsendung für die Leute daheim abgehalten. Tucker Wilson war bei ihm gewesen, als Dave in etwa sagte: »Nun, Leute, jahrelang haben wir Astronauten euch versichert, daß wir ganz gewöhnliche Menschen sind. Keine Helden, sondern wie alle anderen auch. Männer, die ihre Hosen ein Bein nach dem anderen anziehen, wie jeder normale Mensch. Nun, heute werde ich Ihnen das Gegenteil beweisen.« Und damit hatte Muldorff, der nur seine ›langen Unterhosen‹ und eine Snoopy-Mütze trug, in der Schwerelosigkeit eine Pirouette gemacht und mit einer einzigen anmutigen Bewegung den Flugoverall angezogen ... mit beiden Beinen gleichzeitig.

Baedecker geht zum Bücherregal und zieht einen Band von Yeats heraus. Ein halbes Dutzend Papierschnipsel stekken als Buchzeichen darin.

»Hast du heute nachmittag etwas herausgefunden?« fragt Tucker.

Baedecker schüttelt den Kopf und stellt das Buch zurück. »Ich habe mit Munsen und Fields gesprochen. Sie sind gerade dabei, die letzten Wrackteile nach McChord zu schaffen. Bob wird es einrichten, daß ich das Band morgen anhören kann. Die Untersuchungskommission hat schon einige erste Hinweise, aber die haben morgen frei.«

»Ich habe das Band gestern gehört«, sagt Tucker. »Bringt nicht viel. Dave meldet etwa fünfzehn Minuten hinter Portland Probleme mit der Hydraulik. Sie benutzten den zivilen Flughafen, weil Munsen zu dieser Konferenz gekommen war ...«

»Ja«, sagt Baedecker. »Und dann beschloß er, noch einen Tag zu bleiben.«

»Richtig«, sagt Tucker. »Dave flog allein Richtung Osten, meldete etwa fünfzehn Minuten später das Hydraulikproblem und wendete etwa eine Minute danach. Dann überhitzte das verdammte Steuerbordtriebwerk und fiel aus. Das muß auf dem Rückweg passiert sein, etwa acht Minuten entfernt, schätze ich. Portland International lag näher, daher entschieden sie sich dafür. Es braute sich Eis zusammen, aber das wäre kein Problem gewesen, hätte er höher und darüber hinweg steigen können. Dave hat nicht besonders viel gesprochen, und der Flugkontrolleur hört sich wie ein junges Arschloch an. Dave meldete unmittelbar vor dem Absturz, daß er Lichter sehen könne.«

Baedecker trinkt den letzten Rest Scotch und stellt das Glas auf dem Getränkewagen ab. »Wußte er, daß er abstürzte?«

Tucker runzelt wieder die Stirn. »Schwer zu sagen. Er hat nicht viel gesagt, meistens bat er um Bestätigung der Flughöhe. Der Kontrolleur des Portland Center wies ihn darauf hin, daß die Bergkuppen in der Gegend bis fünfzehnhundert Meter hinaufreichten. Dave bestätigte und sagte, daß er bei knapp zweitausend aus den Wolken käme und ein paar Lichter sehen könne. Dann nichts mehr, bis sie ihn ein paar Sekunden später vom Radar verloren hatten.«

»Wie hat seine Stimme geklungen?«

»Gagarinmäßig«, sagt Tucker.

Baedecker nickt. Juri Gagarin, der erste Mensch, der die Erde umkreiste, war im März 1968 bei der Bruchlandung einer MiG während eines Routineübungsflugs ums Leben gekommen. In der Gemeinde der Testflieger munkelte man bald von der außergewöhnlichen Ruhe von Gagarins Stimme auf Band, während er die ausgebrannte MiG auf einen freien Platz zwischen den Häusern eines dicht besiedelten Vororts steuerte. Erst als Baedecker ein Jahr vor dem *Apollo-Sojus*-Testprojekt die Sowjetunion als Mitglied einer Regierungsabordnung besuchte, erfuhr er von einem sowjetischen Piloten, daß Gagarin in einem entlegenen Waldgebiet abgestürzt und als Ursache des Absturzes ›Pilotenfehler‹ zu den Akten genommen worden war. Es gab Gerüchte über Alkohol. Stimmaufzeichnungen existierten gar nicht. Trotzdem hatte sich der Ausdruck ›Gagarinmäßig‹ unter den Testpiloten von Baedeckers und Tuckers Generation als Synonym für absolut kühlen Kopf in einer Gefahrensituation gehalten.

»Ich verstehe es einfach nicht«, sagt Tucker mit Zorn in der Stimme. »Die Scheiß-T-38 ist das sicherste Scheißflugzeug in der gesamten Air Force.«

Baedecker sagt nichts.

»Ein Durchschnitt von zwei Unfällen pro hunderttausend Stunden in der Luft«, sagt Tucker. »Sag mir ein anderes Ultraschallflugzeug mit solchen Zahlen, Dick.«

Baedecker geht zum Fenster und schaut hinaus. Es regnet immer noch.

»Und es spielt überhaupt keine Rolle, oder?« sagt Tucker. Er schenkt sich einen dritten Drink ein. »Niemals, oder?«

»Nein«, sagte Baedecker. »Niemals.«

Es klopft, und Katie Wilson tritt ein. Tuckers Frau mit dem zerzausten blonden Haar und den eckigen Zügen könnte man auf den ersten Blick für eine hirnlose alternde Cocktailkellnerin halten, aber dann würde man die kühne Intelligenz und aufmerksame Feinfühligkeit unter dem dicken Make-up und dem Südstaatenbrabbeln entdecken. »Richard«, sagt sie, »ich bin froh, daß du wieder da bist.«

»Tut mir leid, daß es so spät geworden ist«, sagt er.

»Diane möchte mit dir reden«, sagt Katie. »Ich habe ihr zugeredet, sie solle sich zum Schlafengehen zurecht machen, weil ich wußte, andernfalls würde sie die ganze Nacht aufbleiben und die perfekte Gastgeberin spielen. Sie ist seit achtundvierzig Stunden auf den Beinen, und in einer Woche ist es bei ihr soweit, Herrgott nochmal.«

»Ich halte sie nicht lange auf, Katie«, sagt Baedecker und geht die Treppe hinauf.

Diane Muldorff trägt einen Morgenmantel, sitzt auf einem blauen Sofa und liest eine Zeitschrift. Baedecker findet, daß sie hochschwanger aussieht. Sie winkt ihn herein.

»Ich bin froh, daß du hier bist, Richard.«

»Tut mir leid, daß es so spät geworden ist, Di«, sagt er. »Ich fuhr mit Bill Munsen und Stephen Fields zum McChord.«

Diane nickt und legt die Zeitschrift weg. »Mach bitte die Tür zu, Richard, ja?«

Er gehorcht, kommt dann näher und setzt sich auf den niedrigen Hocker vor ihrem Frisiertisch. Er sieht sie an. Dianes dunkles Haar ist frisch gebürstet, ihre Wangen rosa, aber ihre Augen können Müdigkeit und Trauer der vergangenen Tage nicht verbergen.

»Tust du mir einen Gefallen, Richard?«

»Jeden«, antwortete Baedecker wahrheitsgemäß.

»Oberst Fields, Bob ... die anderen ... sie haben versprochen, mich über die Ermittlungen der Absturzursache auf dem laufenden zu halten ...« Sie verstummt.

Baedecker sieht sie an und wartet.

»Richard, wirst du dich selbst darum kümmern? Ich meine, nicht einfach nur dem offiziellen Vorgehen folgen, sondern selbst untersuchen und mir alles erzählen, was du herausfindest?«

Baedecker zögert einen Moment verwirrt, dann ergreift er ihre Hand. »Selbstverständlich werde ich das, Di. Wenn du es möchtest. Aber ich bezweifle, daß ich etwas herausfinde, was die Untersuchungskommission nicht finden wird.«

Diane nickt, doch ihr Griff ist kühl und beharrlich. »Aber du wirst es *versuchen?«*

»Ja«, sagt Baedecker.

Diane streicht sich über die Wange und senkt den Kopf, als wäre ihr plötzlich schwindlig. »Es gibt so viele Kleinigkeiten«, sagt sie.

»Was meinst du damit?« fragt Baedecker.

»Dinge, die ich nicht verstehe«, sagt sie. »David ist mit dem Helikopter nach Lonerock geflogen, hast du das gewußt?«

»Nein.«

»Das Wetter wurde schlechter, darum ist er mit dem Auto zurückgefahren, das wir dort stehen haben«, sagt sie. »Aber warum ist er überhaupt hingeflogen?«

»Ich dachte, er würde da draußen an seinem Buch arbeiten«, sagt Baedecker.

»Er sollte einen Tag nach der Spendensammlung in Portland nach Salem kommen«, sagte Diane. »Statt dessen flog er nach Lonerock, obwohl das Haus gottverlassen war. Wir wollten erst Wochen nach der Geburt des Babys wieder dorthin zurück.«

Baedecker berührt ihren Arm und hält ihn sanft.

»Richard«, sagt sie, »hast du gewußt, daß Davids Krebs wieder angefangen hatte? Ich glaube nicht, daß er es jemandem gesagt hat, aber ich dachte mir, vielleicht hat er angerufen ...«

»Ich hatte da, wo ich war, nicht einmal Telefon, Di, weißt du nicht mehr?« sagt er. »Du mußtest ein Telegramm schikken.«

»Ja, ich erinnere mich«, sagt sie mit vor Erschöpfung heiserer Stimme. »Ich dachte nur ... Er hat es nicht einmal mir gesagt, Richard. Sein Arzt in Washington ist ein Freund ... Er hat am Tag nach dem Unfall angerufen. Die Krankheit hatte sich auf Daves Leber und Knochenmark ausgebreitet. Sie wollten im Frühling eine vollständige Chemotherapie durchführen und eine Kombination von Medikamenten namens MOPP verwenden. David lehnte ab. Diese Art Chemotherapie führt in den meisten Fällen zu Unfruchtbarkeit. Dave hatte ein paar Bestrahlungen und die Laparotomie. Das wußte ich. Ich wußte nichts von dem anderen ...«

»Dave hat mir im Oktober erzählt, sie wären ziemlich sicher, daß sie alles erwischt hätten«, sagt Baedecker.

»Ja«, sagt Diane. »Kurz vor Weihnachten haben sie wieder etwas gefunden. Dave hat es mir nicht gesagt. Er sollte nächste Woche eine Fitneßprüfung für das Fliegen machen. Die hätte er nie bestanden.«

»Richard!« ertönte Katies Stimme die Treppe herauf. »Telefon!«

»Einen Augenblick«, ruft Baedecker. Er hält wieder Dianes Hand. »Was denkst du, Diane?«

Sie sieht ihn direkt an. Trotz Müdigkeit und Schwangerschaft macht sie auf Baedecker keinen verwundbaren Eindruck, nur einen wunderschönen und entschlossenen.

»Ich will wissen, warum er nach Lonerock geflogen ist, obwohl es gar nicht nötig war«, sagt sie nachdrücklich. »Ich will wissen, warum er diese T-38 selbst geflogen hat, obwohl er ein paar Stunden auf einen Linienflug hätte warten können. Ich will wissen, warum er in der Maschine geblieben ist, obwohl er wissen mußte, daß sie abstürzen würde.« Diane holt tief Luft und streicht den Morgenmantel glatt. Sie drückt seine Hand so fest, daß es weh tut. »Richard, ich möchte wissen, warum David tot ist, und nicht hier bei mir, um zu warten, daß unser Kind zur Welt kommt.«

Baedecker steht auf. »Ich verspreche dir, daß ich mein Möglichstes tun werde«, sagt er. Er gibt ihr einen Kuß auf die Stirn und hilft ihr auf. »Komm jetzt, leg dich ins Bett und schlaf. Du wirst Gäste zum Frühstück haben. Ich muß möglicherweise früh weg, ruf dich aber an, bevor ich zurückkomme.«

Diane sieht ihn an, als er unter der Tür stehen bleibt.

»Gute Nacht, Richard.«

»Gute Nacht, Di.«

Unten wartet Katie auf ihn. »Es ist ein Ferngespräch, Richard. Ich habe ihnen gesagt, sie sollen noch einmal anrufen, aber sie warten.«

Er geht in die Küche, um das Gespräch dort entgegen zu nehmen. »Danke, Kate«, sagt er. »Weißt du, wer es ist?« »Jemand namens Maggie«, ruft Katie. »Maggie Brown. Sie sagt, es sei wichtig.«

Dave landete den Huey auf einer Ranch eine halbe Meile hinter Lonerock. Es gab dort ein kurzes, grasbewachsenes Feld, ein zerfetzter Windschlauch hing schlaff am Dach einer alten Scheune, und ein uralter Stearman-Zweisitzer stand zwischen Scheune und Ranchhaus. »Willkommen auf dem Lonerock International Airport«, sagte Dave, als er den letzten Aus-Schalter betätigte. »Bitte bleiben sie sitzen bis die Maschine an der Schalterhalle zum Stillstand kommt.« Die Rotoren drehten sich langsamer und blieben dann stehen.

»Hat jede Geisterstadt einen Flughafen?« fragte Baedekker. Er nahm Kopfhörer und Mütze ab, strich mit den Fingern durch sein schütteres Haar und schüttelte den Kopf. Er konnte immer noch das Dröhnen der Turbine in den Ohren hören.

»Nur wenn die Geister Flieger sind«, sagte Dave.

Ein Mann kam ihnen langsam aus der Scheune entgegen. Er war jünger als Muldorff oder Baedecker, aber sein Gesicht war dunkel und von jahrelanger Arbeit in der Sonne gezeichnet. Er trug Cowboystiefel, verblichene Jeans, eine schwarze Mütze und einen türkisgeschmückten Indianergürtel. Der linke Ärmel seines karierten Hemds war an der Schulter zugenäht. »Hallo, Dave«, rief er. »Hab' mich schon gefragt, ob Sie dieses Wochenende herkommen würden.«

»Abend, Kink«, sagte Dave. »Kink, das ist Richard Baedecker, ein alter Freund.«

»Kink«, sagte Baedecker, als sie sich die Hand schüttelten. Ihm gefielen die zurückhaltende Kraft im Händedruck des Mannes und die Lachfältchen um seine blauen Augen.

»Kink Weltner hier hat drei Runden als Helikopterpilot in Vietnam gedient«, sagte Dave. »Er läßt mich den Vogel ab und zu hier parken. Irgendwie kam er in den Besitz eines großen, unterirdischen Tanks voll Flugzeugtreibstoff.«

Der Rancher kam herüber und strich mit der Hand zärtlich über die Hülle des Huey. »Ich kann nicht glauben, daß dieser rostige Scheißhaufen immer noch fliegt. Hat Chico das Omniventil ersetzt?«.

»Ja«, sagte Dave, »aber Sie sollten sich mal im Inneren umsehen.«

»Ich öffne das Tor zur Hölle, wenn ich ihn auftanke«, sagte Kink.

»Bis später«, sagte Dave und ging voraus zur Scheune. Hier im Tal war es kühl. Baedecker trug die Jacke in einer und die Fliegertasche in der anderen Hand. Er sah auf zu den Hügeln im Osten, die die letzten Strahlen der Abendsonne einfingen. Trockene Pappelblätter zeichneten sich vor dem blauen Himmel ab. In der Nähe der Scheune parkte ein Jeep, dessen Schlüssel im Schloß steckte, und Dave warf seine Sachen ins Heck und stieg ein. Baedecker gesellte sich zu ihm und hielt sich am Überrollbügel fest, als Dave mit Vollgas auf die Schotterstraße fuhr.

»Es ist schön, wenn man seinen eigenen Wartungstrupp so weit draußen hat«, sagte Baedecker. »Hast du ihn in Vietnam kennengelernt?«

»Nee. Erst als Di und ich das Haus hier gekauft hatten, 1976.«

»Hat er den Arm im Krieg verloren?

Dave schüttelte den Kopf. »Da drüben ist ihm kein Haar gekrümmt worden. Drei Monate nach seiner Entlassung hat er sich betrunken und seinen Pritschenwagen in den Straßengraben gesetzt.«

Sie fuhren an der zerklüfteten Felsnadel und der geschlossenen Kirche vorbei nach Lonerock. Auf der anderen Seite des Tals war die Straße, der sie von Condon gefolgt waren, eine weiße Linie an der schattigen Felswand. Baedecker bemerkte mehrere leerstehende Häuser inmitten von Unkraut abseits der Straße, erhaschte einen kurzen Blick auf die alte Schule zwischen den Bäumen, und dann hielt Dave vor einem weißen Haus mit Blechdach und einem weißen Lattenzaun. Der Rasen war gepflegt, an einer Seite befand sich eine Natursteinveranda, und vor dem Haus hing ein Kolibrifutternapf an einem Fliederbaum. »Casa Muldorff«, verkündete Dave und nahm Baedeckers Fliegertasche aus dem Jeep.

Das Gästezimmer befand sich im ersten Stock, unter dem Giebel. Baedecker konnte sich das Prasseln bei Regen auf dem Blechdach über sich vorstellen. Er konnte das Ausmaß an Arbeit abschätzen, das in das alte Bauwerk gesteckt worden sein mußte. Dave und Diane hatten Wände herausgerissen, Böden verstärkt, einen Kamin im Wohnzimmer und einen Herd in der Küche angebaut, die Fundamente repariert, neue Stromkabel und Wasserleitungen verlegt, die Küche umgebaut und aus dem flachen Speicher einen kleinen aber gemütlichen ersten Stock gemacht. »Davon abgesehen«, hatte Dave gesagt, »ist das Haus noch weitgehend so, wie wir es gefunden haben.« In den Tagen, als der ›Oregon Trail‹ noch jedermann im Gedächtnis gewesen war, hatte das Haus als Postamt gedient, dann als Büro des Sheriffs, und eine Zeitlang sogar als Leichenhalle, bis es mit dem Rest der kleinen Stadt Schritt für Schritt verfiel. Jetzt hatte das Gästezimmer saubere weiße Wände, frische weiße Vorhänge, ein hohes Messingbett und eine antike Kommode, auf der eine alte Schüssel samt Krug standen. Baedecker sah zum Fenster hinaus, zwischen kahlen Zweigen hindurch in den Vorgarten und zur Straße dahinter. Er konnte sich durchfahrende Buggies vorstellen, aber sonst wenig Verkehr. Die Überreste eines niederen Dielengehwegs lagen verfallen im Gras vor dem Lattenzaun.

»Komm«, rief Dave von unten, »ich zeige dir die Stadt, bevor es zu dunkel wird.«

Es dauerte nicht lange, die ganze Stadt anzusehen, selbst zu Fuß. Dreißig Meter von Daves Haus entfernt machte die gestampfte Straße eine Biegung nach Norden und wurde einen Block lang zur Hauptstraße. Die Landstraße zweigte links davon ab, führte über eine Brücke und verlief weiter durch Weizen- und Luzernefelder zur zwei Meilen westlich gelegenen Felswand. Der Bach, den Baedecker aus der Luft gesehen hatte, führte durch Daves Grundstück und an dem verwitterten Schuppen vorbei, den dieser als Garage bezeichnete.

Die Stille war so allumfassend, daß Baedecker das Geräusch ihrer Schritte auf dem Schotter der Hauptstraße als störend empfand. Ein paar Häuser der Stadt machten einen bewohnten Eindruck, und hinter einem vernagelten Bauwerk parkte ein altes Wohnmobil, aber die meisten Häuser waren unkrautüberwuchert und verwittert, die Dachstühle schutzlos den Elementen preisgegeben. Drei Geschäfte standen geschlossen und müßig an der Westseite der Hauptstraße, zwei mit rostigen Fassungen ohne Glühbirnen über den Türen. Eine Zapfsäule vor einem der Geschäfte versprach Super für sieben Cent pro Liter. Auf einem fliegenbesudelten Schild, das schräg im Schaufenster hing stand: *›Coca Cola GESCHLOSSEN Die Pause, die erfrischt‹*.

»Ist es offiziell eine Geisterstadt?« fragte Baedecker.

»Klar«, sagte Dave. »Die offizielle Bevölkerungszahl weist auf dem Höhepunkt der Sommersaison vierhundertneunundachtzig Geister und achtzehn Menschen aus.«

»Was ist mit den Leuten, die sich das ganze Jahr hier aufhalten? Was machen die?«

Dave zuckte die Achseln. »Es gibt ein paar Farmer und Rancher im Ruhestand. Solly, der in dem Wohnmobil da hinten, hat vor ein paar Jahren in der Washington-Lotterie gewonnen und sich mit seinen zwei Millionen hier niedergelassen.«

»Du machst Witze«, sagte Baedecker.

»Niemals«, sagte Dave. »Komm, ich möchte, daß du jemanden kennenlernst.«

Sie gingen eineinhalb Blocks nach Osten, bis zum Stadtrand, und dann eine steile Anhöhe zu der backsteingebauten Schule hinauf. Es war ein eindrucksvolles Gebäude, zweistöckig, mit einer Art übergroßem, verglastem Dachstuhl obenauf. Als sie näher kamen, konnte Baedecker sehen, daß man auf die Restaurierung des alten Gebäudes große Sorgfalt verwendet hatte. Ein gepflegter Garten beanspruchte einen Teil des ehemaligen Schulhofs, die Backsteine waren vor einigen Jahren mit einem Sandstrahler gesäubert worden, die Eingangstür wies hübsche Schnitzereien auf, vor den hohen Fenstern hingen geraffte weiße Gardinen.

Baedecker schnaufte leicht, als sie die Tür erreichten. Dave grinste. »Du mußt häufiger joggen, Dickie.« Er klopfte lautstark an einem Türklopfer aus Messing. Baedecker zuckte etwas zusammen, als eine Stimme aus einem Metallrohr ertönte, das dicht an seinem Ohr in den Türrahmen eingelassen war.

»Dave Muldorff, Miz Callahan«, rief Dave in die Röhre. »Ich habe einen Freund mitgebracht.«

Baedecker erkannte die alte Sprechmuschel als Teil eines antiquitierten Röhren-Sprechsystems, wie er sie bisher nur in Filmen und einmal während einer Führung durch das Haus von Mark Twain in Hartford gesehen hatte.

Es erfolgte eine gedämpfte Antwort, die Baedecker als ›Kommen Sie rauf‹ interpretierte, danach ein Summen, als die Tür aufging. Baedecker mußte an das Eingangsfoyer des Mietshauses seiner Eltern in der Kildare Street in Chicago vor dem Krieg denken. Als er eintrat, rechnete er halb damit, die Mischung von schimmligem Teppich, poliertem Holz und gekochtem Blumenkohl zu riechen, die in den Jahren seiner frühen Kindheit stets bedeutet hatte, daß er nach Hause gekommen war. Aber so war es nicht. Das Innere der Schule roch nach Möbelpolitur und dem Abendwind, der zu den offenen Fenstern hereinwehte.

Baedecker war fasziniert von den Blicken, die er in die

Zimmer werfen konnte, als sie die beiden Treppen hinaufgingen. Ein großes Klassenzimmer im Erdgeschoß war in ein zu groß geratenes Wohnzimmer umgewandelt worden. Ein Teil der großen Tafel war noch vorhanden, wurde aber mittlerweile von Bücherregalen mit Hunderten von Bänden eingerahmt. Hier und da standen einige wertvolle antike Möbel auf dem polierten Holzboden, ein kleiner Teil war mit einem Perserteppich und bequemen Plüschmöbeln abgegrenzt.

Im ersten Stock, der so hoch über dem Erdgeschoß lag wie ein normaler zweiter Stock, konnte Baedecker einen Blick in ein Arbeitszimmer voller Bücher hinter einer Schiebetür und in ein Schlafzimmer werfen, wo ein Einzelbett mit Baldachin einsam und verlassen inmitten von hundertachtzig Quadratmetern poliertem Holzboden stand. Zwei Katzen verschwanden rasch im Schatten, als sie die Schritte hörten. Baedecker folgte Dave eine schmiedeeiserne Wendeltreppe hinauf, die offensichtlich erst eingebaut worden war, nachdem das Gebäude als Schulhaus ausgedient hatte. Sie kamen durch eine Falltür in der Decke und standen plötzlich wieder im Licht auf etwas, das die Brücke eines großen Raddampfers hätte sein können.

Baedecker war so überrascht und fassungslos angesichts der Aussicht, daß er seine Aufmerksamkeit einige Sekunden lang nicht auf die ältere Damen lenken konnte, die ihn aus einem Korbsessel heraus anlächelte. Er sah sich um und versuchte erst gar nicht, seinen entzückten Gesichtsausdruck zu verbergen.

Das alte Dachgebälk der Schule war zu einer Glaskuppel von mindestens fünf mal fünf Metern ausgebaut worden, und selbst der Dachfirst war mit Oberlichtern verglast. Baedecker konnte an dem Licht erkennen, daß das Glas polarisiert sein mußte. Jetzt verstärkte es nur die ohnedies leuchtenden Farben von Himmel und Laub, aber er wußte, bei Tage würde das Glas von außen milchig sein, für einen Beobachter im Inneren dagegen erschienen alle Schattierungen klar und betont. Draußen verlief ein schmaler Witwensteig mit kunstvollem schmiedeeisernen Geländer entlang der Krone zweier Giebel vom Glockenstuhl aus nach Osten und Westen. Im Inneren standen mehrere Korbsessel, ein Tisch mit einem Teeservice und Sternenkarten darauf und ein antikes Messingteleskop auf einem hohen Stativ.

Aber die Aussicht erfüllte Baedecker am meisten mit Staunen. Von diesem Aussichtspunkt zwölf Meter über der Stadt konnte er über Dächer und Baumwipfel hinweg zu den Felswänden des Tals und den Vorgebirgen und dahinter bis zu den hohen Klippen sehen, wo Blöcke uralten Sedimentgesteins aus dem Boden ragten wie Dornen aus brüchigem Stoff. Der polarisierte Himmel hatte einen solch dunklen Farbton, daß Baedecker an die seltenen Flüge oberhalb zweieinhalbtausend Meter Höhe denken mußte, bei denen die Sterne am Tage sichtbar werden und die kobaltblaue Krümmung des Himmels mit der Schwärze verschmilzt. Baedekker stellte fest, daß die Sterne jetzt *tatsächlich* sichtbar wurden, sie erschienen in Paaren und kleinen Gruppen am Himmel wie frühe Theaterbesucher, die nach den besten Plätzen suchen.

Eine Brise wehte durch die Fliegengitter tief unten an den Glaswänden, der Wind spielte mit den Seiten eines Buchs auf einer Sessellehne, und Baedecker schenkte seine Aufmerksamkeit endlich der Frau, die zu ihm empor lächelte.

»Miz Callahan«, sagte Dave, »Das ist Richard Baedecker. Richard, Miz Elizabeth Sterling Callahan.«

»Wie geht es Ihnen, Mr. Baedecker«, sagte die Frau und streckte die Hand aus, Handfläche nach unten.

Baedecker ergriff sie und sah die alte Dame genauer an. Zuerst hatte er den Eindruck gehabt, als habe er eine Frau Ende Sechzig vor sich, aber nun korrigierte er das Alter um mindestens ein Jahrzehnt nach oben, wahrscheinlich mehr. Doch trotz der Jahre besaß Elizabeth Sterling Callahan eine Schönheit, die zu tief saß, als daß die Zeit allein sie hätte besiegen können. Ihr Haar war weiß und kurz geschnitten, aber es stand wie elektrisiert von dem markanten Gesicht ab. Die Wangenknochen bildeten sich deutlich unter der von

Sonne und Alter fleckig gewordenen Haut ab, aber die kleinen braunen Augen waren lebhaft und intelligent, das Lächeln immer noch bezaubernd.

»Ich bin hoch erfreut, Ihre Bekanntschaft zu machen, Miz Callahan«, sagte Baedecker.

»Jeder Freund von Dave ist auch ein Freund von mir«, sagte sie, und Baedecker lächelte angesichts ihrer volltönenden, heiseren Stimme. »Bitte setzen Sie sich. Sable, sag unseren Freunden Hallo.«

Baedecker bemerkte zum ersten Mal, daß ein schwarzer Labrador sich im Schatten hinter dem Stuhl zusammengerollt hatte. Der Hund sah freudig auf, als Dave sich bückte, um ihn zu kraulen.

»Wie lange?« sagte Dave und tätschelte die Seite des Hundes.

»Geduld, Geduld«, lachte Miz Callahan. »Gut Ding will Weile haben.« Sie sah zu Baedecker auf. »Ist dies Ihr erster Besuch in unserer Stadt, Mr. Baedecker?«

»Ja. Ma'am«, sagte Baedecker, der sich in ihrer Gegenwart wie ein Schuljunge fühlte, ein Gefühl, das freilich nicht unbedingt unangenehm war.

»Nun, es ist ein ruhiges kleines Fleckchen«, sagte Miz Callahan, »aber wir hoffen, daß es Ihnen hier gefällt.«

»Ich finde es wunderschön«, sagte Baedecker. »Und Ihr Haus gefällt mir auch außerordentlich. Sie haben es wunderbar hergerichtet.«

»Danke, Mr. Baedecker«, sagte sie, und Baedecker konnte ihr Lächeln im spärlichen Licht sehen. »Mein verstorbener Mann und ich haben den größten Teil der Arbeiten machen lassen, als wir Ende der fünfziger Jahre hier in den Ruhestand gingen. Die Schule stand fast dreißig Jahre leer und befand sich in einem schrecklichen Zustand. An manchen Stellen war das Dach eingestürzt, Tauben nisteten in allen Zimmern des ersten Stocks – meine Güte, es war in einem schrecklichen Zustand. David, da auf dem Tisch steht ein Krug Limonade. Würden Sie uns welche einschenken? Danke, mein Bester.«

Baedecker trank Limonade aus einem kristallenen Weinkelch, während sich draußen die Nacht herniedersenkte. Nur wenige Häuser in der Stadt waren erleuchtet, dazu zwei Bogenlampen, eine nicht weit von Daves Haus entfernt, aber ihr Leuchten wurde von Zweigen abgeschirmt und lenkte nicht von der Pracht des Himmels ab, wo immer mehr Sterne sichtbar wurden.

»Der Mars geht auf«, sagte Dave.

»Nein, mein Bester, das ist Beteigeuze«, sagte Miz Callahan. »Sehen Sie, er ist gegenüber von Rigel und über dem Gürtel des Orion.«

»Sie interessieren sich für Astronomie?« fragte Baedecker und lächelte über Daves Verlegenheit. Er hatte seinem Freund schon Monate vor der Mission bei den Astrogationsübungen unter die Arme greifen müssen.

»Mr. Callahan war Astronom«, sagte die alte Dame. »Wir haben uns kennengelernt, als er Professor an der DePauw-Universität in Greencastle, Indiana, war. Ich war dort und unterrichtete Geschichte. Haben Sie DePauw jemals gesehen, Mr. Baedecker?«

»Nein, Ma'am.«

»Eine sehr hübsche kleine Schule«, sagte Miz Callahan. »Akademisch gesehen zweitklassig und da draußen in den Maisfeldern von Indiana im siebten Kreis der Einsamkeit begraben, aber ein hübscher kleiner Campus. Noch Limonade, Mr. Baedecker?«

»Nein, danke.«

»Mr. Callahan war ein Fan der Chicago Cubs«, sagte sie. »Wir sind jeden August mit der Monon Railroad nach Chicago gefahren und haben uns die Spiele auf dem Wrigley Field angesehen. Das waren unsere Ferien. Ich kann mich noch an 1945 erinnern, als sie eine wirklich gute Spielzeit hatten. Mr. Callahan machte Pläne, eine weitere Woche im Blackstone Hotel zu bleiben. Die Reise zu den Spielen der Cubs war das einzige, was Mr. Callahan vermißte, als wir im Herbst 1959 in den vorzeitigen Ruhestand gingen und hierher zogen.«

»Wieso haben Sie sich für Lonerock entschieden?« fragte Baedecker. »Hatten Sie Familienangehörige in Oregon?«

»Gütiger Himmel, nein«, sagte Miz Callahan. »Keiner von uns war je im Westen gewesen, bevor wir hergezogen sind. Nein, Mr. Callahan hatte einfach auf seiner Karte ausgerechnet, daß dies der beste Ort für magnetische Kraftlinien war, daher beluden wir den DeSoto und kamen hierher.«

»Magnetische Kraftlinien?« sagte Baedecker.

»Interessieren Sie sich dafür, den Himmel zu beobachten, Mr. Baedecker?« fragte sie.

Bevor Baedecker antworten konnte, sagte Dave: »Richard ist vor sechzehn Jahren mit mir auf dem Mond spazierengegangen.«

»Oh, David, fangen Sie nicht wieder damit an«, sagte Miz Callahan und schlug ihm spielerisch auf die Hand.

Dave wandte sich an Baedecker. »Miz Callahan glaubt nicht, daß Amerikaner auf dem Mond gewesen sind.«

»Wirklich?« sagte Baedecker. »Ich dachte, das hätte mittlerweile jeder akzeptiert.«

»Oh, jetzt fangen Sie nicht auch noch an, mich auf den Arm zu nehmen«, sagte die alte Dame. Ihre heisere Stimme klang gelinde amüsiert. »David ist schon schlimm genug.«

»Es wurde im Fernsehen übertragen«, sagte Baedecker und sah sofort ein, wie kümmerlich sich diese Aussage anhörte.

»Ja«, sagte Miz Callahan, »wie Mr. Nixons sogenannte Checkers-Ansprache. Glauben Sie alles, was Sie sehen und hören, Mr. Baedecker? Ich besitze keinen Fernseher mehr, seit die Bildröhre den Geist aufgegeben hat. Das war an einem Sonntag. In der Mitte von *Omnibus*. Wir besaßen einen Sylvania Halolite. Das Halo funktioniert noch, nachdem der Bildschirn dunkel geworden war. Es war eigentlich ziemlich friedlich.«

»Die Mondlandungen standen in allen Zeitungen«, sagte Baedecker. »Erinnern Sie sich noch an den Sommer 1969? Neil Armstrong? Ein kleiner Schritt für einen Menschen, ein gigantischer Sprung für die Menschheit?«

»Ja, ja«, kicherte die Dame. »Sagen Sie mir, Mr. Baedecker, hört sich das nach etwas an, das jemandem einfach so spontan einfällt? Oder zu so einem Anlaß sagt? Gewiß nicht. Es hört sich genau nach dem an, was es ist, eine schlecht geschriebene Schmierenkomödie.«

Baedecker wollte etwas sagen, sah Dave an und klappte den Mund zu.

»David, wie geht es der lieben Diane?« fragte Miz Callahan.

»Prächtig«, sagte Dave. »Ich war dabei, als sie die Ultraschalluntersuchung gemacht haben.

»Auch eine Fruchtwasseruntersuchung? fragte die alte Dame.

»Nein, nur Ultraschall.«

»Das war klug«, sagte Miz Callahan. »Diane ist jung, es besteht keine Veranlassung, das eine Prozent Risiko einer Fehlgeburt einzugehen, wenn es nicht erforderlich ist. Wann war nochmal der Termin?«

»Der Arzt sagt, am siebten Januar«, sagte Dave. »Di glaubt, daß es später wird. Ich tippe auf etwas früher.«

»Das erste Baby kommt wahrscheinlich später, wenn überhaupt«, sagte Miz Callahan.

Baedecker räusperte sich. »Ah, was hatten Sie über magnetische Kraftlinien gesagt?«

Miz Callahan tätschelte ihren Hund, stand auf und schritt vorsichtig zum Tisch. Sie sah zum Himmel, betrachtete die Karten, nickte zufrieden und kehrte zu ihrem Sessel zurück. »Ja, eigentlich elektromagnetische Linien«, sagte sie. »Ich habe es nie genau verstanden, aber Mr. Callahan schrieb alles auf, als er zum ersten Mal Kontakt hergestellt hatte. Eines Tages können Sie sich alles ansehen, wenn Sie möchten. Wie dem auch sei, Mr. Callahan bestätigte, daß sie korrekt seien und dies die beste Stelle in den Vereinigten Staaten – in ganz Nordamerika – wäre, daher zogen wir hierher. Mr. Callahan verstarb 1964, aber da sie zu *mir* nicht sprechen wie zu ihm, muß ich mich auf seine frühen Berechnungen verlassen. Würden Sie das nicht auch sagen?«

»Ich denke, ja«, sagte Baedecker.

»Mr. Callahan war zweifellos korrekt, was den *Ort* betrifft«, fuhr die alte Dame fort, »aber er war sich nie sicher hinsichtlich der *Zeit*. Sie ließen sich einfach nicht auf einen Zeitpunkt festlegen. Ich habe sie schon hunderte Male oben vorbeifliegen sehen, aber heruntergekommen sind sie bisher noch nicht. Nun, ich muß Ihnen sagen, sie sollten sich besser beeilen. Ich werde nicht jünger, und manchmal kostet es mich alle Anstrengung, diese alten Knochen die Treppe heraufzuschleppen. Heute Nacht ist keine gute Nacht, sie zu beobachten, weil der Vollmond bald aufgehen wird, und ... oh, herrje, sehen Sie!«

Baedecker folgte dem schattenhaften Umriß ihres Arms zu einem Punkt am Zenit, wo ein Satellit oder ein außerordentlich hoch fliegendes Flugzeug kurz aufleuchtete, als es von Westen nach Osten flog. Die drei beobachteten es, bis es mit dem Sternenhintergrund verschmolz, danach saßen sie mehrere Minuten in behaglichem Schweigen und Dunkelheit.

»Noch jemand Limonade?« fragte Dave schließlich.

Nachdem Daves Mutter 1956 an einem Schlaganfall gestorben war, zog Baedeckers Vater von dem Haus in Chicago in ihre ›Blockhütte‹ in Arkansas. Baedeckers Eltern hatten das Land bei einem Preisausschreiben des *Herald Tribune* gewonnen und fast fünf Jahre an dem Haus gearbeitet, hatten, wenn möglich, den Sommer dort verbracht und waren manchmal zu Weihnachten hingefahren. Baedeckers Vater war 1952 vom Marine-Korps in den Ruhestand versetzt worden, in dem Jahr, als sein Sohn angefangen hatte, F-86 Sabres in Korea zu fliegen, und seither hatte er einen Halbtagsjob bei Wilson's Sporting Goods inne. Sie hatten vorgehabt, sich im Juni 1957 endgültig dorthin in den gemeinsamen Ruhestand zurückzuziehen. Statt dessen war Baedeckers Vater im November 1956 allein hingezogen.

Baedecker konnte sich noch sehr deutlich an zwei Ausflüge erinnern: der erste im Oktober 1957, zwei Monate bevor sein Vater an Lungenkrebs gestorben war, und der zweite mit Scott im heißen Watergate-Sommer des Jahres 1974.

Scott war in jenem Jahr zehn geworden, befand sich aber bereits in der Wachstumsphase, die erst aufhören sollte, als er einen Meter zweiundachtzig maß, vier Zentimeter mehr als sein Vater. Scott hatte sich in dem Jahr das rote Haar wachsen lassen, so daß es ihm bis auf die Schultern fiel. Baedecker gefiel es nicht – er fand, der hagere Junge sah damit feminin aus –, und noch viel mehr mißfiel ihm die nervöse Angewohnheit seines Sohnes, das Haar ständig aus dem Gesicht zu schütteln, aber Baedecker fand das alles nicht wichtig genug, ein Aufhebens darum zu machen.

Die Fahrt von Houston war heiß und ereignislos gewesen. Es war der erste Sommer von Joans Unzufriedenheit, glaubte Baedecker jedenfalls später, daher war er froh, daß er ein paar Wochen von ihr getrennt sein konnte. Joan hatte beschlossen, in Houston zu bleiben, weil sie mit verschiedenen Frauenorganisationen Abmachungen getroffen hatte. Baedecker hatte die NASA einen Monat zuvor verlassen und sollte seinen neuen Job bei der Flugzeugfirma in St. Louis im September anfangen. Es war sein erster Urlaub seit über zehn Jahren.

Scott war alles andere als erfreut. In den ersten Tagen der Arbeit an der Blockhütte – das Unterholz lichten, beschädigte Fenster auswechseln, Ziegeln ersetzen und ganz allgemein den Zustand der Hütte aufzupolieren, die jahrelang leer gestanden hatte – war Scott still und unverkennbar mürrisch gewesen. Baedecker hatte ein Transistorradio mitgebracht, und die Nachrichten brachten nichts anders als Berichte über Nixons bevorstehenden Rücktritt. Joan verfolgte die Watergate-Sache, seit vor einem Jahr die ersten Fernsehübertragungen der Anhörungen angefangen hatten. Zuerst mißfielen sie ihr, weil die Berichterstattung den Zeitplan ihrer Lieblingsseifenopern durcheinander brachte, aber bald fieberte sie ihnen entgegen, sah sich die abendlichen Wiederholungen im PBS an und sprach kaum mehr über etwas anderes mit Baedecker. Für ihn, der eine Fliegerlaufbahn beendete, die er seit seinem achtzehnten Lebensjahr verfolgte, schienen Nixons letzte Qualen unbeholfen und peinlich, sichtbare Zeichen einer in Auflösung begriffenen Gesellschaft, die er bereits voll Traurigkeit betrachtete.

Bei der Blockhütte handelte es sich tatsächlich um ein eingeschossiges Holzhaus, das überhaupt nicht zu den Ranchhäusern aus Stein und Backstein und den neuen Holzlattenbauten passen wollte, die rings um den Stausee herum entstanden. Die Blockhütte stand inmitten von drei Morgen Waldwiese auf einem Hügel. Bergab befand sich eine schmale Bucht des Sees und ein kurzer Steg, den Baedeckers Vater in dem Sommer gebaut hatte, als Eisenhower wiedergewählt worden war. Baedeckers Eltern hatten daran gearbeitet, die Zimmer im ersten Stock fertigzustellen und eine Veranda an der Rückwand anzubauen, aber als er nach dem Tod seiner Frau dorthin zog, ließ Baedeckers Vater die Arbeit unvollendet.

Baedecker und Scott rissen die verfaulten Überreste der angefangenen Veranda an dem Tag ab, als Nixon seinen Rücktritt bekanntgab. Baedecker erinnerte sich, wie sie an jenem Donnerstagabend vor der Blockhütte saßen, Hamburger aßen, die Scott gegrillt hatte, und die letzten Bekundungen von Selbstmitleid und Trotz des scheidenden Präsidenten hörten. Nixon endete mit dem Satz: »Während ich in diesem Amt gedient habe, verband mich eine persönliche Beziehung mit jedem einzelnen Amerikaner. Da ich es nun verlasse, möchte ich es mit einem Gebet tun: Möge Gottes Gnade Sie in allen kommenden Tagen begleiten.« Scott sagte sofort: »Zieh einfach Leine, du verlogener Arsch. Wir werden dich nicht vermissen.«

»Scott!« bellte Baedecker. »Dieser Mann ist bis morgen mittag Präsident der Vereinigten Staaten. Ich werde nicht zulassen, daß du so über ihn sprichst!«

Der Junge hatte den Mund aufgemacht, um zu antworten, aber in Baedeckers Befehl lagen zwei Jahrzehnte Drill des Marine-Korps, und so konnte Scott nur den Teller hinwerfen und mit roten Kopf davonlaufen. Baedecker saß allein im letzten Schein der Dämmerung über Arkansas und sah, wie das weiße Hemd seines Sohnes bergab Richtung Steg verschwand. Baedecker wußte, daß Scotts Verdrossenheit in den wenigen Tagen, die noch vor ihnen lagen, weiter zunehmen würde. Er wußte auch, daß Scotts Bemerkung, wenn auch unverblümter ausgesprochen, genau das beinhaltete, was Baedecker selbst über Nixons Abschied dachte. Baedecker hatte die Blockhütte angesehen und an das erste Mal gedacht, als er sie gesehen hatte – das erste Mal, als er überhaupt in Arkansas war; er fuhr von Yuma, Arizona, direkt mit seinem neuen Thunderbird durch und mußte an Neu-England denken, wenn er durch kleine Orte mit Namen wie Choctaw und Leslie, Yellville und Salesville kam, und er rechnete halb damit, das Meer zu sehen, und nicht den langgestreckten See, wo seine Eltern ihr Land gewonnen hatten.

Das Aussehen seines Vaters hatte ihn erschüttert. Obwohl Baedeckers Vater vierundsechzig Jahre alt war, hatte er immer mindestens zehn Jahre jünger ausgesehen. Jetzt war sein Haar immer noch rabenschwarz, aber graue Stoppeln bedeckten die Wangen, und sein Hals war faltig geworden, seit Baedecker den Mann zum letzten Mal acht Monate zuvor in Illionois gesehen hatte. Baedecker wurde bewußt, daß er seinen Vater in vierundzwanzig Jahren nicht einmal unrasiert gesehen hatte.

Baedecker war am Abend des 5. Oktober 1957 zu seinem Besuch eingetroffen, dem Tag nach dem Start des *Sputnik.* Spät in der Nacht war sein Vater zum Steg gegangen, um zu angeln und ›nach dem Satelliten Ausschau zu halten‹, obwohl Baedecker ihm versichert hatte, daß man diesen mit bloßem Auge, weil er zu klein war, nicht erkennen konnte. Es war eine kühle Neumondnacht, der drei Meilen entfernte Wald auf der anderen Seite des Sees war eine schwarze Linie vor dem Sternenhimmel. Baedecker betrachtete die glühende Zigarettenspitze seines Vaters und lauschte dem spröden Klang von Trommel und Schnur. Ab und zu sprang ein Fisch in der Dunkelheit.

»Wer sagt, daß dieses Ding keine Atombomben an Bord hat«, hatte sein Vater plötzlich gesagt.

»Das wären ziemlich kleine Bomben«, sagte Baedecker. »Der Satellit ist etwa so groß wie ein Baseball.«

»Aber wenn sie etwas so Großes raufschicken können, dann können sie es auch mit größeren, die Bomben tragen, oder nicht?« sagte sein Vater, und Baedecker fand, daß sich die tiefe Stimme fast quengelnd anhörte.

»Stimmt«, sagte Baedecker, »aber wenn sie soviel Gewicht in den Orbit schießen können, dann müssen sie keine Bomben an Bord schaffen. Sie können die Trägerraketen als ballistische Flugkörper benutzen.«

Sein Vater sagte nichts, und Baedecker wünschte sich, er hätte auch den Mund gehalten. Schließlich hustete sein Vater und sprach weiter, während er die Leine einholte und wieder aus warf. »Ich habe im *Tribune* von diesem neuen Raketenflugzeug, der X-15, gelesen, das sie auf dem Reißbrett entwickelt haben. Soll in den Weltraum starten, die Erde umkreisen und landen wie ein normales Flugzeug. Wirst du es fliegen, wenn es fertig ist?«

»Mein größter Wunsch«, sagte Baedecker. »Unglücklicherweise stehen ein paar Leute vor mir in der Schlange, Leute mit Namen wie Joe Walker und Ivan Kincheloe. Außerdem ist das draußen auf Edwards. Ich verbringe die meiste Zeit in Yuma oder Pax River. Ich hatte gehofft, ich würde bis dahin in der ersten Reihe stehen, aber bis jetzt habe ich nicht einmal die Universität abgeschlossen.«

Baedecker sah das Glühen der Zigarette seines Vaters auf und ab nicken. »Deine Mutter und ich haben gedacht, wir könnten uns jetzt auf den ersten Winter hier unten einrichten«, sagte er. »Manchmal spielt es keine Rolle, was man hofft oder plant. Es spielt einfach keine Rolle.«

Baedecker strich mit der Hand über das glatte Holz des Stegs.

»Der Fehler besteht darin, daß man immer auf die Auszahlung wartet, als wäre sie eine Belohnung, die einem zusteht«, sagte sein Vater, und nun war der quengelnde Tonfall verschwunden und etwas unendlich Traurigem gewichen. »Man arbeitet und wartet, und dann arbeitet man noch ein bißchen mehr, und dabei erzählt man sich und anderen ständig, daß die guten Zeiten vor einem liegen, und dann geht alles in Scherben, und man wartet nur noch darauf zu sterben.«

Ein kalter Wind wehte über den See, und Baedecker erschauerte.

»Da ist er«, sagte sein Vater.

Baedecker sah auf, folgte dem ausgestreckten Zeigefinger, und da sah er in den dunklen Zwischenräumen zwischen den kalten Sternen, unglaublich hell, orange wie die Zigarettenglut seines Vaters und viel zu hoch und schnell, um ein Flugzeug zu sein, den *Sputnik* von Westen nach Osten wandern, obwohl dieser eigentlich so klein sein mußte, daß man ihn unmöglich sehen konnte.

Dave machte Chili, und sie nahmen ein verspätetes Abendessen ein, als sie von Miz Callahan zurückkamen, saßen in der langgestreckten Küche und hörten mit dem tragbaren Kassettenrekorder Bach. Kink Weltner kam vorbei und trank ein Bier, während sie aßen. Dave und Kink unterhielten sich über Football, und da schaltete Baedecker ab, weil Football eine der Sportarten war, die er sterbenslangweilig fand. Als sie nach draußen gingen und sich von Kink verabschiedeten, ging der Vollmond auf und hob die Felszinnen und Pinienbäume auf dem Kamm im Osten als Silhouetten hervor.

»Ich möchte dir etwas zeigen«, sagte Dave.

In einem kleinen Hinterzimmer im Erdgeschoß lagerten stapelweise Bücher, ein behelfsmäßiger Schreibtisch bestehend aus einer Tür auf Sägeböcken, eine Schreibmaschine und mehrere hundert Blatt Manuskriptpapier unter einem Briefbeschwerer, der aus dem Notschalter einer *Gemini*-Raumkapsel bestand.

»Wie lange arbeitest du schon daran?« fragte Baedecker und blätterte die ersten fünfzig Seiten durch.

»Ein paar Jahre«, sagte Dave. »Komisch, aber ich arbeite

nur hier draußen in Lonerock. Ich muß meine Fachliteratur hin- und herschleppen.«

»Wirst du dieses Wochenende daran arbeiten?«

»Nein, ich möchte gerne, daß du es dir ansiehst, wenn du Lust hast«, sagte Dave. »Ich will deine Meinung hören. Du bist Schriftsteller.«

»Unsinn«, sagte Baedecker. »Schöner Schriftsteller. Ich habe zwei Jahre damit verplempert, an einem dummen Buch zu arbeiten, und bin nie über Kapitel vier hinausgekommen. Schließlich kam ich darauf, daß man nur schreiben kann, wenn man auch etwas zu sagen hat.«

»Du bist Schriftsteller«, wiederholte Dave. »Ich wüßte gern deine Meinung darüber.« Er gab Baedecker den Rest des Stapels.

Später lag Baedecker auf dem Bett und las zwei Stunden lang. Das Buch war unvollendet – ganze Kapitel existierten nur als Inhaltsangabe, als kurze hingekritzelte Notizen –, aber das Vorhandene faszinierte Baedecker. Der Arbeitstitel des Manuskripts lautete *Forgotten Frontiers – Vergessene Grenzen* –, und die einleitenden Abschnitte handelten von der Erforschung der Antarktis und des Mondes. Parallelen wurden gezogen. Manche waren offensichtlich, wie der Wettlauf, die Flagge zu errichten, die Gier danach, *Erster* zu sein, in sämtlichen ernsthaftem oder systematischen wissenschaftlichen Programmen die Führung zu übernehmen. Andere Ähnlichkeiten waren subtiler, etwa die karge Schönheit der südpolaren Wüste im Vergleich mit Augenzeugenberichten vom Mond. Die Informationen stammten aus Tagebüchern, Aufzeichnungen und überlieferten Bemerkungen. Sowohl bei der Antarktis wie auch beim Mond berichteten die unzulänglichen Schilderungen – die Beschreibungen der Antarktisforscher waren bei weitem besser geschrieben – von der geheimnisvollen Klarheit der Einsamkeit, der überwältigenden Schönheit eines neuen Ortes, welcher völlig außerhalb der Erfahrungen der Menschheit lag, und von der verführerischen Anziehungskraft, die so feindseligen und lebensfeindlichen Plätzen eigen war, welche menschlichem

Streben und menschlicher Empfindlichkeit vollkommen gleichgültig gegenüberstanden.

Dave untersuchte nicht nur die Ästhetik der Erforschung, sondern hatte obendrein Kurzbiographien und psychologische Porträts von zehn Männern eingeflochten – fünf Polarforschern und fünf Weltraumfahrern. Die Polarforscher waren Amundsen, Byrd, Ross, Shackleton und Cherry-Ganard. Als ihre zeitgenössischen Gegenstücke hatte Dave vier der weniger bekannten *Apollo*-Astronauten ausgesucht, von denen drei auf dem Mond spazierengegangen waren, und einer, wie Tom Gavin, im Kommandomodul im Orbit zurückblieb. Des weiteren hatte er einen Russen aufgenommen, Pawel Beljajew. Baedecker hatte Beljajew bei der Luftfahrtausstellung in Paris im Jahre 1968 kennengelernt und war mit Dave Muldorff und Michael Collins bei ihm gestanden, als Beljajew gesagt hatte: »Möglicherweise werde ich schon bald der erste Mensch sein, der erfährt, wie die Rückseite des Mondes aussieht.« Nun las Baedecker mit Interesse, daß Beljajew nach Daves Recherchen tatsächlich ausgewählt worden war, als erster Mensch in einem modifizierten Mond-Raumfahrzeug eine Mondumkreisung vorzunehmen. Der Termin für den Start lag nur wenige Monate nach dem Gespräch mit Baedecker und den anderen im Frühling 1968. Statt dessen wurde zu Weihnachten *Apollo 8* das erste Raumfahrzeug, das den Mond umkreiste, das Mondprogramm der Sowjets wurde stillschweigend unter dem Vorwand gekippt, sie hätten sowieso nie vorgehabt, den Mond zu erreichen. Beljajew starb ein Jahr später während einer Operation an einem blutenden Magengeschwür, und statt als erster Mensch berühmt zu werden, der die Rückseite des Mondes zu sehen bekam, wurde dem unglücklichen Kosmonauten die fragwürdige Ehre zuteil, der erste tote russische ›Held der Raumfahrt‹ zu sein, der *nicht* an der Kremlmauer beigesetzt wurde. Baedecker mußte an seinen Vater denken – »und dann geht alles in Scherben und man wartet nur noch darauf zu sterben.«

Die Kapitel über die vier amerikanischen Astronauten waren lediglich skizziert, aber welche Richtung diese Schilderungen einschlagen sollten, war offensichtlich. Wie bei den Porträts der Polarforscher, befaßten sich die *Apollo*-Kapitel mit den Gedanken der Astronauten in den Jahren nach ihren Missionen, mit neuen Perspektiven, die sie verloren, und einem Diskurs über die Frustration, die sie möglicherweise angesichts des Gedankens empfanden, daß sie nie wieder zu dieser speziellen Grenze zurückkehren konnten. Baedecker war mit der Auswahl der Astronauten einverstanden und fragte sich neugierig, was sie sagen und empfinden mochten, aber er wußte auch, dies würde das Herzstück des Buches werden, wenn es fertig war – und der bei weitem am schwierigste zu recherchierende und schreibende Teil.

Darüber dachte er nach und stand am Fenster, wo er das Mondlicht auf den Blättern des Fliederbaums betrachtete, als Dave klopfte und eintrat.

»Immer noch angezogen, wie ich sehe«, sagte Dave. »Kannst du nicht schlafen?«

»Noch nicht«, sagte Baedecker.

»Ich auch nicht«, sagte Dave und warf ihm eine Mütze zu. »Möchtest du eine Spazierfahrt machen?«

Während er auf der I-5 nach Norden Richtung Tacoma fährt, denkt Baedecker über Maggies Anruf am Vorabend nach.

»Maggie?« hatte er gesagt und war überrascht gewesen, daß sie ihn bei den Muldorffs aufgespürt hatte. Er stellte fest, daß es an der Ostküste fast ein Uhr nachts sein mußte. »Was ist los, Maggie? Wo bist du?«

»Boston«, sagte Maggie. »Ich habe die Nummer von Joan. Das mit deinem Freund tut mir leid, Richard.«

»Joan?« sagte er. Der Gedanke, daß Maggie Brown mit seiner Ex-Frau gesprochen haben sollte, kam Baedecker unwirklich vor.

»Ich habe wegen Scott angerufen«, sagte Maggie. »Hast du Kontakt mit ihm gehabt?«

»Nein«, sagte Baedecker. »Ich habe es die letzten Monate versucht. Ich habe Telegramme und Briefe an die alte Adresse in Poona geschickt, aber keine Antwort erhalten. Im November habe ich hier in Oregon angerufen, aber jemand auf der Ranch sagte mir, Scotts Name stünde nicht auf der Bewohnerliste. Weißt du, wo er ist?«

»Ich bin ziemlich sicher, daß er hier ist«, sagte Maggie. »In Oregon. Auf der Ashram-Ranch. Ein gemeinsamer Freund, der in Indien war, kehrte vor ein paar Tagen an die B. U. zurück. Er sagte, Scott sei am ersten Dezember mit ihm in die Staaten zurückgekehrt. Bruce sagte, Scott sei in Indien ziemlich krank gewesen und habe dort mehrere Wochen im Krankenhaus verbracht – jedenfalls in der Krankenstation, die sie auf der Farm des Meisters außerhalb von Poona ihr Krankenhaus nennen.«

»Asthma?« sagte Baedecker.

»Ja«, sagte Maggie, »und ein schlimmer Anfall von Ruhr.«

»Hat Joan gesagt, ob Scott mit ihr Verbindung aufgenommen hat?«

»Sie sagte, sie hätte seit Anfang November nichts mehr von ihm gehört ... von Poona«, sagte Maggie. »Sie gab mir die Nummer der Muldorffs. Ich hätte nicht angerufen, Richard, aber ich wußte nicht, wo ich dich sonst hätte erreichen können, und Bruce – mein Freund, der aus Indien zurückgekommen ist – hat gesagt, daß es Scott ziemlich schlecht ging. Er konnte das Flugzeug nach der Landung in Los Angeles nicht aus eigener Kraft verlassen. Er ist ziemlich sicher, daß sich Scott auf der Ranch in Oregon befindet.«

»Danke, Maggie«, sagte Baedecker. »Ich werde gleich dort anrufen.«

»Wie geht es dir, Richard?« Etwas an Maggies Tonfall hatte sich verändert, war leiser geworden.

»Mir geht es gut«, sagte er.

»Das mit deinem Freund Dave tut mir wirklich leid. Ich hatte gehofft, ich könnte ihn eines Tages kennenlernen.«

»Ich wünschte, du hättest es«, sagte Baedecker und stellte fest, wie aufrichtig er das meinte. Maggie hätte Daves Humor gefallen. Dave hätte ihre Freude gefreut. »Tut mir leid, daß ich mich nicht gemeldet habe«, sagte er.

»Ich habe deine Postkarte aus Idaho bekommen«, sagte Maggie. »Was hast du gemacht, seit du im Oktober dort deine Schwester besucht hast?«

»Ich habe einige Zeit in Arkansas verbracht«, sagte Baedecker, »und an der Blockhütte gearbeitet, die mein Vater gebaut hat. Sie steht schon lange leer. Wie geht es *dir?*«

Es folgte eine lange Pause, in der Baedecker vage elektronische Hintergrundgeräusche hören konnte. »Nicht schlecht«, sagte sie schließlich. »Scotts Freund Bruce hat mich gefragt, ob ich ihn heiraten möchte.«

Baedecker spürte, wie ihm die Luft weg blieb, so wie vor vier Tagen, als er das Telegramm von Di bekommen hatte. »Wirst du es tun?« sagte er nach einer Weile.

»Ich glaube nicht, daß ich etwas Überstürztes tun werde, bis ich im Mai meinen Abschluß gemacht habe«, sagte sie. »He, ich sollte jetzt Schluß machen. Bitte gib auf dich acht, Richard.«

»Ja«, hatte Baedecker gesagt. »Mach ich.«

Die Trümmer von Daves T-38 beanspruchen einen stattlichen Teil vom Boden des Hangars. Kleinere und wichtigere Teile liegen mit Etiketten versehen auf einer langen Tischreihe.

»Wie wird der Befund der Untersuchungskommission aussehen?« wendet sich Baedecker an Bob Munsen.

Der Major der Luftwaffe runzelt die Stirn und steckt die Hände in die Taschen der grünen Fliegerjacke. »Wie es im Augenblick aussieht, Dick, kam es beim Start zu einem leichten strukturellen Versagen, das das Hydraulikleck verursachte. Dave bekam das Rotlicht etwa vierzehn Minuten vom Portland International entfernt und drehte sofort um.«

»Ich verstehe immer noch nicht, warum er von Portland aus geflogen ist«, sagt Baedecker.

»Weil ich das verdammte Ding vor Weihnachten dort geparkt hatte«, sagt Munsen. »Ich sollte es am siebenundzwanzigsten nach Odgen bringen, und Dave wollte fliegen. Er wollte in Salt Lake einen zivilen Flug nehmen.«

»Aber Sie sind achtundvierzig Stunden aufgehalten worden«, sagt Baedecker. »Auf dem McChord?«

»Ja«, sagt Munsen, und es klingen Bedauern und Ekel in der Silbe mit, als hätte er in der Maschine sitzen sollen, als sie abstürzte.

»Und warum hat Dave nicht seinen Prioritätsstatus benutzt, um jemanden aus einem Linienflug zu werfen, wenn er so schnell zurück mußte?« sagt Baedecker, der weiß, daß niemand hier die Antwort darauf kennt.

Munsen zuckt die Achseln. »Ryan wollte die T-38 am achtundzwanzigsten auf dem Hill Air Force-Stützpunkt in Odgen haben. Dave hatte meine Erlaubnis und wollte fliegen. Als er mich anrief, sagte ich ihm, er solle sie getrost nehmen, ich würde mit dem Wagen nach Hill zurück fahren.«

Baedecker geht zum Tisch und betrachtet das rußige Metall darauf. »Okay«, sagt er, »Strukturversagen, Hydraulikleck. Wie ernst?«

»Wir vermuten, daß er rund sechzig Prozent Schub verloren hatte, als er runterkam«, sagt Munsen. »Haben Sie das Band gehört?«

»Noch nicht«, sagt Baedecker. »Was ist mit dem Steuerbordtriebwerk?«

»Er bekam etwa eine Minute nach dem Hydraulikproblem eine Feuermeldung. Etwa acht Minuten vor dem Aufprall hat er es abgeschaltet.«

»Himmel Herrgott nochmal!« brüllt Baedecker und schlägt so fest mit der Faust auf den Tisch, daß die Metallteile hüpfen. »Wer hat denn das Scheißding gecheckt?«

»Sergeant Kitt Toliver vom McChord«, sagt Munsen mit dünner Stimme. »Der beste Staffelchef der besten Staffel, die wir haben. Kitt ist mit mir über Weihnachten zu diesem Seminar in Portland geflogen. Das Wetter kam dazwischen, und ich fuhr am sechsundzwanzigsten nach McChord zurück, aber Kitt blieb in der Stadt. Er hat an dem Tag, als Dave flog, zwei Inspektionen durchgeführt. *Sie* wissen doch, wie so was ist, Dick.«

»Ja«, sagt Baedecker, aber der Zorn verschwindet nicht

aus seiner Stimme. »Ich weiß, wie so was ist. Hat Dave einen vollständigen Startcheck durchgeführt?«

»Er hatte es eilig«, sagt der Major, »aber Toliver behauptet, daß er es getan hat.«

»Bob, ich würde gerne mit Fields und den anderen sprechen«, sagte Baedecker. »Könntest du sie für mich zusammentrommeln?«

»Heute nicht«, sagt Munsen. »Sie sind überall verstreut. Ich könnte es bis morgen früh schaffen, aber sie wären nicht sehr glücklich darüber.«

»Bitte tun Sie es«, sagt Baedecker.

»Kitt Toliver ist gerade hier«, sagt Munsen. »Droben in der Unteroffiziersmesse. Möchten Sie mit ihm reden?«

»Nein«, sagt Baedecker, »später. Zuerst muß ich mir das Band anhören. Danke, Bill, wir sehen uns morgen früh.« Baedecker schüttelt ihm die Hand und geht, die Stimme seines Freundes ein letztes Mal anzuhören.

»Betrinken wir uns und stecken uns Bohnen in die Nasen!« rief Dave. Seine Stimme hallte durch die dunklen Straßen von Lonerock. »Grundgütiger Himmel, was für eine wunderbare Nacht!«

Baedecker zog den Reißverschluß der Jacke zu und sprang in den Jeep, als Dave den Motor anließ.

»Vollmond!« rief Dave und heulte wie ein Wolf. Von irgendwo in den Hügeln außerhalb der Stadt ertönte das schrille Kläffen eines Kojoten. Dave lachte und fuhr an der zugenagelten Methodistenkirche vorbei nach Osten. Plötzlich brachte er den Jeep zum Stillstand und packte Baedecker am Arm. Er deutete zur weißen Scheibe des Mondes. »Wir *waren* da oben«, sagte er, und trotz seiner leisen Stimme konnte man Eindringlichkeit und Freude nicht überhören. »Wir sind da oben spazierengegangen, Richard. Wir haben die Abdrücke unserer kleinen anthropoiden Hinterpfoten im Mondstaub hinterlassen, Mann. Und das können sie uns nicht nehmen.« Dave legte den Gang ein und fuhr weiter, wobei er *They Can't Take That Away From Me* aus vollem Halse sang.

Die Jeepfahrt dauerte keine Meile und endete auf Kink Weltners Wiese. Dave zog Notizblöcke und Taschenlampen hervor und führte eine gründliche Inspektion durch, kroch sogar unter die dunkle Masse der Maschine und vergewisserte sich, daß sich keine Kondensflüssigkeit in der Treibstoffleitung abgesetzt hatte. Sie standen auf dem flachen Dach der Maschine und überprüften Rotornabe und -mast, das Steuergestänge und die »Jesus-Mutter« als Baedecker sagte: »Das ist doch nicht unser Ernst, oder?«

»Warum nicht?« sagte Dave.

»Wir werden Kink aufwecken.« Mehr fiel Baedecker auf die Schnelle nicht ein.

Dave lachte. »Nichts weckt Kink auf. Komm mit.«

Baedecker kletterte nach unten und stieg ein. Er nahm auf dem linken Sitz Platz, ließ den Schultergurt in dem breiten Schoßgurt einrasten, zog den vorgeschriebenen National Guard-Helm auf, den er beim Flug hierher nicht getragen hatte, setzte den Kopfhöhrer auf und betrachtete blinzelnd die roten Lichter, die ihm vom mittleren Armaturenbrett entgegenleuchteten. Dave beugte sich nach vorne und führte den Cockpitcheck durch, während Baedecker die Positionen der Trennschalter durchging. Als er fertig war, führte Dave ein Gerät in Metallklammern an seiner Seite des Armaturenbretts ein und testete es.

»Was, zum Teufel, ist das?«

»Tonband«, sagte Dave. »Kein Huey, der etwas auf sich hält, fliegt ohne eines.«

Der Starter heulte, Rotoren drehten sich, die Turbine hustete und sprang an. Dave schaltete den Bordfunk ein. Seine Stimme klang gedämpft. »Nächster Halt: Stonehenge.«

»Was ist das?«

»Wart's nur ab, Amigo. Oh, sitzt meine Brille richtig?«

Baedecker sah nach rechts. Dave trug eine klobige Nachtsichtbrille, aber das Gesicht unter Brille und Helm war nicht das von Dave. Es war nicht einmal das eines Menschen. Im roten Leuchten des Cockpits konnte Dave zwei riesige Augen erkennen, die in einem Winkel von fünfundvierzig Grad auf kurzen, fleischigen Stummeln abstanden, einen breiten, lippenlosen Froschmund und, kein Kinn und einen Hals, so faltig und schlaff wie der eines steinalten Truthahns.

»Ja, sie sitzen richtig«, sagt Baedecker.

»Danke.«

Drei Minuten später schwebten sie siebenhundertfünfzig Meter über Lonerock. Unten waren nur wenige Lichter zu sehen. »Hat dir mein Admiral Ackbar nicht gefallen?« fragte Dave.

»*Au contraire*«, sagte Baedecker, »es war die beste Admiral-Ackbar-Maske, die ich seit Wochen gesehen habe. Warum tust du das?«

Dave hatte den Schalter für die Landelichter an der Kollektivsteuerung gedrückt. Jetzt bewegte er den An/Aus-Schalter hin und her. Baedecker konnte das pulsierende Licht durch den transparenten Kinnschutz erkennen.

»Ich send' nur außerirdische Grüße und Glückwünsche an Miz Callahan«, sagte Dave, »damit sie für heute nacht Schluß machen und zu Bett gehen kann.« Er schaltete das Licht aus und schwenkte den Huey in eine Kurve.

Sie flogen in einer Höhe von fünfzehnhundert Metern über Condon hinweg. Baedecker sah Lichter um einen menschenleeren Musikpavillon in einem kleinen Park, eine im Schein von Quecksilberdampflampen erstarrte verlassene Hauptstraße und dunkle Seitenstraßen, in denen man Lichtflecken von Straßenlaternen zwischen hohen und alten Bäumen hindurch sehen konnte. Baedecker mußte plötzlich daran denken, daß Kleinstädte in Amerika geistig gesünder waren als Großstädte, weil sie schlafen durften.

»Leg die ein, ja, Richard?« Dave gab ihm eine Audiocassette. Baedecker hielt sie ins Leuchten der Sammelanzeige. Es stand nur ›*Jean Michel Jarre*‹ darauf. Er steckte die Kassette in den Rekorder. Dabei mußte er an den kleinen Kassettenrekorder denken, den sie im Kommandomodul mitgenommen hatten. Jeder hatte drei Kassetten beigesteuert; Tom Gavin brachte Country & Western-Melodien und Hits von Barry Manilow; Baedecker hatte Bach, Brubeck und die

Preservation Hall Jazzband dabei gehabt; und Dave hatte ... nun, Dave hatte die kunterbunteste Mischung dabei gehabt – Bänder mit Walgesang, Paul Winters Gruppe ›Consort‹, die *Icarus* spielte, die Beach Boys, ein Duett mit japanischer Flöte und indischer Sitar und die Aufnahme einer Art Stammeszeremonie der Massai.

»Was jetzt?« fragte Baedecker.

Dave drückte den Knopf des Kassettenrekorders und sah ihn an, wobei die Enden der runden Brille rötlich leuchteten. »S.E.U.S.E.A.L.«, sagte er freudestrahlend.

Die ersten Takte der Musik erklangen im selben Augenblick in Baedeckers Ohren, als Dave mit dem Huey Schnauze voraus in Sturzflug ging. Baedecker rutschte nach vorn, bis er nur noch von Schulterhalfter und Sitzgurt festgehalten wurde. Der Flug löste genau dasselbe Gefühl aus, das er als Kind im Riverside Park in Chicago gehabt hatte, wenn die Achterbahn ihren langen, rasselnden Aufstieg beendete, über die Kuppe glitt und die rasende Abfahrt begann, nur lag ein Sturz von fünfzehnhundert Metern unter dieser Achterbahn, es gab keine Schienen, die eine Katastrophe durch anmutig geschwungene Aufwärtskurven vermieden, und die mondbeschienenen Hügel eine Meile tiefer, ab und an von Flecken dunkler Vegetation, Wäldern, Flüssen und Felsen durchzogen.

Baedecker nahm die Hände vom Steuerknüppel zu seiner Linken und der Rotorblattverstellung und die Füße von den Pedalen, was den Sturzflug noch unkontrollierter erscheinen ließ. Die Hügel rasten ihnen entgegen, die Fallgeschwindigkeit wurde nicht gedrosselt, bis der Huey auf Höhe Null war, dann unter Null und im letzten Augenblick vorbei an Hügeln und Felswänden hochgerissen wurde, strahlender Mondenschein vor Baedeckers offenem Fenster, schwarze Schatten hinter dem von Dave, und dann befanden sie sich in einem Tal, einem Canyon, der Steuerknüppel bewegte sich zwischen Baedeckers Füßen hin und her und tarierte sich schließlich aus, dunkle Bäume, deren Wipfel höher als der Huey waren, schossen keine zehn Meter entfernt auf beiden Seiten vorbei, und dann rasten sie mit einhundertfünfundzwanzig Knoten dahin, fünf Meter über einem mondbeschienenen Wildbach, stiegen steil in die Höhe, als der Canyon eine Kurve machte, brachten die Maschine wieder in die Horizontale, bis sie erneut kippte, so daß die Rotorblätter hinter ihnen schillernde Gischt in die Luft spritzten.

Die Musik verschmolz mit dem Kaleidoskop der Landschaft, welche an ihnen vorbeihuschte. Die Musik war elektronisch, unirdisch, und doch mit einem soliden, peitschenden Rhythmus, der aus dem Pochen von Turbinen und Rotoren zu kommen schien. Andere Geräusche untermalten die Musik – Laserechos, elektronischer Wind, Surfgleiten auf einer Felsenküste, aber alles war zum fordernden Rhythmus des zugrundeliegenden Beats orchestriert.

Baedecker lehnte sich zurück, als der Huey scharf nach rechts kippte, so daß die Rotoren fast den Fluß berührten, und einer breiten Krümmung des Tals folgte. Er wußte, in dieser Höhe war weder Zeit noch ausreichend Platz für eine sichere Autorotationslandung, sollte das Triebwerk versagen. Schlimmer, wenn auch nur ein einziges Kabel, eine Hochspannungsleitung, eine Brücke oder eine Pipeline über das Tal gespannt wäre, bliebe ihnen keine Zeit für ein Ausweichmanöver. Aber Baedecker sah nach rechts zu Dave, der behaglich an den Kontrollen saß, mit der rechten Hand wie beiläufig über den Steuerknüppel glitt und seine ganze Aufmerksamkeit auf das konzentrierte, was vor ihnen lag, und er wußte, es gab keine Kabel, Leitungen, Brücken oder Pipelines; jeder Zentimeter dieses Canyons war schon bei Tag und Nacht abgeflogen und untersucht worden. Baedekker entspannte sich, lauschte dem Rhythmus der Musik und genoß den Flug.

Und erinnerte sich an einen anderen Flug.

Sie kamen, Füße voran, runter, die Gesichter der halbrunden Scheibe der Erde zugewandt, die Schubdüsen der Landefähre loderten vor ihnen während des zweihundertsechzig Meilen langen Bremsmanövers. Sie standen in den unförmigen Druckanzügen, ohne Handschuhe und Helme, von Gurten und Stangen gehalten, während ihr seltsames Gefährt sich aufbäumte und schepperte und gegen die Stiefelsohlen an ihren Füßen drängte wie das Deck eines Schiffes bei schwerem Seegang. Dave stand links von ihm, rechte Hand auf dem ACS-Steuerknüppel, linke Hand über der Schubumsetzung, während Baedecker die sechshundert Skalen und Anzeigen im Auge behielt, durch statikerfüllte Leere mit den zweihundertneunzehntausend Meilen entfernten Kontrolleuren sprach und versuchte, jede Laune und jeden Alarm des überlasteten PGNS-Leitcomputers vorauszuahnen. Dann stellten sie sich endlich aufrecht, zweieinhalbtausend Meter über dem lunaren Hochland und weiter sinkend, die Flugbahn so sicher und unerbittlich wie die eines fallenden Pfeils, und genau in diesem Augenblick hatte er und Dave trotz aller drängenden Anforderungen des Augenblicks die Blicke von den Instrumenten abgewandt und fünf endlose Sekunden zu den dreieckigen Fenstern hinaus gesehen auf die gleißenden Gipfel, pechschwarzen Täler und Vorgebirge der Mondmassive im Erdlicht. »Okay«, hatte Dave da geflüstert, während die Gipfel auf sie zukamen wie Zähne und die Berge näher rückten wie gefrorene weiße Wellen aus Stein. »Ich könnte hier etwas Hilfe gebrauchen, Amigo.«

Die Musik ging zu Ende, der Huey kam aus dem Tal heraus, und dann überflogen sie einen breiten Fluß, bei dem es sich, überlegte Baedecker, um den Columbia handeln mußte. Wind peitschte gegen die Maschine, Dave bediente die Pedale und kompensierte es mühelos. Sie stiegen auf dreißig Meter, als ein Damm unter ihnen zurückblieb. Baedecker sah nach unten und erblickte eine Lichterkette vorüberhuschen, sah Mondschein auf weißen Schaumkronen. Sie stiegen auf hundertfünfzig Meter und schwenkten weiter steigend nach rechts. Baedecker sah das nördliche Ufer unter ihnen vorbeigleiten, bemerkte eine steile Felsenklippe zur Rechten, und dann stiegen sie wieder, drehten sich um die Achse des Huey und schwebten.

Sie schwebten. Kein Laut war zu hören. Der Wind brandete einmal gegen die stillstehende Maschine, dann ließ er nach. Dave deutete mit dem Finger, und Baedecker öffnete das Fenster weiter und beugte sich hinaus, damit er besser sehen konnte.

Dreißig Meter unter ihnen stand als einziges Bauwerk auf einem Hügel hoch über dem windgepeitschten Columbia River der Quaderkreis von Stonehenge milchig weiß und schattig im Licht des Vollmonds.

»Okay«, sagte Dave. »Ich könnte hier etwas Hilfe gebrauchen, Amigo.«

Staub wirbelte auf, als sie die dreißig Meter tiefer sanken. Der Landescheinwerfer wurde ausgefahren, blinkte und beleuchtete das Innere einer wirbelnden Wolke. Baedecker sah flüchtig einen Schotterparkplatz an einer unebenen Fläche des Hügels unter ihnen, dann hüllte der Staub sie wieder ein, und Steine prasselten wie Hagelkörner gegen den Bauch der Maschine.

»Sag schon«, meinte Dave ruhig.

»Acht Meter, Vorwärtsbewegung«, sagte Baedecker. »Viereinhalb Meter. Sieht gut aus. Drei Meter. Warte, drei zurück, da ist ein Felsbrocken. Rechts. Okay. Runter. Eineinhalb Meter. Alles gut. Sechzig Zentimeter. Okay. Zwanzig Zentimeter. Kontakt.«

Der Huey wippte leicht und ließ sich fest auf seinen Kufen nieder. Staub hüllte sie ein, verwehte aber im starken Wind. Dave schaltete die Maschinen ab, das rote Leuchten im Cockpit verschwand, und Baedecker stellte fest, daß sie sich wieder im Reich der Schwerkraft befanden. Er nahm den Helm ab, löste die Gurte und machte die Tür auf. Baedecker stieg von der Kufe und ging um den Helikopter herum zu Dave, dessen dunkles Haar schweißnaß und dessen Augen leuchtend waren. Der Wind wehte jetzt heftiger, zerzauste Baedeckers schütteres Haar und kühlte ihn rasch ab. Gemeinsam schritten er und Dave zu dem Kreis aus Steinen.

»Wer hat das gebaut?« fragte Baedecker nach mehreren Minuten des Schweigens. Der Vollmond stand genau über dem höchsten Bogen. Schatten fielen über den großen Stein, der in der Mitte des Kreises lag. Dies war Stonehenge, wie es ausgesehen haben mußte, als die Druiden ihre Arbeit gerade beendet hatten, bevor Zeit und Touristen ihren Tribut von Säulen und Steinen forderten.

»Ein Mann namens Sam Hill«, sagte Dave. »Er war Straßenbauer. Kam Anfang des Jahrhunderts her, um eine Stadt zu gründen und Weinberge anzulegen. Eine Art utopische Kolonie. Er hatte sich eine Theorie zurechtgebastelt, wonach dieser Abschnitt der Schlucht des Columbia ideal für Weinanbau sein mußte – Regen von Westen, Sonnenlicht auf den Osthängen. Perfekte Harmonie.«

»Hatte er recht?«

»Nee. Lag schätzungsweise zwanzig Meilen daneben«, sagte Dave. »Die Stadt liegt hinter dem Hügel da in Ruinen. Sam ist da unten begraben worden.« Er deutete auf einen schmalen Pfad, der einen steilen Abschnitt des Hügels hinab führte.

»Warum Stonehenge?« fragte Baedecker.

Dave zuckte die Achseln. »Wir möchten alle Monumente hinterlassen. Sam hat sich seines ausgeliehen. Er war im Ersten Weltkrieg in England, als die Fachleute noch glaubten, Stonehenge sei ein Opferaltar gewesen. Sam hat daraus eine Art Antikriegsdenkmal gemacht.«

Baedecker ging näher hin und konnte Namen in den Steinen erkennen. Was er zuerst für Stein gehalten hatte, war in Wahrheit Beton.

Sie gingen zum südlichen Rand des Kreises und blickten über den Fluß hinweg. Die Lichter einer Stadt und einer Brücke leuchteten mehrere Meilen entfernt im Westen. Der Wind wehte böig und heftiger denn je, neigte die spröden Grashalme auf dem Hügel und brachte den kalten Geruch des Herbstes mit sich.

»Der Oregon Trail endet ein paar Meilen weiter unten«, sagte Dave und deutete auf die Lichter. Etwas später sagte er: »Hast du dich je gefragt, weshalb sie so weit gekommen sind, durch zweitausend Meilen bestes Ackerland zogen, nur um einem Traum zu folgen?«

»Nein«, sagte Baedecker. »Ich glaube nicht.«

»Aber ich«, sagte Dave. »Das frage ich mich schon, seit ich ein Kind war. Herrgott, Richard, ich fahre durch dieses Land und kann mir nicht vorstellen, daß ich es zu Fuß oder in diesen beschissenen Ochsenwagen im Schrittempo durchquere. Je mehr ich sehe, desto mehr denke ich, daß jeder Mann, der Präsident der Vereinigten Staaten werden möchte, sich dem höchsten Grad von Selbstüberschätzung hingibt. Warte einen Moment hier, bin gleich wieder da.«

Dave ging durch den Kreis aus Steinen zurück, und Baedecker stand am Rand der Klippe, ließ sich vom Wind abkühlen und lauschte den Rufen eines Nachtvogels tief unten. Als Dave zurückkehrte, hatte er einen Frisbee bei sich, der leicht fluoreszierend schimmerte.

»Mein Gott«, sagte Baedecker, »das ist doch nicht *der* Frisbee, oder?«

»Na klar«, sagte Dave. Während ihrer letzten Exkursion, als sie sich für die Fernsehkameras vor dem Rover zu schaffen machten, hatte Dave einen Frisbee aus der Probentasche geholt, den er und Baedecker zwischen sich hin- und hergeworfen hatten, während sie lachend sein Trudeln im Vakuum und seine merkwürdigen Flugbahnen in einem Sechstel Schwerkraft beobachteten. In dem Moment ein toller Spaß. Als sie vier Tage später nach Hause kamen, tobte bereits die große Frisbeekontroverse. Die NASA war außer sich, weil Dave den Ausdruck Frisbee gebraucht hatte – einen Produktnamen –, womit er einer Firma, die nichts mit der NASA zu tun hatte, zu unschätzbarer Werbung verhalf. Nachrichtensprecher und Kommentatoren mißbilligten im Allgemeinen die Frivolität; einer nannte es eine ›seltene menschliche Anwandlung in einem sonst herzlosen Unternehmen‹, stellte aber die Notwendigkeit eines *bemannten* Programms zur Erforschung des Mondes in Frage und wies daraufhin, daß die sowjetischen Robotersonden eine billigere und einleuchtendere Methode darstellten. Ein Senator aus Connecticut hatte vom ›Sechs-Milliarden-Dollar-Frisbee-Turnier‹ gesprochen, und die schwarzen Führer waren außer sich und nannten das Ereignis gefühllos und verächtlich den Bedürfnissen von Millionen gegenüber. »Zwei weiße Collegejungs spielen auf Kosten der Steuerzahler Spiele im Weltraum«, sagte ein Führer der Schwarzen in der Today Show, »während in den Gettos schwarze Babys an Rattenbissen sterben.«

Capcom hatte vier Stunden vor dem Wiedereintritt, am Ende der Schlafperiode, einen Teil davon während ihrer täglichen Nachrichtenübermittlung durchgegeben. Dann hatte der Kommunikationsoffizier gefragt, ob jemand von ihnen eine Meinung zu der ganzen Angelegenheit hatte oder einen Vorschlag, wie man die Kritik der Reporter abwenden könnte.

»Ist dieser Kanal sicher?« hatte Dave gefragt.

Houston bestätigte es ihm.

»Nun, scheiß auf sie alle«, hatte Dave lakonisch gesagt und fand damit – zumindest für das Astronautenkorps – Eingang ins Rekordbuch des Programms als erster, der diesen speziellen Pilotenausdruck live über Mikrofon gebrauchte. Es hatte Dave mit Sicherheit um einen künftigen Flug im Rahmen des Skylab-Programms gebracht. Dennoch hatte er weitere fünf Jahre auf einen Flug gewartet und war Zeuge geworden, wie Skylab zu Ende ging, ebenso die einmalige, vergebliche Geste des *Apollo-Sojus*-Unternehmens, bevor er schließlich seinen Abschied nahm.

Nun warf Dave Baedecker den Frisbee zu. Das phosphoreszierende Plastik leuchtete grün-weiß im hellen Mondlicht. Baedecker entfernte sich zehn Schritte und warf ihn zurück.

»In Luft funktioniert er besser«, sagte Dave.

Sie warfen die schimmernde Scheibe mehrere Minuten schweigend hin und her. Baedecker spürte, wie ihn eine Gefühlsaufwallung übermannte.

»Weißt du, was ich denke?« sagte Dave nach einer Weile.

»Was denkst du?«

»Ich denke, daß der alte Sam und alle anderen den richtigen Einfall hatten. Man übergeht einfach alle anderen Orte und zieht weiter, weil der Ort, den man sucht, vollkommen *ist.*« Er fing den Frisbee und hielt ihn mit beiden Händen. »Aber was sie nicht verstanden, ist, daß man ihn dazu *macht*, indem man davon träumt.«

Dave ging zum Rand der Schlucht und hielt den Frisbee kurz zu den Sternen hinauf; eine Opfergabe. »Alles geht einmal zu Ende«, sagte er, wich zurück, machte eine Pirouette und warf die Scheibe, so fest er konnte, über den Abgrund. Baedecker trat neben ihn, dann sahen die beiden dem Frisbee nach, der eine unglaublich weite Strecke zurücklegte, im Mondlicht eine anmutige Kurve beschrieb und lautlos in die Dunkelheit über dem Fluß hinabsank.

Baedecker ging von der Blockhütte zum Steg, wo sein Sohn auf dem Geländer saß und über den See sah. Im Radio waren Kommentare der Erleichterung über Nixons Rücktritt und Spekulationen über Gerald Ford gekommen. Mehrere Reporter hatten flammende Bemerkungen über eine Rede von Gerald Ford gemacht, wonach dieser sich in all den Jahren im Kongreß nicht einen einzigen Feind gemacht hatte. Baedecker verstand die Erleichterung des Reporters – nach jahrelangen Auseinandersetzungen mit Nixons offensichtlicher Überzeugung, daß er von Feinden umgeben war, kam die Veränderung gerade recht –, aber Baedecker erinnerte sich, wie sein Vater ihm einmal gesagt hatte, daß man einen Mann anhand der Wahl seiner Feinde besser einschätzen könne als anhand der Wahl seiner Freunde, und er fragte sich, ob Fords Bemerkung tatsächlich ein Beweis seiner Integrität war.

Scott saß am anderen Ende des Stegs auf dem Geländer. Sein weißes T-Shirt leuchtete schwach im Schein des abnehmenden Mondes. Der Steg selbst hing an mehreren Stellen durch, ein Stück des Geländers fehlte. Baedecker erinnerte sich an den Geruch von neuem Holz, als er vor siebzehn Jahren hier gestanden und mit seinem eigenen Vater gesprochen hatte.

»Hallo«, sagte Baedecker.

»Hi.« Scotts Stimme klang nicht mehr verdrossen, nur distanziert.

»Vergessen wir meinen Ausbruch, okay?«

»Okay.«

Baedecker lehnte sich an das Geländer, dann sahen die beiden ein paar Minuten auf den See hinaus. Irgendwo brummte ein Außenbordmotor, dessen Lärm unverfälscht und klar über das stille Wasser tönte, aber keine Positionslichter ließen sich sehen. Baedecker konnte Glühwürmchen wie Infanteriefeuer am anderen Ufer sehen.

»Ich habe deinen Großvater einmal nicht lange nach dem Krieg hier besucht«, sagte Baedecker. »Da war der See noch kleiner.«

»Ach ja?« Scotts Stimme drückte kein Interesse aus. Er war acht Jahre nach dem Tod von Baedeckers Vater geboren worden und interessierte sich kaum für ihn oder seine Großmutter. Scotts andere Großeltern lebten beide noch fröhlich in einem Altenheim in Florida und verzogen den Jungen seit seiner Geburt.

»Ich habe mir gedacht, morgen früh räumen wir die letzten Möbel raus und nehmen den Nachmittag frei. Möchtest du angeln gehen?«

»Eigentlich nicht«, sagte Scott.

Baedecker nickte und versuchte, sich seine plötzliche Aufwallung von Zorn nicht anmerken zu lassen. »Na gut«, sagte er. »Dann arbeiten wir nachmittags an der Einfahrt.«

Scott zuckte die Achseln und sagte: »Werdet ihr, du und Mom, euch scheiden lassen?«

Baedecker sah seinen zehnjährigen Sohn an. »Nein«, sagte er. »Wie, um alles in der Welt, kommst du darauf?«

»Ihr mögt einander nicht«, sagte Scott immer noch gefaßt aber mit leicht bebender Stimme.

»Das stimmt nicht«, sagte Baedecker. »Deine Mutter und ich lieben uns sehr. Warum sagst du so etwas, Scott?«

Der Junge zuckte wieder die Achseln, dieselbe knappe Bewegung mit einer Schulter, die Baedecker schon so oft gesehen hatte, wenn Scott von einem Freund verletzt worden war oder bei einer einfachen Aufgabe versagt hatte. »Ich weiß nicht«, sagte er.

»Du weißt, warum du es gesagt hast«, sagte Baedecker. »Verrate mir, wovon du sprichst.«

Scott sah weg und schüttelte mit einer ruckartigen Kopfbewegung das Haar aus den Augen. Seine Stimme klang hoch, aber noch nicht winselnd. »Du bist nie zu Hause.«

»Mein Job zwang mich zu reisen, das weißt du«, sagte Baedecker. »Das wird sich jetzt ändern.«

»Ja, klar«, sagte Scott. »Aber daran liegt es sowieso nicht. Mom ist nie glücklich, und du bemerkst es nicht einmal. Sie haßt Houston, sie haßt die Agentur, sie haßt deine Freunde und sie haßt meine Freunde. Sie mag überhaupt nichts, außer ihre verdammten Clubs.«

»Paß auf, was du sagst, Scott.«

»Aber es *stimmt.*«

»Paß trotzdem auf, was du sagst.«

Scott wandte ruckartig den Kopf ab und sah schweigend auf den See. Baedecker holte tief Luft und versuchte, sich auf den Augustabend zu konzentrieren. Der Geruch von Wasser, Fisch und Öl auf dem Wasser erinnerte ihn an seine eigenen Sommer der Kindheit. Er machte die Augen zu und dachte an die Zeit nach dem Krieg, als er dreizehn war und sein Vater für drei Wochen zum Big Pine Lake in Minnesota gefahren war, um zu jagen und zu angeln. Baedecker hatte mit seiner 22er Savage auf Blechdosen geschossen, aber als es daran ging, die Waffe zu säubern, stellte er fest, daß er den Putzstab zu Hause vergessen hatte. Sein Vater hatte nur den Kopf geschüttelt, diese unausgesprochene Enttäuschung, die für den jungen Baedecker irgendwie schlimmer war als Schläge, aber dann legte sein Vater die Angelausrüstung weg, mit der er beschäftigt war, befestigte einen kleinen Bleiblinker an einem Stück Angelschnur, zog das durch den Lauf der 22er seines Sohnes und band ein Tuch an die Schnur. Baedecker wäre bereit gewesen, das Gewehr allein zu reinigen, aber sein Vater behielt das andere Ende der Schnur in der Hand, worauf die beiden das Tuch hin und her zogen und sich leise über Belanglosigkeiten unterhielten. Sie hatten weitergemacht, als der Lauf längst sauber war. Er konnte sich an alles erinnern: das rot-braun karierte Hemd seines Vaters, die bis zu dem Ellbogen hochgekrempelten Ärmel, das Muttermal auf dem sonnengebräunten linken Arm, seinen Geruch nach Seife und Tabak, den Tonfall seiner Stimme – und er erinnerte sich an noch mehr –, er erinnerte sich an das traurige, hartnäckige *Wissen* von allem, das er in diesem Augenblick empfand, sein Unvermögen, damals schon, es einfach nur zu erleben. Selbst während er in fast vollkommener Zufriedenheit sein Gewehr reinigte, war er sich dieser Zufriedenheit bewußt gewesen und hatte gewußt, daß sein Vater eines Tages tot sein und er sich an diesen Augenblick erinnern würde, auch an sein eigenes Wissen.

»Weißt du, was ich hasse?« sagte Scott mit ruhiger Stimme.

»Was haßt du?« fragte Baedecker.

Der Junge deutete mit dem Finger. »Ich hasse den Scheißmond.«

»Den Mond?« sagte Baedecker. »Warum?«

Scott drehte sich, so daß er breitbeinig auf dem Geländer saß. Er schüttelte das Haar aus den Augen. »Weißt du noch, als ich in der ersten Klasse war? Ich erzählte der Klasse, daß du für die Mission ausgewählt worden seist. Miss Taryton sagte, das wäre wunderbar, aber da war dieser Junge, Michael Bizmuth. Er war ein Arsch, keiner hat mit ihm gespielt, oder so. Er kam in der Pause zu mir und sagte: ›He, dein Dad wird da oben sterben, sie werden ihn begraben, und du wirst den Mond dein *ganze Leben* lang ansehen müssen.‹ Ich habe ihm eine aufs Maul geschlagen und Ärger bekommen, und Mom ließ mich zwei Wochen lang nicht fernsehen. Aber in dem Jahr, bevor du geflogen bist, habe ich mich jeden Abend hingekniet und eine Stunde gebetet. Jede Nacht eine Stunde. Meine Knie haben weh getan, aber ich blieb die ganze Stunde so.«

»Das hast du mir nie erzählt, Scott«, sagte Baedecker. Er wollte etwas anderes sagen, aber ihm fiel nichts ein.

Scott schien ihm gar nicht zuzuhören. Er strich sich das Haar aus den Augen und runzelte konzentriert die Stirn. »Manchmal habe ich gebetet, daß du nicht fliegst, und manchmal habe ich gebetet, daß du da oben nicht sterben würdest …« Scott machte eine Pause und sah seinen Vater direkt an. »Aber weißt du, was ich am häufigsten gebetet habe? Ich betete, wenn du tatsächlich sterben solltest, sollten sie deinen Leichnam zurückbringen und in Houston oder Washington, D. C., oder sonst irgendwo begraben, damit ich nicht den Rest meines Lebens nach oben sehen und dein Grab erblicken müßte.«

»Denkst du manchmal über Selbstmord nach, Richard?« fragte Dave.

Es war Sonntag morgen. Sie waren früh aufgestanden, hatten ein gewaltiges Frühstück zu sich genommen und fuhren mit einem von Kink geliehenen Pritschenwagen in die Berge über Lonerock, um Feuerholz zu suchen.

»Nein«, sagte Baedecker. »Jedenfalls nicht oft.«

»Ich schon«, sagte Dave. »Selbstverständlich nicht über meinen eigenen, aber über das Prinzip.«

»Was gibt es da nachzudenken?« sagte Baedecker.

Dave bremste den Pritschenwagen vor einem kleinen Bach. Die Straße durch den Sunshine Canyon war von Schotter zu gestampfter Erde, zu Fahrspuren, schließlich zu einem undeutlichen Trampelpfad zwischen den Bäumen geworden. »Da gibt es eine ganze Menge nachzudenken«, sagte Dave. »Warum, wann, wo und – am wichtigsten – wie.«

»Ich sehe nicht ein, warum das Wie so wichtig sein sollte«, sagte Baedecker.

»Aber das ist es!« rief Dave aus. »Einer meiner wenigen Helden ist J. Seltzer Sherman. Schon von ihm gehört …«

»Nein.«

»Aber sicher. Sherman war Facharzt für Darmkrankheiten in Buffalo, New York, der 1965 schwere Depressionen bekam. Er sagte, er könne das Licht am Ende des Tunnels nicht mehr sehen. Er flog nach Arizona, kaufte einen Telefonmast, spitzte das Ende zu und schaffte ihn mit dem Maultier in den Grand Canyon runter. Daran mußt du dich erinnern.«

»Nein.«

»Stand doch in allen Zeitungen. Er hat zehn Stunden gebraucht, um runter zu gelangen. Er hat den Pfahl mit dem spitzen Ende nach oben eingegraben. Dann brauchte er noch einmal vierzehn Stunden, den Weg wieder zurückzugehen, zielte und sprang vom Südhang.«

»Und?« sagte Baedecker.

»Er hat ihn um soviel verfehlt«, sagte Dave und zeigte einen Zentimeter zwischen Daumen und Zeigefinger.

»Ich nehme an, der Pfahl ist noch da, als Herausforderung«, sagte Baedecker.

»Genau«, sagte Dave. »Und der alte J. Seltzer selbst sagt, daß er es eines Tages vielleicht noch einmal versuchen wird.«

»Hm-hmm«, sagte Baedecker.

»Als Di Sozialarbeiterin in Dallas war, hat sie viele jugendliche Selbstmordkandidaten gesehen«, sagte Dave. »Sie sagte, Jungs wären dabei viel zielstrebiger als Mädchen. Ihre Methoden sind endgültiger – Gewehre, Aufhängen, solche Sachen. Mädchen neigen zu einer Überdosis Midol, nachdem sie ihre Freunde angerufen haben, um Lebewohl zu sagen. Di sagt, wenn sie es versuchen, sind sie fast immer erfolgreich.«

»Klingt logisch«, sagte Baedecker. »Können wir ein bißchen langsamer machen? Diese Fahrt ist Gift für meine Nieren.«

»Die beiden Männer, die ich am meisten bewunderte, haben sich mit Gewehren umgebracht«, sagte Dave. »Einer war Ernest Hemingway. Ich denke, das Warum war, daß er nicht mehr schreiben konnte. Das Wann war Juli '61. Das Wo war das Foyer seines Hauses in Ketchum, Idaho. Das Wie war die doppelläufige Boss-Schrotflinte, mit der er Tauben geschossen hatte. Er hat mit beiden Läufen auf seine Stirn gezielt.«

»Mein Gott, Dave«, sagte Baedecker. »Der Morgen ist zu

schön für so etwas.« Sie holperten eine Minute schweigend dahin. Die Straße verlief an einem bewaldeten Kamm entlang, von dem Baedecker nach unten sehen und Täler erkennen konnte. »Wer war der andere Mann, den du bewundert hast?« fragte er.

»Mein Vater«, sagte Dave.

»Ich wußte nicht, daß sich dein Vater umgebracht hat«, sagte Baedecker. »Hast du mir nicht einmal gesagt, er wäre an Krebs gestorben?«

»Nein«, antwortete Dave. »Ich sagte, Krebs hat zu seinem Tod geführt. Und Alkohol. Und ständige Einsamkeit. Möchtest du seine Ranch sehen?«

»Ist sie in der Nähe?« fragte Baedecker.

»Etwa sechs Meilen nördlich«, sagte Dave. »Er und Mom haben sich scheiden lassen, als das noch nicht so in Mode gekommen war. Als ich noch ein kleiner Junge war, fuhr ich mit dem Zug von Tulsa hin und verbrachte den Sommer auf seiner Ranch. Er ist ein paar Meilen von Lonerock entfernt begraben.«

»Darum hast du hier draußen ein Haus gekauft«, sagte Baedecker.

»Darum kenne ich die Gegend so gut. Di und ich interessierten uns für Geisterstädte in Texas und Kalifornien. Als wir nach Salem kamen, zeigte ich ihr diesen Teil des Staates, und wir stellten fest, daß dieses Haus in Lonerock zum Verkauf stand.«

»Und darum denkst du über Selbstmord nach?« sagte Baedecker. »Hemingway und dein Vater?«

»Nee, mich interessiert das Thema einfach«, sagte Dave. »Wie Modelle bauen oder in Geisterstädten herumzustöbern.«

»Aber du siehst keinen Bezug zu dir selbst?«

»Überhaupt nicht«, sagte Dave. »Moment mal, das stimmt nicht ganz. Erinnerst du dich an die Mission, als wir während der letzten Exkursion acht Minuten Liveübertragung hinter uns bringen mußten? Da hatte ich darüber nachgedacht. Dave Scott hatte dieses Galilei-Experiment mit dem

Hammer und der Falkenfeder gemacht, erinnerst du dich? Es war schwer, mit etwas Besserem nachzukommen, daher dachte ich mir, ich sage einfach etwas wie: ›Nun, liebe Zuschauer, hier oben wissen wir nur ziemlich wenig über die Auswirkungen von explosionsartiger Dekompression auf Regierungsangestellte im völligen Vakuum. Also los.‹ Und dann wollte ich das Urinkollektorventil an meinem Druckanzug aufmachen und daraus hervorquellen wie Zahnpasta aus einer Tube Colgate, wenn man drauftritt – direkt in der besten Sendezeit, live über drei Sender des amerikanischen Fernsehens.«

»Ich bin froh, daß du das nicht getan hast«, sagte Baedekker.

»Ja«, sagte Dave und fuhr eine Minute in nachdenklichem Schweigen weiter. »Ich hatte beschlossen, wenn uns nichts anderes einfallen würde, die acht Minuten zu überbrücken, würde ich so ziemlich dasselbe aufsagen und dann *dein* Ventil aufmachen.«

»Scott?«

»Dad, bist du das?«

»Ja«, sagt Baedecker. »Mein Gott, es ist schwer, dich zu erwischen. Ich habe fünfmal angerufen, mußte in der Leitung bleiben und wurde dann einfach unterbrochen. Wie *geht* es dir, Scott?«

»Mir geht es gut, Dad«, sagt Scott. »Wo bist du?«

»Im Augenblick bin ich auf dem Luftwaffenstützpunkt McChord in Tacoma«, sagt Baedecker, »aber ich halte mich ein paar Tage in Salem auf. Scott, Dave Muldorff ist letzte Woche getötet worden.«

»Dave?« sagt Scott. »Oh, Scheiße, Dad, das tut mir echt leid. Was ist passiert?«

»Flugzeugabsturz«, sagt Baedecker. »Hör mal, deshalb habe ich aber nicht angerufen. Ich habe gehört, daß du krank warst, sogar eine Weile im Krankenhaus. Wie geht es dir jetzt?«

»Mir geht es gut, Dad«, sagt Scott, aber Baedecker kann

sein Zögern hören. »Noch ein bißchen müde. Hör mal, Dad, woher weißt du, daß ich hier bin?«

»Maggie Brown hat es mir gesagt«, sagt Baedecker.

»Maggie? Ach, ja. Wahrscheinlich hat Bruce mit ihr gesprochen. Dad, das mit deinem Besuch letzten Sommer in Poona tut mir leid.«

Das Münztelefon rasselt, und einen Augenblick kann Baedecker nichts hören. »Scott?«

»Ja, Dad.«

»Was ist los? Ist dein Asthma wieder schlimmer geworden?«

Mehrere Sekunden vergehen schweigend. »Ja. Ich dachte, der Meister hätte es letzten Sommer geheilt, aber ich hatte nachts einige Probleme. Das, und ein paar andere Sachen, die ich mir in Indien geholt habe.«

»Hast du deine Medikamente und den Inhalator?« fragt Baedecker.

»Nein, das habe ich letztes Jahr alles in der Schule gelassen.«

»Warst du bei einem Arzt?«

»Gewissermaßen«, sagt Scott. »He, Dad, bist du nur wegen Dave hier, oder was?«

»Im Augenblick«, sagt Baedecker. »Ich habe gekündigt ...«

»Bitte werfen Sie fünfundsiebzig Cent für die letzten beiden Minuten ein«, sagt eine mechanische Stimme.

Baedecker kramt nach Kleingeld und wirft die Vierteldollarstücke nach. »Scott?«

»Was hast du gesagt, Dad?«

»Ich sagte, ich habe letzten Sommer gekündigt. Seither reise ich herum.«

»Himmel«, sagt Scott. »Du arbeitest nicht? Wo bist du gewesen?«

»Hier und da«, sagt Baedecker. »Thanksgiving habe ich in Arkansas verbracht und an Dads Blockhütte gearbeitet. Hör zu, Scott, ich werde morgen in dieser Gegend sein, und ich möchte gerne vorbeikommen und mit dir reden.«

Ein Zischen von Interferenz und gedämpftes Murmeln von Stimmen ertönen in der Leitung.

»Was, Scott?«

»Ich sagte ... ich sagte, ich weiß nicht, Dad.«

»Warum nicht?«

»Nun, es hat einigen Ärger hier im Ashram gegeben ...«

»Was für Ärger?«

»Nicht gerade hier«, sagt Scott hastig. »Aber in der Gegend. Einige der Rancher und Einheimischen sind aus dem Häuschen. Es wurden ein paar Schüsse abgefeuert. Der Meister überlegt, ob er das Gelände für Außenstehende sperren soll.« Man hört eine andere Stimme, die mit Scott spricht. »Äh, Dad, ich muß jetzt Schluß machen ...«

»Einen Augenblick noch, Scott«, sagt Baedecker. Er spürt eine unerklärliche Panik in sich aufsteigen. »Hör zu, ich werde morgen vorbeischauen. Scott, ich könnte Hilfe beim Ausbau der Blockhütte brauchen. Es wäre sehr schön dort, wenn ich bis Frühling fertig wäre. Würdest du darüber nachdenken, ob du dir ein paar Wochen frei nimmst und mit mir daran arbeitest?«

»Dad, ich kann nicht ...«

»Denk nur darüber nach, bitte«, sagt Baedecker. »Wir unterhalten uns morgen.«

»Dad, ich fürchte, daß ...«

Die Verbindung wird unterbrochen. Baedecker versucht mehrmals zurückzurufen, gibt aber schließlich auf.

Er geht ins andere Zimmer, wo Kitt Toliver sitzt. Toliver ist Mitte Dreißig, groß und kräftig gebaut. Er erinnert Baedecker mit seinem Bürstenschnitt und dem stechenden Blick ein wenig an Deke Slayton. »Danke, daß Sie gewartet haben, Sergeant«, sagt Baedecker.

»Kein Problem, Oberst.«

»Sie wissen, daß ich nichts mit der offiziellen Untersuchung zu tun habe«, sagt er. »Ich besitze keinen offiziellen Status. Ich versuche nur, ein paar Antworten zu finden, weil Dave ein Freund von mir war.

»Ja, Sir«, sagt Toliver. »Ich werde Ihnen gerne alles erzählen, was ich auch Oberst Fields und den anderen gesagt habe.«

»Gut«, sagt Baedecker. »Sie haben den Startcheck an dem Talon durchgeführt?«

»Ja, Sir, zweimal«, sagt Toliver. »Einmal am Morgen und noch einmal nach den Anruf von Major Munsen, daß der Kongreßabgeordnete Muldorff fliegen würde.«

»Hat Dave auch noch einmal einen Check gemacht?«

»Gewiß«, sagt Toliver. »Er sagte, er müßte einen Anschlußflug in Salt Lake erwischen, hat sich aber trotzdem die Zeit genommen, meinen PIF anzusehen und sich selbst noch einmal zu vergewissern. Und zwar gründlich.«

»Und Sie sind überzeugt, daß die Maschine flugtauglich war?«

»Ja, Sir«, sagt Toliver mit Eisen in der Stimme. »Sie können meinen PIF 720 lesen, *Sir.* Sie sagen, es kam zu einem strukturellen Versagen nach dem Start, und dagegen kann ich nichts einwenden, aber soweit wir der äußeren Inspektion und dem Cockpitcheck entnehmen konnten, befand sich die Maschine in einem einwandfreien Zustand. Die Motoren waren neu, Sir. Keine zwanzig Flugstunden.«

Baedecker nickt. »Kitt, hat Dave während des Checks etwas gesagt oder getan, das Ihnen ungewöhnlich vorgekommen ist?«

Toliver runzelt leicht die Stirn. »Während des Checks?« Nein, Sir. Oh, er erzählte mir einen Witz über ... äh ... nun, über oralen Verkehr mit einem Huhn. Aber davon abgesehen, nein, Sir.«

Baedecker grinst. »Hatte er Gepäck bei sich?«

»Ja, Sir. Eine Fliegertasche der Air Force. Und das große Paket.«

»Das große Paket?« sagt Baedecker.

»Ja, Sir. Ich habe Oberst Fields und dem Team alles darüber erzählt.«

»Erzählen Sie es mir auch«, sagt Baedecker.

Toliver zündet sich eine Zigarette an. »Da ist nicht viel zu erzählen, Sir. Ich ging in die Umkleidekabine zurück, um eine Jacke zu holen, und als ich zurückkam, hatte der Kongreßabgeordnete Muldorff ein Paket aus dem Auto ausgeladen.«

»Wie groß war das Paket?«

Toliver breitet die Hände aus und deutet eine Größe von etwa sechzig mal sechzig Zentimetern an.

»Paßte es in den Stauraum?« fragt Baedecker.

»Nein, Sir«, antwortet Toliver. »Als ich zum Flugzeug zurückkam, schnallte sich der Kongreßabgeordnete gerade an und das Paket war auf dem Rücksitz festgezurrt.«

»Gut festgezurrt?« fragt Baedecker. »Könnte es sich während des Flugs gelöst haben?«

»Nein, Sir«, entgegnet Toliver. »Es war gut befestigt. Sicherheitsgurt und Halfter.«

»Hatte der Rücksitz Armlehnen?«

Toliver schüttelt den Kopf. »Nein, Sir, dazu besteht keine Veranlassung.«

»Aber Daves Sitz schon?«

»Ja, Sir«, sagt Toliver und das gedachte *Selbstverständlich, Idiot* ist fast hörbar.

Baedecker macht sich Notizen auf einem kleinen Block. »Hat er Ihnen gesagt, was sich in dem Paket befand?«

»Ja, Sir«, sagt Toliver und grinst. »Er sagte, es wäre ein Geburtstagsgeschenk für seinen Sohn. Ich sagte; ›Wie alt ist denn ihr Junge?‹ Der Kongreßabgeordnete lächelte und antwortete: ›In etwa zwei Wochen wird er eine Minute alt sein.‹ Er sagte, seine Frau hätte am siebten Januar Termin.«

»Hat er gesagt, was für ein Geschenk es war?« fragt Baedecker.

»Nein, Sir. Ich sagte nur: ›Meinen Glückwunsch, Sir‹, worauf wir ihn für den Start vorbereiteten.«

Baedecker klappt das Notizbuch zu und streckt die Hand aus. »Danke, Kitt. Freut mich, daß Sie sich die Zeit genommen haben. Wenn Ihnen noch etwas einfällt, können Sie über Major Munsen mit mir Verbindung aufnehmen.«

»Mach' ich«, sagt Toliver. Er will gehen, aber dann verweilt er einen Moment. »Oberst, eines war ungewöhnlich, das habe ich dem Team auch gesagt. Ich dachte mir, Sie hätten möglicherweise gehört, was der Kongreßabgeordnete sagte, aber möglicherweise auch nicht.«

»Das wäre?« fragt Baedecker.

»Nun, als ich bereit war, die Leiter wegzuziehen, sagte ich: ›Angenehmen Flug, Sir.‹ Das sage ich immer. Und der Kongreßabgeordnete Muldorff grinste und antwortete: ›Danke, Sergeant, das habe ich vor. Es wird mein letzter sein.‹ Damals machte ich mir keine Gedanken deswegen, aber seit dem Absturz beschäftigt es mich. Was meinen Sie, hat er damit gemeint, Sir?«

»Ich bin nicht sicher«, sagt Baedecker.

Toliver nickt, entfernt sich aber nicht. »Ja, Sir. Kannten Sie ihn gut?«

Baedecker setzt zu einer Antwort an, dann hält er inne. »Ich bin nicht sicher«, sagt er schließlich. »Wir werden sehen.«

»He«, sagte Dave. »Ich fühle mich ein wenig beaucoup betrunken.«

»Positiv«, sagte Baedecker.

Sie hatten den ganzen Sonntag Feuerholz in den Bergen über Lonerock gesucht. Baedecker hatte die schwere Arbeit gefallen; der Schweiß verdampfte rasch in der hohen, kühlen Luft. Dann hatten sie den Pritschenwagen beladen, hatten dicke Cornedbeefsandwiches mit reichlich Senf zu Mittag gegessen, ein paar Bier aus der Kühltasche getrunken, waren nach Lonerock zurückgefahren, hatten unterwegs ein oder zwei Bier getrunken, hatten den Lastwagen entladen, hatten das Holz im Schuppen hinter Daves Haus verstaut, tranken ein Bier, brachten den Lastwagen zurück und tranken ein paar Bier mit Kink. Dann kehrten sie zum Haus zurück, setzten sich auf die Veranda und tranken Bier.

Es war gegen vier Uhr nachmittags, als Dave seine Bemerkung machte. »Mein Gott, von Bier betrunken«, sagte er. »Das ist High School-Zeug, Richard.«

»Positiv«, sagte Baedecker.

»He, weißt du, was wir vergessen haben? Wir haben vergessen, dir zu sagen, daß ich dich daran erinnern soll, mir zu sagen, daß du mich erinnern sollst, mit dir zur Farm meines Dad zu fahren.«

»Ja«, sagte Baedecker. »Erinnere mich daran, daß ich dich daran erinnere, daß wir das morgen tun.«

»Von wegen«, sagte Dave. »Tun wir es gleich.«

Baedecker folgte ihm zum Jeep und sah zu, wie Dave Sachen auf den Rücksitz warf. Baedecker nahm auf dem Beifahrersitz Platz und achtete darauf, sein Bier nicht zu verschütten. »Was machen wir, da rauf ziehen, oder was?«

»Wir essen dort zu abend«, sagte Dave, verstaute den letzten Rest Fracht und kletterte auf den linken Sitz. »Startsequenz-Countdown.«

»Check«, sagte Baedecker, drehte sich herum und betrachtete den vollgeladenen Rücksitz.

»Kühltasche?«

»Check.«

»Bier?«

»Check.«

»Grill?«

»Check.«

»Hamburger?«

»Check.«

»Brötchen?«

»Check ... nein, Augenblick mal. Rotes Licht bei den ... nein, da sind sie, unter der Holzkohle. Check.«

»Holzkohle?«

»Check.«

»Anzünder?«

»Check.«

»Taschenlampe?«

»Check.«

»Winchester?«

»Check. Wozu brauchen wir denn die?«

»Klapperschlangen«, sagte Dave. »Jede Menge Klapperschlangen da oben. Jede Menge Klapperschlangen hier unten, wenn ich darüber nachdenke. War echt warm diesen Herbst. Müßten immer noch draußen sein.«

»Oh.«

»S-IVB LH_2 vorkühlen und schnell einfüllen, S-IC LOX-Tank auffüllen, Glykoltreibstoffkappe abnehmen.«

»Check«, sagte Baedecker. Er machte eine Bierdose auf und gab sie Dave.

»Zündung«, sagte Dave und ließ den Jeep an, stieß rückwärts aus der Einfahrt, wendete in einer Staubwolke und beschleunigte mit Höchstgeschwindigkeit die Hauptstraße entlang nach Norden. Sie brausten an der rostigen Zapfsäule vorbei. »Houston, wir haben den Tower hinter uns gelassen«, bellte Dave.

»Roger«, sagte Baedecker.

Dave bog auf eine schmale Straße ab, die Richtung Nordosten in das Tal hinein führte. Der Jeep holperte eine Viertelmeile in den ausgefahrenen Rillen hin und her, dann gelangten sie wieder auf ebeneres Gelände. »Schlinger- und Schaukelprogramm beendet«, sagte Dave. »Bereit für Modus Eins Charlie.«

»Positiv«, sagte Baedecker. Sie ratterten über eine Viehsperre; einige Holzkohlen wurden aus der Tüte geschüttelt und verschwanden in der Staubwolke hinter ihnen. »Innenbordsicherung«, sagte Baedecker. »Bereit für Auffangen.«

Der rechte Reifen des Jeep schnellte über einen großen Stein, Daves ›AIR FORCE 1 1/2‹-Mütze wurde ihm vom Kopf gestoßen und landete auf dem Rücksitz unter dem kleinen Holzkohlengrill. »Tower über Bord«, sagte Dave.

»Roger.«

Sie fuhren durch eine Haarnadelkurve und einen steilen Hang hinauf. Dave schaltete in den zweiten Gang zurück, dann in den ersten. »Meldung, Houston«, sagte er, »LOS für Auffangen.«

Sie gelangten auf einen Kamm hoch über dem Tal. Der Weg führte auf einem schmalen Streifen entlang, links Felsblöcke, rechts ein steiler Abgrund. »Positiv«, sagte Baedekker. »S.E.S.«

»S.E.A.L.«, sagte Dave.

Es waren mehr als sechs Meilen. Die Straße verlief auf unbewaldeten Graten entlang, senkte sich in ein schattiges Tal hinab und stieg wieder zu einem weiten, ausgedehnten Ödland an, so daß es letztendlich eine halbe Stunde dauerte, bis Dave auf einen Schotterweg einbog und die Farm zu sehen war. Sie fuhren über eine baufällige Viehsperre und einen beifußüberwucherten Feldweg entlang, dann hielten sie vor einem leerstehenden Holzhaus an. Baedecker konnte eine Scheune und dahinter eine Gruppe kleinerer Schuppen erkennen.

Sie gingen durch das trockene Gras zum Haus, wobei Baedecker jeden Zentimeter des Weges nach Schlangen Ausschau hielt. Dem Ranchhaus war anzusehen, daß es schon lange leer stand – Fenster fehlten, in den meisten Zimmern war der Verputz von den Wänden gefallen, an der Treppe fehlte das Geländer, die rückwärtige Veranda war auf einer Seite eingestürzt –, aber man konnte auch erkennen, daß es mit Sorgfalt und Präzision erbaut worden war. Die Veranda verlief um drei Seiten des Hauses, die geschnitzten Holzarbeiten waren noch vorhanden, die Holztäfelung im Inneren machte einen penibel ausgeführten Eindruck, und die Steine des großen offenen Kamins waren eindeutig von Hand aufgeschichtet worden.

»Wie lange steht es schon leer?« fragte Baedecker, als sie durch den verstreuten Verputz in der Küche schritten.

»Pop ist '56 gestorben«, sagte Dave. »Unmittelbar danach hat es verschiedenen Familien gehört, aber die hatten nie die Chance, etwas daraus zu machen. Es ist verdammt schwierig, hier seinen Lebensunterhalt zu verdienen. Pop konnte sich nie entscheiden, ob er Farmer oder Rancher sein wollte. Er hatte nicht genügend Wasser, um eine Farm aufzuziehen, und nicht genügend Weideland für eine Ranch.«

»Wie alt warst du, als dein Vater gestorben ist?«

Dave trank einen großen Schluck Bier und sah zum Küchenfenster hinaus. »Siebzehn«, sagte er. »Das war der erste Sommer, in dem ich nicht mit dem Zug hierher gefahren und geblieben bin. Ich hatte eine Freundin und einen Ferienjob in Tulsa. Wichtigeres zu tun.« Er warf die Bierdose ins Spülbecken. »Komm mit hinten raus. Ich will dir etwas zeigen.«

Sie gingen an der Scheune und den kleineren Gebäuden vorbei. Die Scheune war, wie das Wohnhaus, für die Ewigkeit gebaut worden. Baedecker las den Herstellungsort auf den gewaltigen Scharnieren – Libanon, Pennsylvania, Patentiert 1906. Sie überquerten eine Wiese, und Baedecker mußte gerade wieder an Schlangen denken, als Dave stehen blieb, auf eine große, kreisrunde Vertiefung in der Wiese deutete, und sagte: »Coot Lake.«

Baedecker brauchte eine Weile, bis er es sah. Der Hügel, auf dem sie standen, wäre ein Teil des Ostufers gewesen, das verfaulte Holz unter ihren Füßen eine Rinne zum südlichen Teil des Bewässerungsgrabens, der den See mit Wasser versorgte, und die weggespülte Wölbung der Damm selbst. Fünfzig Meter entfernt, auf der anderen Seite des tieferliegenden Geländes, befand sich der andere Deich mit einem halben Dutzend staubiger Pappeln, die über den unkrautüberwucherten Hang des Westufers hingen.

»Richard«, sagte Dave, »fragst du dich manchmal, wieviel deines Lebens du mit dem Versuch verbracht hast, die Toten zufriedenzustellen?«

Baedecker trank Bier und dachte darüber nach, während Dave sich auf einen Stein setzte und einen langen Grashalm pflückte, um darauf zu kauen.

»Ich glaube, wir unterschätzen, wieviel unseres Lebens wir damit verbringen, daß wir versuchen, den Erwartungen der Toten gerecht zu werden«, fuhr Dave fort. »Wir denken nicht einmal darüber nach, wir tun es einfach.« Er deutete auf eine Gruppe von Gräsern und Stauden zwanzig Meter entfernt auf der flachen Wiese. »Da hatten wir unser altes Floß angebunden. Das Wasser war dort nur zwei bis zweieinhalb Meter tief, aber ich durfte nicht auf der Südseite schwimmen, weil es dort von Schling- und Wasserpflanzen nur so wimmelte und man sich mit den Füßen darin verfangen konnte. Pop riß sie jedes Jahr heraus, aber sie waren jeden Sommer wieder da. Er hat einen seiner alten Jagdhunde da draußen verloren, bevor ich geboren wurde. Dann, eines Sommers – es muß mein dritter Sommer hier draußen gewesen sein, ich glaube, ich war neun –, verhedderte sich mein Hund Blackie in dem Zeug, als er versuchte, zu mir auf dem Floß zu schwimmen.«

Dave verstummte und kaute auf seinem Grashalm. Die Sonne ging fast unter, die Schatten der Pappeln fielen weit über den ausgetrockneten Teich. »Blackie war hauptsächlich Labrador«, sagte er. »Pop hat ihn mir geschenkt, als ich zur Welt kam, und irgendwie war das ungeheuer wichtig für mich. Vielleicht blieb er deshalb *mein* Hund, obwohl ich ihn nur noch im Sommer sah, als ich sechs wurde und Ma und ich fortzogen. Wir hatten in Tulsa keinen Platz für ihn. Trotzdem war es, als würde er das ganze Jahr auf diese zehn Wochen im Sommer warten. Ich weiß nicht, warum es so wichtig schien, daß er und ich gleich alt waren, daß er fast zur gleichen Zeit wie ich zur Welt gekommen war, aber das war es.

An diesem Tag hatte ich nun meine morgendlichen Arbeiten erledigt und lag halb eingeschlafen auf dem Bauch auf dem Floß, als ich Blackie zum Floß schwimmen höre, plötzlich ist das Geräusch verstummt, ich schaue auf und kann keine Spur von ihm sehen, nur Wellen. Ich wußte sofort, was passiert sein mußte, die Schlingpflanzen, und ich tauchte ohne nachzudenken nach ihm. Ich hörte, wie Pop mir aus der Scheune etwas zurief, als ich nach oben kam, aber ich tauchte wieder, drei-, vielleicht viermal, zwängte mich zwischen die Schlingpflanzen, wurde da unten eingeklemmt, strampelte mich frei und versuchte es wieder. Man konnte nichts sehen, und der Schlamm allein packte einen am Knöchel und versuchte, einen nach unten zu ziehen. Als ich das letzte Mal nach oben kam, hatte ich das stinkende Wasser in der Nase und war voller Schlamm und konnte Pop sehen, der mich vom Ufer anschrie, aber ich ging wieder runter, und als mir gerade die Luft ausging und die Schlingpflanzen sich völlig um mich gewickelt hatten und ich sicher war, daß es keinen Zweck mehr hatte, es noch weiter zu versuchen, da *spürte* ich Blackie unten am Boden, er zuckte nicht einmal mehr, und ich tauchte nicht auf, um Luft zu holen, sondern riß einfach weiter an den Schlingpflanzen und strampelte im Schlamm und hielt ihn die ganze Zeit fest, weil ich wußte, ich würde ihn nicht wiederfinden, wenn ich ihn nur einen Moment los ließ. Die Luft ging mir aus. Ich kann mich erinnern, daß ich etwas von dem stinkenden Wasser schluckte, aber ich wollte nicht ohne meinen Hund auftauchen. Und dann bekam ich uns irgendwie beide frei und zog ihn ans seichte Ende dort, und Pop schleppte uns beide ans Ufer und machte ein Aufhebens um mich, während er mich gleichzeitig anschrie, und ich hustete Wasser und weinte und versuchte, Blackie wieder zum Atmen zu bringen. Ich war sicher, daß er ertrunken war, er war so reglos und schwer und *fühlte sich an,* als wäre er voller Wasser. Er fühlte sich tot an. Aber ich drückte weiter auf seine Rippen, während ich selbst Wasser auskotzte, und der Teufel soll mich holen, wenn der Hund nicht plötzlich etwa vier Liter Wasser ausspuckte und winselte und wieder anfing zu atmen.«

Dave nahm den Grashalm aus dem Mund und warf ihn weg. »Ich glaube, glücklicher bin ich nie gewesen«, sagte Dave. »Pop sagte, er wäre wütend auf mich, weil ich da reingesprungen war – er drohte, mich zu verprügeln, sollte ich je wieder dort schwimmen gehen –, aber ich wußte, daß er stolz auf mich war. Einmal fuhren wir nach Condon, ich saß hinten auf dem Lieferwagen und hörte, wie er seinen Freunden davon erzählte, und ich wußte, er war stolz auf mich. Aber ich glaube nicht, daß ich deshalb so glücklich war. Weißt du, Richard, ich habe darüber nachgedacht, als ich Medevac in Vietnam geflogen habe und wußte, es ging um mehr, als nur Pop zufriedenzustellen. Ich haßte es, in Vietnam zu sein. Ich hatte fast ständig eine Scheißangst, und ich wußte, ich würde meiner Laufbahn einen Arschtritt verpassen, wenn sie herausfanden, was ich tat. Ich haßte das Wetter, den Krieg, die Insekten, *alles.* Und ich war glücklich. Ich dachte darüber nach, und mir wurde klar, daß es mich einfach *glücklich* machte, etwas zu retten, Menschen zu retten. Es war, als hätte sich alles im Universum verschworen, diese armen Kerle nach unten zu ziehen, und ich kam mit dem Hubschrauber daher und packte sie, und wir *weigerten* uns einfach, sie untergehen zu lassen.«

Sie gingen am Haus vorbei zurück, stellten den Grill neben dem Jeep auf und bereiteten das Abendessen zu. Die Abendkälte machte ihnen in dem Augenblick zu schaffen, als das direkte Sonnenlicht verschwunden war. Baedecker konnte zwei Vulkanberge sehen, auf die weit entfernt im Norden und Osten noch Licht fiel. Sie warteten, bis die Holzkohle glühte, brieten nur das Äußere ihrer Hamburger leicht an, legten dicke Zwiebelscheiben darauf und aßen heißhungrig, wobei sich jeder eine frische Dose Bier zum Essen aufmachte.

»Hast du je daran gedacht, die Ranch zu kaufen und zu renovieren?« fragte Baedecker.

Dave schüttelte den Kopf. »Zu viele Geister.«

»Trotzdem bist zu zurückgekommen und lebst in der Nähe.«

»Ja.«

»Ich kenne jemanden«, sagte Baedecker, »die behauptet, es könnte Orte der Macht geben. Sie glaubt, es gäbe Schlimmeres, als sein Leben lang danach zu suchen. Was meinst du dazu?«

»Orte der Macht«, sagte Dave. »Wie Miz Callahans magnetische Kraftlinien, hm?«

Baedecker nickte. Die Vorstellung hörte sich absurd an.

»Ich glaube, deine Freundin hat recht«, sagte Dave. Er zog noch ein Bier aus der Kühltasche und schüttelte das Eis ab. »Aber ich wette, es verhält sich komplizierter. Es gibt Orte der Macht – ja –, daran kann kein Zweifel bestehen. Aber es läuft wieder auf das hinaus, worüber wir gestern nacht gesprochen haben. Man muß mithelfen, sie zu *machen.* Man muß zur rechten Zeit am rechten Ort sein und es *wissen.*«

»Woher weiß man es?« fragte Dave.

»Indem man davon träumt, aber nicht darüber nachdenkt«, sagte Dave.

Baedecker machte eine neue Bierdose auf und legte die Füße aufs Armaturenbrett. Das Haus war nur noch eine Silhouette vor dem dunklen Himmel. Er zog den Reißverschluß der Jacke hoch. »Indem man davon träumt, aber nicht darüber nachdenkt«, sagte er.

»Richtig. Hast du je Zen-Meditation versucht?«

»Nein«, sagte Baedecker.

»Aber ich vor ein paar Jahren«, sagte Dave. »Es geht darum, jegliches Denken zu verdrängen, damit nichts mehr zwischen einem selbst und dem *Ding* steht. Indem man nicht hin sieht, soll man *klar* sehen.«

»Hat es funktioniert?«

»Nee«, sagte Dave, »bei mir nicht. Ich saß da und sang mein Mantra oder was auch immer und dachte an jedes verdammte Ding im Universum. Meistens hatte ich einen Ständer wegen erotischen Tagträumen. Aber ich habe etwas gefunden, das funktionierte.«

»Und das wäre?«

»Unser Training für die Mission«, sagte Dave. »Die endlosen Simulationen wirkten ziemlich genau so, wie die Meditation wirken sollte, aber nicht tat.«

Baedecker schüttelte den Kopf. »Dem kann ich nicht zustimmen. Ganz im Gegenteil. Als die Sache schließlich über die Bühne ging, war es *genau* wie bei den Simulationen. Ich konnte gar nichts richtig *erfahren,* weil die ganzen Simulationen eine Art Vorprogrammierung in mir erzeugt hatten.«

»Ja«, sagte Dave und aß den letzten Bissen seines Hamburgers, »das habe ich auch gedacht. Aber dann wurde mir klar, daß es gar nicht stimmt. Wir haben diese zwei Tage auf dem Mond in ein Sakrament verwandelt.«

»Ein Sakrament?« Baedecker zog die Mütze tief ins Gesicht und runzelte die Stirn. »Ein Sakrament?«

»Joan war katholisch, oder nicht?« fragte Dave. »Ich weiß, in Houston bist du ab und zu mit ihr zur Messe gegangen.«

»Ja.«

»Nun, dann weißt du, was ich meine, obwohl sie es heute nicht mehr so gut machen wie früher, als ich ein Kind war und mit Ma hingegangen bin. Das Latein hat geholfen.«

»Wobei geholfen?«

»Bei dem Ritual geholfen«, sagte Dave. »So wie bei der Mission die Simulationen geholfen haben. Je mehr alles zum Ritual wird, umso weniger stören Gedanken. Weißt du, was Buzz Aldrin als erstes getan hat, als sie nach der Landung von *Apollo 11* ein paar Minuten Zeit für sich hatten?«

»Das Abendmahl eingenommen«, sagte Baedecker. »Er hatte den Wein und alles in seiner persönlichen Ausrüstung dabei. Er war ... was? ... Presbyterianer?«

»Unwichtig«, sagte Dave. »Was Buzz nicht bewußt wurde, ist, daß die Mission selbst schon das Ritual war, das Sakrament war bereits vorhanden und wartete nur darauf, daß es jemand feierte.«

»Wie das?« sagte Baedecker, aber ihm wurde bereits tief im Inneren klar, daß Dave recht hatte.

»Ich habe das Foto gesehen, das du dortgelassen hast«, sagte Dave. »Das Bild von dir, Joan und Scott. Neben der seismischen Versuchseinheit.«

Baedecker sagte nichts. Er erinnerte sich, wie er in der lunaren Dämmerung vor dem Bild kniete, die Schichten des Druckanzugs steif und unförmig um ihn herum, das grelle Sonnenlicht ein Segen.

»Ich habe eine alte Gürtelschnalle meines Vaters dort gelassen«, sagte Dave. »Ich habe sie gleich neben die laserreflektierenden Spiegel gelegt.«

»Echt?« Baedecker war aufrichtig überrascht. »Wann?«

»Als du bei der ersten Exkursion den Rover für den Ausflug nach Rill 2 fertiggemacht hast«, sagte Dave. »Verdammt, es würde mich überraschen, wenn nicht jeder von uns zwölf, die da oben waren, etwas Ähnliches gemacht hätte.«

»Daran habe ich nie gedacht«, sagte Baedecker.

»Der Rest war nur Vorbereitung, das Unwichtige aus dem

Weg räumen. Auch Orte der Macht sind nutzlos, wenn man nicht etwas zu ihnen *bringt.* Und ich meine nicht nur das, was wir mitgebracht hatten – das ist für das wahre Sakrament wie der Brotklumpen für die Eucharistie. Wenn man wieder weggeht und ist noch derselbe wie zuvor, dann weiß man, daß es kein richtiger Ort der Macht gewesen ist.«

»Das ist es, das ist das Problem«, sagte Baedecker. »Nichts hat sich verändert.«

Dave lachte und hielt Baedeckers Oberarm durch die dikke Jacke fest. »Ist das dein Ernst, Richard?« sagte er leise. »Kannst du dich erinnern, wer du *warst*, und hast du eine Ahnung, wer du jetzt bist?«

Baedecker schüttelte den Kopf.

Dave sagte nichts. Er sprang hinaus, schüttete den Rest der Glut aus, deckte sie gründlich mit Sand zu und verstaute die Ausrüstung hinten im Jeep. Dann kam er zu Baedeckers Seite. »Rutsch rüber«, sagte er. »Du fährst. Ich bin zu betrunken.«

Baedecker, der, was das Bier betraf, den ganzen Nachmittag mit Dave Schritt gehalten hatte, nickte und rutschte auf die Fahrerseite.

Die Scheinwerfer des Jeeps strahlten Beifußsträucher und Krüppelkiefern an, als sie langsam zurückfuhren. Wolken verdeckten die Sterne, und der Vollmond würde erst in Stunden aufgehen.

»Tom Gavin wird es nie verstehen«, sagte Dave. »Der arme Teufel ist so verzweifelt auf das Element des Sakraments versessen, daß er es nie finden wird. Ich habe ihn im Fernsehen gesehen, wo er geschildert hat, wie er im Orbit um den Mond wiedergeboren wurde. Scheis-se. Er redet darüber und redet darüber und hat nicht die geringste Ahnung, was es heißt, wiedergeboren zu werden. *Du* warst derjenige, Richard. Ich habe es gesehen.«

Baedecker schüttelte langsam den Kopf. »Nein«, sagte er. »Ich habe nichts gespürt. Ich habe keine Ahnung, was alles bedeutet.«

»Glaubst du, ein Neugeborenes weiß, was alles bedeutet?« fragte Dave. »Es passiert einfach, und dann kümmert man sich um das böse Geschäft, am Leben zu sein. Erkenntnis kommt später, wenn sie überhaupt kommt.«

Sie kamen aus dem Tal heraus und fuhren zur letzten Kuppe vor den Serpentinen. Baedecker schaltete in den ersten Gang und kroch, so langsam es das Fahrzeug erlaubte, auf dem schmalen Weg dahin. Er fühlte sich nüchtern, sah aber immer wieder Klapperschlangen am Rand der Lichtkegel auftauchen.

»Wiedergeboren zu werden bedeutet nicht, daß man irgendwo angekommen ist«, sagte Dave. »Es bedeutet, man ist bereit, die Reise anzutreten. Die Pilgerfahrt zu weiteren Orten der Macht, die zum Scheitern verurteilte Suche, um Menschen und Dinge, die man liebt, davor zu bewahren, von den Schlingpflanzen erwischt und nach unten gezogen zu werden. Halt bitte an.«

Baedecker hielt an und sah zu, wie Dave sich lautlos zum Jeep hinaus beugte und übergab, sich aufrichtete und den Mund mit Wasser aus einer alten Feldflasche unter dem Sitz ausspülte. Dave lehnte sich zurück, rülpste einmal und zog die Mütze über die Augen. »Damit endet das Evangelium nach St. David. Fahr weiter.«

Baedecker bremste den Jeep auf dem Grat vor den Serpentinen, die zum letzten Canyon führten. Lonerock war zwei Meilen entfernt zu sehen, ein paar Lichter zwischen dunklen Bäumen.

»Schalt die Scheinwerfer ein paarmal ein und aus«, sagte Dave.

Baedecker gehorchte.

»Okay, fahr weiter.«

»Glaubt Miz Callahan, daß die Außerirdischen UFOs mit Scheinwerfern fahren?« sagte Baedecker.

Dave zuckte die Achseln, ohne die Mütze zu heben. »Vielleicht machen sie Exkursionen.«

Baedecker schaltete herunter, fand den Gang nicht, ließ das Getriebe knirschen, versuchte es noch einmal.

»Mmmm, sachte«, sagte David. »Was hältst du von meiner Idee mit dem Buch?«

»*Frontiers?*« sagte Baedecker. »Gefällt mir.«

»Glaubst du, es ist ein lohnendes Projekt?«

»Unbedingt.«

»Gut«, sagte Dave. »Warum hilfst du mir nicht, es zu schreiben?«

»Warum, um Himmels willen? Du machst das prima.«

»Nein, das stimmt nicht«, sagte Dave. »Ich kann die Kapitel über die Personen ums Verrecken nicht schreiben. Selbst wenn meine Arbeit auf dem Hill mir die Zeit ließe, zu reisen und zu recherchieren – was nicht möglich ist –, könnte ich den Teil nicht schreiben.«

»Das Kapitel über diesen Russen, Beljajew, war großartig«, sagte Baedecker.

»Ich habe den ganzen Mist aufgeschnappt, als ich wegen der ASTP drüben war«, sagte Dave. »Die aktuellsten Abschnitte sind zehn Jahre alt. Der wichtigste Teil des Buches wird sein, was unsere amerikanischen Jungs so treiben. Und ich will auch nichts von dieser *Reader's Digest*-Pappe: ›Lieutenant Colonel Brick Masterson hat die Agentur verlassen und widmet sich einer erfolgreichen Laufbahn, bei der er seinen Großhandel mit Austin-Bier mit einer Mannschaft lesbischer Schlammcatcherinnen verbindet, deren Mitbesitzer er ist.‹ Nn-nnn, Richard, ich will wissen, was diese Burschen *empfinden*. Ich will wissen, was sie ihren Frauen mitten in der Nacht nicht verraten, wenn sie nicht schlafen können. Ich will wissen, was sie in ihrem tiefsten Inneren bewegt. Es ist mir egal, wie schlecht wir Ex-Raumfahrer uns ausdrücken können, ich erwarte, daß du mit deinem kleinen epistemologischen Proktoskop da reintauchst ... verdammt, das ist gut ... ich kann nicht so betrunken sein, wenn ich das aussprechen kann, hm? Ich möchte, daß du herausfindest, was wir über uns selbst wissen müssen, okay?«

»Ich glaube nicht ...«, begann Baedecker.

»Bitte halt den Mund«, sagte Dave. »Denk darüber nach. Laß es mich wissen bis, sagen wir, wenn das Baby auf der Welt ist. Ein paar Wochen später wollen wir wieder nach Salem und Lonerock zurückkehren. Denk bis dahin darüber nach. Das ist ein Befehl, Baedecker.«

»Jassöhr.«

»Himmel«, sagte Dave. »Du hast diese arme Schlange da hinten überfahren, dabei war es nicht einmal eine Klapperschlange.«

Baedecker liegt auf dem Sofa in Daves Arbeitszimmer, beobachtet Rechtecke aus Licht von vorbeifahrenden Autos, die über die Bücherregale wandern, und denkt nach. Er erinnert sich an Daves Bemerkung: ›Ich glaube, glücklicher bin ich nie gewesen‹, und versucht, einen vergleichbaren Augenblick für sich selbst zu finden. Dutzende Erinnerungen fallen ihm ein – aus der Kindheit, den ersten Jahren mit Joan, die Nacht, in der Scott zur Welt kam –, aber so wichtig und befriedigend jede einzelne ist, sie werden eine nach der anderen verworfen. Dann erinnert er sich an ein einziges, einmaliges Ereignis, das ihn durch die Jahre begleitet hat wie ein abgegriffener Schnappschuß und ihm über Einsamkeit und Enttäuschungen hinweggeholfen hat.

Es war eine Kleinigkeit. Ein paar Minuten. Er flog in den letzten Monaten der Ausbildung vom Cape nach Houston zurück. Er saß allein in seiner T-38 – genau wie Dave vor einer Woche –, als er, einer Eingebung folgend, das kleine Viertel überflogen hatte, wo er wohnte. Baedecker erinnert sich an den perfekten Zeitpunkt, als seine Frau und sein Kind ins Freie kamen, und daran, wie deutlich er sie aus einer Höhe von zweihundertvierzig Metern und bei einer Geschwindigkeit von fünfhundert Meilen pro Stunde erkennen konnte. Er erinnert sich an das Sonnenlicht, das auf der Plexiglaskuppel tanzte, als er mit der T-38 einen Triumphlooping flog, und dann noch einen, um dem Himmel, dem Tag, der bevorstehenden Mission und seiner Liebe zu den beiden winzigen Gestalten da unten zu huldigen.

Jemand im Haus hustet laut, und Baedecker schreckt aus seinem leichten Dösen auf, da er konditioniert ist, weil er jahrelang dem keuchenden Atmen seines Sohnes in der

Nacht lauschen mußte. Er beobachtet ein Rechteck aus weißen Licht, das über die dunklen Bücher wandert, und versucht sich zu entspannen.

Schließlich schläft er ein. Und der Traum kommt.

Es ist einer von nur zwei oder drei Träumen, die Baedekker hat, von denen er weiß, daß sie keine Träume sind. Sie sind Erinnerungen. Er hat sie seit Jahren. Als er stöhnend erwacht und sich an der Armlehne festklammert, weiß er sofort, daß es *der Traum* gewesen ist. Und als er sich in Daves dunklem Arbeitszimmer aufrichtet und der Schweiß bereits auf seinem Gesicht trocknet, weiß er auch, daß der Traum dieses Mal – das erste Mal – anders gewesen ist.

Bisher ist der Traum stets derselbe gewesen. Es ist August 1962 und er startet von Whiting Field bei Pensacola, Florida. Der Tag ist schwindelerregend heiß und unglaublich schwül, daher empfindet er es als Erleichterung, als das Cockpit der F-104 Starfighter geschlossen wird und er kühlen Sauerstoff atmet. Es handelt sich nicht um einen Testflug. An dieser F-104 ist nichts ungetestet; das Flugzeug aus Chromlegierung besteht aus auf Herz und Nieren geprüfter Ausrüstung und soll zu einer Luftwaffenschwadron der Homestead Air Force-Basis südlich von Miami überführt werden. Baedecker hat zwei Wochen damit verbracht, mit der Maschine kreuz und quer durch das Land zu fliegen, sein erster politischer Job für die NASA, bei dem er bedeutenden Persönlichkeiten der Marine und Armee, die neugierig auf das neue Kampfflugzeug waren, zu Freiflügen mitnehmen mußte. Ein Admiral im Ruhestand in Pensacola – ein Bär von einem Mann, zu dick für den Kampfanzug und fast zu dick für den Rücksitz – hatte Baedecker nach dem Rundflug auf die Schulter geklopft und gesagt: »Absolut erstklassiges Flugzeug.« Wie die meisten Piloten, die mit der Maschine geflogen sind, kann Baedecker dem nicht rückhaltlos zustimmen. Das Flugzeug ist beeindruckend wegen seiner Leistungskraft und rohen Kraft – tatsächlich wurde es in Edwards als Leistungstest für die X-15 benutzt, die Baedecker Anfang dieses Sommers erstmalig geflogen hatte –, aber es ist kein erstklassiges Flugzeug; es ist ein Triebwerk mit daran befestigtem Schleudersitz, in diesem Fall sogar zwei Sitzen, sowie zwei kurzen Stummelflügeln, die etwa soviel Oberfläche bieten wie die Federn an einem Pfeil.

Baedecker sitzt an diesem ausnehmend heißen Augusttag im Cockpit und ist froh, daß die Tour vorbei ist; er hat einen zehnminütigen Alleinflug nach Homestead vor sich, dann kehrt er mit einem C-130-Transporter nach Kalifornien zurück. Er beneidet die Luftwaffenpiloten nicht, die die F-104 tagtäglich fliegen müssen.

Hitzeflimmern steigt empor und verzerrt die Startbahn und die Mangrovenbäume dahinter. Baedecker rollt in Position, erbittet Starterlaubnis vom Tower und hält die Bremsen, während er die Maschine auf volle Leistung hochjagt. Er kann spüren, daß alles klar ist, noch bevor die Skalen ihre erwarteten Werte verkünden. Die Maschine wehrt sich gegen das mechanische Zaumzeug wie ein halbwildes Vollblut in der Startbox.

Baedecker funkt den Tower noch einmal an und läßt die Bremsen nach. Die Maschine schnellt nach vorn und rammt ihn in den Sitz, während die Mittelstreifen der Startbahn unter dem Bug der Maschine zu einer einzigen Linie verschmelzen. Dennoch beansprucht das Monster einen unangemessenen Teil der Startbahn, bevor es Startgeschwindigkeit erreicht. Baedecker reißt den Bug brutal zu einer unsichtbaren Linie zwanzig Grad über der näherkommenden Baumreihe hoch, spürt das Flugzeug vom Boden abheben, zieht das Fahrgestell ein und kickt den Nachbrenner.

Dann geschieht alles gleichzeitig. Die Energie sinkt auf zehn Prozent des erforderlichen Maßes, Baedeckers Armaturenbrett leuchtet rot auf, er weiß ohne nachzudenken, daß die Flansche um den Nachbrenner herum aufgegangen sind und der Schub nutzlos als brennende Spur hinter ihm verglüht; der Stauflugalarm heult panisch. Baedecker zieht den Bug instinktiv nach unten, erkennt, daß er weder genügend Zeit noch ausreichend Flughöhe hat, und reißt den Knüppel genau in dem Augenblick scharf zurück, als die ersten Äste unter dem Bauch der abstürzenden F-104 abbrechen. Baedecker kauert sich beinahe in Embryonalhaltung zusammen, zieht den D-Ring, sieht die Haube in einem seltsam stummen Akt der Levitation davonfliegen und wartet die Ewigkeit von 1,75 Sekunden, bevor der Schleudersitz zündet und er der Haube folgt, aber zu spät, das Flugzeug streift jetzt dicke Äste, mäht ganze Stämme von Pinien ab, und das trudelnde Heck rammt gegen den Sockel seines Schleudersitzes, kein fester Schlag, sondern ein Streifen, nach dem der Schleudersitz sich überschlägt, Baedecker wird verkehrt herum herausgeschleudert, der Fallschirm öffnet sich in Richtung der zwölf Meter tiefer gelegenen Vegetation, Baedeckers beide Knöchel sind schon durch den Aufprall gebrochen, sein Kopf dröhnt. Dann bauscht sich der Hauptfallschirm auf, Baedeckers Füße zeigen zum Himmel wie die eines Kindes, das zu hoch schaukelt, der Ruck ist zu stark und bricht ihm die linke Schulter beim Öffnen und die rechte, nachdem er einmal fast vollständig herumgewirbelt wurde; der Hauptfallschirm schleift jetzt unter ihm dahin, ein inverser orangeroter Schirm, der versucht, in sich zusammenzufallen und ihn zu dem fliegenden Flammenball nach unten zu ziehen, aber soweit kommt es nicht, Baedecker schwingt noch einmal einen vollen Bogen nach vorn, seine gebrochenen Füße berühren fast die oberen Zweige und die Blumen brennenden Treibstoffs, seine Lungen atmen die giftigen Dämpfe und die Hitze ein. Dann hängt er zwei endlose Sekunden unter dem Seidenbaldachin, wie Gott und der Mensch es gewollt haben, gleitet vorwärts wie ein Tourist unter einem Drachenflieger, der von einem Boot gezogen wird, aber er hat kein Wasser unter sich, sondern einen Morgen zerklüftete Baumstümpfe und Äste, zehntausend *Punji*pfähle, die innerhalb von drei Sekunden gewaltsamen Absturzes geschaffen wurden, und Flammen soweit das Auge reicht, Flammen rings um ihn herum und über ihm, die bereits mit rasiermesserscharfen Zungen nach seinem Anzug und den Seilen und seinen schmerzbetäubten Füßen lecken, welche in unmöglichen Winkeln unter ihm hängen; noch zwei Sekunden, und er wird in diesem Flammenmeer spitzer Pflöcke und glühenden Treibstoffs *landen,* er wird auf diesen gebrochenen Knöcheln und gesplitterten Knöcheln *landen,* Körper und Fallschirm werden in der Hitze in Flammen aufgehen, seine Haut wird sieden wie eine Gottesanbeterin, die kocht und im Feuer aus ihrem eigenen Panzer platzt.

Und Baedecker wacht auf.

Er wacht auf und greift – wie immer – über sich nach den Seilen des Fallschirms, ertastet aber statt dessen Armlehne und Wand. Er erwacht – wie immer – stumm und schweißgebadet und erinnert sich an jede Einzelheit, an die er sich während der schmerzgebeutelten Stunden bei Bewußtsein nach dem Absturz oder in den schmerzgeplagten zehn Wochen langsamer Rekonvaleszenz im Krankenhaus hinterher nicht erinnern konnte – nicht einmal in den drei Jahren nach dem besagten Augusttag, bis zu der Nacht, als er *den Traum* zum ersten Mal hatte und genau wie jetzt erwachte, um sich greifend und schweißgebadet und mit einer vollkommen klaren Erinnerung an das, woran man sich nicht erinnern kann.

Aber dieses Mal war der Traum anders. Baedecker schwingt die Füße auf den Boden, stützt den Kopf in zitternde Hände und versucht, den Unterschied zu sehen.

Und er sieht ihn.

Das Armaturenbrett ist rot, der Stauflugalarm heult, Baedecker spürt das Flugzeug Bauch voraus auf die Bäume zuschlingern. Es gibt kein Entrinnen vor diesem starken Sog, die Erde zieht ihn nach unten. Aber Baedecker zieht den Knüppel bis an den Bauch, duckt sich und zieht den D-Ring, obwohl er weiß, daß nicht genug Zeit ist, sieht zertrümmerte Zweige mit der Cockpithaube nach oben fliegen, dann – in Zeitlupe – die vertraute Erlösung, als der Schleudersitz sich aus dem Sarg des zerfallenden Rumpfes erhebt und langsam wie ein viktorianischer Fahrstuhl, ohne besondere Hast, in die Höhe steigt, und als Baedeckers helmgeschützter Kopf die Sichtlinie des Deflektorspiegels passiert, der über den Cockpitinstrumenten angebracht ist, sieht er sich eine Sekunde selbst, das Visier reflektiert den Spiegel, der das Visier reflektiert, und als er noch höher steigt, kann er sehen, was er vergessen hat, woran er in der Not des Augenblicks des Überlebens nicht gedacht hat – was er selbstverständlich immer gewußt, niemals wirklich vergessen, sondern im panischen Moment des Überlebens lediglich übersehen hat –, er erblickt Scott auf dem Rücksitz; Scott, der heute mitgeflogen ist und ihm nach wie vor vertraut; Scott, etwa sieben Jahre alt, mit Bürstenschnitt und Cape Canareval-T-Shirt, und seine Augen sehen immer noch voller Vertrauen in den Spiegel, er wartet darauf, daß sein Vater etwas *tut*, er empfindet noch keine Angst, nur Vertrauen, und dann ist Baedecker über ihm in Sicherheit – doch welch schmerzvolle Sicherheit! –, und er schreit Scotts Namen, noch während er langsam den kreisenden Wellen der Flammen entgegensinkt.

Baedecker steht auf und geht zwei Schritte zum Fenster. Er drückt die Wange gegen das kalte Glas der regennassen Scheibe und spürt überrascht, wie ihm Tränen die Wangen hinab laufen. In den frühen Morgenstunden preßt Baedecker das Gesicht gegen die kalte Glasscheibe und weiß jetzt ganz genau, warum Dave gestorben ist.

Baedecker bricht vor der Dämmerung auf, damit er um 7 Uhr 30 in Tacoma sein kann. Einige Mitglieder der Untersuchungskommission sind alles andere als glücklich, hier zu sein, aber um 8 Uhr 15 sitzt er und hört den sechs Männern zu und redet selbst kurz, als sie fertig sind, und um 9 Uhr ist er schon wieder auf dem Weg nach Süden und Osten und fährt oberhalb von Dalles nach Oregon ein. Es ist ein grauer, windiger Tag, der Geruch von Schnee liegt in der Luft, und obwohl er die nördlichen Felsenklippen nach einer Spur des Stonehenge-Monuments absucht, kann er nichts sehen.

Es ist kurz nach 13 Uhr, als Baedecker vom Hügel westlich davon auf Lonerock hinabsieht. Auf dem steilen Hang sind verschneite Stellen zu sehen, er fährt den gemieteten Toyota im zweiten Gang. Die Stadt macht einen noch verlasseneren

Eindruck als sonst, als er die menschenleere Hauptstraße entlangfährt. Sollys Wohnmobil ist den Winter über geschlossen, in Miz Callahans Schule sind schwere Vorhänge vor die Fenster gezogen, Schneeverwehungen in den Seitenstraßen sind unberührt. Baedecker parkt vor dem Lattenzaun und öffnet die Haustür mit dem Schlüssel, die Di ihm vor zwei Tagen gegeben hat. Die Zimmer sind ordentlich, es riecht noch schwach nach dem Schinken, den sie nach der Beerdigung hier warm gemacht hatten. Baedecker geht in das kleine Arbeitszimmer im hinteren Teil des Hauses, nimmt den Manuskriptstapel und die Notizen, packt alles in einen Karton, in dem Briefumschläge gewesen sind, und trägt es hinaus zum Auto.

Baedecker geht die hundert Meter zum Schulhaus zu Fuß. Weder sein Klopfen noch Rufe in das Sprechröhrensystem werden beantwortet. Er geht zurück und schaut zum Dachstuhl hinauf, aber die Fenster sind graue Tafeln, in denen sich die tiefhängenden Wolken spiegeln. Im Garten stehen noch trockene, abgebrochene Maisstauden und eine verfallende Vogelscheuche im Frack.

Er fährt die kurze Strecke zu Kink Weltners Ranch. Er hat den Toyota geparkt und will gerade aussteigen, als er den Huey festgezurrt auf der Wiese hinter der Scheune stehen sieht. Die Anwesenheit des Helikopters erschüttert ihn auf unbestimmte Weise; er hat vergessen gehabt, daß Dave ihn hier hergeflogen hatte. Baedecker geht zu ihm, streicht mit den Händen über die Halteseile und schaut ins Cockpit. Die Windschutzscheibe ist vereist aber er kann den Helm der Air National Guard auf dem Rücksitz liegen sehen.

»Hallo, Dick.«

Baedecker dreht sich um und sieht Kink Weltner, der auf ihn zukommt. Trotz der Kälte trägt Kink nur einen dunklen Anzug; der linke Ärmel ist ordentlich festgesteckt.

»Hallo, Kink. Wo wollen Sie denn so fein angezogen hin?«

»Ein paar Tage nach Las Vegas, bevor mir die Decke auf den Kopf fällt«, sagt Kink. »Das Scheißwetter geht einem auf die Nerven.«

»Tut mir leid, daß wir nach der Beerdigung nicht miteinander reden konnten«, sagt Baedecker. »Ich wollte Sie einiges fragen.«

Kink schneuzt sich die Nase mit einem roten Taschentuch und steckt es wieder in die Brusttasche des Anzugs. »Ja, ich hatte jede Menge Arbeit nachzuholen. Gottverdammt, ich wünschte, das wäre Dave nicht passiert.«

»Ich auch«, sagt Baedecker. Er klopft auf die Seite des Rumpfs. »Ich bin überrascht, daß er noch hier ist.«

Kink nickt. »Ja. Ich hab' sie schon zweimal angerufen. Habe beide Male mit Chico reden müssen, weil niemand die Verantwortung für eine Maschine übernehmen will, die eigentlich gar nicht existiert. Sie warten auf besseres Wetter, denke ich. Ich weiß nicht, ob alle Angst haben, so weit zu fahren, wenn sie nicht über die Berge fliegen wollen. Er ist vollgetankt und jederzeit bereit, wenn sie wollen. Ich würde ihn selbst zurückfliegen, aber es ist schwer, einen Huey mit einem Arm zu steuern.«

»Ich habe es mit zwei Armen nie geschafft«, sagt Baedekker. »Kink, Sie haben mit Dave gesprochen, als er herkam, oder nicht?«

»Hab' nur hallo gesagt. Ich war überrascht, ihn gleich nach Weihnachten wiederzusehen. Ich wußte, daß er und Diane nach der Geburt des Babys wiederkommen wollten, aber vorher hatte ich ihn nicht erwartet.«

»Haben Sie ihn noch einmal gesehen, bevor er gegangen ist?«

»Nee, das Wetter war schon schlechter geworden, als er landete, und er sagte, er hätte den Cherokee beim Haus geparkt. Er sagte, er würde in ein paar Wochen kommen und den Huey holen, wenn ihn bis dahin nicht ein anderer abgeholt hätte.«

»Hat er gesagt, warum er nach Lonerock gekommen ist?«

Kink schüttelt den Kopf, aber dann hält er inne, als wäre ihm etwas eingefallen. »Ich habe ihn gefragt, wie sein Weihnachtsfest gewesen wäre, und er sagte prima, aber er hätte eines der Geschenke hier draußen vergessen. Das ergab keinen Sinn, da sie nicht hier draußen gewesen sind – soweit ich weiß –, seit er mit Ihnen vor Halloween hier war.«

»Danke, Kink«, sagt Baedecker, als sie zum Haus zurück gehen. »Dürfte ich bei Ihnen mal telefonieren?«

»Klar, schlagen Sie einfach die Tür zu, wenn Sie raus gehen. Abschließen müssen Sie nicht«, sagt Kink, als er in seinen Pritschenwagen steigt. »Wir seh'n uns, Dick.«

»Auf bald, Kink.« Baedecker geht ins Haus und versucht, Diane anzurufen. Niemand nimmt ab. Das Nachmittagslicht sieht aus, als wäre es später Abend, als hätte das Universum keine Energie mehr.

Baedecker fährt durch Lonerock zurück, fährt an dem abgeschlossenen Haus vorbei und biegt nach rechts zur Schule ab. Er sieht, daß die Vorhänge immer noch geschlossen sind, wendet um hundertachtzig Grad im Schnee und fährt schon Richtung Hauptstraße zurück, als er die schlanke Gestalt mit dem weißen Haarschopf von der Wiese dahinter um das Haus herumkommen sieht. Er hält an, steigt aus dem Auto aus und läuft bergauf zu ihr, wobei er denkt, daß Miz Callahan mit ihrem langen, dunklen Mantel Ähnlichkeit mit der Vogelscheuche in ihrem gefrorenen Garten hat.

»Mister Baedecker«, sagt sie und nimmt seine Hand in ihre beiden. »Ich habe mein Automobil gerade reisefertig gemacht. Ich habe beschlossen, zur Küste zu fahren und ein paar Wochen bei der Tochter von Mr. Callahans Schwester zu verbringen.«

»Ich bin froh, daß ich Sie noch getroffen habe«, sagt Baedecker.

»Ist das nicht schrecklich mit David?« fragt sie und verkrampft gerührt die Hände.

»Ja, das ist es«, sagt Baedecker und betrachtet den großen Labrador – Sable –, der um das Haus herumgehüpft kommt.

Und dann sind sie da – vier –, kaum groß genug, laufen zu können, und Baedecker sinkt auf ein Knie, streichelt sie, krault sie hinter den Ohren und braucht die Worte der alten Frau nicht einmal zu hören, um zu bestätigen, was er schon weiß.

»So schrecklich traurig«, sagt sie, »und David war extra von so weit gekommen, um den richtigen für seinen Jungen auszusuchen.«

Baedecker ruft von Condon aus an. Diane nimmt nach dem dritten Läuten ab.

»Tut mir leid, daß ich heute morgen nicht zum Frühstück da war«, sagt er. »Ich habe beschlossen, mit Bill und den anderen zu reden und den vorläufigen Bericht zu holen.«

»Sag es mir«, bittet sie.

Baedecker zögert einen Moment. »Wir können heute abend miteinander reden, wenn wir mehr Zeit haben, Di. Ich möchte es nicht alles am Telefon erzählen.«

»Bitte, Richard. Ich möchte das Wichtigste gleich wissen.« Ihre Stimme klingt sanft aber bestimmt.

»Na gut«, sagt Baedecker. »Erstens, das Steuerbordtriebwerk war ganz ausgefallen, wie sie vermutet haben, aber sie sind jetzt auch ziemlich sicher, daß Dave es kurz vor dem Absturz wieder starten konnte. Das Hydraulikproblem ist auf ein belastungsbedingtes strukturelles Versagen zurückzuführen – niemand hätte es bemerken können –, aber selbst das scheint sich bei fünfunddreißig Prozent stabilisiert zu haben. Ich weiß nicht, ob das Fahrgestell ausgefahren wäre, aber ich bin sicher, David wollte sich erst darum kümmern, wenn es soweit war.

Zweitens, er konnte kein bißchen sehen, Di. Er sagt auf dem Band, daß er Lichter sehen könne, als er bei zweitausend aus den Wolken kam, aber nur etwa zwei Sekunden. Der Berg, mit dem er zusammengestoßen ist, lag mitten in einem schweren Unwetter, heftiger Regen und null Sicht auf mindestens acht Meilen nach Norden.

Drittens – und das ist das Entscheidende, Di –, der Kontrolleur des Portland Center, der den Notfall übernahm, sagte Dave, es hätte Klippen bis fünfzehnhundert Metern hier. Die Klippe, gegen die er geflogen ist, war tausendsechshundertachtzig Meter hoch; sie verlief nach Osten bis zum Mount St. Helens. Ich gehe jede Wette ein, daß Dave fünfzehnhundert als seine Mindestflughöhe hatte. Vielleicht höher, aber es kommt darauf an, daß er das Biest gerade wieder im Korral hatte – er hatte das Hydraulikproblem im Griff, hatte das Eis überwunden, hatte die Maschine wieder in Gang gebracht und war keine vier Meilen mehr von Portland entfernt. Er hat sein Bestes getan, Di, und er hätte es geschafft, wenn diese Klippe nicht gewesen wäre.«

Baedecker verstummt und sieht ... nein, *fühlt* diese letzten Sekunden. Der Kampf gegen einen Steuerknüppel, der so schwer geworden ist wie eine Brechstange in einer Kiste voller Steine; Pedale, die versuchen, ihm die Knie in den Bauch zu drücken; keine Zeit, zu der regenüberströmten Sichthaube hinauszusehen; Luftgeschwindigkeitsanzeiger und Höhenmesser im Auge behalten und dabei gleichzeitig an der Drossel spielen auf *genau* die richtige Sekunde warten, um noch einmal zu versuchen, das Triebwerk neu zu starten. Und dazwischen, über das Tosen des Sturms hinweg, immer die leisen Geräusche vom Rücksitz.

Baedecker, der in seinem tiefsten Inneren weiß, daß Dave kein Narr war, kann sich vorstellen, daß Dave als erster verächtlich über die sentimentale Andeutung geschnaubt haben würde, ein Pilot könnte zwei Sekunden zu lange in einem abstürzenden Flugzeug bleiben, wegen eines Hundes, aber Baedecker kann sich an den Tonfall von Daves Stimme vor drei Monaten erinnern, als er sagte: »Ich glaube, glücklicher bin ich nie gewesen«, und in diesem Tonfall hört er die Möglichkeit, eine oder zwei Sekunden zu warten, wo keine Verzögerung zulässig ist, und sieht den Tropfen, der das Faß der Entschlossenheit eines Testpiloten zum Überlaufen bringt, ein schrottreifes Flugzeug zu retten.

»... dankbar, daß du das getan und mich informiert hast, Richard«, sagte Diane. »Ich habe nie daran gezweifelt. Es gab nur so viele kleine Fragen, auf die ich keine Antworten wußte.«

»Di«, sagte Baedecker. »Ich weiß, warum Dave nach Lonerock gekommen ist. Er hatte ein ganz besonderes Geschenk, das er dir und dem Baby geben wollte.« Baedecker macht eine Pause. »Es war ... äh ... war noch nicht bereit, als er hier war«, lügt er. »Aber ich werde es heut abend mitbringen, wenn du einverstanden bist.« Baedecker blickt zu dem Toyota, wo der Welpe in der Schachtel auf dem Rücksitz kratzt, gleich neben der Schachtel mit Daves Manuskript.

»Ja«, sagt Diane und holt tief Luft. »Richard, du weißt, daß wir laut Ultraschall einen Jungen bekommen.«

»Dave hat es mir erzählt«, sagt Baedecker.

»Hat er dir auch die Namen genannt, an die wir gedacht haben?« fragt sie.

»Nein«, sagt Baedecker. »Ich glaube nicht.«

»Wir waren uns beide einig, daß Richard schön wäre«, sagt Diane. »Besonders, wenn du das auch findest.«

»Ja«, sagt Baedecker. »Das finde ich auch.«

Baedecker fährt auf der Country Road 218 nach Süden, durch Mayville und Fossil hindurch, und überquert den John Day River gleich hinter Clarno. Die Straße zum Ashram ist ein breiter Schotterweg, der von der asphaltierten Landstraße nach Norden abzweigt. Baedecker fährt drei Meilen und denkt an Scott. Er erinnert sich an die Rückfahrt nach Housten in jenem Watergate-Sommer vor so langer Zeit, als Baedecker weiter mit seinem Sohn reden wollte, es aber nicht konnte und trotz allem spürte, daß Scott auch reden, etwas verändern wollte.

An einer Stelle, wo der Weg zwischen zwei tiefen Gräben schmaler wird, befindet sich eine Straßensperre. Eine blaue Limousine parkt quer über die Straße und versperrt sie. Links steht ein kleines Gebäude mit schrägem Dach, braunen Wänden und einem einzigen Fenster. Es soll ein Wachlokal sein, aber Baedecker muß an die überdachten Bushaltestellen denken, die man in Oregon am Straßenrand findet. Er hält an und steigt aus dem Toyota aus. Der Welpe schläft auf dem Rücksitz.

»Ja, Sir, können wir Ihnen helfen?« sagt einer der drei Männer, die aus dem Schuppen kommen.

»Ich möchte vorbei«, sagt Baedecker.

»Tut mir leid, Sir, weiter darf niemand«, sagt der Mann. Zwei der drei sind groß und bärtig, aber der Sprecher ist der größere der beiden, er ist mindestens einsneunzig groß. Er ist Anfang Dreißig und trägt ein rotes Hemd unter der Felljacke. Auf der Jacke hat er eine Plakette angesteckt, und Baedecker kann das Bild des Guru darauf erkennen.

»Das ist die Straße zum Ashram, oder nicht?« fragt Baedecker.

»Ja, ist aber geschlossen«, sagt der zweite Mann. Er trägt ein dunkles, kariertes Hemd, und Baedecker fällt ein billiges Abzeichen eines Wachdienstes auf, das daran festgesteckt ist.

»Der Ashram ist geschlossen?«

»Die Straße ist geschlossen«, sagt der große Mann, und Baedecker kann den veränderten Tonfall hören. Kein ›Sir‹ mehr. »Und jetzt kehren Sie bitte um.«

»Ich bin hier, um meinen Sohn zu besuchen«, sagt Baedecker. »Ich habe gestern mit ihm telefoniert. Er war krank, ich möchte ihn sehen und eine Weile mit ihm reden. Ich lasse mein Auto hier, wenn Sie mich hinfahren wollen.«

Der große Mann schüttelt den Kopf und kommt drei Schritte näher, und nach dieser kurzen, aus Drohung und Vorfreude zusammengesetzten Bewegung weiß Baedecker, daß man ihn nicht vorbeilassen wird. Er hat diesen Mann nie gesehen, kennt ihn aber gut; er hat den Typ in Bars von San Diego bis Jakarta getroffen. Er hat einige – viel zu viele – wie ihn bei den Marines kennengelernt. Als junger Mann hat Baedecker eine Zeitlang daran gedacht, auch einmal so zu werden.

Baedecker sieht den dritten Mann an – eigentlich noch ein Junge –, mager und pockennarbig. Er trägt nur ein rotes Baumwollhemd und zittert im kalten Nordwind.

»Nee«, sagt der Mann und kommt noch näher, so nahe, daß er psychologisch bedrohlich wirkt, was er auch weiß. »Kehren Sie um, Pop.«

»Ich möchte meinen Sohn sprechen«, sagt Baedecker. »Wenn Sie ein Telefon da drinnen haben, rufen wir jemanden an.«

Baedecker will um ihn herumgehen, aber der große Mann hält ihn auf, indem er drei Finger fest gegen Baedeckers Brust rammt. »Ich sagte, umkehren«, sagt er. »Stoßen Sie zu der breiten Stelle da hinten zurück und wenden Sie.«

Baedecker spürt etwas Kaltes, Scharfes, Vertrautes in sich aufsteigen, bleibt aber stehen und weicht zwei Schritte zurück. Der Mann besteht nur aus breiten Schultern, Brust und Oberarmen unter einem verwilderten Bart, aber sein Bauch unter der Jacke ist feist und weich. Baedecker sieht auf seinen eigenen Bauch hinab und schüttelt den Kopf. »Versuchen wir es noch einmal«, sagt Baedecker. »Diese Straße ist nach wie vor eine Landstraße, ich habe mich in Condon erkundigt. Wenn Sie ein Telefon oder Funkgerät haben, lassen Sie uns mit jemandem reden, der mehr Hirn hat und wie ein Erwachsener Entscheidungen treffen kann. Wenn nicht, fahren Sie mich zum Ashram, dann suchen wir jemand.«

»Nn-nnn«, sagt der Mann und zeigt die Zähne. Der andere Bärtige kommt einen Schritt näher zu seinem Freund, während der jüngere zur Tür des Wachlokals zurückweicht. »Verzieh dich, Pops«, sagt der große Mann. Dieselben drei Finger stoßen noch einmal gegen Baedeckers Brust. Baedekker weicht noch einen Schritt zurück.

Der Mann freut sich über Baedeckers Rückzug, läßt noch mehr Zähne sehen, kommt einen Schritt vorwärts und stößt mit der ganzen Handfläche zu. Baedecker folgt der Bewegung, ergreift den ausgestreckten Arm, dreht ihn auf den Rücken und zieht ihn nach oben – nicht so fest, daß Knochen brechen, aber so schnell, daß weichere Teile im Inneren reißen. Der große Mann schreit auf und zieht, Baedecker stößt nach, behält dabei den zweiten Mann im Auge, zieht noch einmal höher, jetzt nur noch mit der rechten Hand, und beugt sich ein wenig über den großen Mann, als dieser sich Wange voraus auf die Haube des Toyota krümmt.

Der Mann mit dem Anstecker ruft etwas, als er heranstürmt und dabei beide Arme ausbreitet wie ein Ringer, der ein Match beginnt. Baedecker schlägt dreimal mit der linken Hand nach ihm, die ersten beiden Hiebe schnell und nutzlos, ohne Hebelwirkung und Wucht darin, aber der dritte ist solide und zufriedenstellend und landet direkt am Hals des anderen Mannes. Der Mann weicht zurück, hält beide Hände an den Hals, verfängt sich mit den Absätzen im Geröll am Straßenrand und setzt sich plumpsend in den tiefen Straßengraben.

Der große Mann keucht immer noch, windet sich auf der Haube und versucht, den Arm nach vorn zu ziehen. Baedecker folgt ihm und ist bereit, beide Hände ins Spiel zu bringen, als er den jüngsten Mann mit einer zwölfkalibrigen Schrotflinte aus dem Wachlokal kommen sieht.

Zehn Schritte trennen Baedecker von dem Jungen. Der Junge hält die Waffe nicht ganz in Schräglage, etwa so, wie Scott als Kind einen Tennisschläger gehalten hat, bevor Baedecker es ihm richtig beibrachte. Baedecker hat nicht gesehen, daß der Junge die erste Patrone in die Kammer geladen hätte, und er ist der festen Überzeugung, daß es auch im Innern des Wachlokals nicht geschehen ist, bevor der Junge herauskam. Baedecker zögert einen Augenblick, aber die kalte, scharfkantige Wut, die er vor einem Augenblick empfunden hat, weicht bereits Zorn auf sich selbst. Er wirbelt den großen Mann herum und stößt ihn so fest in Richtung des Jungen, daß der Mann vorwärtstaumelt, dabei vergißt, daß er den Sturz nicht mehr mit dem rechten Arm bremsen kann, und kopfüber in den Sand und Dreck vor den Füßen des Jungen fällt.

Der Junge brüllt etwas und fuchtelt mit der Flinte wie mit einem Zauberstab, aber Baedecker beachtet ihn gar nicht mehr, geht zum Toyota zurück, fährt rückwärts auf der Schotterstraße bis sie breit genug ist und verschwindet in der Richtung, aus der er gekommen ist.

Baedecker hatte sich das Band allein in einem kleinen Zimmer des Lufwaffenstützpunkts McChord angehört. Viel war nicht darauf. Die Stimme des jungen Kontrolleurs klang professionell und brüsk, aber dicht unter der Oberfläche konnte man die Angst heraushören. Daves Stimme entspricht dem, was Baedecker immer als seine Flug-Stimme betrachtet hat; träge und bedächtige Aussprache, der Oklahoma-Akzent seiner Kindheit deutlich ausgeprägt.

Sechs Minuten vor dem Absturz. Der Kontrolleur: Ah, Roger, Delta Eagle zwei-sieben-neuner, äh, Maschinenausfall. Möchten Sie schon einen Notfall anmelden? Ende.

Dave: Negativ, Portland Center. Ich fliege in Ihre Richtung zurück, und wir denken ein wenig darüber nach, bevor wir sämtliche Flugpläne durcheinanderbringen. Ende.

Zwei Minuten vor dem Absturz. Der Kontrolleur: Äh, bestätige Freigabe für Landebahn drei-sieben, Delta Eagle zwei-sieben-neuner. Äh, sind Sie ... haben Sie schon Gewißheit, ob Landeausrüstung funktionstüchtig ist? Ende.

Dave: Negativ, Portland Center. Im Augenblick kein grünes Licht. Aber auch kein rotes Licht. Ende.

Kontrolleur: Roger, Delta Eagle zwei-sieben-neuner. Kennen Sie Vorgehen, wenn Sie nicht ausfahren können?

Dave: Positiv, Portland Center.

Kontrolleur: Ausgezeichnet, Delta Eagle zwei-sieben-neuner. Wie ist das Vorgehen? Ende.

Dave: Vorgehen ist folgendes, Portland: S.E.S.U.S.E.A.L.

Kontrolleur: Bitte wiederholen, Delta Eagle zwei-sieben-neuner. Wir haben nicht verstanden. Ende.

Dave: Negativ, Portland. Bin beschäftigt. Ende.

Kontrolleur: Roger, Delta Eagle. Bitte lassen Sie sich sagen ... äh ... lassen Sie sich sagen, daß Ihre momentane Höhe zwo vier acht zwo beträgt; in Ihrer Flugbahn befinden sich Kuppen bis fünfzehnhundert Meter. Wiederhole: Kuppen bis eins fünf doppel zero. Ende.

Dave: Roger. Sinke jetzt unter zweitausendeinhundert Meter. Berggipfel voraus bis eins fünf doppel zero. Danke, PC.

Sechzehn Sekunden vor dem Absturz. Dave: Komme jetzt bei zweitausend aus den Wolken, Portland Center. Kann rechts ein paar Lichter sehen. Okay, jetzt ...

Dann nichts mehr.

Baedecker hörte sich das Band dreimal an, und beim dritten Mal hörte er das abschließende ›Okay, jetzt ...‹ anders.

Er hört einen triumphierenden Unterton. In den letzten Sekunden hat Dave gedacht, daß etwas gut für ihn läuft.

Die Stimmaufzeichnung erinnerte Baedecker an eine andere Zeit, einen anderen Flug. Er dachte an das Datum der alten Zeitung am Morgen von Daves Beerdigung – 21. Oktober 1971. Könnte sein. Es mußte Ende Oktober gewesen sein, nicht lange vor der Mission.

Sie flogen mit einer T-38 vom Cape nach Houston, Baedecker auf dem Vordersitz. Sie befanden sich über dem Golf, aber das einzige sichtbare Meer war das Wolkenmeer neunhundert Meter unter ihnen, das im Licht eines nicht ganz vollen Mondes milchigweiß von Horizont zu Horizont leuchtete. Sie flogen eine Zeitlang schweigend, als Dave sich über Bordfunk meldete. »In ein paar Wochen fliegen wir *da rauf*, Amigo.«

»Nicht, wenn du es bei nächsten Mal nicht schaffst, die Pings Highgate-Sequenz im Simulator richtig zu machen«, sagte Baedecker.

»Wir *fliegen«*, sagte Dave. »Und nichts wird mehr sein wie vorher.«

»Warum nicht?« fragt Baedecker und schaut auf. Das Licht brach sich auf der Cockpitkuppel und verzerrte den Mond.

»Weil, Richard«, lautete die Antwort, *»wir* nicht mehr dieselben sein werden. Menschen, die auf heiligem Boden geschritten sind, verändern sich dabei, mein Freund.«

»Heiligem Boden?« sagte Baedecker. »Herrgott, wovon redest du?«

»Vertrau mir«, sagte Dave.

Baedecker hatte eine Zeitlang geschwiegen und das konstante Pochen von Maschinen und Sauerstoff auf sich einwirken lassen. Dann hatte er gesagt: »Ich vertraue dir.«

»Gut«, sagte Dave. Dann: »Gib mir den Steuerknüppel, bitte.«

»Nimm ihn.«

Dave jagte die T-38 in einen steilen Aufwärtsflug und gab beim Steigen Schub, bis Baedecker auf dem Rücken lag und direkt auf den Mond sah, während sie himmelwärts schossen. Das Gebiet des Mariusgebirges würde bei Sonnenaufgang auf dem Mond deutlich angestrahlt werden. Dave blieb im Steigflug bis die gequälte Maschine zwölf Meilen hoch war – achtzehnhundert Meter über ihrer offiziellen Leistungsgrenze –, und dann zog er den Knüppel zurück, statt einzuschwenken, bis sie vertikal dahingen, außerstande, weiter zu steigen, nicht bereit zu sinken, die T-38 hing an der Nase zwischen dem Weltraum und dem achtzehntausend Meter tiefer liegenden Wolkenmeer, die Schwerkraft nicht überwunden, sondern ausgeglichen, alle Kräfte im Universum in harmonischem Einklang. Es konnte nicht von Dauer sein. Einen Augenblick, bevor das Flugzeug vom Stauflug ins Trudeln geriet, riß Dave hart nach links, und die Übungsmaschine erschauerte wie ein Tier, das an der Leine zurückgezogen wird, dann taumelten sie in den fünfundvierzig Meilen tiefen Sturzflug, der sie nach Houston und nach Hause führen würde.

Baedecker erreicht Lonerock eine halbe Stunde vor Sonnenuntergang, aber das Grau ist bereits bar jeden Lichts. Er fährt zu Kinks Ranch, parkt den Toyota und trägt den bellenden Welpen ins Haus. Er füttert ihn mit Milch, stellt die Kiste neben den noch warmen Ofen in der Küche und vergewissert sich, daß das Haus bis zu seiner Rückkehr warm genug für den Hund bleiben wird.

Draußen entfernt Baedecker die Halteseile des Huey im kalten Wind, der von Norden weht. Er braucht dreimal länger als mit Dave zusammen, und als er auf Hände und Knie sinkt und versucht, das Treibstoffablaßventil zu finden, pocht seine linke Hand vor Kälte und Schmerzen. Drei Finger sind zu doppelter Größe geschwollen. Baedecker sitzt auf dem gefrorenen Boden und fragt sich, ob welche der Finger gebrochen sind. Er erinnert sich, wie er einmal mit zwölf Jahren nach einer Schlägerei auf dem Schulhof nach Hause in die Kildare Street gekommen ist. Sein Vater hatte seine geschwollene Hand angesehen, den Kopf geschüttelt und nur gesagt: »Wenn du dich unbedingt prügeln und jemanden ins Gesicht schlagen mußt, dann schlag nie mit der leeren Hand.«

Als er mit den externen Checks fertig ist, will Baedecker durch die linke Tür einsteigen, überlegt es sich und geht zur rechten Seite. Er steigt auf die Kufe, streckt die Hand zum gegenüberliegenden Rand des Sitzes aus und zieht sich hinein. Es ist kalt in dem Helikopter. Die Maschine besitzt eine Heizung und einen Entfroster, aber er kann die Energie der Batterie nicht dafür verschwenden, bevor die Turbinen laufen. Wenn sie anspringen.

Baedecker schnallt sich an, löst die eingerastete Sperrvorrichtung, damit er sich nach vorn beugen kann, und überprüft Schalter und Unterbrecher am Armaturenbrett. Als er fertig ist, lehnt er sich zurück und berührt mit dem Kopf den Helm, der an der Klammer des Schultergurts aufgehängt ist. Er zieht den Helm über und rückt die Kopfhörer zurecht. Er hat nicht die Absicht, das Funkgerät zu benützen, aber die Kopfhörer wärmen seine Ohren.

Baedecker lehnt sich in dem schweren Sitz zurück, dreht den Steuerknüppel zwischen seinen Füßen und nimmt die Kollektivsteuerung in die linke Hand. Er kann die Hand nicht ganz darum schließen, entscheidet aber, daß der Griff ausreicht. Er probiert, Daumen und Finger zu bewegen, um den Schub zu verändern.

Er atmet tief aus. In Wahrheit, überlegt er sich, hat er seit über drei Jahren keine Maschine mehr geflogen, und er ist froh, daß sein Herzryhthmus nicht per Telemetrie an irgendwelche Ärzte übermittelt wird; die würden nach einem Blick auf die Monitore Tachykardie diagnostizieren. Baedecker öffnet die Schubdrosselung mit einer schmerzenden linken Hand und drückt mit dem unversehrten Finger den Starter. Ein lautes Heulen ertönt, die Turbinen zünden mit einem lauten Zischen wie die Zündflamme an einem riesigen Heißwasserboiler, die Anzeige der Abgastemperatur schnellt in den roten Bereich, während die Rotoren anfangen, sich zu drehen. Nach fünf Sekunden dreht sich die Turbine wie geschmiert und die Rotoren sind lediglich Schlieren und ein halb wahrgenommener Druck über ihm.

»Okay, gut«, murmelt Baedecker in das tote Mikrofon. »Was jetzt?« Er schaltet Heizlüfter und Entfroster ein, wartet dreißig Sekunden, bis die Windschutzscheibe frei ist, und zieht leicht an der Rotorblattverstellung. Selbst die winzige Bewegung – sie erinnert Baedecker an die empfindliche Handbremse von Joans altem Volvo – steigert den Neigungswinkel so weit, daß der Huey zwei Meter in die Höhe steigt.

Schwebeflug wäre schön, überlegt Baedecker. Er gibt mehr Schub, um den erhöhten Neigungswinkel auszugleichen, und seine linke Hand protestiert, weil sie zwei Dinge gleichzeitig tun muß. Er steigt auf drei Meter und hat die Absicht, den Huey eine Minute oder so da zu halten; die Windschutzscheibe befindet sich auf einer Höhe mit der offenen Luke von Kinks fünfzehn Meter entferntem Heuschober. Sofort versucht das Drehmoment, die Maschine im Gegenuhrzeigersinn um die eigene Achse zu drehen. Baedecker gibt mit dem rechten Pedal zu, überkompensiert und veranlaßt den Heckrotor, den Huey in die andere Richtung zu stoßen. Er bringt die Drehung hundertachtzig Grad von seiner ursprünglichen Position zum Stillstand, aber in der Zwischenzeit hat der reduzierte Neigungswinkel die Maschine eineinhalb Meter nach unten gezogen, dann zwei, und Baedecker zieht den Steuerknüppel viel zu weit zurück, bremst zehn Zentimeter über dem Boden und schnellt dann fünf Meter in die Höhe, als die Steuerungen reagieren.

Baedecker läßt den Huey auf drei Meter zurücksinken und arbeitet wie ein Besessener an Schubdrossel, Steuerknüppel, Rotorblattverstellung und Pedalen, um einen simplen Schwebeflug zu bewerkstelligen. Als er gerade denkt, er hätte es geschafft, schaut er nach links und sieht, daß er wie auf Eisschienen ohne Reibungswiderstand nach links über den kalten Boden gleitet, konstant und unerbittlich auf Kinks Scheune zu.

Er tritt so heftig auf die Pedale, daß die schwere Maschine

in einer schlingernden, kippenden Drehung herumgerissen wird, schiebt den Knüppel nach vorn und hastig wieder zurück, und zwingt den Huey zu einer unschönen, ruckartigen Landung, bei der er zweimal eineinhalb Meter abprallt, bevor er sich mitten auf dem Hof zitternd auf den Kufen niederläßt.

Baedecker streicht sich mit dem Handrücken über die Stirn und spürt Schweiß an Ohren und Hals hinabrinnen. Er läßt Steuerknüppel und Kollektivsteuerung los, lehnt sich zurück, und die Gurte bewegen sich mit ihm und halten ihn fest. Die Rotoren drehen sich weiter sinnlos.

»Okay«, sagt Baedecker leise, »Ich könnte hier etwas Hilfe gebrauchen, Amigo.«

Versuch den Atem anzuhalten, Dummkopf. Es ist Daves Stimme über den ausgeschalteten Bordfunk, durch Baedecker stumme Kopfhörer. Es ist Dave Stimme in seinem Kopf.

Baedecker entspannt sich, läßt die Luft langsam aus den Lungen entweichen, atmet nicht ein und läßt seinem Denken freien Lauf, während sich sein *Körper* an die vielen Übungsstunden vor siebzehn Jahren erinnert. Er hält immer noch mühelos den Atem an, während er die Rotorblattverstellung hoch und den Steuerknüppel behutsam nach hinten zieht und Schubdrossel und Pedale bedient, als er steigt und mühelos drei Meter über dem Boden schwebt. Dann erst holt er vorsichtig Luft. Das Schweben geht einfach vonstatten, problemlos, als würde er in einem kleinen Boot auf einem ruhigen See sitzen. Baedecker schwenkt den Huey herum, drückt den Bug nach unten, damit er schneller wird und beginnt eine lange, steigende Schleife, die ihn in einer Höhe von sechshundert Metern wieder über Lonerock zurückbringen wird.

Es ist noch nicht dunkel, die Sonne noch nicht untergegangen, sie läßt sich sogar gerade zum ersten Mal an diesem Tag unter den Wolken sehen, aber Baedecker tastet an der Kollektivsteuerung nach dem Schalter und schaltet das Landelicht mehrmals ein und aus. Unter ihm bleibt die dunkle Kuppel auf dem Schulhaus dunkel. Baedecker geht auf siebenhundertfünfzig Meter und richtet die Schnauze des Huey nach Süd-Südwest aus.

Bei einhundert Knoten wird die Reise für Baedecker nicht länger als fünfzehn Minuten dauern. Die untergehende Sonne scheint ihm direkt in die Augen. Er klappt das Helmvisier herunter, aber auf diese Weise ist die Sicht zu dunkel, daher schiebt er es wieder hoch und kneift die Augen zusammen. Mount Hood erstrahlt im Westen in einer goldenen Korona, und jetzt erstrahlen selbst die Unterseiten der Wolken in rosa und gelben Farbtönen, als würden sie die Farben freigeben, die sie die ganze Woche absorbiert haben.

Baedecker sinkt auf neunzig Meter, als der John Day River hinter ihm zurückbleibt. Er lächelt. Er kann fast Daves Stimme hören. »Du machst die älteste Art von Orientierungsflug, Junge. ›Ich folge den Straßen.‹« Er verpaßt die Straße zum Ashram beinahe, weil er eine Viehherde im Süden beobachtet, aber dann schwenkt er gemächlich nach rechts und spürt jetzt, wie die Maschine mit ihm arbeitet und er mit ihr. Er schaut nach rechts, zum Fenster hinaus, fast senkrecht nach unten zu den Beifußsträuchern, Schneeflächen und kleinen Pinien, die lange Schatten über das ausgetrocknete Bachbett werfen.

Er fliegt in einer Höhe von fünfzig Metern über die Straßensperre hinweg, sieht zwei Männer aus der Hütte kommen und widersteht dem Impuls, mit hundertzwanzig Knoten und den Kufen zweieinhalb Meter über dem Boden auf sie zuzurasen. Deshalb ist er nicht gekommen.

Zwei Meilen weiter sieht er den Ashram und erkennt seinen Fehler.

Es ist eine verdammte Stadt. In dem langen Tal ist die Straße wieder asphaltiert, Hunderte Zelte stehen in Reih und Glied an einem Ufer, während das andere von Gebäuden und Parkplätzen gesäumt wird. An der Kreuzung von zwei Straßen befindet sich ein gigantisches Gebäude, Hunderte Menschen drängen sich auf den Straßen. Baedecker fliegt in dreißig Metern Höhe zweimal über die Hauptdurchfahrtsstraße hinweg, aber der Lärm der Rotoren lockt nur noch mehr Leute aus den Gebäuden und Zelten. Die schlammigen Straßen füllen sich mit rotgekleideten Ameisen. Baedecker rechnet fast damit, daß jeden Moment das Mündungsfeuer von Kleinkaliberwaffen aufblitzen wird. Er hält den Huey unentschlossen über dem Hauptgebäude in der Schwebe – ein langgezogener Komplex mit Ziegeldach und Fundamenten und Segeltuchwänden – und denkt: *Was jetzt?*

Entspanne dich.

Baedecker entspannt sich. Er dreht den Helikopter und sieht die Sonne hinter den Bergen untergehen. Die plötzliche Dämmerung ist irgendwie angenehmer, als es der graue Tag gewesen ist. Er wirft einen raschen Blick auf die meilenlange Anlage unter sich und entscheidet sich für einen flachen Hügel in der Nähe eines unvollendeten Holzhauses am südöstlichen Stadtrand. Hügel und das einsame Gebäude liegen abseits der Hauptverkehrsader und sind mehrere hundert Meter vom Rest des Labyrinths abgesetzt.

Er kreist einmal und geht vorsichtig tiefer. Als er noch zehn Meter über der Hügelkuppe schwebt, sieht er etwas Rotes aus den Augenwinkeln. Fünf Leute sind aus dem unvollendeten Gebäude heraus gekommen, aber Baedecker hat nur Augen für den ersten. Die Gestalt ist immer noch sechzig Meter entfernt und halb im Schatten des Gebäudes verborgen, aber Baedecker weiß sofort, daß es sich um Scott handelt – Scott, magerer als er ihn je gesehen hat, Scott ohne den Bart, den er in Indien trug, und mit kürzerem Haar, als Baedecker es seit zehn Jahren gesehen hat, aber nichtsdestotrotz Scott.

Die Landung geht glatt über die Bühne, der Huey läßt sich ohne einen Ruck auf den Kufen nieder. Baedecker muß sich einen Moment auf das Armaturenbrett konzentrieren und die Rotoren in einem heißen Flüstern laufen lassen, aber gleichzeitig sicher stellen, daß die Maschine ein paar Minuten auf dem Boden bleiben wird. Als er hinaus und nach unten sieht, erblickt er vier Gestalten, die immer noch reglos im Schatten stehen, aber Scott kommt rasch bergauf und beginnt einen leichten Laufschritt den felsigen Hügel herauf.

Baedecker stößt die Tür mit dem Fuß auf, läßt den Helm auf dem Sitz und geht instinktiv geduckt unter den Rotorblättern dahin. Am Rand des Hügels bleibt er einen Moment aufrecht stehen, stemmt die Hände an die Hüften und sieht hinunter. Dann geht Baedecker rasch, aber auf dem tückischen Gelände vorsichtig, nach unten, um seinem Sohn auf halbem Weg entgegenzukommen.

Fünfter Teil

Bear Butte

Baedecker lief. Er lief verbissen, Schweiß brannte ihm in den Augen, er hatte Seitenstechen, sein Herz pochte und sein Atem war deutlich zu hören. Aber er lief weiter. Die letzte der vier Meilen hätte die leichteste sein sollen, aber sie war bei weitem die schwerste. Der Trimmpfad führte sie die abschließende Dreiviertelmeile zwischen Dünen hindurch zum Strand zurück, und da beschloß Scott, einen Zahn zuzulegen. Baedecker fiel fünf Meter hinter seinen Sohn zurück, ließ aber nicht zu, daß die Entfernung noch größer wurde.

Als ihr Motel in Cocoa Beach sichtbar wurde, spürte Baedecker, wie die Anstrengung die letzte Energiereserven aus ihm heraussaugte, spürte sein schmerzendes Herz und die Lungen, die eine langsamere Gangart verlangten, und da holte er noch einmal alles aus sich heraus und bemühte sich, die Entfernung zwischen dem schlanken Rothaarigen und sich selbst zu verringern. Scott sah nach rechts, als sein Vater neben ihm auftauchte, grinste Baedecker an und verfiel in einen schnelleren Sprint, der ihn vom harten, nassen Ufer auf den weichen Sand des Strands brachte. Baedecker nahm es noch fünfzig Schritte mit seinem Sohn auf, dann fiel er zurück und legte die letzten hundert Meter zur flachen Betonmauer des Hotels in einem stolpernden Trab zurück.

Scott bückte sich und machte Dehnungsübungen, als Baedecker sich in den Sand fallen ließ und den Rücken an die Betonklötze lehnte. Er ließ den Kopf auf die Arme sinken und keuchte.

»Bester Lauf bis jetzt«, sagte Scott nach einer Minute.

»Hnrh«, stimmte Baedecker zu.

»Tut richtig gut, Dad, nicht?«

»Hnnh.«

»Ich gehe noch eine Runde schwimmen. Kommst du mit?«

Baedecker schüttelte den Kopf. »Geh nur«, keuchte er. »Ich bleibe hier liegen und übergebe mich.«

»Okay«, sagte Scott. »Bis später.«

Baedecker sah seinem Sohn nach, wie dieser über den Strand zum Wasser joggte. Die Sonne über Florida schien sehr hell, Sand und Wasser wirkten so blendend weiß wie der Mondstaub zur Mittagszeit. Baedecker freute sich zu sehen, daß es Scott so gutging. Vor acht Monaten hatten sie ernsthaft einen weiteren Krankenhausaufenthalt für ihn in Erwägung gezogen, aber die Asthmamedizin hatte ihre Wirkung gezeigt, die Ruhr war nach einigen Wochen Ruhe ausgeheilt, und während Baedecker in den Wochen der Diät und Arbeit in Arkansas abgenommen hatte, hatte Scott konstant Pfunde zugelegt, so daß er jetzt nicht mehr aussah wie der rothaarige Überlebende eines Konzentrationslagers. Baedecker sah mit zugekniffenen Augen zum Meer, wo sein Sohn mit kräftigen Stößen schwamm. Nach einer Minute erhob sich Baedecker mit einem leisen Stöhnen, joggte langsam den Strand hinunter und gesellte sich zu ihm.

Es war Abend, als Baedecker und Scott auf der U.S. 1 nach Norden Richtung Raumfahrtzentrum fuhren. Baedecker betrachtete die Neubauviertel und Einkaufszentren entlang des Highway und erinnerte sich, wie unfertig die Gegend Mitte der sechziger Jahre ausgesehen hatte.

Die riesige Raketenmontagehalle war zu sehen, noch bevor sie auf die NASA-Zufahrt einbogen.

»Sieht alles gleich aus?« fragte Baedecker. Scott war versessen darauf gewesen, das Cape zu besuchen. Er hatte das blaue KSC-T-Shirt seinen sechsten und siebten Sommer über ununterbrochen getragen. Joan mußte es nachts waschen, damit sie es dem Jungen überhaupt einmal wegnehmen konnte.

»Ich glaube schon«, sagte Scott.

Baedecker deutete auf das riesige Bauwerk im Nordosten. »Weißt du noch, wie ich dich hier herbrachte, damit du zusehen konntest, wie das VAB, die Montagehalle errichtet wurde?«

Scott runzelte die Stirn. »Eigentlich nicht. Wann war das?«

»Mmm, 1965«, sagte Baedecker. »Ich arbeitete schon für die NASA, aber es war der Sommer bevor ich zum Flugstatus für die fünfte Astronautengruppe befördert wurde. Weißt du noch?«

Scott sah seinen Vater an und grinste. »Dad, da war ich ein Jahr alt.«

Baedecker mußte selbst lächeln. »Wenn ich darüber nachdenke, habe ich dich fast die ganze Führung über auf den Schultern getragen, fällt mir jetzt wieder ein.«

Sie wurden an zwei Kontrollpunkten angehalten, bevor sie das KSC – das Kennedy Space Center – erreichten. Der Raumhafen, der normalerweise für Touristen und Neugierige geöffnet war, war heute wegen des bevorstehenden Starts einer Mission des Verteidigungsministeriums abgeriegelt. Baedecker zeigte einen Passierschein, den Tucker Wilson ihm gegeben hatte, worauf sie rasch weitergewinkt wurden.

Sie fuhren langsam an dem weiträumigen Gebäude des Hauptquartiers vorbei und bogen vom Parkway auf den Parkplatz des Verwaltungsgebäudes für bemannte Raumflüge ab. Der riesige zweistöckige Komplex sah noch so häßlich und nüchtern aus wie während Baedeckers Aufenthalt beim Training vor dem Start seiner *Apollo*-Mission. Auf Glasscheiben nach Westen spiegelten sich die letzten Strahlen des Sonnenuntergangs, als sie das Auto parkten.

»Das ist irgendwie eine große Sache, was?« sagte Scott, als sie zum Haupteingang gingen. »Thanksgiving-Essen mit den Astronauten und so.«

»Eigentlich ist es kein Thanksgiving-Essen«, sagte Baedecker. »Die Mitglieder der Mannschaft waren schon vorher mit ihren Familien essen. Es gibt nur Kaffee und Kuchen – eine Art traditionelle Zusammenkunft am Vorabend des Flugs.

»Ist es nicht ungewöhnlich, daß die NASA an so einem Feiertag fliegt?« fragte Scott.

»Nein«, sagte Baedecker, als sie stehen blieben und einem Wachmann an der Tür ihre Ausweise zeigten. Ein Attaché der Luftwaffe führte sie eine enge Treppe hinauf. »*Apollo 8* ist über Weihnachten um den Mond geflogen«, fuhr Baedecker fort. »Und außerdem hat das Verteidigungsministerium das Datum für den Start wegen der Satellitenverteilung festgesetzt.«

»Und nochmal außerdem«, sagte Scott, »ist Thanksgiving heute und der Start morgen.«

»Genau«, sagte Baedecker. Sie mußten zwei weitere Kontrollpunkte überwinden, bevor sie in ein kleines Wartezimmer vor dem Speisesaal der Besatzung geführt wurden. Baedecker betrachtete das grüne Sofa, die unbequemen Stühle, das niedrige Kaffeetischchen mit den Zeitschriften darauf und war aus unerfindlichen Gründen froh, daß der Komplex der Privatunterkünfte noch dasselbe Flair der sechziger Jahre besaß, das Baedecker zwei Jahrzehnte früher gekannt hatte.

Die Tür ging auf, und eine Gruppe von Geschäftsleuten kam aus dem Speisesaal. Sie wurden von einem jungen Luftwaffenmajor geführt. Einer der Männer, der einen dunklen Anzug und einen Aktenkoffer trug, blieb stehen, als er Baedecker sah. »Dick«, sagte er, »gottverdammt, dann stimmt es also, daß Rockwell Sie bekommen hat.«

Baedecker stand auf und schüttelte ihm die Hand. »Stimmt nicht, Cole«, sagte er. »Bin nur auf einen Freundschaftsbesuch hier. Cole, ich weiß nicht, ob Sie meinen Sohn schon kennengelernt haben. Scott, das ist Cole Prescott, mein Boß in St. Louis.«

»Wir haben uns vor Jahren einmal gesehen«, sagte Prescott, als er Scott die Hand schüttelte. »Beim Firmenpicknick, als Dick gerade angefangen hatte, für die Firma zu arbeiten. Du warst elf, glaube ich.«

»Ich kann mich an den dreibeinigen Wettlauf erinnern«, sagte Scott. »Schön, Sie zu sehen, Mr. Prescott.«

Prescott wandte sich an Baedecker. »Was haben Sie getrieben, Dick? Wir haben seit ... wieviel? sechs Monaten nichts mehr von Ihnen gehört.«

»Sieben«, sagte Baedecker. »Scott und ich haben den letzten Frühling und Sommer damit verbracht, eine alte Blockhütte in Arkansas zu renovieren.«

»Arkansas?« sagte Prescott und blinzelte Scott zu. »Was, um alles in der Welt, ist in Arkansas?«

»Nicht viel«, sagte Baedecker.

»He«, sagte Prescott. »Ich habe gehört, daß Sie mit Leuten von North American gesprochen haben. *Es verdad?*«

»Nur gesprochen.«

»Ja, das sagen sie alle«, meinte Prescott. »Aber hören Sie, Dick, wenn Sie noch bei keinem unterschrieben haben ...« Er machte eine Pause und sah sich um. Die anderen waren gegangen.

Aus der angelehnten Tür des Speisesaals drangen Gelächter und das Klirren von Geschirr. »Cavenaugh geht diesen Januar in den Ruhestand.«

»Ja?«

»Ja.« Prescott beugte sich nach vorn, als wollte er flüstern. »Ich rücke auf seinen Platz vor, wenn er geht. Damit wäre Platz auf der zweiten Ebene, Dick. Wenn Sie sich überlegt haben, ob Sie zurückkommen möchten, wäre jetzt der richtige Zeitpunkt.«

»Danke, Cole«, sagte Baedecker, »aber ich habe momentan einen Job. Nun, nicht gerade einen Job, aber ein Projekt, das mich die nächsten paar Monate vollauf beschäftigen wird.«

»Und das wäre?«

»Ich beende die Arbeit an einem Buch, das David Muldorff vor ein paar Jahren angefangen hat«, sagte Baedecker. »Die restlichen Kapitel erfordern einiges Herumreisen und Interviewen. Tatsächlich fliege ich schon am Montag nach Austin und fange mit der Arbeit an.«

»Ein Buch«, sagte Prescott. »Haben Sie einen Vorschuß dafür bekommen?«

»Einen bescheidenen«, sagte Baedecker. »Der größte Teil der Tantiemen wird an Davids Frau Diane und ihren kleinen Jungen gehen, aber wir verwenden den Vorschuß dazu, einige Unkosten abzudecken.«

Prescott nickte und sah auf die Uhr. »Okay«, sagte er, »aber vergessen Sie nicht, was ich gesagt habe. Es war schön, Sie wiederzusehen, Dick, Scott.«

»Sie auch«, sagte Baedecker.

Prescott blieb an der Tür stehen. »War verdammt schlimm, das mit Muldorff.«

»Ja«, sagte Baedecker. »Das war es.«

Prescott verabschiedete sich, als ein PR-Mann der NASA in Hemdsärmeln und schwarzer Krawatte gerade die Tür des Speisesaals aufmachte. »Oberst Baedecker?«

»Ja.«

»Die Mannschaft ist bereit für das Dessert. Würden Sie und Ihr Sohn bitte hereinkommen?«

Fünf Astronauten und sieben andere Männer saßen an dem langen Tisch. Tucker Wilson stellte sie einander vor. Außer Tucker kannte Baedecker noch Fred Hagen, den Copiloten dieser Mission, und Donald Gilroth von der Verwaltung der NASA. Gilroth hatte deutlich zugenommen – Gewicht und Einfluß –, seit Baedecker ihn zum letzten Mal gesehen hatte.

Die drei anderen Astronauten, zwei Einsatzspezialisten und ein Nutzlastexperte, waren ebenfalls von der Luftwaffe. Tucker war der einzige vollwertige NASA-Pilot bei diesem Einsatz, und obwohl in jüngster Zeit Versuche unternommen worden waren, Frauen und Minderheiten ins Raumfahrtprogramm aufzunehmen, handelte es sich hier um einen Rückfall in die weiße, männliche Tradition. Conners und Miller, die Einsatzspezialisten, waren ruhig und ernst, aber das jüngste Mannschaftsmitglied, ein blonder junger Mann namens Holmquist, besaß ein hohes, ansteckendes Lachen, und Baedecker mochte ihn sofort.

Es folgten fünf Minuten obligatorischer Unterhaltungen über die alten *Apollo*-Zeiten, während Kaffee und Kuchen serviert wurden, dann kam Baedecker auf die bevorstehende Mission zu sprechen. »Fred, Sie warten schon ziemlich lange darauf, oder nicht?«

Hagen nickte. Er war ein paar Jahre jünger als Baedecker,

aber sein Bürstenschnitt war vollkommen grau, so daß er ein wenig wie Archibald Cox aussah. Baedecker wurde verblüfft klar, daß die meisten Shuttle-Piloten auf sein Alter zugingen. Der Weltraum, einst eine so furchterregende Herausforderung, daß Experten sich Sorgen gemacht hatten, selbst die jüngsten, kühnsten und stärksten Testpiloten der Nation würden sie nicht ertragen, war heute zur Domäne von Männern mit Lesebrillen und Prostataleiden geworden.

»Ich warte, seit das MOL gekippt wurde«, sagte Hagen. »Mit etwas Glück werde ich dabei sein und den Nachfolger als Teil der Raumstation fliegen.«

»Was war das MOL?« fragte Scott.

»Das ›Manned Orbiting Laboratory‹, ein bemanntes Weltraumlabor«, antwortete Holmquist. Der blonde Nutzlastexperte war nur zwei oder drei Jahre älter als Scott. »Ein Lieblingsprojekt der Air Force, wie der X-20 Dyna Soar, der nie vom Boden abgehoben ist. Vor unserer Zeit, Scott.«

»Ja«, sagte Tucker und warf eine zusammengeknüllte Serviette nach dem jungen Astronauten. »Damals, als es noch keine Transistoren gab.«

»Ich denke, man könnte das Shuttle als größeren, besseren Dyna Soar bezeichnen«, sagte Baedecker, und noch während er es aussprach, sah er das Wort vor seinem geistigen Auge als ›Dinosaurier‹. Mitte der sechziger Jahre hatte er auf Eduards antriebslose fliegende Hüllen als Beitrag der NASA zu dem gekippten Air Force-Programm geflogen.

»Klar«, sagte Hagen, »und Spacelab ist eine Art aktualisierte, internationale Version des MOL – zwei Jahrzehnte zu spät. Und Spacelab selbst ist zu einer Art Testprojekt für die Bauteile der Raumstation geworden, die wir in ein paar Jahren hinaufschaffen.«

»Sie befördern Spacelab aber bei diesem Unternehmen nicht, oder?« fragte Scott.

Es folgte Schweigen, in dem mehrere Männer die Köpfe schüttelten. Die militärische Ladung war geheim, das wußte Scott auch.

»Macht das Wetter immer noch Sorgen?« fragte Baedekker. Gewitterwolken hatten sich seit Tagen am Vormittag über dem Golf zusammengezogen.

»Etwas«, sagte Tucker. »Die letzte Nachricht von den Meteorologen lautete ›Los‹, aber sie haben sich nicht allzu überzeugt angehört. Und wenn schon. Die Start-Fenster sind schmal, aber wir haben sie für drei Tage in Folge. Werden Sie morgen in den VIP-Bunkern sein, Dick?«

»Das lasse ich mir nicht entgehen«, sagte Baedecker.

»Was halten Sie von alldem, Scott?« fragte Hagen. Der Oberst der Air Force sah den Rothaarigen mit freundlichem Interesse an.

Scott wollte die Achseln zucken, besann sich dann aber. Er sah seinen Vater an, dann Hagen direkt. »Um ehrlich zu sein, Sir, finde ich es sehr interessant und ein wenig traurig.«

»Traurig?« Miller, einer der Missionsspezialisten, ein dunkler, quirliger Mann, der Baedecker ein wenig an Gus Grissom erinnerte. »Warum traurig?«

Scott spreizte die Finger der linken Hand und holte Luft. »Sie übertragen den Start morgen nicht, richtig? Lassen keine Reporter auf dem Cape zu? Geben keine Nachrichten über den Stand der Mission heraus, nur das absolut Notwendigste. Sie informieren die Öffentlichkeit nicht einmal, wann genau der Start stattfindet, richtig?«

»Das ist korrekt«, sagte Captain Conners. Seine Stimme hatte den abgehackten Klang der Lufwaffenakademie. »Das scheint uns das Mindeste für die nationale Sicherheit bei einer geheimen Mission zu sein.« Conners sah die anderen an, während ein Kellner die Kuchenteller abräumte und Kaffeetassen nachfüllte. Holmquist und Tucker sahen Scott lächelnd an. Die anderen schauten nur.

Nun zuckte Scott doch die Achseln, aber er grinste, bevor er sprach, und Baedecker spürte, daß die verbissene, unbarmherzige *Intensität,* die sein Sohn jahrelang verströmte, in den letzten Wochen etwas nachgelassen hatte. »Das verstehe ich«, sagte Scott, »aber ich erinnere mich noch an die Zeit, als Dad geflogen ist – als die Presse jedesmal informiert wurde, wenn ein Besatzungsmitglied gefurzt hat ... entschuldigen Sie bitte, aber genau so war es. Auch für die Familien. Zumindest während den Missionen. Ich will damit sagen, ich weiß noch, wie *offen* alles war, und wie wir das immer mit der Heimlichtuerei des russischen Raumfahrtprogramms verglichen haben. Wir waren *stolz* darauf, daß wir es allen zeigten. Ich glaube, es stimmt mich nur ein wenig traurig, daß wir jetzt mehr wie die Sowjets sind.«

Miller hatte den Mund aufgemacht, um etwas zu sagen, aber Holmquist kam ihm zuvor. »Das ist nur *zu* wahr«, sagte Holmquist, »aber ich will Ihnen etwas sagen, junger Mann, es ist noch ein weiter Weg, bis wir wie die Russen sind. Haben Sie die Reporter auf dem Melbourne Airport gesehen, als die Fracht der Verteidigungsfirmen angeliefert wurde? Mehr haben sie nicht gebraucht, um alle wissen zu lassen, was für eine Ladung befördert wird. Haben Sie heute schon die *Washington Post* oder die *New York Times* gesehen?«

Scott schüttelte den Kopf.

Der junge Nutzlastexperte schilderte die Artikel in Presse und Fernsehen, bestätigte oder entkräftete nie ihren Wahrheitsgehalt, ließ sich aber auf humorvolle Weise über die Bemühungen von Presseoffizieren der Luftwaffe aus, die Finger in eine Schöpfkelle zu stecken, die zum Sieb geworden war. Einer der Verwaltungsangestellten der NASA erzählte eine Geschichte, wie Boote der Presse aus dem Gebiet um das Cape vertrieben wurden, während die ganze Zeit Geheimdienstschiffe der Sowjets außerhalb der Sperrzone kreuzten.

Fred Hagen wußte eine Geschichte über seine Zeit mit der X-15 zu berichten, als ein findiger Reporter sich als brasilianischer Luftwaffenoffizier auf Besuch ausgegeben hatte, um ein Exklusivinterview zu bekommen. Baedecker erzählte von seiner Reise in die Sowjetunion vor dem *Apollo-Sojus*-Testprojekt und wie Dave Muldorff in einer Winternacht zum Lampenschirm in ihrer Unterkunft im ›Sternenstädtchen‹ gegangen war und lautstark verkündet hatte, daß ein

Schlummertrunk jetzt genau das Richtige wäre, aber leider wäre ihnen der Fusel ausgegangen, den ihre Gastgeber zur Verfügung stellten. Zehn Minuten später war ein russischer Adjutant mit Flaschen voll Wodka, Scotch und Champagner gekommen.

Das Gelächter wurde lauter, als sich die Tischgesellschaft in kleinere Gesprächsgruppen auflöste und einige der Verwaltungsangestellten sich verabschiedeten. Holmquist und Tucker unterhielten sich mit Scott, als Don Gilroth um den Tisch kam und Baedecker eine Hand auf die Schulter legte. »Dick, könnten wir uns einen Moment unterhalten? Draußen?«

Baedecker folgte dem anderen Mann in das menschenleere Wartezimmer. Gilroth machte die Tür zu und zog den Gürtel über seinen stattlichen Bauch hoch. »Dick, ich weiß nicht, ob wir morgen eine Möglichkeit haben, miteinander zu reden, daher dachte ich mir, ich erledige es gleich heute abend.«

»Worüber reden?« fragte Baedecker.

»Darüber, ob Sie wieder zur NASA kommen möchten«, sagte der Verwaltungsangestellte.

Baedecker blinzelte überrascht. Der Gedanke war ihm noch nie gekommen.

»Ich habe mit Cole Prescott und Weitzel und einigen der anderen gesprochen und erfahren, daß Sie über andere Angebote nachdenken, aber ich wollte Sie wissen lassen, daß die NASA auch interessiert ist«, sagte Gilroth. »Ich weiß, wir können der privaten Industrie nie Konkurrenz machen, aber es sind aufregende Zeiten hier. Wir versuchen, das gesamte Programm neu aufzubauen.«

»Don«, sagte Baedecker. »Es dauert nicht mehr lange, und ich werde vierundfünfzig.«

»Ja, und ich werde im August neunundfünfzig«, sagte Gilroth. »Ich weiß nicht, ob es dir aufgefallen ist, Dick, aber der Laden wird heutzutage nicht von Teenagern geschmissen.«

Baedecker schüttelte den Kopf. »Ich bin schon zu viele Jahre weg ...«

Gilroth zuckte die Achseln. »Wir sprechen hier nicht davon, daß sie wieder aktiv fliegen sollen, wissen Sie«, sagte er. »Aber, weiß Gott, bei der ganzen Arbeit, die in den nächsten Jahren anfällt, wäre alles möglich. Aber Harry drüben im Astronautenbüro könnte mit Sicherheit die Hilfe eines erfahrenen Mitarbeiters brauchen. Mit Übriggebliebenen und Auszubildenden haben wir an die siebzig Astros hier rumlaufen. Nicht wie in den alten Zeiten, als Deke und Al nur auf ein rundes Dutzend von euch Tunichtguten aufpassen mußten.«

»Don«, sagte Baedecker, »ich habe gerade mit der Arbeit an einem Buch angefangen, das Dave Muldorff nicht mehr fertigstellen konnte und ...«

»Ja, das weiß ich alles«, sagte Gilroth und klopfte Baedekker auf den Oberarm. »Es besteht auch kein Grund zur Eile, Dick. Denken Sie darüber nach. Melden Sie sich im Lauf des Jahres bei mir. Oh ... und Dick ... Dave Muldorff muß gedacht haben, daß es gut wäre, wenn Sie wieder zurückkommen würden. Ich habe letzten November einen Brief von ihm bekommen, in dem er davon gesprochen hat. Er bestätigte gewissermaßen meine eigene Ansicht, daß wir versuchen sollten, einige der alten Profis zurückzubekommen.«

Baedecker verdaute das, als Tucker und Scott zur Tür heraus kamen.

»Da sind Sie ja«, sagte Tucker. »Wir planen einen kleinen Ausflug zur Startrampe. Möchten Sie mitkommen?«

»Ja«, sagte Baedecker. Er drehte sich zu Gilroth um, der schon auf dem Weg war. »Don, danke für den Vorschlag. Ich melde mich bei Ihnen.«

»Gut«, sagte der Verwaltungsangestellte und salutierte den dreien mit zwei Fingern.

Tucker fuhr sie mit einem grünen Plymouth der NASA die acht Meilen den vierspurigen Kennedy Parkway entlang zum Startplatz 39-A. Die Montagehalle, die mit Flutlicht von oben und unten angestrahlt wurde, ragte unvorstellbar hoch über ihnen auf, als sie näher kamen. Baedecker sah zu einer amerikanischen Flagge, die auf eine Ecke der Südseite gemalt war, und stellte fest, daß allein diese Flagge so groß war, daß man hätte Football darauf spielen können. Hinter der Montagehalle wurde das Raumfahrzeug sichtbar, eingehüllt in einen schützenden Kokon von Startrampen. Suchscheinwerfer schnitten Lichtkegel aus der schwülen Luft, überall auf dem Gitter von Rohren und Streben leuchteten Lichter, und Baedecker fand, daß das ganze wie ein gigantischer Ölbohrturm aussah, an dem ein interplanetarischer Supertanker gefüllt wurde.

Sie passierten Kontrollpunkte, dann fuhr Tucker die lange Rampe zum Fuß des Versorgungsturms hinauf. Ein weiterer Wachsoldat kam ihnen entgegen, sah Tucker, salutierte und trat in den Schatten zurück. Baedecker und Scott stiegen aus dem Wagen und sahen zu der Maschine hinauf, die über ihnen schwebte.

In Baedeckers Augen sah das Shuttle – oder SSTS, Space Shuttle Transport System, wie die Ingenieure die ganze Anlage mit der Fähre selbst, dem Außentank und den Feststoffraketen gern nannten – behelfsmäßig und linkisch aus, eine unglückliche Mischung, weder Flugzeug noch Rakete, eine Art evolutionäre Zwischenstufe. Baedecker dachte nicht zum ersten Mal, daß er ein raumtüchtiges Schnabeltier vor sich hatte. Nun wurde ihm mit voller Wucht bewußt, daß das Space Shuttle – das bewunderte Symbol amerikanischer Technologie – schon jetzt zu einem Sammelsurium veralteter, fast überflüssiger Ausrüstung geworden war. Wie die älteren Piloten, die sie flogen, trugen die überlebenden Shuttles die Träume der sechziger und die Technologie der siebziger Jahre in das Unbekannte der neunziger und ersetzten die Weisheit schmerzvoll gelernter Lektionen durch die grenzenlose Energie der Jugend.

Baedecker gefiel das Aussehen des rostfarbenen externen Treibstofftanks. Es war logisch, nicht kostbaren Treibstoff zu verbrennen, um tonnenweise Farbe ins Weltall zu befördern, nur damit der dünne, entbehrliche Tank Sekunden später verglühte, aber als Folge dieser logischen Entscheidung sah das Shuttle alltäglicher aus, fast schrottmäßig, ein gebrauchter Lastwagen, ohne jede Ähnlichkeit mit den blitzsauberen Vorführmodellen, die in den Anfangstagen der Raumfahrt geflogen waren. Trotz – oder vielleicht gerade wegen – dieses Frische-Farbe-auf-altem-Rost-Eindrucks, den die ganze unförmige Maschine machte, wurde Baedecker klar, daß er, wäre er immer noch ein fliegendes Mitglied des Teams, das Shuttle wahrscheinlich mit der reinen, nicht vernunftmäßig zu begründenden Leidenschaft lieben würde, die Männer normalerweise ihren Ehefrauen oder Geliebten vorbehalten.

Als hätte er Baedeckers Gedanken gelesen, sagte Tucker: »Eine Schönheit, nicht?«

»So ist es«, stimmte Baedecker zu. Ohne nachzudenken, ließ er den Blick zur Heckverbindung der rechten Feststoffschubdüse wandern. Falls dort Dämonen der O-Ringe lauerten, die nur darauf warteten, Schiff und Besatzung zu vernichten, indem sie mit Flammenzungen über die wasserstoffgefüllte Bombe des externen Tanks leckten, waren sie heute nicht zu sehen. Aber, überlegte sich Baedecker, die Besatzung der *Challenger* hatte sie auch nicht gesehen.

Rings um sie herum waren Männer in weißen Kitteln mit der insektenhaften Zielstrebigkeit von Technikern allerorten am Werk. Tucker holte drei gelbe Schutzhelme vom Rücksitz des Plymouth und warf einen Baedecker, den anderen Scott zu. Sie gingen näher hin, verdrehten die Hälse und sahen erneut auf.

»Nicht schlecht, was?« sagte Tucker.

»Welch ein Anblick«, murmelte Baedecker.

»Gefrorene Energie«, sagte Scott zu sich.

»Was war das?« fragte Tucker.

»Als ich in Indien war«, sagte Scott so leise, daß man seine Stimme kaum über den Hintergrundlärm der Arbeiter und Kompressoren in der Nähe hören konnte, »betrachtete ich aus irgend einem unerfindlichen Grund alles – *sah* tatsächlich alles – als Energie. Menschen, Pflanzen, alles. Früher betrachtete ich einen Baum und sah Zweige und Blätter. Heute sehe ich zu Materie geronnenes Sonnenlicht.« Scott zögerte verlegen. »Wie dem auch sei, genau darum handelt es sich –

um einen riesigen Springbrunnen gefrorener kinetischer Energie, der nur darauf wartet, zu Bewegung aufzutauen.«

»Ja«, sagte Tucker. »Da wartet Energie. Jedenfalls wird welche warten, wenn die Tanks morgen gefüllt sind. Etwa sieben Millionen Pond Schub, wenn diese beiden festgeschnallten Wunderkerzen angezündet werden.« Er sah die beiden an. »Möchten Sie rauf? Ich hatte Ihnen eine Führung versprochen, Dick.«

»Ich warte hier«, sagte Scott. »Wir sehen uns später, Dad.«

Baedecker und Tucker fuhren mit dem Fahrstuhl hinauf und betraten den weißen Raum. Ein halbes Dutzend Techniker von Rockwell International in weißen Overalls, weißen Stiefeln und weißen Mützen arbeiteten in dem grell beleuchteten Raum.

»Hier ist der Zugang etwas leichter als bei der *Saturn V*«, sagte Baedecker.

»Die hatte diesen kleinen Tragearm, richtig?« sagte Tucker.

»Einhundertundfünf Meter in die Höhe«, sagte Baedecker. »Ich stolperte im vollen Druckanzug über diesen verdammten Schwingarm Nummer neun, trug einen kleinen tragbaren Ventilator, der etwa eine Tonne wog, und hielt den Atem an, bis ich im weißen Zimmer angelangt war. Ich war sicher, ich sei der einzige *Apollo*-Held, der allmählich Höhenangst entwickelte.«

»Hier sind wir ein wenig näher am Boden«, sagte Tucker. »Abend, Wendell.« Tucker begrüßte einen Techniker mit Kopfhörern, die mit einem Kabel in der Hülle des Shuttle verbunden waren.

»Abend, Oberst. Möchten Sie rein?«

»Ein paar Minuten«, sagte Tucker. »Ich will diesem alten *Apollo*-Fossil zeigen, wie ein richtiges Raumschiff aussieht.«

»Einverstanden, aber warten Sie bitte noch einen Augenblick«, sagte der Techniker. »Bolton befindet sich auf dem Flugdeck und führt den Kommunikationstest durch. Er müßte jeden Moment wieder runterkommen.«

Baedecker strich mit einer Hand über die Hülle des Shuttle. Die weißen Fliesen fühlten sich kalt an. Aus der Nähe konnte man Spuren von Abnutzung an dem Raumschiff erkennen – schwache Verfärbungen zwischen den Platten, abblätternde schwarze Farbe, glänzende Schabstellen häufiger Benutzung an der offenen Einstiegsluke. Der gebrauchte Lastwagen war gewaschen und gewachst worden, blieb aber dennoch ein Gebrauchtwagen.

Ein Techniker kam aus der runden Schleuse, und Wendell sagte: »Okay, es gehört Ihnen.«

Baedecker folgte Tucker ins Innere und fragte sich, was aus Gunter Wendt geworden sein mochte. Die alten Besatzungen von *Mercury* und *Gemini* hatten Wendt, den ersten ›Startrampenführer‹ des weißen Raums, in so hohem Ansehen gehalten, daß sie North American Rockwell überredet hatten, ihn von McDonnell abzuwerben, als das *Apollo*-Programm begonnen worden war.

»Geben Sie auf Ihren Kopf acht, Dick«, sagte Tucker.

Sie gingen zum Mitteldeck und nahmen auf dem Flugdeck in den vorderen Sitzen Platz. Für jemanden, der mit *Apollo* ausgebildet worden war, schien das Innere des Shuttle riesig zu sein. Hinter den Sitzen von Pilot und Copilot befanden sich zwei zusätzliche Couchen, und eine Leiter hatte zu einem einzigen Sitz auf dem Unterdeck geführt.

»Wer bekommt den einsamen Platz da unten?« fragte Baedecker.

»Holmquist, und das stinkt ihm nicht schlecht«, sagte Tucker, während er auf der horizontalen Kommandopilotencouch Platz nahm. »Er hat bis hin zu Bestechung der beiden anderen alles versucht, um einen Fensterplatz zu bekommen.«

Baedecker tastete sich behutsam zum rechten Sitz. Bei seinem mittleren Sitz im Kommandomodul der *Apollo* wäre er durch linkische Bewegungen einfach steckengeblieben. Hier würde er, wenn er ausrutschte, eineinhalb bis zwei Meter zu den Fenstern und der Instrumentenkonsole unter ihm im rückwärtigen Teil des Flugdecks hinunterstürzen. Er streifte den Schultergurt aus alter Gewohnheit über und sicherte den Schoßgurt, ließ den breiten Schrittgurt aber unbeachtet.

Mehrere Notlichter hingen an Haken und warfen helles Licht auf die Instrumente, aber Schatten in die Ecken. Tukker schaltete einige dieser Lampen aus und aktivierte mehrere Cockpitschalter, worauf sie beide in rotes und grünes Licht getaucht wurden. Ein Kathodenröhrendisplay unmittelbar vor Baedecker leuchtete auf und spulte eine Litanei sinnloser Daten ab. Die rasch wechselnden Datenzeilen erinnerten Baedecker an das PanAm-Passagiershuttle mit seinen blitzenden Cockpitgrafiken in *2001 – Odyssee im Weltall.* Dave hatte darauf bestanden, daß sie sich den Film im Winter 1968 ein Dutzendmal ansahen. Sie hatten vierzehn Stunden Schicht gearbeitet, um *Apollo 8* zu unterstützen, und abends waren sie quer durch Houston gefahren, um Keir Dullea, Gary Lockwood, HAL und die Austrolopithecinen zu sehen, die zu den Klängen von Bach und Strauss und Ligeti agierten. Dave Muldorff hatte sich eines Abends ungeheuer aufgeregt, als Baedecker am Anfang der vierten Rolle eingeschlafen war.

»Gefällt es Ihnen?« fragte Tucker.

Baedecker ließ den Blick über die Konsole schweifen. Er legte eine Hand behutsam auf den drehbaren Handsteuerknüppel. »Sehr elegant«, sagte er, und das war sein Ernst.

Tucker tippte auf der Computertastatur an der flachen Konsole zwischen ihnen. Neue Informationen füllten alle drei der Kathodenröhren. »Wissen Sie, er hat recht«, sagte Tucker.

»Wer hat recht?«

»Ihr Junge.« Tucker strich mit einer Hand über sein Gesicht, als wäre er sehr müde. »Es *ist* traurig.«

Baedecker sah ihn an. Tucker Wilson hatte vierzig Einsätze über Vietnam geflogen und drei feindliche MiGs in einem Krieg abgeschossen, der fast ohne Erfolge geblieben war. Wilson war ein Karrierist der Luftwaffe und nur vorübergehend zum Dienst bei der NASA abgestellt.

»Ich meine, es ist nicht traurig, daß die Streitkräfte nun Missionen fliegen«, sagte Tucker. »Scheiße, die Russen hatten eine rein militärische Präsenz da oben in der zweiten *Sal-*

jut-Station seit ... wie lange? zehn Jahren mindestens. Trotzdem ist es traurig, was hier passiert.«

»Wie das?«

»Es ist einfach anders, Dick«, sagte Tucker. »Als Sie noch geflogen sind und ich auf der Reservebank saß, war alles einfacher. Wir wußten, wohin wir wollten.«

»Zum Mond«, sagte Baedecker.

»Ja. Vielleicht war das Wettrennen doch nicht so freundlich, aber irgendwie war es mehr ... Scheiße, ich weiß nicht ... *reiner*. Heute wurde selbst die Größe der verdammten Ladeluke dahinten vom Pentagon vorgeschrieben.«

»Sie transportieren nur einen Geheimdienstsatelliten da hinten«, sagte Baedecker. »Keine Bombe.« Er dachte an seinen Vater, der vor einunddreißig Jahren auf einem dunklen Steg in Arkansas gestanden, den Himmel nach dem *Sputnik* abgesucht und gesagt hatte: »Aber wenn sie etwas so Großes raufschicken können, dann können sie es auch mit größeren, die Bomben tragen, oder nicht?«

»Nein, es ist keine Bombe«, stimmte Tucker zu, »und nachdem Reagan nun endlich von der Bildfläche verschwunden ist, stehen die Chancen auch nicht schlecht, daß wir nicht die nächsten zwanzig Jahre damit verbringen, SDI-Bauteile da raufzuschaffen.«

Baedecker nickte und sah zu den Fenstern, um einen Blick auf die Sterne zu erhaschen, aber das Spezialglas war für den Start polarisiert. »Sie haben nicht geglaubt, daß es funktionieren würde?« fragte er und meinte damit die Strategic Defense Initiative – die die Presse immer noch mit einem gerüttelten Maß Hohn ›Star Wars‹ nannte.

»Nein, ich glaube, es hätte funktioniert«, sagte Tucker. »Aber selbst wenn es sich das Land hätte leisten können – und das kann es nicht –, sind viele von uns der Meinung, es wäre zu riskant. Ich weiß, wenn die Russen anfangen würden, Laser und andere Hardware in den Orbit zu befördern, die *unsere* Technologie in den nächsten zwanzig Jahren nicht hervor bringen könnte – nicht einmal Verteidigungsmaßnahmen dagegen –, würden die meisten Lamettaträger, die ich kenne, sofort nach einem Präventivschlag gegen alles schreien, was sie da oben aufbauen wollen.«

»Anti-Satellitengeschosse, mit F-16s abgeschossen?« fragte Baedecker.

»Ja«, sagte Tucker. »Aber angenommen, wir würden nicht alles erwischen. Oder sie würden es schneller ersetzen, als wir es abschießen können. Was würden *Sie* dem Präsidenten raten, Dick?«

Baedecker sah seinen Freund an. Er wußte, daß Tucker ein persönlicher Freund des Mannes war, der gerade die Wahlen gewonnen und Ronald Reagans Nachfolge angetreten hatte. »Gezielte Schläge gegen ihre Startrampen anzudrohen«, sagte Baedecker. Der gesamte Shuttleaufbau schien leicht im Abendwind zu schwanken, was Baedecker mit einem leichten Schwindelgefühl erfüllte.

»Anzudrohen?« sagte Tucker mit einem grimmigen Lächeln.

Baedecker, der aus seiner Jugend in Chicago und von seinen Jahren bei den Marines wußte, wie nutzlos Drohungen sein können, sagte: »Na gut, ich würde strategische Schläge gegen Baikonur und ihre anderen Startrampen *führen.«*

»Ja«, sagte Tucker, und es folgte eine längere Stille, die nur vom Ächzen und Stöhnen des fünfundvierzig Meter durchmessenden Außentanks am Bauch der Fähre unterbrochen wurde. Tucker schaltete die Kathodenröhren ab. »Ich liebe das Cape, Dick«, sagte er leise. »Ich möchte nicht, daß es bei einem Spiel Auge um Auge in Fetzen gepustet wird.«

In der plötzlichen Dunkelheit atmete Baedecker den Geruch von Ozon, Schmiermittel und Plastikpolymeren ein; der Cockpitgeruch, der Ozon, Leder und Schweiß verdrängt hatte. »Nun«, sagte er, »die Abrüstungsverhandlungen der letzten Jahre sind ein Anfang. Der Satellit, den Sie da hinten befördern, wird ein Maß an Überwachung ermöglichen, das noch vor zwanzig Jahren unmöglich gewesen wäre. Und ICBMs mit guten Verträgen abzublocken – *bevor* die Waffen überhaupt gebaut werden –, scheint mir effektiver zu sein, als Milliarden Dollar teure Laser in den Orbit zu schaffen und zu hoffen, daß alles gut geht.«

Tucker legte die Hände auf die Konsole, als wollte er mit den Handflächen die Daten und die Energie spüren, die schlafend dort ruhten. »Wissen Sie«, sagte er, »ich glaube, der gewählte Präsident hat im Wahlkampf eine Chance verpaßt.«

»Wie das?«

»Er hätte ein Abkommen mit dem amerikanischen Volk und den Russen treffen sollen«, sagte Tucker. »Für alle zehn Rubel, oder zehn Dollar, die eingespart werden, weil Missiles durch Verhandlungen beseitigt oder SDI zurückgeschraubt wird, hätten die Sowjets und wir zehn Dollar oder zehn Rubel in gemeinsame Weltraumprojekte investieren müssen. Wir sprechen hier von Milliarden und Abermilliarden Dollar, Dick.«

»Mars?« sagte Baedecker. Als er und Tucker für *Apollo* ausgebildet worden waren, hatte Vizepräsident Agnew verkündet, Ziel der NASA sei es, in den neunziger Jahren Menschen auf dem Mars landen zu lassen. Nixon hatte sich nicht dafür interessiert, die trunkene Euphorie der NASA schwand bald wieder, und der Traum war bis zur Unsichtbarkeit geschrumpft.

»Mit der Zeit«, sagte Tucker. »Aber vorher sollten wir die Raumstation raufbringen und eine dauerhafte Basis auf dem Mond errichten.«

Baedecker stellte erstaunt fest, daß ihm der Atem bei der Aussicht stockte, Menschen könnten noch zu seinen Lebzeiten wieder zum Mond zurückkehren. Männer und Frauen, überlegte er stumm. Laut sagte er: »Und Sie wären bereit, das mit den Russen zu teilen?«

Tucker schnaubte. »So lange wir nicht mit den Dreckskerlen *schlafen* müssen«, sagte er. »Oder in ihren Schiffen fliegen. Erinnern Sie sich noch an *Apollo-Sojus?*«

Baedecker erinnerte sich. Er und Dave waren Mitglieder der ersten Gruppe gewesen, die das sowjetische Raumfahrtprogramm vor der *Apollo-Sojus*-Mission besichtigen durften.

Er hatte immer noch Daves Bemerkung während des Rückflugs im Gedächtnis: »Mein Gott, Richard, das nennen sie den *neuesten Stand der Technik!* Wenn ich mir vorstelle, daß wir uns selbst und dem Kongreß Angst vor dem sowjetischen Weltraummoloch und der Supertechnologie gemacht haben, die sie entwickelt haben sollten, und was bekommen wir nun zu sehen? Freiliegende Nieten, elektronische Aggregate, so groß wie das alte Röhrenradio meiner Großmutter, und ein Raumfahrzeug, das kein Andockmanöver ausführen könnte, wenn es einen Ständer hätte.«

Ihr schriftlicher Bericht war nicht ganz so drastisch formuliert gewesen, aber während der *Apollo-Sojus*-Mission hatte das amerikanische Raumfahrzeug sämtliche Rendezvous- und Andockmanöver ausgeführt, und – im Gegensatz zu den bestehenden Plänen – die Besatzungen hatten zur Landung *nicht* die Kapseln gewechselt.

»Ich will in ihren Schüsseln nicht fliegen«, sagte Tucker, »aber wenn eine Zusammenarbeit mit ihnen die NASA wieder in die Erforschung des Weltraums zurückbefördern könnte, könnte ich den Geruch ertragen.« Er löste die Gurte und ging hinunter, wobei er darauf achtete, daß er sich an den richtigen Handgriffen festhielt.

»Ein Kamel, das hinauspißt, hm?« sagte Baedecker und folgte ihm vorsichtig.

»Was war das?« sagte Tucker, der vor der niedrigen, runden Schleuse kauerte.

»Ein altes arabisches Sprichwort«, sagte Baedecker. »Es ist besser, ein Kamel im Zelt zu haben, das hinauspißt, als eines vor dem Zelt, das hineinpißt.«

Tucker lachte, zog einen Stumpen aus der Brusttasche und steckte ihn zwischen die Zähne. »Ein Kamel, das hinauspißt«, lachte er. »Das gefällt mir.«

Baedecker wartete, bis Tucker ausgestiegen war, dann duckte er sich, hielt sich an dem Metallgriff über der Schleuse fest und schwang sich in den weißen Raum hinaus, das so grell beleuchtet war wie ein Kreißsaal.

Am Morgen des Starts saß Baedecker in aller Frühe allein im Speisesaal seines Motels in Cocoa Beach, betrachtete die Brandung und las noch einmal den Brief, den er drei Tage zuvor von Maggie Brown bekommen hatte.

17. November 1988

Richard,

Dein letzter Brief hat mir gefallen. Du schreibst so selten, aber jeder Brief bedeutet mir so viel. Ich kenne Dich inzwischen gut genug, um zu wissen, wieviel Du nachdenkst und was Dich alles bekümmert ... und wie wenig Du sagst. Wirst Du jemals jemandem gestatten, das ganze Ausmaß Deiner Einsichten und Gefühle zu teilen? Ich hoffe es.

Arkansas hört sich bei Dir herrlich an. Deine Beschreibungen der frühen Morgenstunden am See, mit dem Nebel, der aufsteigt, und den Krähen, die auf den kahlen Zweigen am Ufer rufen, erwecken in mir den Wunsch, dort zu sein.

Boston besteht im Augenblick nur aus Schneematsch und Verkehrschaos und müden Backsteinhäusern. Das Unterrichten macht mir Spaß, und Dr. Thurston ist der Meinung, daß ich nächsten April bereit bin, mit der Arbeit an meiner Dissertation anzufangen.

Dein Buch ist fantastisch, jedenfalls die Kapitel und Auszüge, die Du mir zum Lesen gegeben hast. Ich glaube, Dein Freund Dave wäre stolz darauf. Die Charakterstudien erwecken die Piloten auf eine Weise zum Leben, wie ich es in gedruckter Form noch nie gelesen habe, und die historischen Perspektiven ermöglichen auch einem Laien (mir, zum Beispiel), unser gegenwärtiges Zeitalter in einer neuen Perspektive zu sehen – als eine Kultur, die vor der Wahl zwischen einer furchterregenden Zukunft der Erforschung und Entdeckung oder einem Rückzug in die sicheren und vertrauten Häfen von Kriegen zwischen Nationen, Stagnation und Niedergang steht.

Als Soziologin habe ich mehr als nur ein paar Fragen (die auch in Deinem Buch nicht beantwortet werden ... jedenfalls nicht in den Auszügen, die ich gesehen habe), was euren Astronauten-

stamm betrifft. Zum Beispiel – warum stammen so viele aus dem Mittelwesten? Und warum seid ihr fast alle Einzelkinder oder die ältesten Geschwister? (Gilt das auch für die neuen Einsatzspezialisten – besonders die Frauen – oder nur für die ehemaligen Testpiloten unter euch?) Und wie sehen die Langzeitfolgen aus, einer Berufsgruppe anzugehören (Testpiloten), bei der die Sterblichkeitsrate in Ausübung der Tätigkeit bei einem von sechs liegt? (Könnte das zu einer gewissen Zurückhaltung führen, Gefühle zu zeigen?)

Deine Erwähnung von Scott im letzten Brief hat sich optimistischer als alles andere angehört, das ich bisher erfahren habe. Ich freue mich so sehr, daß es ihm besser geht. Bitte grüße ihn ganz herzlich von mir. Aus Deinem Brief kann ich entnehmen, Richard, daß du gerade neu herausfindet, wie komplex und umsichtig Dein Sohn sein kann. Das hätte ich Dir auch sagen können! Scott hat sich seinem störrischen Charakter ergeben, als er ein Jahr sinnlos in diesem dummen Ashram verplempert hat, aber wie ich schon sagte, ein Teil dieser störrischen Haltung resultiert daraus, daß er sich weigert, eine Erfahrung unergründet verstreichen oder nicht vollständig verstanden zu lassen.

Was meinst Du, von wem könnte er das wohl haben?

Da wir gerade von störrischem Charakter sprechen, ich werde nicht auf den mathematischen Teil Deines Briefes eingehen. Der ist keiner Antwort würdig. (Von dem Hinweis abgesehen, daß ich erst rüstige hundertvierundfünfzig sein werde, wenn Du hundertachtzig Jahre alt bist. Dann könnte es ein Problem sein.) (Aber ich bezweifle es.)

Du hast in Deinem Brief nach meiner eigenen philosophischen/religiösen Meinung über bestimmte Dinge gefragt. Sprechen wir immer noch vom Konzept der Orte der Macht, von dem wir vor achtzehn Monaten in Indien gesprochen haben?

Du weißt, wie sehr ich Magie liebe, Richard, und wie besessen ich von den Geheimnissen und verschwiegenen Winkeln der Seele bin. Für mich ist unsere Suche nach Orten der Macht real und wichtig. Aber das weißt Du ja.

Nun gut, zu meinem Glauben. Ich habe eine zwölfseitige Epistel darüber geschrieben, seit Du die Frage in Deinem Brief aufgewor-

fen hast, aber dann warf ich sie weg, weil ich glaube, daß man meinen ganzen Glauben auf Folgendes reduzieren kann:

Ich glaube an Vielfalt und Geheimnis
des Universums; und ich glaube nicht
an das Übernatürliche.

Das ist es. Oh, und ich glaube auch, daß wir beide ein paar Entscheidungen zu treffen haben, Richard. Ich will uns beide nicht mit Klischees beleidigen, oder mit Beschreibungen, welche Mühe es mir bereitet, mir sieben Monate nach Verstreichen der von mir selbst gesetzten Frist Bruce vom Leib zu halten, aber es ist tatsächlich so, daß Du und ich uns entscheiden müssen, ob wir eine gemeinsame Zukunft haben.

Bis vor kurzem war ich der Meinung, daß es so wäre. Die wenigen Stunden und Tage, die wir in den vergangenen eineinhalb Jahren miteinander verbracht haben, haben mich davon überzeugt, daß das Universum vielfältiger – und, seltsamerweise, geheimnisvoller – ist, wenn wir es gemeinsam erforschen.

Aber das Leben lockt uns beide im Augenblick, so oder so. Wie auch immer wir uns entscheiden, Du sollst wissen, daß unsere gemeinsame Zeit alles weiter und tiefer für mich gemacht hat, vorwärts und rückwärts in der Zeit.

Ich glaube, ich gehe jetzt spazieren und beobachte Ruderboote auf dem Charles.

Maggie.

Scott kam zu ihm an den Tisch. »Du bist heute früh aufgestanden, Dad. Wann fahren wir denn rüber zum Start?«

»Gegen halb neun«, sagte Baedecker und legte Maggies Brief zusammen.

Die Kellnerin kam, und Scott bestellte Kaffee, Orangensaft, Rührei, Vollkorntoast und eine Extraportion Grütze. Als sie gegangen war, sah er Baedeckers Kaffeetasse an und sagte: »Ist das alles, was du zum Frühstück ißt?«

»Ich habe heute morgen keinen großen Hunger«, sagte Baedecker.

»Dabei fällt mir ein, gestern hast du auch nichts gegessen«, sagte Scott. »Und soweit ich mich erinnere, hast du Mittwochabend auch kein Abendessen zu dir genommen. Und den Kuchen gestern abend hast du auch nicht angerührt. Was ist los, Dad? Geht es dir nicht gut?«

»Mir geht es blendend«, sagte Baedecker. »Ehrlich. Ich hatte nur in letzter Zeit keinen nennenswerten Appetit. Ich werde ein großes Mittagessen zu mir nehmen.«

Scott runzelte die Stirn. »Sei bloß vorsichtig, Dad. Wenn ich in Indien längere Fastenperioden eingelegt habe, kam irgendwann der Zeitpunkt, da *wollte* ich gar nichts mehr essen.«

»Mir geht es blendend«, wiederholte Baedecker. »Mir geht es so gut wie seit Jahren nicht mehr.«

»Du *siehst* auch besser *aus«*, sagte Scott nachdrücklich. »Du mußt zwanzig Pfund abgenommen haben, seit wir Ende Januar angefangen haben zu laufen. Tucker Wilson hat mich gestern abend gefragt, was für Vitamine du nimmst. Mann, Dad, du siehst *toll* aus.«

»Danke«, sagte Baedecker. Er trank einen Schluck Kaffee. »Ich habe Maggie Browns Brief noch einmal gelesen, und dabei fiel mir ein, daß ich dir Grüße bestellen soll.«

Scott nickte und sah auf das Meer hinaus. Im Osten war der Himmel makellos blau, aber vor der aufgehenden Sonne waberte bereits Dunst. »Wir haben uns noch nicht über Maggie unterhalten«, sagte Scott.

»Nein, haben wir nicht.«

»Unterhalten wir uns jetzt«, sagte Scott.

»Einverstanden.«

In diesem Augenblick wurde Scotts Frühstück gebracht, und die Kellnerin füllte ihre Kaffeetassen nach. Scott biß von seinem Toast ab. »Zuerst einmal«, sagte er, »hast du, glaube ich, falsche Vorstellungen über Maggie und mich. Wir waren ein paar Monate befreundet, bevor ich nach Indien gegangen bin, aber so nahe standen wir uns nie. Ich war überrascht, als sie im Sommer zu einem Besuch auftauchte. Ich will damit sagen, obwohl mir der Gedanke ein paarmal durch den Kopf gegangen, haben Maggie und ich es nie versucht.«

»Hör zu, Scott ...«, begann Baedecker.

»Nein, du hörst mir jetzt zu«, sagte Scott, aber kaum hatte er es gesagt, nahm er sich Zeit, die Rühreier mit der völligen Konzentration zu essen, an die Baedecker sich noch vom frühesten Füttern seines Sohns in dessen Hochstuhl erinnern konnte. »Ich muß das erklären«, sagte Scott schließlich. »Ich weiß, es klingt unheimlich, Dad, aber schon als ich Maggie zum ersten Mal auf dem Campus begegnet bin, hat sie mich an dich erinnert.«

»An mich?« Baedecker war ratlos. »Wie das?«

»Vielleicht ist erinnern nicht das richtige Wort«, sagte Scott. »Aber trotzdem mußte ich wegen etwas an ihr ständig an dich denken. Vielleicht lag es daran, wie aufmerksam sie den Leuten zuhörte. Oder ihre Angewohnheit, sich Kleinigkeiten zu merken, die die Leute sagen, und sie später daran zu erinnern. Oder daran, daß sie sich nie mit Erklärungen zufriedengeben wollte, die uns anderen genügten. Wie auch immer, als ich in Indien die Möglichkeit dazu hatte, habe ich versucht, es so einzufädeln, daß ihr ein paar Tage Zeit haben würdet, euch kennenzulernen.«

Baedecker sah seinen Sohn an. »Willst du damit sagen, darum hast du sie mich am Flugzeug in Neu-Dehli abholen lassen? *Darum* hast du mich eine Woche warten lassen, bevor ich dich in Poona sehen durfte?«

Scott aß sein Ei zu Ende, tupfte sich den Mund mit einer kleinen Serviette ab und zuckte fast unmerklich die Schultern.

»Hol mich der Teufel«, sagte Baedecker und sah seinen Sohn finster an.

Scott grinste, und zwar so lange, bis Baedecker feststellte, daß er zurückgrinste.

Als der Start abgesagt wurde, blieben nur noch drei Minuten bis zur Zündung.

Baedecker und Scott saßen im VIP-Bunker in der Nähe

der Konstruktionshalle und sahen über den Beckenkanal, wie die hohen Zirruswolken im Westen zunehmend von Gewitterwolken verdrängt wurden. Der Start war für 9.45 Uhr vorgesehen. Um 9.30 Uhr befanden sich die Wolken direkt über der Startrampe, die Windgeschwindigkeit war auf fünfundzwanzig Knoten gestiegen, was dicht am zulässigen Maximum lag. Um 9.49 Uhr konnte man im Norden Blitze erkennen, und es fing an zu regnen. Baedecker erinnerte sich, wie er im selben Bunker gesessen hatte, als ein Blitz beim Start in *Apollo 12* einschlug, sämtliche Instrumente im Kommandomodul lahmlegte, und Pete Conrad einige unschöne Dinge über Livemikro sagte. Um 9.51 Uhr wurde über Lautsprecher durchgegeben, der Start sei verschoben worden. Wegen eines sehr kleinen Startfenster – nicht einmal eine Stunde –, wurde der Countdown für den nächsten Tag zwischen vierzehn und fünfzehn Uhr festgesetzt. Um 10.03 Uhr verkündeten die Lautsprecher, daß die Astronauten das Shuttle verlassen hätten, aber die Stimme sprach zu leeren Tribünen, da die Zuschauer bereits durch den zunehmenden Regen zu Autos oder Unterständen liefen.

Baedecker ließ Scott den gemieteten Beretta fahren, während die Schlange der Automobile im Schrittempo nach Westen fuhr. »Scott«, sagte er, »was hast du für Pläne, falls der Start morgen über die Bühne geht?«

»Was ich bisher auch vorhatte«, sagte Scott. »Ich fahre ein paar Tage nach Daytona und besuche Terry und Samantha. Nächstes Wochenende fliege ich dann nach Boston und besuche Mom, wenn sie aus Europa zurück sind. Warum?«

»Ich wollte es nur wissen«, sagte Baedecker. Er lauschte den Scheibenwischern in ihrem vergeblichen Versuch, mit dem Wolkenbruch fertig zu werden. Bremslichter leuchteten in der langen Schlange vor ihnen auf. »Eigentlich«, sagte Baedecker, »habe ich mir überlegt, ob ich heute nach Boston fliegen sollte. Wenn ich bis nach dem Start warte, habe ich nicht genügend Zeit mehr vor meinem Termin in Austin am Montag.«

»Boston?« sagte Scott. »Oh, ja ... das ist vielleicht keine schlechte Idee.«

»Wirst du dann heute abend noch nach Daytona fahren?«

Scott überlegte einen Moment und trommelte dabei mit den Fingern auf dem Lenkrad. »Nein, ich glaube nicht«, sagte er. »Ich habe Terry schon gesagt, daß ich morgen abend oder am Sonntag eintreffen würde. Ich glaube, ich bleibe hier und sehe mir den Start an.«

»Macht es dir nichts aus?« fragte Baedecker und sah seinen Sohn an. In den Monaten, die sie im vergangenen Frühling und Sommer zusammen verbracht hatten, hatte Baedecker gelernt, Scotts wahre Reaktionen viel besser einzuschätzen.

»Nee, macht mir nicht das geringste aus«, sagte Scott mit aufrichtigem Grinsen. »Fahren wir zum Motel und holen deine Sachen.«

Als sie auf den Highway 1 abbogen, hatte der Regen schon deutlich nachgelassen.

»Ich hoffe, Thanksgiving war keine allzugroße Enttäuschung für dich«, sagte Baedecker. Sie hatten allein im Hotel gegessen, bevor sie zum Kaffee mit der Besatzung gegangen waren.

»Soll das ein Witz sein?« sagte Scott. »Es war toll.«

»Scott«, sagte Baedecker, »macht es dir etwas aus, wenn ich dich nach deinen Plänen frage? Ich meine deine längerfristigen Pläne.«

Sein Sohn strich mit den Fingern durch das kurze, nasse Haar. »Ich denke, ich werde eine Weile bei Mom bleiben. Das Semester abschließen.«

»Du wirst es definitiv beenden?«

»Mit fünf Wochen bis zur Abschlußprüfung? Auf jeden Fall.«

»Und danach?« fragte Baedecker.

»Nach der Abschlußprüfung? Nun, ich habe darüber nachgedacht, Dad. Ich habe letzte Woche einen Brief von Norm bekommen, und er sagte, ich kann wieder zu seinem Bautrupp kommen und bis Mitte August arbeiten. Damit könnte ich Geld für meine Doktorarbeit in Chicago verdienen.«

»Willst du das?«

»Wenn die Philosophievorlesungen so gut sind, wie Kent sagt, bin ich schwer versucht, es zu tun«, sagte Scott. »Und auch wenn es nur ein Teilzeitstipendium ist, ist es das beste Angebot, das ich vorliegen habe. Aber ich habe mir auch überlegt, ob ich ein paar Jahre zu den Streitkräften gehen soll.«

Baedecker sah seinen Sohn fassungslos an. Er hätte nicht überraschter sein können, wenn sein Sohn ihm eröffnet hätte, er wolle nach Schweden fliegen und sich einer Geschlechtsumwandlung unterziehen.

»War nur so ein Gedanke«, sagte Scott, aber seine Stimme verriet das Gegenteil.

»Laß dich nicht darauf ein, bis ich ein paar Stunden – oder Wochen – Zeit hatte, es dir auszureden, okay?« sagte Baedecker.

»Versprochen«, sagte Scott. »He, wir werden die Weihnachtsferien doch in der Blockhütte verbringen, oder?«

»Ich habe es fest vor« sagte Baedecker.

Sie fuhren auf dem 520 Causeway nach Osten und bogen dann nach Süden ab, an endlosen Reihen Motels am Cocoa Beach vorbei. Baedecker fragte sich, wie oft er diesen Weg wie ein Verrückter vom Luftwaffenstützpunkt Patrick entlanggerast war, um zum Cape zu gelangen. Er sagte: »Welche Gattung?«

»Hmmm?« fragte Scott, der in dem neuerlichen Wolkenbruch nach der Einfahrt ihres Motels suchte.

»Welche Waffengattung bei den Streitkräften?«

Scott bog in die Einfahrt ab und parkte vor ihrem Bungalow. Regen trommelte auf das Dach. »Mein Gott, Dad«, sagte er. »Mußt du das wirklich fragen? Wo ich in einer Familie aufgewachsen bin, die stolz auf drei Generationen Baedekkers beim Marine-Korps zurückblickt?« Er machte die Tür auf, sprang hinaus und verweilte gerade lange genug im Regen, um zu sagen: »Ich habe an die Küstenwache gedacht«, dann lief er zum schützenden Balkon des Motels.

Als Baedecker mit dem Taxi vom Logan International zu der Adresse bei der Universität von Boston fuhr, schneite es und wurde bereits dunkel. Er hatte noch einen Sonnenbrand von den drei Tagen in Florida, sah durch die Düsternis zum braunen, eisigen Wasser des Charles River und erschauerte. Am dunklen Ufer gingen Lichter an. Der Schnee verwandelte sich in grauen Matsch, der von den Reifen des Taxis aufspritzte.

Baedecker hatte immer gedacht, daß Maggie in der Nähe des Campus leben würde, aber ihr Apartment lag ein Stück östlich, nicht allzuweit vom Fenway Park entfernt. Veranden und kahle Bäume säumten die stille Nebenstraße, das Viertel sah aus, als hätte es in den sechziger Jahren vor dem Verfall gestanden, wäre in den siebziger Jahren von jungen Bauunternehmern gerettet worden und stand nun vor einer Invasion durch wohlhabende Leute mittleren Alters mit Wunsch nach Häuslichkeit.

Baedecker bezahlte den Fahrer und lief vom Taxi zur Tür des alten Sandsteinhauses. Er hatte versucht, von Florida und nochmal vom Logan anzurufen, aber vergebens. Er hatte sich vorgestellt, daß Maggie Lebensmittel einkaufen und zurücksein würde, bis er eintraf, aber jetzt sah er zu den dunklen Fenstern hinauf und fragte sich, wieso er gedacht hatte, sie würde am Freitagabend nach Thanksgiving zu Hause sein.

Der Flur im ersten Stock war warm, aber nur spärlich beleuchtet. Baedecker verglich die Wohnungsnummer auf dem Umschlag, holte tief Luft und klopfte. Keine Antwort. Er klopfte noch einmal und wartete. Eine Minute später ging er zum Ende des Flurs und sah zu einem hohen Fenster hinaus. Durch die Öffnung einer Gasse konnte er erkennen, wie dichter Schnee vor einem Neonschild über einem dunklen Geschäft fiel.

»He, Mister, hatten sie geklopft?« Eine junge Frau Anfang Zwanzig und ein junger Mann mit Hornbrille lehnten sich aus einem Apartment zwei Türen von dem von Maggie entfernt.

»Ja«, sagte Baedecker. »Ich suche Maggie Brown.«

»Die ist fort«, sagte die Frau. Sie drehte sich in die Wohnung um und rief: »He, Tara, ist Maggie nicht mit diesem wie-heißt-er-gleich-wieder? ... Bruce auf die Bermudas geflogen?« Eine gedämpfte Antwort erfolgte: »Sie ist fort«, sagte die junge Frau, als Baedecker einen Schritt näher kam.

»Wissen Sie, wann sie wiederkommt?«

Die Frau zuckte die Achseln. »Die Thanksgivingferien haben gestern erst angefangen. Wahrscheinlich Sonntag in einer Woche.«

»Danke«, sagte Baedecker und ging Flur und Treppe hinab. Im Foyer ging eine attraktive junge Frau mit kurzem braunen Haar an ihm vorbei.

Baedecker blieb auf dem Gehweg stehen, wartete und betrachtete den Schnee. Er fragte sich, wie weit er gehen mußte, bis er ein Telefon oder Taxi finden würde. Die Kälte drang durch seinen Regenmantel, und er zitterte. Er wandte sich nach rechts und ging Richtung Massachusetts Avenue zurück.

Er war eineinhalb Blocks weit gegangen, und seine Schuhe waren bereits durchnäßt, als er eine Stimme hinter sich rufen hörte. »He, Sie, Mister, warten Sie bitte eine Sekunde.«

Baedecker blieb am Bordstein stehen, während die junge Frau, an der er im Foyer vorbeigegangen war, über die Straße zu ihm gelaufen kam. »Sind Sie zufällig Richard?« fragte sie.

»Richard Baedecker«, sagte er.

»Mann, bin ich froh, daß ich gleich mit Becky gesprochen habe«, sagte sie, blieb stehen und verschnaufte. »Ich bin Sheila Goldman. Wir haben einmal miteinander telefoniert.«

»Tatsächlich?«

Sheila Goldman nickte und strich sich eine Schneeflocke von den Wimpern. »Ja«, sagte sie. »Letzten September, gleich am Anfang des letzten Schuljahrs. Maggie war an dem Abend bei ihrer Familie.«

»Oh ja«, sagte Baedecker. Es war eine sehr kurze Unterhaltung gewesen; er hatte nicht einmal seinen Namen hinterlassen.

»Hat Becky Ihnen gesagt, daß Maggie die Ferien über weg ist?«

»Ja«, sagte Baedecker. »Ich kannte den Terminplan der Universität nicht. Becky sagte, Maggie wäre mit Bruce Claren weggefahren, richtig?« Sie verstummte und wischte sich mehr Schnee von den Wimpern. »Nun, Becky hat keine Ahnung. Bruce hängt seit Wochen hier rum, aber Maggie hatte nie die Absicht, mit ihm irgendwohin zu gehen.«

»Sind Sie eine Freundin von Maggie?« fragte Baedecker.

Sheila nickte. »Wir waren eine Zeitlang Zimmergenossinnen«, sagte sie. »Wir stehen uns ziemlich nahe.« Sie rieb sich die Nase mit dem Fäustling. »Aber so nahe nun auch wieder nicht, daß Maggie mich nicht umbringen würde, würde sie erfahren, daß Sie zu Besuch gekommen sind und ... nun, wie auch immer, sie ist nicht mit Bruce auf den Bermudas.«

Ein Auto raste mit überhöhter Geschwindigkeit um die Kurve und spritzte Schneematsch auf sie beide. Baedecker nahm Sheila Goldman am Ellbogen und sie entfernten sich beide vom Bordstein. »Wohin ist Maggie über Thanksgiving gefahren?« sagte er. Er wußte, ihre Eltern wohnten nur eine Fahrstunde entfernt in New Hampshire.

»Sie ist gestern nach South Dakota aufgebrochen«, sagte Sheila. »Sie flog am Spätnachmittag.«

South Dakota? fragte sich Baedecker. Dann fiel ihm eine Unterhaltung ein, die sie vor vielen Monaten in Benares gehabt hatten. »O ja«, sagte er. »Ihre Großeltern.«

»Nur noch Memo, ihre Großmutter«, sagte Sheila. »Ihr Großvater ist im Januar gestorben.«

»Das wußte ich nicht«, sagte Baedecker.

»Hier ist die Adresse und alles«, sagte Sheila und gab ihm einen Streifen gelbes Papier. Die Handschrift darauf war die von Maggie. »He, möchten Sie mit in die Wohnung kommen und ein Taxi rufen?«

»Nein, danke«, sagte Baedecker. »Ich rufe von weiter unten an, wenn ich an der Mass Avenue keines finde.« Er ergriff impulsiv ihre Hand und drückte sie durch den Fäustling. »Danke, Sheila.«

Sie stellte sich auf Zehenspitzen und gab ihm einen Kuß auf die Wange. »Gern geschehen, Richard.«

Baedecker flog kurz vor Mitternacht nach Chicago und verbrachte sechs schlaflose Stunden im Sheraton des Flughafens. Er lag in dem dunklen Zimmer, lauschte den vagen Motelgeräuschen und atmete Motelgerüche ein, während er über seine letzte Unterhaltung mit Scott nachdachte.

Als sie auf dem Melbourne Airport beim Cape auf Baedeckers Anschlußflug nach Miami gewartet hatten, hatte Scott plötzlich gefragt: »Denkst du je darüber nach, wie deine Grabsteininschrift aussehen könnte?«

Baedecker ließ die Zeitung sinken. »Das ist eine beruhigende Frage kurz vor einem Flug.«

Scott grinste und rieb sich die Wangen. Er ließ sich den Bart wieder wachsen, die roten Stoppeln leuchteten im Sonnenlicht. »Ja, gut, ich habe über meine nachgedacht«, sagte er. »Ich fürchte, sie wird lauten: ›Er kam, er sah, er versaute‹.«

Baedecker schüttelte den Kopf. »Pessimistische Nachrufe sind frühestens mit fünfundzwanzig erlaubt«, sagte er. Er las weiter, aber dann legte er die Zeitung weg. »Eigentlich«, sagte er, »ist das gar nicht so weit entfernt von einem Zitat, das ich seit Jahren mit mir herumschleppe, weil ich fürchte, es wird einmal *meine* Inschrift werden.«

»Und das wäre?« fragte Scott. Draußen ließ der Regen nach; sie konnten die Umrisse von Palmen vor dem hellen Himmel sehen.

»Hast du je John Updikes ›The Music School‹ gelesen?«

»Nein.«

Baedecker machte eine Pause. »Ich glaube, das ist meine Lieblingskurzgeschichte«, sagte er. »Wie auch immer, darin kommt eine Stelle vor, da sagt der Erzähler: ›Ich bin weder musikalisch noch religiös. Jeden Augenblick meines Lebens muß ich die Finger nach unten drücken und kann mich nicht darauf verlassen, daß ich einen Akkord höre.‹«

Scott sagte eine Zeitlang nichts. Über das Lautsprechersystem des Flughafens wurden unablässig Namen aufgerufen und bestätigt, daß es sich dabei nicht um Werbung religiöser Sekten handle. »Und wie endet sie?« fragte Scott.

»Die Story?« sagte Baedecker. »Nun, der Erzähler erinnert sich daran, wie er als kleiner Junge zur Heiligen Kommunion ging und beigebracht bekam, die Hostie nicht mit den Zähnen zu berühren …«

»Nn-nnn«, sagte Scott. »Das haben sie mir in Saint Malachy's nicht beigebracht.«

»Nein«, stimmte Baedecker zu, »heute backen sie die Waffeln so dick, daß man sie kauen muß. Das beschließt der Erzähler am Ende der Geschichte auch für sein Leben. Ich glaube, der Schluß lautet: ›Die *Welt* ist die Hostie. Und man muß sie kauen.‹«

Scott sah seinen Vater eine ganze Zeitlang an. Dann sagte er: »Hast du schon einmal eines der vedischen Heiligen Bücher gelesen, Dad?«

»Nein«, sagte Baedecker.

»Aber ich«, sagte Scott. »Letztes Jahr in Indien habe ich ziemlich oft darin gelesen. Sie hatten nicht viel mit dem zu tun, was der Meister lehrte, aber irgendwie glaube ich, daß ich mich an die Bücher länger erinnern werde. Eines meiner Lieblingszitate stammt aus den *Tattireeya*-Upanishaden. Es lautet: ›Ich bin diese Welt, und ich esse diese Welt. Wer das weiß, der weiß.‹«

In diesem Augenblick wurde Baedeckers Flug aufgerufen. Er stand auf, hielt die Fliegertasche mit der linken Hand und streckte die rechte seinem Sohn hin. »Gib auf dich acht, Scott. Wir sehen uns in den Weihnachtsferien, wenn nicht vorher.«

»Gib du auch auf dich acht«, sagte Scott, schenkte der dargebotenen Hand keine Beachtung, schlang die Arme um Baedecker und drückte ihn.

Baedecker preßte die Hand auf den kräftigen Rücken seines Sohnes und machte die Augen zu.

Baedecker erwischte einen Flug um 7 Uhr 45 vom O'Hare. Dieser ging nach Seattle, allerdings mit einem Zwischenhalt in Rapid City, South Dakota, und näher würde Baedecker nicht an die Ranch von Maggies Großeltern bei Sturgis herankommen. So müde Baedecker war, fiel ihm doch auf, daß es sich bei dem Flugzeug um eine der neuen Boeing 767 handelte. Mit so einer war er bisher noch nie geflogen.

Sie servierten das Frühstück irgendwo über dem südlichen Minnesota. Baedecker betrachtete das Tablett mit gewärmtem Rührei und Würstchen und kam zum Ergebnis, daß es, Appetit hin oder her, nach fast drei Tagen Zeit wurde, etwas zu essen. Er konnte es nicht. Er trank Kaffee und betrachtete Flecken brauner Landschaft zwischen den Wolken, als eine Stewardeß zu ihm kam und sagte: »Mr. Baedecker?«

»Ja?« sagte Baedecker aufgeschreckt. Woher kannte sie seinen Namen? War mit Scott etwas passiert?

»Captain Hollister läßt fragen, ob Sie gerne auf das Flugdeck kämen.«

»Aber sicher«, sagte Baedecker und folgte ihr nach vorn durch die erste Klasse, während Erleichterung seinen Herzschlag wieder bremste. Er kramte in seiner Erinnerung und versuchte sich zu erinnern, ob er einmal einen Flugzeugpiloten namens Hollister kennengelernt hatte. Er konnte sich an niemanden dieses Namens erinnern, wollte sich aber nicht auf sein Gedächtnis verlassen.

»Da sind wir, Sir«, sagte die Stewardeß und hielt ihm die Tür auf.

»Danke«, sagte Baedecker und trat ein.

Der Pilot sah auf und grinste. Er war ein Mann Anfang Vierzig mit rosigem Gesicht, dichtem Haar, einem jungenhaften Grinsen und einem angenehmen, Wally-Schirra-ähnlichen Aussehen. »Willkommen, Mr. Baedecker, ich bin Charlie Hollister. Das ist Dale Knutsen.«

Baedecker nickte und begrüßte die beiden Männer.

»Ich hoffe, wir haben Ihr Frühstück nicht gestört«, sagte Hollister. »Mir ist Ihr Name auf der Passagierliste aufgefallen, und ich habe mich gefragt, ob sie vielleicht sehen wollen, wie unser neues Baby hier im Vergleich mit Ihrer *Apollo*-Hardware abschneidet.«

»Mein Gott«, sagte Baedecker. »Ich kann nicht fassen, daß Sie sich an meinen Namen erinnert haben.«

Hollister lächelte wieder. Weder Pilot noch Copilot schienen mit der Steuerung des Flugzeugs etwas zu tun zu haben.

»Hier«, sagte Knutsen und öffnete seinen Gurt. »Sie können meinen Sitz haben. Ich muß einen Augenblick in die Kombüse.«

Baedecker dankte ihm und nahm auf dem vliesgesäumten rechten Sitz Platz. Abgesehen von dem Joch anstelle der Handkontrolle, hätte das Cockpit ein naher Verwandter von dem des Shuttle sein können. Videodisplays verkündeten leuchtend Instrumentenanzeigen, Datenkolonnen und farbige Karten auf drei Bildschirmen vor ihm. Eine Computertastatur nahm den Platz zwischen Hollister und ihm ein. Baedecker sah zum blauen Himmel, dem fernen Horizont und der Wolkenschicht tief unten hinaus. Dann betrachtete er wieder den Piloten. »Ich bin überrascht, daß Ihnen mein Name etwas sagte«, meinte er. »Wir sind uns doch nie begegnet, oder?«

»Nein, Sir«, sagte Hollister. »Aber ich kenne alle Namen der verschiedenen Missionen und kann mich erinnern, daß ich Sie im Fernsehen gesehen habe. Ich wollte in meinem Leben eigentlich nur eines, nämlich selbst Astronaut werden, aber, nun ja ...«

Baedecker streckte die Hand aus. »Lassen wir das Sir«, sagte er. »Dabei komme ich mir wie ein alter Mann vor. Mein Name ist Richard.«

»Hallo, Richard«, sagte Hollister, als sie sich über den Computer hinweg die Hände schüttelten.

Baedecker betrachtete die leuchtenden Daten auf den Bildschirmen, und das bewegliche Joch. »Das Flugzeug scheint ganz gut alleine zu fliegen«, sagte er. »Läßt es Sie auch manchmal etwas tun?«

»Nicht viel«, sagte Hollister mit einem leutseligen Lachen. »Eine Schönheit, nicht? Neuester Stand der Technik. Ich könnte sie auf dem O'Hare am Boden programmieren und bräuchte bis zur Landung in Seattle keinen Finger krumm zu machen. Nur eines kann sie nicht selbst: das Fahrgestell ausfahren.«

»Sie fliegen aber nicht wirklich vollautomatisch, oder?« fragte Baedecker.

Hollister schüttelte den Kopf. »Wir treten dafür ein, daß wir die Kontrolle behalten wollen, und die Gewerkschaft unterstützt uns. Die Fluggesellschaft widerspricht dem und sagt, sie hätten die Sieben-sechs-siebener angeschafft, damit das Flugmanager-Computersystem Treibstoff spart, was wir jedesmal zunichte machen, wenn wir auf manuell gehen. Leider haben sie recht.«

»Macht es Spaß zu fliegen?« fragte Baedecker.

»Ist eine gute Maschine«, sagte Hollister. Er drückte einen Knopf, worauf sich die Anzeige veränderte. »So sicher, als säße man auf Großmutters Veranda. Aber Spaß ... nee.« Er zeigte Baedecker Teile des automatischen Flugkontrollsystems, des Maschinenanzeige- und Besatzungsalarmsystems und die computergenerierten farbigen Radardisplays, die ihre Position relativ zu VHF-Omni-Range-Sendern, Wegpunkten und Leitstrahlen von Landesystemen anzeigten. Dieselbe Karte zeigte die Position von Wetterfronten, notierte die Windgeschwindigkeit und ließ sie jederzeit wissen, in welche Richtung sie flogen. »Würde mir verraten, mit wem meine Frau schläft, wenn ich schön höflich fragen würde«, sagte Hollister. »Wie nimmt sich das im Vergleich mit der Ausrüstung aus, die Sie zum Mond gebracht hat?«

»Eindrucksvoll«, sagte Baedecker und verriet Hollister nicht, daß er für einen Luftfahrtkonzern gearbeitet hatte, der militärische Flugzeuge produzierte, welche selbst diesem System um Lichtjahre voraus waren. »Um Ihre Frage zu beantworten, wir hatten eine Menge grobe Skalen- und Schalterinstrumente, und der Bordcomputer, dem wir unsere Ärsche anvertrauten, damit er sie sicher zu Oberfläche bringt, hatte eine Kapazität von nur dreiundneunzigtausend Worten ...«

»Gütiger Himmel«, sagte Hollister und schüttelte den Kopf.

»Genau«, sagte Baedecker. »Ihr System hier hätte unseren alten PGNS um Längen schlagen können. Und unserer war größtenteils belegt. Wenn sich ein Problem ergeben hätte, hätten wir nur auf ein paar tausend Worte zurückgreifen können.«

»Da fragt man sich, wie wir überhaupt dorthin gekommen sind«, sagte Hollister. Er übernahm die Kontrollen, kippte einen Schalter hoch oben an der Instrumentenkonsole um und legte die rechte Hand auf die Schubventile. »Möchten Sie einen Augenblick übernehmen?«

»Wird United nicht Backsteine scheißen?« fragte Baedekker.

»Zweifellos«, sagte Hollister. »Aber sie werden es nur herausfinden, wenn sie unsere Stimmen auf dem Black-Box-Flugrekorder hören, und bis dahin kann es uns egal sein. Möchten Sie?«

»Klar«, sagte Baedecker.

»Dann los.«

Baedecker bediente den Knüppel zaghaft, weil er an die über hundert Passagiere denken mußte, die hinter ihm mit den Kaffeetassen jonglierten. Vor ihnen lösten sich die Wolken soweit auf, daß man die braune Linie des Horizonts sehen konnte.

»Stimmt es, daß Dave Muldorff die Mondlandefähre *The Beagle* nennen wollte?« fragte Hollister.

»Aber sicher«, sagte Baedecker. »Und er hätte sie fast überzeugt. Er sagte, es stünde in der Tradition Darwins, die Reise der *Beagle*, und so weiter. Sehen Sie, als die Besatzungen anfingen, den Maschinen Namen zu geben, entschieden sie sich für Namen wie *Gumdrop* und *Spider* und *Snoopy*. Dann, nach Neil und seinem ›the eagle has landed‹ – der Adler ist gelandet –, wurden die Namen immer ernster und prätentiöser ... *Endeavour* und *Orion* und *Intrepid* und *Odys-*

sey. Im letzten Augenblick mißtrauten sie Daves guten Absichten und sprachen sich mit Nachdruck dafür aus, daß er *Discovery* zustimmen sollte.«

»Was hatten sie gegen *Beagle?*« fragte Hollister.

»Nichts«, sagte Baedecker, »aber sie kannten Dave, und sie hatten recht. Er hat sich eine tolle Show einfallen lassen, angefangen mit: ›Houston, the *Beagle* has landed‹, und danach wurde es immer schlimmer. Er versuchte, Tom Gavin zu überreden, das Kommandomodul *Lassie* zu taufen. Er hätte unser Mondfahrzeug *Rover* genannt und jedem erzählt, daß es ein zuverlässiger kleiner Hund sei. Wahrscheinlich wären wir als die Beagle Boys – die ›Panzerknacker‹ – in die Geschichte der NASA eingegangen. Nein, sie hatten ganz recht, es ihm auszureden, Charlie.«

Hollister lachte. »Ich weiß noch, wie ich das Frisbeespektakel gesehen habe, das Sie beide da oben abgezogen haben. Mein Gott, es muß noch Spaß gemacht haben, damals zu fliegen.«

Der Copilot kam mit Plastikbechern voll Kaffee für alle zurück. Baedecker übergab Hollister wieder die Kontrollen, überließ Knutsen wieder seinen Sitz, blieb einen Moment an den Sitz des Copiloten gelehnt stehen und betrachtete die endlose Ausdehnung von Himmel und Wolken. »Ja«, sagte er, hob den Becher zu einem stummen Salut und trank von dem starken schwarzen Kaffee. »Es hat Spaß gemacht.«

Der Flughafen von Rapid City schien aus einer Landebahn zu bestehen, die nach einer Stadt suchte. Der Landeanflug führte sie über verwittertes Farmland, trockene Bachbetten und Ranchen. Die einzige Rollbahn lag auf einer grasbewachsenen Hochebene, wo es nur eine winzige Schalterhalle, einen kleinen Tower und einen so gut wie verlassenen Parkplatz gab.

Als Baedecker sich in den gemieteten Honda Civic setzte, überlegte er sich, daß er die Schnauze von Linienflügen und Mietwagen voll hatte. Er würde mit dem Rest seiner Ersparnisse eine 1960er Corvette kaufen, und basta. Noch besser, eine hübsche kleine Cessna 180 …

Die Fahrt von Rapid City auf der Interstate 90 bis zur Ausfahrt Sturgis dauerte fünfundvierzig Minuten. Der Highway verlief am Vorgebirge entlang, die die dunkle Masse der Black Hills im Süden von der Prärie und dem Weideland trennten, die sich nach Norden bis zum Horizont erstreckten. Neubaugebiete und Wohnwagenparks drängten sich an die Hügelflanken auf dem Weg und sahen aus wie offene Wunden der Landschaft.

Es war halb eins, als sich Baedecker an einer Conoco-Tankstelle nahe der Ausfahrt der I-90 nach dem Weg erkundigte, und fast ein Uhr, bis er unter einem Holzbogen hindurch und eine lange Zufahrt zur Wheeler Ranch entlang fuhr.

Die Frau, die ihm entgegenkam, als er aus dem Auto ausstieg, erinnerte ihn ein wenig an Miz Elizabeth Sterling Callahan aus Lonerock, Oregon. Die Frau war mindestens siebzig, aber immer noch anmutig und geschmeidig, trug das graue Haar mit einem Seidenschal zurückgebunden und hatte eine rote Plaidjacke über dunkelblauen Hosen an. Ihr Gesicht war runzelig, aber freundlich. Ein Collie trottete neben ihr her. »Hallo«, sagte sie. »Kann ich Ihnen helfen?«

»Ja, Ma'am. Sind Sie Mrs. Wheeler?«

»Ruth Wheeler«, sagte die Frau, als sie näher kam. Sie hatte tiefe Lachfältchen unter den Augen, die so erstaunlich grün wie die von Maggie waren.

»Mein Name ist Richard Baedecker«, sagte er und hielt dem Collie die Hand hin, damit er daran schnuppern konnte. »Ich suche nach Maggie.«

»Richard … oh, Richard!« sagte die Frau. »Herrje, ja. Margaret hat Ihren Namen erwähnt. Herzlich Willkommen, Richard.«

»Danke schön, Mrs. Wheeler.«

»Ruth, bitte«, sagte sie. »Herrje, da wird Margaret aber überrascht sein. Sie ist im Augenblick nicht da, Richard. Sie ist in die Stadt gefahren, ein paar Besorgungen machen.

Möchten Sie nicht mit ins Haus kommen und einen Kaffee trinken, während wir auf sie warten? Sie müßte bald wieder da sein.«

Baedecker wollte schon annehmen, da spürte er eine gewaltige Ungeduld über sich kommen, als könnte er nicht Halt machen, nicht ausruhen, bevor seine lange Reise zu Ende war.

»Danke, Ruth«, sagte er. »Wenn Sie eine Ahnung haben, wo sie stecken könnte, fahre ich in die Stadt und versuche, sie zu finden.«

»Versuchen Sie es bei Safeway im Einkaufszentrum oder im Hardwaregeschäft auf der Main«, sagte Sie. »Margaret fährt unseren alten blauen Ford-Pritschenwagen mit einem großen, roten Generator auf der Ladefläche. Auf der hinteren Stoßstange klebt mein Dukakis-Aufkleber.«

Baedecker grinste. »Danke, Ma'am. Wenn ich sie nicht finde und sie vor mir hiersein sollte, dann sagen Sie ihr, ich käme bald.«

Mrs. Wheeler kam zu ihm und legte eine Hand auf das offene Fenster, als er den Civic gewendet hatte. »Noch eine Stelle, wo sie sein könnte«, sagte sie. »Margaret macht gern auf dem Bear Butte halt. Das ist ein großer alter Hügel gleich außerhalb der Stadt. Fahren Sie einfach zum Nordende und dann immer den Schildern nach.«

Der blaue Pritschenwagen stand nicht auf dem Parkplatz von Safeway und auch nicht an der Main Street. Baedecker fuhr langsam durch die kleine Stadt hin und her und rechnete fast damit, Maggie jeden Moment aus einer Tür kommen zu sehen. Die Nachrichten um halb zwei sprachen vom geheimen Start des Space Shuttle, der irgendwann in den nächsten zwei Stunden stattfinden müßte. Der Reporter bezeichnete das KSC fälschlicherweise als ›Cape Kennedy‹ und berichtete, daß sich Wolken über dem Gelände zusammengezogen hatten, das Wetter aber bis zum Start halten würde.

Baedecker wendete auf dem Parkplatz einer Dörrfleischfabrik und fuhr durch Sturgis zurück, worauf er den grünen Schildern zum Bear Butte State Park folgte.

Auf dem kleinen Parkplatz standen keine Autos. Baedekker stellte den Civic in der Nähe eines geschlossenen Informationskiosks ab und sah zum Bear Butte hinauf. Es war ein eindrucksvoller Berg. Wenn er sich noch auf seine Geologieausbildung verlassen konnte, mußte der Berg ein verwitterter Vulkankegel sein, dessen langgezogener Hang zu einem Gipfel emporstieg, der mindestens zweihundertvierzig Meter über der umliegenden Prärie liegen mußte, möglicherweise mehr. Der Berg stand abseits der Vorgebirge im Süden und ragte dramatisch aus dem Grasland heraus. Baedecker mußte seine Phantasie anstrengen, um einen Bären in dem Hügel zu erkennen, und als es ihm schließlich gelang, war es ein Bär, der nach vorn kauerte und die Hinterfüße in die Luft streckte.

Baedecker schnappte einer Eingebung folgend seine alte Fliegerjacke vom Rücksitz und schritt den Wanderweg vom Informationszentrum hinauf.

Zwar lagen hier und da noch Schneeflocken an schattigen Stellen, aber der Tag war warm, und Baedecker konnte die tauende Erde riechen. Er fühlte sich beschwingt, als er die Serpentine des ersten steilen Abschnitts des Wegs hinaufging, hatte aber keine Mühe zu atmen. Er fragte sich, weshalb er die letzten drei Tage keinen Appetit gehabt hatte und warum er sich trotz zweier Tage ohne Schlaf und leerem Magen so kräftig und fit, fast überschwenglich fühlte.

Der Weg wurde flacher und führte zu der ansteigenden Kammlinie hinauf, aber Baedecker blieb stehen, sah über niedrige Piniennußbäume und Goldkiefern hinweg und bewunderte die Aussicht nach Norden und Osten. Etwa ein Drittel des Weges nach oben fielen ihm kleine Stoffetzen auf, bunte Stoffstücke, die an niedrigen Büschen entlang des Wegs festgebunden waren. Er blieb stehen und berührte eines, das in der schwachen Brise flatterte.

»Hallo.«

Baedecker wirbelte herum. Der Mann saß auf einem flachen Areal beim Klippenrand etwa fünfzehn Schritte vom Weg entfernt. Es war ein natürlicher Lagerplatz, von Nord- und Westwinden durch Felsen und Bäume abgeschirmt, aber auf drei Seiten offen für die Aussicht.

»Hallo«, sagte Baedecker und ging näher hin. »Ich habe Sie hier gar nicht gesehen.«

Baedecker hatte keine Zweifel, daß es sich bei dem alten Mann um einen Indianer handelte. Seine Haut hatte die Farbe von gebranntem Kupfer, die Augen waren so dunkel, daß sie fast schwarz wirkten, die Runzeln auf der Stirn verliefen von einem schmalen Nasenrücken aus, und er trug ein weites blaues Hemd, hatte ein rotes Stirnband fest um den Kopf geschlungen und das graue Haar zu Pferdeschwänzen gebunden. Er trug einen Ring mit einem einzigen dunkelblauen Stein. Nur die zerschlissenen grünen Stoffturnschuhe paßten nicht zu der Erscheinung. »Ich wollte Sie nicht stören«, sagte Baedecker. Er sah an dem alten Mann vorbei zu einem Zelt, das neben einem niedrigen Gebilde aus Zweigen und Steinen und Ästen aufgestellt worden war. Baedecker wußte sofort, daß es sich bei dem Gebilde um eine Schwitzkammer handelte, ohne zu wissen, woher er das wußte.

»Setzen Sie sich«, sagte der Indianer. Der alte Mann selbst saß auf einem Felsen, nicht mit überkreuzten Beinen, sondern ein Bein über dem anderen, eine bequeme, fast feminine Haltung. »Ich bin Robert Sweet Medicine«, sagte er. Seine Stimme klang heiser, amüsiert, als wäre er kurz davor, über einen unausgesprochenen Witz zu kichern.

»Richard Baedecker.«

Der alte Mann nickte, als wäre das eine überflüssige Information. »Hübscher Tag, auf den Berg zu steigen«, sagte Baedecker. »Aber ich bin nicht sicher, ob ich ganz rauf gehe.«

Der Indianer zuckte die Achseln. »Ich komme schon lange Zeit hierher und bin noch nie auf dem Gipfel gewesen. Es ist nicht immer notwendig.« Er schnitzte mit einem Taschenmesser einen kurzen Zweig zu. Verschiedene Äste, Zweige, Wurzeln und Steine lagen vor ihm auf dem Boden. Baedekker bemerkte die Knochen eines kleinen Tiers in dem Haufen. Manche der Steine waren mit bunten Farben bemalt worden.

Baedecker sah über die weite Prärie nach Norden. Von seinem Aussichtspunkt aus konnte er keine Straßen sehen, und nur kleinere Baumgruppen verrieten, wo sich Ranchen befanden. Plötzlich hatte er einen lebhaften Eindruck von der Freiheit, die die Indianer der Ebenen vor eineinhalb Jahrhunderten verspürt haben mußten, als sie sich ohne Einschränkungen durch das fast grenzenlos weite Land bewegen konnten. »Sind Sie ein Sioux?« fragte er und wußte nicht, ob die Frage höflich war, er wollte es aber wissen.

Robert Sweet Medicine schüttelte den Kopf. »Cheyenne.«

»Oh, ich dachte aus irgendwelchen Gründen, die Sioux würden in diesem Teil von South Dakota leben.«

»So ist es«, sagte der alte Mann. »Sie haben uns vor langer Zeit aus dieser Gegend vertrieben. Sie halten diesen Berg für heilig. Wir auch. Wir müssen nun einfach weiter wandern.«

»Wohnen Sie hier in der Nähe?« fragte Baedecker.

Der Indianer nahm sein Messer, schnitt ein kleines Stück frischen Kaktus ab, der zwischen den Felsen wuchs, schälte ihn und legte das Stück auf die Zunge wie ein Flötist, der sein Instrument ansetzt. »Nein, ich reise weit, um hierher zu gelangen. Meine Aufgabe ist es, jungen Männern etwas beizubringen, das diese eines Tages anderen jungen Männern beibringen müssen. Aber mein junger Mann hat sich etwas verspätet.«

»Oh?« Baedecker sah auf den fernen Parkplatz hinab. Sein Civic war immer noch das einzige Fahrzeug, das dort stand. »Wann haben Sie ihn erwartet?«

»Vor fünf Wochen«, sagte Robert Sweet Medicine. »Die *Tsistsistas* haben kein Zeitgefühl.«

»Wer?« fragte Baedecker.

»*Das Volk*«, sagte der alte Mann mit seiner heiseren, amüsierten Stimme.

»Oh.«

»Sie haben auch eine weite Reise hinter sich«, sagte der andere.

Baedecker dachte darüber nach und nickte.

»Meine Vorfahren, zum Beispiel Mutsoyef, sind auch weit gereist«, sagte Robert Sweet Medicine. »Dann fasteten sie, läuterten sich und erklommen den Heiligen Berg, um zu sehen, ob sich eine Vision einstellen würde. Manchmal sprach Maiyun zu ihnen. Häufiger aber nicht.«

»Was für Visionen?« fragte Baedecker.

»Wissen Sie von Mutsoyef und der Höhle und dem Geschenk der vier Pfeile?«

»Nein.«

»Einerlei«, sagte Robert Sweet Medicine. »Das betrifft Sie auch nicht, Baedecker.«

»Sie haben gesagt, der Berg ist auch für die Sioux heilig?«

Der alte Mann zuckte die Achseln. »Die Arapahoes fanden hier eine Medizin, die sie verbrennen konnten, um süßen Rauch für ihre Rituale zu bekommen. Die Apachen fanden die Gabe einer magischen Pferdemedizin; die Kiowas die heilige Niere eines Bären. Die Sioux sagen, sie bekamen eine Pfeife von dem Berg, aber ich glaube ihnen nicht. Das haben sie erfunden, weil sie eifersüchtig waren. Die Sioux lügen gelegentlich.«

Baedecker verlagerte das Gewicht und lächelte.

Robert Sweet Medicine hörte auf zu schnitzen und sah Baedecker an. »Die Sioux behaupten, sie haben einen großen Vogel auf dem Berg gesehen, einen wahren Donnervogel, mit Schwingen eine Meile breit und einer Stimme wie das Ende der Welt. Aber das ist keine große Medizin. Das ist *Wihio*-Schwindel. Jeder Mann mit nur einem bißchen Medizin kann den Donnervogel beschwören.«

»Können Sie es?« fragte Baedecker.

Der alte Mann schnippte mit den Fingern.

Zwei Sekunden später erbebte die Erde unter einem Dröhnen, das vom Himmel und dem Boden gleichzeitig zu kommen schien. Baedecker erblickte etwas Riesiges und Glänzendes hinter sich, dessen Schatten, der ganze Bergflanken bedeckte, auf sie zugerast kam; dann schnellte er auf ein Knie hoch und verfolgte, wie die B-52H ihre Schleife beendete und in nicht einmal hundertfünfzig Metern Höhe, tiefer als Bear Butte, nach Norden davonflog, wobei ihre acht Schubdüsen ein Kielwasser aus schwarzem Rauch in der Nachmittagsluft zurückließen. Baedecker setzte sich wieder und spürte immer noch die Vibrationen des Flugzeugs in den Felsen unter seinen Schenkeln.

»Entschuldigung, Baedecker«, sagte der alte Mann. Seine Zähne waren gelb und sahen kräftig aus, nur einer der unteren fehlte. »Das war ein billiger *Wihio*-Trick. Sie fliegen jeden Tag um diese Zeit vom Stützpunkt Ellsworth hier vorbei. Man hat mir gesagt, sie benutzen den Berg, um sicher zu gehen, daß ihre Radareinrichtungen ihnen beim Fliegen die Wahrheit sagen.«

»Was ist ein *Wihio?*« fragte Baedecker.

»Das ist unser Wort für ›Trickster‹«, sagte der Cheyenne, der ein neues Kaktusblatt abschnitt und kaute. »*Wihio* ist Indianer, wenn er einer sein will, Tier, wenn er eines sein will, und er führt nie Gutes im Schilde. Er kann einen sehr grausamen Humor an den Tag legen. Dasselbe Wort benutzen wir für Spinnen und den Weißen Mann.«

»Oh«, sagte Baedecker.

»Viele von uns argwöhnen, daß er der Schöpfer ist.«

Baedecker dachte darüber nach.

»Als Mutsoyef diesen Berg herunterkam«, sagte der alte Mann und machte eine Pause, um einen Rest des Blatts von der Zunge zu nehmen. »Als er herunterkam, brachte er das Geschenk des Heiligen Pfeils mit, er lehrte uns die vier Lieder, er schilderte uns unsere Zukunft – selbst das Aussterben der Büffel und die Ankunft der weißen Männer, die unseren Platz einnehmen –, und dann gab er seinen Freunden die Pfeile und sagte: ›Dies ist mein Leib, den ich euch gebe. Vergeßt mich niemals.‹ Was sagen Sie dazu, Baedecker?«

»Kommt mir bekannt vor«, sagte er.

»Ja«, sagte der alte Mann. Er hatte eine Wurzel in kleine Stücke geschnitten, jetzt betrachtete er sie stirnrunzelnd. »Manchmal frage ich mich auch, ob meine Väter und Großväter sich nicht eine gute Geschichte angeeignet haben, wenn sie eine hörten. Spielt keine Rolle. Hier, nehmen Sie das in den Mund.« Er gab Baedecker ein kleines Stück Wurzel, dessen Schale entfernt worden war.

Baedecker hielt es in der Hand. »Was ist das?«

»Ein Stück Wurzel.« Die Stimme des alten Mannes klang geduldig.

Baedecker nahm das kleine Stück in den Mund. Es schmeckte leicht bitter.

»Kauen Sie es nicht und saugen Sie nicht daran«, sagte Robert Sweet Medicine und steckte sich selbst ein etwas größeres Stück Wurzel in den Mund. Er schob es herum bis es seine Wange wölbte wie ein aufgequollenes Stück Kautabak. »Schlucken Sie es nicht«, fügte der alte Mann hinzu.

Baedecker blieb eine Minute schweigend sitzen und spürte die Sonne auf Gesicht und Händen. »Was soll sie bewirken?« sagte er schließlich.

Der alte Mann zuckte die Achseln. »Sie verhindert, daß ich zuviel Durst bekomme«, sagte er. »Meine Wasserflasche ist leer, und es ist ein langer Weg nach unten bis zum Brunnen an der Information.«

»Dürfte ich Sie etwas fragen?«

Der alte Mann hörte auf, Wurzel zu schneiden, und nickte.

»Ich habe eine Freundin«, sagte Baedecker, »die ich sehr liebe und die, vermute ich, sehr weise ist; sie glaubt an die Vielfalt und das Geheimnis des Universums und nicht an das Übernatürliche.«

Robert Sweet Medicine wartete. Nach einer Minute sagte er: »Wie lautet die Frage?«

Baedecker strich sich über die Stirn und spürte den Sonnenbrand dort. Er zuckte die Achseln und mußte dabei an Scott denken. »Ich habe mich nur gefragt, was Sie darüber denken würden«, sagte er.

Der alte Mann schnitt zwei weitere Stücke der Wurzel ab, nahm sie in den Mund, schob sie in die andere Wange und sagte langsam und deutlich: »Ich glaube, Ihre Freundin ist weise.«

Baedecker kniff die Augen zusammen. Es mochte daran

liegen, daß er seit Tagen nichts mehr gegessen hatte, oder an der vielen Zeit in der Sonne, oder an beidem, aber die Luft zwischen ihm und dem alten Cheyenne schien plötzlich zu flimmern und zu wabern wie Hitzeflimmern über einem Highway an einem Sommertag. »Glauben Sie auch nicht an das Übernatürliche?«

Robert Sweet Medicine sah nach Osten. Baedecker folgte seinem Blick. Weit draußen, auf der Ebene, funkelte Sonnenlicht auf einem Fenster oder einer Windschutzscheibe. »Sie verstehen vielleicht mehr von Wissenschaft als ich«, sagte der alte Mann. »Wenn die natürliche Welt das Universum ist, was meinen Sie, wieviel verstehen wir dann davon? Ein Prozent?«

»Nein«, sagte Baedecker. »Nicht so viel.«

»Ein Prozent von einem Prozent?«

»Vielleicht«, sagte Baedecker, obwohl er es bezweifelte, kaum daß er es ausgesprochen hatte. Er glaubte nicht, daß das Universum unendlich komplex war – ein Zehntausendstel eines unendlichen Systems war immer noch ein unendliches System –, aber er spürte in seinem tiefsten Innern, daß selbst im begrenzten Reich grundlegender physikalischer Gesetze die Menschen nicht einmal ein Zehntausendstel aller Permutationen und Möglichkeiten ausgelotet hatten. »Weniger«, sagte er.

Robert Sweet Medicine steckte das Taschenmesser ein und öffnete die Hände, wobei er die Finger spreizte wie Blütenblätter im Sonnenlicht. »Ihre Freundin ist weise«, sagte er. »Helfen Sie mir auf, Baedecker.«

Er stand auf, nahm den alten Mann bei den Armen und bereitete sich darauf vor, fest zu ziehen, aber Robert Sweet Medicine wog überhaupt nichts. Der alte Mann erhob sich ohne Anstrengung von einem von ihnen auf die Füße, und Baedecker mußte einen Ausfallschritt nach hinten machen, damit er nicht fiel. Seine Unterarme kribbelten an den Stellen, wo der Cheyenne ihn fest hielt. Baedecker dachte sich, wenn sie sich nicht aneinander festhalten würden, würden sie sofort vom Boden empor schweben, zwei freigelassene Ballons, die über die Prärie von South Dakota dahintrieben.

Der Indianer drückte Baedeckers Unterarme noch einmal und gab ihn dann frei. »Einen schönen Spaziergang den Berg hinauf, Baedecker«, sagte er. »Ich werde einen schönen Spaziergang den Berg hinunter haben, um Wasser zu holen und ihren stinkenden Abort zu benutzen. Aber es mißfällt mir, mich in die Büsche zu hocken; das ist nicht zivilisiert.«

Der alte Mann nahm einen zwanzig Liter fassenden Kanister und ging langsam den Berghang hinab, wobei er einen komischen, plattfüßigen Gang anschlug. Er blieb einmal stehen und rief zurück: »Baedecker, wenn Sie eine Höhle da oben finden, eine sehr tiefe Höhle, erzählen Sie mir auf dem Rückweg davon.«

Baedecker nickte und sah dem alten Mann nach, wie er davonschlurfte. Er kam erst auf die Idee, auf Wiedersehen zu sagen, als Robert Sweet Medicine schon um eine Wegbiegung verschwunden war.

Baedecker brauchte fünfundvierzig Minuten, bis er den Gipfel erreicht hatte. Er fühlte sich nicht einmal außer Atem oder müde. Er fand keine Höhle.

Die Aussicht von der Kuppe war die schönste, die er jemals auf der Erde gesehen hatte. Die Berge der Black Hills nahmen den gesamten Süden ein, wobei ab und zu ein vereinzelter verschneiter Gipfel über die bewaldeten Hänge emporragte. Oben wanderten eine Herde schwereloser Kumuluswolken von Westen nach Osten, was Baedecker an die Schafherde erinnerte, die er und Maggie auf dem Plateau des Uncompahgre beobachtet hatten. Im Norden erstreckten sich die rollenden braun-grünen Ebenen, bis sie in der Ferne mit dem Dunst verschmolzen.

Baedecker fand einen natürlichen Sessel aus zwei Felsbrocken und einem umgestürzten Baumstamm. Er ließ sich darauf nieder, machte die Augen zu und spürte das Sonnenlicht auf den Lidern. Die angenehme Leere in seinem Magen breitete sich durch den ganzen Körper und sein Denken aus.

In diesem Augenblick hatte er kein Ziel, plante nichts, dachte nichts, wollte nichts. Die Sonne war ziemlich warm, aber nach einer Minute war selbst die Wärme etwas Fernes, das bald verschwand.

Baedecker schlief. Und als er schlief, träumte er.

Sein Vater hielt ihn fest und lehrte ihn schwimmen, aber sie befanden sich nicht am North Avenue Beach in den Untiefen des Lake Michigan; sie befanden sich auf dem Gipfel des Bear Butte, und das Licht war seltsam, sanft und braun und doch ausgesprochen leuchtend, so klar wie das Wetterleuchten, das einmal die Besucher der Gratisvorstellung in Glen Oaks kleinem Park beleuchtet und alle in der Zeit eingefroren hatte, um den Augenblick in einem einzigen, stroboskopartigen Aufleuchten festzuhalten.

Es gab auf dem Bear Butte keinen See zum Schwimmen, aber Baedecker bemerkte, daß die Luft selbst dick und zäh wie Wasser war, sogar noch mehr als Wasser, und sein Vater hielt ihn horizontal, einen Arm unter Baedeckers Brust, den anderen unter seinen Beinen, als er sagte: »Der Trick besteht darin, sich zu entspannen, Richard. Hab keine Angst, das Gesicht nach unten zu halten. Halte den Atem einen Moment an. Du wirst schweben. Und wenn nicht, bin ich da und halte dich fest.«

Baedecker senkte gehorsam das Gesicht. Aber zuerst sah er seinen Vater an, betrachtete das vertraute, Zentimeter entfernte Gesicht eingehend, den Mund, den er immer kennen würde, die dunklen Augen und das dunkle Haar, das er nicht geerbt hatte, das verhaltene Lächeln, das er geerbt hatte. Er betrachtete seinen Vater in den ausgebeulten Badehosen, die Bräune, die an den Oberarmen aufhörte, den leichten Bauch, die blasse Brust, die sich infolge des Alters einwärts krümmte. Baedecker senkte gehorsam das Gesicht, aber vorher hielt er es, wie stets zuvor, an den Halsansatz seines Vaters und roch den Geruch von Seife und Tabak, fühlte das leichte Kratzen wachsender Bartstoppeln und dann, was früher nie geschehen war, *nie geschehen*, schlang er beide Arme um den Hals seines Vaters und drückte ihn, preßte die Wange an die Wange seines Vaters, drückte fest und spürte, wie das Drücken erwidert wurde.

Dann nahm er das Gesicht nach unten und hielt den Atem an, hielt die Arme vor sich und streckte die Beine aus, bis sein ganzer Körper eine einzige Ebene bildete, starr aber entspannt.

Und er schwebte.

»Ist doch ganz einfach, oder nicht?« sagte sein Vater. »Nur zu. Ich halte dich, wenn du Angst bekommst.«

Baedecker schwebte höher, stieg mühelos über die Felsen und Pinien des Gipfels, trieb ohne Anstrengung in der leichten Strömung, und als er nach unten sah, war sein Vater nicht mehr da.

Baedecker atmete aus, atmete ein, ruderte gelassen mit Armen und Beinen und schwamm mit langgezogenen, sicheren Bewegungen aufwärts. Weiter oben war die Strömung wärmer. Er passierte zwei Kumuluswolken mit flachen Bäuchen und schwebte weiter, weil er keine Veranlassung auszuruhen sah. Er schwamm höher und sah den Berg unter sich zurückbleiben, bis dieser nur noch ein dunkles Muster unter dem Wolkenteppich bildete, das man nicht mehr von der Geometrie der Ebenen und Wälder und Flüsse und anderen Bergen unterscheiden konnte. Als die Strömung deutlich stärker und kälter wurde, hielt Baedecker inne und trat die dicke, tragende Luft mit mühelosen Bewegungen von Armen und Beinen. In dem wunderbaren Licht konnte er ausgezeichnet sehen. Die lange, anmutige Krümmung des Horizonts im Süden bot dem Ausblick kein Hindernis.

Baedecker sah genauer hin und erblickte das Space Shuttle auf seiner Startrampe, wo die Kräne weggezogen wurden, und die blaue Sichel des Atlantik dahinter. Die Menschen auf den Tribünen neben dem hohen, weißen Gebäude standen inzwischen alle, viele hatten die Arme über sich gehoben, als gleißende Flammen unter der Rakete zündeten und dafür sorgten, daß diese sich anfangs langsam auf einer Feuersäule erhob, dann immer schneller, wie ein großer, weißer Pfeil, der vom Bogen der Erde abgeschossen worden war, und schließlich kippte, während sich das Feuer seines Fluges in lange Säulen und Schwaden duftenden Rauchs auflöste. Baedecker sah dem weißen Raumschiff nach, bis es sich von ihm abwandte und selbstbewußt hinter eine Krümmung von Meer und Luft sank, und dann drehte er sich um, um Scott in der Menge der Zuschauer zu finden, fand ihn mühelos und sah, daß auch Scott die Arme erhoben, die Fäuste geballt und den Mund zum selben stummen Gebet geöffnet hatte, das auch alle anderen sprachen, während sie dem weißen Pfeil des Raumschiffs auf den Weg halfen, und Baedecker konnte die Tränen auf dem freudestrahlenden Gesicht seines Sohnes erkennen.

Er schwamm höher. Jetzt konnte er die Kälte an sich zehren spüren, achtete aber nicht darauf und strengte sich an, die Strömungen und Drücke zu überwinden, die ihn zurückziehen wollten. Und dann bestand plötzlich keine Veranlassung mehr, sich weiter anzustrengen, und Baedecker schwebte hoch hinauf, sah den Planeten wieder als blauweißen Ball auf schwarzem Samt, so klein und so wunderschön, daß er die Arme darum schlingen konnte. Näher, verlockend näher, schwebte die große, weißgraue, pockennarbige Scheibe seiner anderen Welt. Aber noch während er sich umdrehte und versuchte, mit kräftigen Stößen die geringe Distanz zu überwinden, wußte er, daß ihm dies als einziges verwehrt werden würde. Nein, nicht verwehrt, wurde ihm klar, denn einmal war es ihm ja gestattet worden. Nur die Rückkehr war ihm verwehrt. Aber dann schwebte er wie als Entschädigung über den vertrauten weißen Gipfeln und schattigen Kratern, und er konnte noch deutlicher sehen als vorher.

Er konnte die goldenen und silbernen Apparate sehen, die er und sein Freund zurückgelassen hatte, totes Metall, nutzlos, das kleine bißchen Wärme durch jahrelange glühend heiße Tage und eiskalte Nächte ausgesaugt. Aber er sah auch die wichtigeren Gegenstände, die sie zurückgelassen hatten, sein Freund und er, nicht die umgestürzte Flagge oder die staubbedeckten Maschinen, sondern ihre Fußabdrücke, so scharf umrissen und deutlich wie in dem Augenblick, als sie entstanden waren, und einige wenige wahre Artefakte, auf denen sich die aufgehende Sonne spiegelte – eine kleine Fotografie, eine Gürtelschnalle, alles der Sichel der Erde zugewandt.

Bevor er kalt und schlotternd zurückkehrte, sah Baedecker noch etwas. Baedecker sah die Lichter, welche das Band zwischen Licht und Dunkel überquerten, wo schwarze Schatten gleich Messern zerklüftete Löcher in das schwache Erdlicht schnitten. Stränge aus Licht. Kreise aus Licht. Das Licht von Städten und Transportwegen und Steinbrüchen und Gemeinschaften, manche unterirdisch, andere stolz auf den dunklen *mare* und Hochländern verteilt, alle sehnsüchtig auf die Dämmerung wartend.

Und dann kehrte Baedecker zurück. Er machte unterwegs mehrmals Pause, paddelte, um an Ort und Stelle zu bleiben, aber sonst ließ er sich weitgehend von der gewaltigen Anziehungskraft der Erde sanft, aber bestimmt einfangen. Erst da, als er gegen Ende den Atem kurz anhielt, sanft über dem Gipfel des Bear Butte schwebte, den blauen Pritschenwagen sah, der unten anhielt, und die junge Frau, die ausstieg und im Laufschritt den schmalen Weg hinauflief … erst da akzeptierte er den Sog der Erde völlig und erkannte, daß es sich um mehr als die gedankenlose Anziehungskraft von Materie gegen Materie handelte. Und mit dieser Erkenntnis spürte Baedecker dieselbe Energie in sich, die durch in hindurch und aus ihm heraus strömte und Menschen ebenso zusammenband wie Gegenstände.

Baedecker schwebte, aber dabei spürte er, wie die Wärme der Sonne auf sein Gesicht zurückkehrte, wußte, daß er schlief, hörte eine vertraute Stimme in der Ferne rufen und wußte, in einem Augenblick würde er erwachen und aufstehen und Maggie antworten. Aber ein paar Sekunden war er noch damit zufrieden, da zu schweben, weder an die Erde gefesselt noch frei, wartend, und wissend, daß es viel zu lernen gab, aber glücklich, bereit zu sein, zu warten und zu lernen.

Dann berührte Baedecker den Berg, lächelte und schlug die Augen auf.